김하중의 인물 이야기

증언

외교를 통해 본
김대중 대통령

증언
외교를 통해 본 김대중 대통령

지은이 | 김하중
펴낸곳 | 비전과리더십
등록번호 | 제302-1999-000032호
주소 | 140-240 서울시 용산구 서빙고로 65길 38

출판부 | 2078-3332   e-mail | tpress@duranno.com
영업부 | 2078-3333
초판 발행 | 2015. 1. 6
4쇄 발행 | 2015. 1. 31

ISBN 978-89-90984-22-7 04340
      979-11-86245-00-2 04340(세트)

김하중의 인물 이야기

증언

외교를 통해 본
김대중 대통령

김하중 지음

비전과리더십

말로 다 표현할 수 없는 존경심과 사랑으로
이 책을 고(故) 김대중 대통령님께 바칩니다.

차 례

1부
대통령
의전비서관 시절

1장. 국난 극복과 정상외교

2장. 넓어지는 한국 외교의 지평

3장. 새천년의 시작과 남북정상회담

2부

대통령
외교안보수석비서관 시절

1장. 남북 관계 발전과 미·북 관계 변화

프롤로그

김대중, 그 이름은 나에게 너무나 높고 너무나 멀리 떨어져 있는 이름이었다. 1971년 대통령 선거를 통해 그 이름은 내 머리에 깊이 각인이 되었고, 1975년 김대중 납치 사건과 1980년 사형언도 기사, 그리고 얼마 후 석방이 되어 미국으로 가는 것을 보면서 '어떻게 한 인간에게 이렇게 많은 고난이 닥칠 수 있을까' 하고 생각하며 가슴이 아팠다.

그러나 나는 공무원이었으며, 기득권층이었고, 제도권 안에 있었기 때문에 그분에 대해 들리는 것은 항상 부정적인 이야기뿐이었다. 그래서 마음에 항상 갈등이 있었다. 내가 듣는 것이 진실인지 아니면 거짓말인지 알 수가 없었다. 그러나 그렇게 많은 사람들이 말하는 것으로 보아 떠도는 소문이 사실일 가능성이 많다고 생각했다.

1994년 10월 말 베이징에서 김대중 아태재단 이사장을 처음 만났을 때 무언가 이상했다. 정치인인데 얼굴에 아무런 감정이 드러나지 않고 행동에는 과장이 없었다. 그런데 누구를 만나서 이야기를 하기 시작하면 쏟아져 나오는 말들의 폭과 깊이가 상상을 초월할 정도로 놀라웠으며, 연설에는 강력한 카리스마가 있었다. 사실 그때까지 나도 높은 분들을 많이 모셨지만 그분에게서는 보통 사람들과는 다른 권위가 느껴졌다. 베이징을 떠나는 날 아침 김 이사장과 식사를 하고 이야기를 나누면서 다시 한 번 깊은 인상을 받았다. 그것이 김 이사장과의 운명적인 첫 번째 만남이었다.

1995년 외무부의 아시아태평양국장으로 임명되어 한국으로 돌아와 근무를 하는 중, 처음에는 아태재단 이사장 사무실에 가서, 1996년에는 국민회의 총재 사무실에 가서 중국과 아시아 지역에 관한 브리핑을 했다. 그것이 두 번째 만남이었다.

1997년 12월 18일, 김대중 총재가 대통령에 당선되었다. 며칠 후 유종하 외무부장관이 필자(당시 유 장관의 특별보좌관)에게 인수위에서 신임 대통령 의전비서관 후보자를 세 명만 추천해 달라고 연락이 왔는데 김 특보가 가면 어떻겠느냐고 물었다. 그러나 나는 그 자리에서 "청와대에는 가고 싶지 않고, 그냥 해외에 대사로 나가겠다"고 대답했다. 김대중 대통령에 대한 편견과 사람들로부터 비난을 많이 받는 분을 모시고 일하는 것이 마음에 내키지 않았기 때문이었다.

며칠 후 장관이 인수위에 추천한 세 명의 후보자 중 한 명이 의전비서관으로 내정되어 언론에 발표까지 났으나 그 간부는 인수위에 가지 않았다. 그러고 나서 대통령 취임식을 며칠 앞둔 2월 20일 연락을 받고 인수위에 가서 김중권 대통령 비서실장 내정자를 만났더니, 당선자가 나를 의전비서관으로 내정했으니 업무 인수를 받으라는 것이었다.

왜 내가 별안간 김대중 대통령의 의전비서관으로 내정이 되었는지 자초지종은 잘 몰랐지만, 나로서는 그저 청와대에서 임무를 잘 마치고 무사히 나올 수 있게 해 달라고 열심히 기도하는 수밖에 없었다.

2월 25일 아침, 나는 일산에 있는 대통령 사저로 가서 의전비서관으로서 근무를 시작했다. 그런데 청와대에서 근무하면서 곁에서

본 김대중 대통령은 내가 생각하고 추측했던 그런 분이 전혀 아니었다. 오히려 그 반대였다. '어떻게 이럴 수가 있을까? 그렇다면 혹시 대통령이 나를 속이는 것은 아닐까? 나한테는 이렇게 말하고, 돌아서면 혹시 다른 행동을 하는 것은 아닐까?' 그러나 의전비서관은 항상 대통령 옆에 있기 때문에 그런 일은 있을 수가 없었다.

나는 그동안 내가 소문으로 들었던 대통령과 지금 내가 보는 대통령이 왜 다른지를 알게 해 달라고 계속 기도했다. 어느 날 기도하던 중에 마음속에 이런 깨달음이 있었다.

'아! 하나님께서 김대중 대통령의 억울함을 풀어 주라고 나를 그분 옆에 보내신 것이구나! 그렇구나! 하나님께서 언젠가 내가 수많은 사람들에게 김대중이라는 사람에 대해 증거를 하라고 보내신 것이구나.' 나는 그때부터 대통령에 관해 기록하기 시작했다. 길든 짧든 매일매일 조금씩 기록했다.

대통령 취임식 다음 날, 대통령은 나를 의전비서관으로 데려온 이유는 언급하지 않고 다만 이렇게 말했다.

"내가 이번에 김 비서관을 의전비서관으로 데려오라고 그랬지만 김 비서관은 단순히 의전만 하는 사람이 아니에요. 내가 생각하는 게 있으니 김 비서관은 앞으로 내 옆에서 의전 업무 이외에도 여러 가지를 도와야 해요. 그동안 김 비서관이 일해 왔던 외교나 안보, 그리고 북한 문제 등에 대해 수시로 보고하고 무슨 중요한 문제가 발생하면 김 비서관의 의견을 말해 주세요. 그리고 한국에 주재하는 중요한 나라 대사들과도 수시로 조용히 만나 그 사람들 의견을 듣고 나에게 보고하세요."

그 후 대통령은 수시로 내게 외교나 안보, 그리고 북한 문제 등에 관해 질문을 하거나 내 개인의 견해를 보고서로 정리해 달라고 지시했다. 대통령은 내게 자료를 보지 말고 국장과 외무부장관 보좌관과 특보를 하면서 쌓은 경험과 지식으로 그냥 머리에서 나오는 대로 말하고 쓰라고 했다.

그리고 주요한 외빈을 만나거나, 또는 회담을 하기 전이나 후에 반드시 내 의견이나 평가를 물었기 때문에 나는 언제 어디를 가든지 항상 메모를 했다. 그리고 사전, 사후에 반드시 대통령에게 내 생각과 평가를 보고했다. 한 시간 혹은 두 시간의 정상회담을 하고 난 다음에도 그것을 5분이나 10분짜리 정도의 길이로 간결하고 정확하게 보고해야 했다.

나는 3년 8개월 동안 대통령에게 수없이 보고를 하고, 대통령과 수없이 전화 통화를 했다. 그러한 경험은 나에게 상상할 수도 없는 자산이 되었다. 이번에 이 책을 쓰면서도 나는 그 당시 대통령에게 보고한 메모들을 많이 참고했다.

청와대에 근무하는 동안 나의 상사, 동료, 친구, 친척들은 내게 빨리 청와대에서 나오라고 했다. 그러면서 절대로 '김대중의 사람'이라는 말을 듣지 않도록 조심하라고 조언했다. 아마 99퍼센트의 사람들이 그렇게 말했을 것이다. 그러나 나는 하나님을 믿는 사람이기 때문에 내가 아무리 어떤 사람을 존경하더라도 그의 사람이 될 수는 없는 일이었다. 그리고 김 대통령으로부터 받은 신임과 사랑이 너무 커 결코 잊을 수가 없기 때문에, 설혹 내가 사람들로부터 욕을 먹고 비난을 받는다고 하더라도 얼마든지 그것을 감내할 자신과 용기도 있었다.

나는 3년 8개월의 청와대 생활과 김 대통령께서 돌아가실 때까지의 만남을 통해 말로는 다 표현할 수 없는 존경심을 가지게 되었다. 나는 정치인도 아니고, 또 정치에는 관심도 없다. 그래서 정치적으로 김 대통령을 어떻게 평가해야 하는지는 모른다. 나는 원래부터 직업 외교관이었다. 그래서 외교를 통해 본 김대중 대통령의 진면모를 가감 없이 보여 주려고 한다.

그러나 먼저 밝혀 둘 것은 내 사적인 감정이나 주관을 가지고 그분을 함부로 미화하려는 것이 아니라, 김 대통령의 외교를 통해, 그리고 세계의 수많은 지도자들이 김 대통령을 어떻게 생각하고 얼마나 높게 평가했는지를 통해 그분을 조명하려 한다는 것이다. 철저히 사실에 입각해, 또한 많은 사람들이 보고 듣는 자리에서 일어난 일을 근거로 이 책을 쓰려고 한다. 그리고 김 대통령이 평소에 여러 사람 앞에서 보인 말과 행동을 통해 그가 어떤 분인지를 증언하려 한다.

이 책을 쓰면서 《김대중 자서전 1, 2》(삼인), 《김내중 연보》(연세대학교 김대중도서관), 《임동원 회고록, 피스메이커》(중앙북스), 《김하중의 중국 이야기 2》(비전과리더십), 《하나님의 대사 2, 3》(규장)을 참고했다.

기독교인들이 하나님이나 예수님을 만난 경험을 이야기하는 것을 간증이라고 말한다. 나는 많은 간증을 가지고 있는 사람이다. 그러나 이 책에서는 간증이 아닌 김대중 대통령에 대한 증언을 하려고 한다. 여러분들이 이 책을 끝까지 읽고 김대중 대통령이라는 지도자가 어떤 분인지를 정확히 알게 되기를 기도한다.

김대중 대통령의 생신은 1924년 1월 6일이다. 살아 계시다면 금년에 만 91세가 된다. 금년은 광복 70주년이며, 또 6·15 남북공동선언 발표 15주년이 되는 뜻깊은 해다. 김 대통령님 생일 아침에 이

책을 그분에게 바친다.

그리고 김대중 대통령에게는 이희호 여사라고 하는 아내요, 동반자요, 동역자요, 동지가 계셨다. 이 여사님은 내가 일생을 살아오면서 만난 가장 겸손한 부인이시다. 그분은 진정한 하나님의 사람이요, 사랑의 사람이시다. 지금까지 나에게 너무나 많은 사랑을 베풀어 주셨다. 나는 그것을 생각할 때마다 그저 감사할 따름이다. 여사님께서 오래 건강하게 살아가시기를 기도한다.

2015년 1월 6일 아침

김재중

운명적인
만남

1. 중국에서의 첫 번째 만남

야당 국회의원의 방문

1994년 봄이었다. 당시 야당이었던 민주당의 어느 국회의원이
주중대사관을 방문했다. 그는 그 당시 정계를 은퇴한 아태평화재단
김대중 이사장의 최측근으로 알려진 사람이었다. 그는 대사를 만난
다음, 정무공사를 담당하고 있던 내 방으로 찾아왔다.

"김대중 이사장께서 중국을 한번 방문하고 싶어 하시는데 잘 진
행이 되지 않습니다. 그동안 여러 채널을 통해 많은 방법을 사용했
지만, 항상 마지막 순간에 비자 문제가 해결이 되지 않아 성사되지

못했습니다. 그래서 여러 사람들을 만나 상의한 결과, 중국 사정을 잘 아는 김 공사를 만나면 김 이사장님의 중국 방문을 성사시킬 수 있는 방법에 관한 아이디어를 들을 수 있을 것이라고 해서 오늘 이렇게 찾아왔습니다."

그래서 내가 이렇게 설명했다.

"중국 정부의 비자를 받기 위해서는 중국 외교부의 협력이 가장 중요합니다. 중국 외교부에 인민외교학회라는 산하단체가 있는데, 중국 정부는 항상 이 단체를 통해 정부가 초청하기 어려운 외국의 주요한 인사들을 초청하고 있으니, 이 단체를 통해 김대중 이사장님의 중국 방문을 추진해 보시기 바랍니다. 마침 중국 인민외교학회의 류수칭(劉述卿) 회장이 4월에 한국을 방문할 예정이니, 류 회장이 서울에 갔을 때 이사장님께서 어떠한 형식으로든지 만나서 사정을 설명하고 협력을 구하면 류 회장이 틀림없이 도와줄 것이라 생각합니다."

국회의원은 잘 알겠다고 하고선 한국으로 돌아갔다. 나중에 중국 측으로부터 류수칭 회장이 한국에 가서 김대중 이사장과 만찬을 했으며 중국 방문 문제가 잘 진행되고 있다는 소식이 들려왔다.

김대중 이사장과의 첫 번째 만남

1994년 10월 본부에서 연락이 왔다. 아태평화재단의 김대중 이사장이 중국 정부의 초청으로 11월 1일부터 6일까지 베이징을 방문할 예정이니 적절한 안내와 편의를 제공하라는 지시였다. 그런데 그때 마침 중국의 리펑(李鵬) 총리가 중국 총리로는 역사상 처음으로 10월 31일부터 11월 3일까지 한국을 방문할 예정이었기 때문에, 대사가 리펑 총리를 수행하기 위해 일시귀국을 하게 되어 있었다. 대사는 나에게 김대중 이사장이 베이징에 오면 공관장을 대신해 잘 모시라고 지시하고 한국으로 들어갔다.

11월 1일 오전 김 이사장이 대규모의 대표단을 이끌고 텐진(天津)에 도착했다. 그 당시는 아직 서울과 베이징 간에 직항노선이 없어 서울에서 오는 모든 항공기는 텐진에 도착하도록 되어 있었다. 나는 그날 공항에서 처음으로 김 이사장에게 인사를 했다. 내가 대사관에서 나온 공사라고 소개를 했더니, 김 이사장이 손을 내밀고 악수를 하는데 아무런 표정도 없었다. 그 뒤를 이어 민주당의 안동선 의원, 한화갑 의원, 이해찬 의원(후에 국무총리), 남궁진 의원(후에 문광부장관), 정동채 비서실장(후에 문광부장관), 박금옥 비서(후에 대통령 총무비서관) 등 19명의 수행원들이 나왔다. 김 이사장 일행은 숙소인 중국대반점으로 가서 짐을 푼 다음, 중국 인민외교학회로 가서 류수칭 회장과 만나 중국 일정을 시작했다.

중국 정부는 김 이사장에게 파격적인 대우를 제공했다. 비록 원로 정치인이기는 했지만 김 이사장은 당시 이미 정계를 은퇴한 아태평화재단의 이사장이었다. 그럼에도 불구하고 중국 정부는 국가 권력 서열 4위인 리루이환(李瑞環) 중국 인민정치협상회의 주석을 비롯해 우리의 국회인 중국 전국인민대표대회 왕빙치엔(王丙乾) 부위원장, 공산당의 리수정(李淑錚) 대외연락부장(장관급), 외교부의 장언주(姜恩柱) 부부장(우리의 차관) 등 각계 주요 인사들과의 면담을 주선했다. 특히 중국의 지성을 대표하는 베이징대학에서는 총장이 직접 김 이사장을 영접하고 연설을 청취했다. 또, 김 이사장은 중국사회과학원에서는 원장(부총리급)이 참석한 가운데 연설을 하고 명예교수직을 받았고, 저우언라이(周恩來) 총리의 모교로 유명한 톈진의 난카이(南開)대학에서도 연설을 한 다음 명예교수직을 받았다(김 이사장의 다음 목적지인 상하이 푸단復旦대학에서도 명예교수직을 수여).

그렇다면 당시 중국 정부는 왜 김대중 이사장에게 이러한 대우를 했을까? 그것은 한국의 민주주의와 남북 관계의 발전을 위해 일생을 바쳐 온 김 이사장의 헌신에 대한 존경, 그리고 앞으로 김 이사장이 한·중 관계 발전에 큰 도움을 줄 것으로 확신했기 때문으로 보여졌다. 특히 중국인들은 김 이사장이 살아온 험난한 인생 역정과 체험에서 우러나오는 강력한 연설과 해박한 지식에 감동을 받았으며, 그러한 감정이 정중하고도 최선을 다하는 의전으로 나타났다. 나는 지난 3년간 주중대사관에서 근무하면서 중국을 방문한 한국의 많은 지도급 인사들에게 중국 정부가 어떤 대우를 했는지 직접 목격했기 때문에, 이번 김 이사장의 방문에 대한 중국 정부의 생각과 의도를 충분히 이해할 수 있었다.

김 이사장과의 조찬

김 이사장이 베이징을 방문했을 때 나는 이미 대사관에서 3년 정도 근무를 하고 있었다. 1992년 2월 베이징무역대표부에 부임해 수교 교섭을 하고 그해 8월에 수교를 한 다음, 대사관의 정무공사로 근무하고 있었기 때문에 중국의 각계 인사들과 폭넓은 관계를 유지하고 있었다. 그런 이유로 김 이사장을 수행해 어디를 가든지 중국의 지도자들이나 유력 인사들이 대화 중에 김 이사장에게 꼭 내 이야기를 하곤 했다. 그 때문인지 톈진공항에서 무표정하게 악수를 하던 김 이사장의 표정이 서서히 바뀌기 시작했고, 행사 때문에 다시 만날 때마다 나를 보면 웃기도 하고 밤에 헤어질 때는 고생했다는 말도 했다. 그러더니 나중에는 중국인들과 대화를 하다가도 의문이 나면 나에게 이것저것 물어보기도 했다.

톈진에 있는 난카이대학에 가서 연설을 한 다음, 중국 측 인사들과 오찬을 할 때였다. 나는 김 이사장과 함께 헤드테이블에서 식사를 하고 있었는데 갑자기 통역이 자리를 비웠다. 김 이사장이 나를 보더니 "김 공사, 중국어 잘하지요? 통역 좀 해 줄래요?" 하는 것이었다. 그래서 통역이 돌아올 때까지 한참을 통역하기도 했다. 그 이후 김 이사장은 나를 만나면 더욱 반갑게 대했다.

11월 5일 저녁이었다. 그 다음 날은 김 이사장 일행이 샨시성(陝西省)의 시안(西安)으로 떠나게 되어 있었다. 김 이사장을 측근에서 모시는 박금옥 비서가 오더니 "내일 아침 김 이사장님과 김 공사의 단독 조찬을 준비하고 있다"는 것이었다. 나는 반사적으로 "곤란하다"고 대답했다. 그리고 "나는 대사관의 정무공사에 불과한 사람이고, 만일 이사장님이 조찬을 하신다면 대사와 해야지 어떻게 나 같은 사람과 할 수 있냐"고 물었다. 그러나 박 비서는 "이사장님께서 이번 중국 방문 기간 중 공사님에게 깊은 인상을 받으셔서 그러니 아침에 꼭 와서 식사를 하시라"고 재차 요청했다. 나는 잠시 생각을 한 다음에 그렇게 하겠다고 대답했다.

11월 6일 아침 나는 김 이사장이 묵는 호텔로 갔다. 거기에는 벌써 수행 국회의원들이 와서 기다리고 있었는데, 비서가 오더니 그들을 옆에 있는 다른 방으로 안내했다. 그 후 김 이사장이 나왔고 바로 식사가 차려졌다. 김 이사장은 "우리 먼저 식사부터 하지요" 하고 식사를 시작했다. 나도 식사를 하는데 매일 신문이나 방송에서만 보던 높은 분과 단둘이서 식사를 하자니 밥이 제대로 넘어갈 리가 없었다. 식사는 빨리 끝났다. 김 이사장이 말했다.

"내가 이번에 처음으로 중국을 방문했는데, 중국 측이 극진하게 환대를 해 주어서 고맙게 생각합니다. 모두가 다 대사관에서, 특히 김 공사가 뒤에서 열심히 도와준 덕분이라고 생각합니다. 그런데 가만히 보니까 김 공사가 오래전부터 중국에 대한 꿈을 갖고 중국에 와서 수교도 하고 활동도 많이 해서 어디를 가든지 중국 사람들이 칭찬을 하고 중국어도 잘해서 마음이 든든합니다. 내가 이번에 며칠 중국에 와서 구경만 하고 가는 것으로는 부족하니, 중국에 대해 좀 가르쳐 주기 바랍니다. 내가 김 공사 입장을 생각해서 민감한 질문은 하지 않고 일반적이지만 궁금한 문제에 대해 물어볼 테니 설명을 해 주세요."

김 이사장은 말을 마치더니 옆에 있던 흰 복사지를 한 장 꺼내 반으로 접고 그것을 다시 반으로 접었다. 그리고 펜을 꺼내더니 질문을 하기 시작했다. 질문은 주로 중국에 관한 것들이었으며 가끔 한·중 관계에 대한 질문도 있었다. 그중에 이런 질문이 있었다.

"김 공사는 이번에 중국 정부가 나에게 해 준 대우를 어떻게 평가합니까?"

"중국 정부로서 최고 수준의 환대를 해 드렸다고 생각합니다."

"그렇게 말하는 근거가 무엇이지요?"

"사실 이사장님에 대한 예우는 중국 정부로서 상당히 민감한 문제라고 생각합니다. 왜냐하면 이사장님의 국내 정치적인 위치를 생각하면 아주 잘해 드리고 싶지만, 그래도 정계에서 은퇴를 하시고 아태평화재단 이사장이신 분에게 지나친 환대를 했을 때 한국 정부가 어떻게 생각할지 고려할 수밖에 없다고 생각합니다. 그래서 최초의 중국 방문임을 고려해 이번에는 권력서열 4위인 리루이환 중국 인민정치협상회의 주석을 만나게 하면서 또한 각계의 주요 인사들을 골고루 만나게 하고, 특히 중국의 학계에서 가장 권위 있는 사회과학원과 베이징대학, 푸단대학에서의 연설과 명예교수직 수여를 통해 중국 정부의 깊은 뜻을 전달하려 했다고 생각합니다."

"그러면 내가 다음에 올 때 누구를 만날 수 있다고 생각하나요?"

"다음에 오시면 차오스(喬石) 전국인민대표대회 상임위원장을 만나실 것이며, 그 다음에 또 오시면 리펑(李鵬) 총리를 만나시게 될 겁니다."

"김 공사는 정말 그렇게 생각합니까?"

"틀림없이 그렇게 되실 것이라고 생각합니다."

이어지는 질문에 계속해서 나는 이런 식으로 답변을 하고, 김 이사장은 내 설명을 정말 깨알같이 적었다. 김 이사장은 쉴 새 없이 질문을 던졌고, 설명을 적다가 종이가 부족하면 다시 복사지를 꺼내 네 겹으로 접은 다음 적기를 계속했다. 나는 이것을 보면서 감동을 받았다. 대한민국 역사의 한 페이지를 장식하는 거대한 정치인이 대사관의 일개 공사의 이야기를 그렇게 열심히 적는다는 그 정신과 자세가 너무 놀라웠다. 지금까지 적당히 살아온 내 자세가 부끄러웠다.

한참 시간이 지난 다음 이제 나가셔야 한다는 비서의 이야기를 듣고 김 이사장은 일어서서 나와 악수를 하며 말했다.

"김 공사가 오늘 귀중한 이야기를 많이 해 주어 고마웠어요. 내가 앞으로 이 이야기들을 잘 사용할게요."

2. 서울에서의 만남

첫 번째 브리핑

나는 1995년 1월 초 외무부의 아시아태평양국장(아태국장)으로 임명되어 3년간의 주중대사관 근무를 마치고 귀국했다. 그해 7월 중순 김대중 아태평화재단 이사장은 정계 복귀와 동시에 신당 창당을 선언했다. 그리고 9월 초 '새정치국민회의'가 창당되면서 총재로 선출되었다. 새정치국민회의는 국회의원이 65명이 넘는 명실공히 제1야당이었다.

10월 초 새정치국민회의 총재실에서 외무부 장관실로 연락이 왔다. 김대중 총재가 10월 말 중국을 방문하는데, 김하중 아태국장이 와서 중국에 관한 브리핑을 해 달라는 것이었다. 나는 왜 새정치국민회의 총재실에서 장관실로 직접 연락을 했으며, 그것도 왜 아태국장을 지명해서 보내 달라고 했는지 의아했다. 그러나 장관의 지시를 받고 나는 10월 13일 오후에 동교동에 있는 아태평화재단 회의실로 갔다.

회의실에는 김대중 총재를 비롯해 중국 방문 시 수행할 예정인 국회의원들이 기다리고 있었다. 나는 중국에 관한 현황과 한·중 관계 등에 관해 브리핑을 했다. 브리핑이 끝나자 김 총재는 국회의원들을 다 나가라고 하고, 나에게 한·중 관계에 관해 몇 가지 질문을 한 다음, 이렇게 말했다.

"작년 11월에 본인이 중국에 갔을 때 당시 김 국장이 나에게 다음에 중국을 방문하면 중국 측이 차오스 전인대 상무위원회 위원장과의 면담을 주선할 것이라고 했는데, 이번에 본인이 중국을 방문하는데 정말 중국 측이 차오스 위원장과의 면담을 주선해 놓았어요. 그런데 그때 김 국장이 세 번째 방문 시에는 총리를 만나도록 할 것이라고 했는데, 그 생각은 지금도 변함이 없나요?"

"네, 변함이 없습니다."

"알겠어요. 그러면 한번 기대해 보지요."

이야기를 마치고 외무부로 돌아와 나는 장관에게 김 총재에 대한 브리핑과 면담 결과를 상세히 보고했다.

두 번째 브리핑

1996년 8월 중순 어느 날 장관실에서 연락이 왔다. 새정치국민회의 총재실에서 연락이 왔는데 김대중 총재가 9월 초 호주를 방문할 예정이라고 하면서 김하중 아태국장이 와서 브리핑을 해 달라는 것이었다. 장관은 작년에도 그러더니 왜 이번에 또 아태국장을 지명해서 와 달라고 그러는지 이유를 아느냐고 물었다. 나는 잘은 모르겠지만 아무래도 총재가 태평양 지역을 방문하는데 아시아·태평양을 관장하는 담당 국장에게서 직접 정확한 보고를 들으려고 그러는 것이 아니겠느냐고 대답했다.

나는 장관의 허락을 받고 8월 21일 아침 여의도에 있는 새정치국민회의 당사로 갔다. 회의실에는 김 총재와 호주 방문 시 수행할 예정인 국회의원들이 기다리고 있었다. 그런데 이번에는 이상하게도 카메라 기자들이 들어와 브리핑 장면을 촬영하는 것이었다. 나는 속으로 '외무부 국장이 보고를 하는데 무슨 카메라 기자가 촬영을 하지?' 하고 생각했다. 브리핑이 끝나고 김 총재는 전과 같이 국회의원들을 다 나가라고 한 다음 말했다.

　　"작년에 김 국장이 내가 중국에 세 번째 방문할 때는 중국 측이 총리와의 면담을 주선할 것이라고 말했지요?"

　　"네, 그렇게 말씀드렸습니다."

　　"그러면 내가 이번에 중국에 가는데 왜 정부가 중국 총리 만나는 것을 방해합니까?"

　　"무슨 말씀이신지요?"

　　"그동안 중국 측과 내가 중국에 가는 문제를 협의해 왔는데, 처음에는 중국 측이 총리 면담을 주선하는 것에 대해 아무런 문제가 없다고 말하다가 최근 별안간 태도를 바꿔 곤란하다고 하면서 한국 정부가 싫어해 어쩔 수 없다고 설명하는데, 이게 어떻게 된 겁니까?"

　　나는 아태국장이었지만 전혀 모르는 일이었다.

　　"그럴 리가 있겠습니까? 저는 전혀 모르는 일이고 특히 정부에서 총재님 일정을 방해할 리가 있겠습니까?"

　　김 총재는 내 얼굴 표정을 보더니 말했다.

"알겠어요. 보니까 김 국장은 정말 모르는 것 같은데 틀림없이 김 국장이 모르는 곳에서 그런 움직임이 있는 거요. 그건 그렇고 중국 측에서 총리 대신 주룽지(朱鎔基) 부총리 면담을 주선하겠다고 하는데, 김 국장은 어떻게 생각하지요?"

"그건 아주 좋다고 생각합니다."

"왜 그렇지요?"

"주룽지 부총리는 다음 총리 후보 1순위이기 때문에 특별한 일이 발생하지 않는 한 1년 반 정도 지난 1998년 3월에는 총리가 될 겁니다. 특히 주 부총리는 중국 국민들로부터 많은 존경을 받는 분이기 때문에 이번에 만나시면 앞으로 반드시 큰 도움이 되실 것으로 생각합니다."

"알겠어요. 그럼 그렇게 하지요."

나는 외무부로 돌아와 장관에게 김대중 총재와의 면담 결과를 보고했다. 물론 장관도 그 문제에 관해서는 전혀 모르고 있었다.

내 방으로 돌아와 텔레비전 뉴스를 보는데 내가 김대중 총재와 만나는 장면이 보도되고 있었다. 나는 '외무부 국장이 야당 총재에게 브리핑하는 게 무슨 뉴스거리라고 텔레비전 뉴스에 방영이 되지?' 하고 의아하게 생각했다.

잠시 후 청와대에서 전화가 왔다. 어느 비서실의 국장급 행정관이었다.

"오늘 김대중 총재를 만나러 당사에 가셨지요? 외무부 국장이 왜 야당 총재를 만나러 가신 거지요?"

"김 총재께서 호주를 방문 예정이니 외무부 담당 국장이 와서 브리핑을 해 달라고 요청해서 갔습니다."

"그래도 야당 총재가 요청한다고 국장이 마음대로 가면 됩니까?"

"무슨 말씀이신지요? 김 총재 비서실에서 외무부 장관실에 아태 국장이 와서 브리핑을 해 달라고 요청해서 장관의 허가를 받고 간 겁니다."

"그러면 갈 때 장관의 허가를 받으셨습니까?"

"당연히 받고 갔지요."

"그렇다면 됐습니다."

결국 내가 새정치국민회의 당사에 가서 김대중 총재를 만나는 장면이 언론에 보도되는 것을 보고 청와대의 관계 비서실에서 내가 임의로 야당 총재를 만나러 간 것으로 생각해 사실 확인 차 전화를 한 것이었다.

나는 후에 중국 정부의 책임자로부터 이 문제에 관한 상세한 이야기를 전해 들었지만, 이 책에서는 공개하지 않으려 한다.

* 주룽지 총리는 정말 1998년 3월에 중국의 총리가 되었다. 그리고 그에 앞서 2월 말 김대중 총재는 대통령으로 취임했다. 그해 4월 런던에서 개최된 제1차 아시아유럽 정상회의(ASEM: Asia Europe Meeting)에서 김 대통령과 주 총리는 양국의 지도자로서 만나 1996년 10월

의 만남을 회고하면서 앞으로 양국 관계 발전을 위해 서로 적극 협력해 나가기로 약속했다. 결국 김대중 총재가 1996년 10월 중국 방문 시 총리를 만나지 못하고 주룽지 부총리를 만난 것은 오히려 훗날 한·중 관계, 그중에서도 양국 간 경제 관계를 확대하는 데 중요한 역할을 했으니 역사의 아이러니라고 하는 것은 이런 것을 두고 말하는 것일지도 모른다.

1부

대통령
의전비서관
시절

1장

국난 극복과
정상외교

1.
준비된
대통령
비서관

    1997년 12월 19일 김대중 후보가 대통령으로 당선되었다. 다음 날 대통령 인수위에서는 외무부에 대통령 의전비서관 후보자를 추천해 줄 것을 요청해 왔다. 당시 나는 2년 동안의 아태국장 임무를 마치고 유종하 외무부장관의 특별보좌관으로 근무하고 있었는데, 장관은 내게 대통령 의전비서관으로 갈 생각이 있느냐고 물었다. 나는 청와대에 가고 싶은 생각이 없으며 해외 대사로 나가겠다고 대답했다. 그 이유는 두 가지였다.

    첫째는 1973년 공무원 생활을 시작한 이후 업무적으로 청와대 비서실과 접촉할 기회가 많았다. 특히 의전과장을 하면서 대통령에 관한 행사를 할 때 청와대 비서실이나 경호실과 의견이 맞지 않아

충돌하면서 실망과 좌절을 할 때가 한두 번이 아니었다. 나중에 아시아태평양국장을 할 때는 대통령의 외빈 행사에 자주 참여하게 되고 대통령의 해외 순방 시 공식수행원으로서 함께 다니다 보니 자연스럽게 청와대 비서실이나 경호실의 문제점을 알게 되었다. 어느 대통령 때든지 청와대 비서실의 권한은 매우 강했고 수석비서관이나 비서관들의 영향력도 지나치게 컸다. 때문에 그만큼 부작용과 문제점이 많았다. 그리고 청와대에 있으면서 분수에 넘치는 힘을 사용했던 사람들의 끝이 대부분 좋지 않은 것을 많이 봐서 그런 곳에 몸담고 일하기가 싫었다.

둘째는 김대중 대통령에 대한 우리 사회의 부정적인 인식 때문이었다. 1973년 공무원 생활을 시작한 이후 25년간 끊임없이 김 대통령에 대한 많은 부정적인 이야기를 들어 왔기 때문에 청와대에 가서 근무한다는 것이 심적으로 큰 부담이 되었다.

얼마 후 외무부에서는 세 명의 후보자 명단을 인수위에 제출했고, 그중 한 명이 의전비서관으로 결정되어 공식 발표가 났다. 그런데 한참 시간이 흘러 대통령 취임식 닷새 전인 2월 20일 돌연 내가 의전비서관으로 내정되었다. 나는 대통령 당선자에게 인사도 드리지 못한 채 취임식 하루 전인 2월 24일에 의전비서관으로 정식 임명되었다.

내정 통보를 받고 앞으로의 일을 생각하니 걱정이 많이 되었다. 청와대에 가서 대통령을 모시고 일할 때 예상되는 업무의 중압감 때문에 잠이 오지 않을 정도였다. 그런데 정식 임명을 받은 날,

사무실에 나가 취임식 자료를 보는 순간 생각이 바뀌기 시작했다. 1988년 노태우 대통령 취임식 당시 내가 다루었던 행사 자료와 거의 비슷했기 때문이었다. 자료를 읽어 내려가면서 내가 국회의사당 어디에서 무엇을 어떻게 해야 하는지를 명확히 알 수 있었다. 그러면서 지난 1987-88년 2년 동안 외무부 의전과장으로서 국가의 의전 업무, 특히 대통령 의전에 관해 많은 실무 경험을 쌓았던 것이 생각났다.

사실 나는 대통령 비서관이 되기에 앞서 군대에서는 사단장 전속부관, 외무부에서는 세 번에 걸쳐 장관실에 근무하면서 장관수행비서, 장관보좌관, 장관특별보좌관의 자격으로 네 명의 장관을 모시면서 비서로서의 경험을 풍부히 쌓았다. 그리고 그 중간에 의진과장으로서 국가 의전에 관한 경험도 쌓을 수 있었던 것이다. 그 생각을 하니 마음에 불안이 사라지고 자신감이 생겼다.

* 사단장 전속부관

1969년 2월 대학을 졸업하자마자 나는 ROTC(7기) 육군 소위로 임관되어 장교 훈련을 받고, 그해 6월 말 전방인 27사단(이기자 부대) 공병대대 소대장으로 배속을 받았다. 복무한 지 1년 정도 지난 어느 날 갑자기 사단 사령부로 전출이 되었고, 얼마 후 사단장 전속부관이 되었다. 당시 사단장은 윤흥정 소장(작고, 육사 8기)이었는데, 군인으로서도 탁월했지만 인품도 매우 훌륭한 분이었다.

사단장은 전방 지휘관으로서 가족과 함께 살 수가 없어 관사에서 혼자 생활하고 있었다. 당시만 하더라도 텔레비전은 물론이고 오락이라는 것이 거의 없었다. 사단장은 바둑을 아주 좋아했는데, 그의 바둑 실력은 1급 정도 되었다. 나도 비슷한 실력이어서 사단장은 저녁에 심심하면 나를 불러 바둑을 두곤 했다. 특히 주말인 토요일과 일요일 저녁에는 몇 시간씩 바둑을 두었다. 그러다 보니 같이 식사도 자주 하게 되었고 이야기를 나누는 일도 많아졌다.

처음에는 단순한 문제에 관해서만 이야기를 하다가 시간이 지나면서 차츰 사회나 정치에 관한 문제 등 여러 가지 이야기를 나누게 되었다. 사실 후방 같으면 상상도 못할 일이었다. 전방에서도 연대장이나 사단 참모들이 근무 중에 하는 공식적인 보고 외에 사단장과 개인적으로 만나 그런 이야기를 나눈다는 것은 거의 불가능했다. 중위인 나에게는 소장인 사단장과 하루에 몇 시간씩 앉아 바둑을 두거나 이야기를 나눈 것이 아주 소중한 경험이 되었다.

그러면서 나는 군대라는 것이 무엇이며 어떻게 움직이는지, 장성들이나 고위 지휘관들이 무슨 생각을 하는지에 대해 많은 것을 배웠고, 군의 많은 인사들과 친분도 갖게 되었다. 그로부터 30년 후에 내가 대통령 외교안보수석비서관이 되자, 전에 군대에서 인연을 맺었던 군의 많은 고위 인사들이 진심으로 나를 환영해 주었다.

✽ 외무부장관 비서, 보좌관 및 특별보좌관

나는 군에서 전속부관으로서의 경험을 했을 뿐만 아니라, 외무공무원으로 사회생활을 시작한 후에도 여러 부서와 직책을 거치면서 특히 비서로서 높은 사람을 모시는 경험을 많이 하게 되었다.

나는 1973년 외무부(1998년 외교통상부로, 2008년 외교부로 개칭)에 들어가 1975년에 당시 김동조 장관(작고)의 수행비서가 되었다. 비록 사무관으로서 수행비서였지만 많은 것을 보고 들을 수 있었고 많은 사람들을 알게 되었다. 당시 남덕우 경제기획원 부총리의 수행비서는 한덕수 사무관(후에 국무총리)이었는데, 대학 시절부터 알고 지내던 우리는 가까이 지내면서 수행비서로서의 어려움을 나누곤 했다.

이후 1985년 8월에 3년 반의 주인도대사관 근무를 마치고 귀국하면서 당시 이원경 외무부장관(작고)의 보좌관이 되었다. 보좌관은 수행비서와 달리 장관의 실질적인 업무를 보좌하는 자리였다. 나는 그때까지 과장도 해 보지 못했지만, 외무부의 해외공관이나 각 부서에서 올라오는 보고서는 물론이고 간부나 직원들의 의견을 비롯해 정부 각 부처의 보고서를 종합해 장관에게 보고하고, 장관의 지시를 전달하는 일을 하면서 많은 것을 배우고 경험했다.

또한 1997년 2월 아시아태평양국장을 끝낸 후에는 당시 유종하 장관의 특별보좌관(특보)이 되었다. 특보는 보좌관과 또 달랐다. 일상적인 업무는 가능한 한 관여하지 않고, 항상 장관 옆에서 외무부 전체에 관한 의견을 나누면서 장관을 보좌하는 자리였다. 내가 다루는 일이 이전보다 훨씬 많아지고, 만나는 사람들의 범위도 훨씬 넓어짐에 따라 자연히 더 많은 것을 배우고 알게 되었다.

✽ 의전과장으로서 국가 의전을 익히다

한편 1985년 장관보좌관으로 근무할 당시 나는 내가 모시던 이원경 장관으로부터 북미과장 아니면 주요한 과장을 하라는 권유를 받았지만 중국을 관장하는 동북아2과장을 희망해 1986년 초부터 근무하고 있었다.

그런데 1986년 여름에 갑자기 차관이 나에게 자리를 옮겨 의전과장을 맡으라는 것이었다. 나는 내가 원하던 동북아2과장을 그만두기가 싫어 의전과장을 하고 싶지 않다고 버텼다. 그러면서 몇 달이 지났다.

1987년 1월 2일 새해 첫 출근을 해서 시무식을 하고 사무실에 돌아오니 뜻밖에도 의전과장으로 발령이 나 있었다. 아마도 내가 의전과장으로 가기 싫다고 하니까, 내 의견은 묻지도 않고 발령을 낸 것 같았다. 중국 관련 과장을 1년만 하고 떠나려니 섭섭했지만 어쩔 수 없이 자리를 옮겼다.

그 당시 외무부 의전과의 업무는 때때로 외무장관이나 국무총리의 외빈에 관련된 행사도 있었지만, 가장 중요한 것은 대통령 행사 중 외빈에 관한 일정과 외국 순방 행사 준비였다. 나는 1988년 12월까지 2년 동안 전두환 대통령과 노태우 대통령에 관한 외빈 행사와 외국 순방 행사를 담당했다.

1988년 2월에는 노태우 대통령의 취임식이 있었다. 역사상 처음으로 국회의사당에서 개최된 취임식이라 준비에 많은 공을 들였다. 외무부는 총무처와 협조해 외국에서 참가하는 경축 사절들을 영접하는 준비 때문에 매일 밤을 새다시피 했다. 대통령 취임식과 경축 사절들에 대한 영접은 훌륭하게 끝났다. 또한 그해 가을에 열린 서울 올림픽 때는 외무부 의전 팀을 이끌고 수많은 외빈들의 영접에 관한 행사를 성공적으로 치러냈다.

처음 의전과에 갈 때는 섭섭한 마음이었지만, 12월에 떠날 때는 외교관으로서 귀중한 경험을 쌓았다는 깊은 감사를 가지고 떠날 수 있었다.

이렇게 군대에서는 사단장을 모시고 일하고, 외무부에 들어와서는 장관실에서 세 번이나 근무하면서 여러 분의 장관을 모심으로써 비서로서의 경험을 풍부히 쌓은 데다, 의전에 관한 경험까지 한 다음에 국가의 최고지도자인 대통령의 의전비서관이 되었던 것이다. 나는 하나님께서 이 모든 것을 통하여 오늘날을 위해 나를 준비시킨 것임을 깨닫고, 주어진 임무를 정직하고 담대하게 수행하겠다는 각오를 새롭게 다졌다.

2.
취임식 날
이야기

취임식 당일인 2월 25일 아침 7시에 나는 일산에 있는 김대중 대통령 사저로 갔다. 그리고 대통령 내외분을 모시고 비서실장, 경호실장과 함께 아침 식사를 했다.

그날 첫 번째 행사는 국립묘지 참배였다. 이전에 의전과장 시절 외빈을 모시고 수없이 갔던 곳이라 참배에 관한 사항들을 잘 알고 있었다. 나는 대통령께 참배에 대한 절차와 유의사항을 보고했다. 그리고 대통령 내외분을 수행해 국립묘지를 참배하고 청와대로 들어갔다.

이후 대통령은 수석비서관들과 환담 후 무궁화 대훈장을 받고, 국무총리 및 감사원장 지명자에 대한 국회 임명동의안 재가 등의 일정을 마치고 바로 취임식 참석차 국회의사당으로 향했다. 청와대 출발 전에 대통령께 취임식 행사에 대해 잠시라도 보고를 드려야 했지만 빡빡한 일정 때문에 그렇게 하지 못했다.

※ 취임식에서 대통령 의자 뒤에 숨다

10시 정각에 국회의사당에 도착해 대통령 내외분이 단상에 임석하자 제15대 대통령 취임식이 시작되었다. 개식 선언과 국민의례 후 국무총리의 식사(式辭)가 있었다. 나는 대통령 내외분이 앉은 의자 뒤편에 약간 떨어져 앉아 있었다.

1998.2.25 김대중 대통령 취임식

그때 문득 이런 생각이 들었다.

'대통령께서는 일생을 야당 정치인으로만 살아왔기 때문에 이처럼 공식적인 대규모 행사에 주빈으로 참석한 경험이 없을 것이다. 그렇다면 이런 행사가 낯설 것이고, 자신이 어떻게 행동해야 하는지 감(感)이 없을 것이 분명하다. 지금 이 자리에 해외에서 온 귀빈들을 포함해 4만 3천여 명의 참석자들이 있고, 취임식이 전국에 텔레비전과 라디오로 생중계되고 있는 상황이므로 대통령께서 조금이라도 실수를 하면 곤란할 것이다.'

그래서 나는 앞으로 가서 경호원에게 조용히 말했다.

"내가 지금 대통령 내외분 뒤에서 말씀드릴 게 있으니 신경 쓰지 마세요."

그리고 대통령 내외 의자 뒤에 몸을 낮추고 앉았다. 마침 의자가 커서 단하(壇下)에 있는 사람들에게는 내가 보이지 않았고 카메라에도 잡히지 않았다. 물론 의자 뒤에 앉아 있는 수많은 귀빈들은 그런 내 모습을 볼 수 있었다.

나는 대통령께 조용히 말했다.

"대통령님, 저…. 의전비서관입니다."

의자 뒤에서 들려오는 낮은 내 목소리에 대통령께서 깜짝 놀라시는 듯했다. 나는 계속 말했다.

"제가 행사 설명을 드릴 테니까 말씀드리는 대로 하십시오. 지금 총리의 식사가 끝나면 대통령께서 취임 선서를 하십시오. 선서를 하실 때는 앞으로 나가셔서 이렇게, 이렇게 하십시오. 그때 예포(禮砲)가 울리고 비둘기들이 날아오를 겁니다."

취임 선서가 끝난 후 대통령께서 자리로 돌아왔다. 나는 다시 대통령께 말했다.

"이제 축가가 있을 겁니다."

축가가 끝날 때쯤 다시 대통령께 말했다.

"축가가 끝나면 취임사를 읽으셔야 합니다. 단상으로 나가셔서 이렇게, 이렇게 하시고 착석하시면 됩니다."

계속 몸을 웅크리고 앉아 있으려니 다리가 저리고 아팠지만, 취임식이 다 끝날 때까지 그런 자세로 하나씩 일일이 대통령께 설명을 드렸다. 그렇게 50여 분이 지나 취임식이 끝나고 일어서려는데 다리가 저려 바로 일어서기가 힘들었다. 하지만 상황이 상황인 만큼 지체할 수가 없어 바로 일어나 대통령 내외분을 모시고 전직 대통령들에게로 갔다.

대통령은 최규하, 전두환, 노태우, 김영삼 전 대통령들과 인사를 한 후 단하로 내려가 직전 대통령인 김영삼 대통령 내외분이 떠나는 것을 전송했다. 그리고 국민 대화합을 기원하는 '화합의 나무'를 심고 행진을 한 다음, 국회 정문과 서강대교, 마포대교를 거치는 연도 행사를 하면서 청와대로 돌아왔다.

청와대로 돌아오자 비서실장이 내게 물었다.

"김 비서관은 아까 취임식장에서 왜 대통령 내외분 의자 뒤에 그렇게 웅크리고 있었어요?"

"혹시 행사 중에 대통령께 무슨 일이 있을까 해서 그랬습니다."

나는 당시 비서실장에게도 자세한 이야기를 하지 않았다. 그날 식장 단하에 앉아 있던 사람들은 단상에서 무슨 일이 있었는지를 전혀 알 수 없었다. 그러나 단상의 대통령 내외분 뒤에 앉아 있던 많은 귀빈들은 왜 내가 의자 뒤에 웅크리고 있을까 궁금했을 것이다.

> * 수만 명이 참석한 대통령 취임식장에서 대통령 의자 뒤에 웅크리고 앉아 행사 설명을 했다는 것은 지금 생각해도 놀라운 행동이었다. 아마 의전과장으로서의 경험이 없었다면 절대로 그렇게 할 수 없었을 것이다. 그러한 내 행동에 대해 대통령께서는 아무런 말도 하지 않았지만 마음속으로는 좋게 생각했던 것 같다. 왜냐하면 취임식 이후 대통령께서는 내가 무슨 건의를 하든지 아주 흔쾌히 받아 주셨기 때문이다.

* 임명장 수여식에 부인들이 참석하다

오전에 취임식이 끝나고 오후에는 김종필 국무총리를 비롯한 국무위원들에 대한 임명장 수여식이 예정되어 있었다. 그러나 국회에서 국무총리 임명 동의안이 야당인 한나라당의 반대로 인준이 되지 못함에 따라 임명장 수여식은 연기되었다.

그 다음에는 청와대 비서실장, 경호실장 그리고 전 수석비서관들에 대한 임명장 수여식이 예정되어 있었다. 그런데 대통령은 남자들이 오늘 이 자리에 오기까지 부인들의 내조가 컸기 때문에 임명장 수여식에 부인들도 참가토록 하라고 지시했다. 임명장 수여 대상자 부부들이 참석한 가운데 수여식이 열렸다(당시 행정자치부의 관리들은 임명장 수여식에 부인들이 참석한 것은 역사상 처음이라고 했다). 그리고 임명장을 받는 사람들이 한 사람씩 대통령으로부터 임명장을 받고 대통령과 기념 촬영을 하는 순서로 수여식이 끝났다. 그리고 다시 대통령 내외분과 임명장 수여 대상자 부부들과의 개별 기념 촬영이 이루어졌다. 아마 그날 임명식에 참석한 부인들은 감개가 무량했을 것이며, 어쩌면 그동안 남편에게 품었던 섭섭함들이 한순간에 다 사라졌을지도 모른다.

그 이후 청와대에서 고위 공직자가 대통령으로부터 임명장을 받을 때 배우자(부인이나 남편)들이 참석하는 관례가 정착되었다.

* 사실 이날 임명장 수여식에 부인들이 참석할 수 있었던 것은 이희호 여사님의 공이 크다고 할 수 있다. 대통령은 여사님을 단순히 부인이 아닌 자신의 진정한 반려자요 동지로 생각했기 때문에 무슨 일에든지 여성들의 참여에 적극적이었다. 그 이후 여성들이 임명장을 받는 경우에는 남편들이 수여식에 참석해 대통령 내외분과 기념 촬영을 하는 일도 있었다.

* 감동의 전송

대통령은 수석비서관 임명장 수여식에 이어 세종문화회관으로 가서 각계 인사 1,200여 명이 참석한 가운데 열린 취임 경축연회에 참석했다.

그리고 다시 청와대로 돌아와 미국의 경축 사절단을 비롯해, 독일의 바이츠제커 전 대통령, 필리핀의 아키노 전 대통령, 일본의 나카소네, 다케시타 전 총리, 프랑스의 모로아 전 총리, 사마란치 IOC 위원장 등 각국의 주요 경축 사절들을 접견했다. 곧이어 취임식에 참석한 외국 사절 등 80여 명을 위한 경축 만찬이 열렸다.

나는 만찬이 시작되기 전에 외무부 의전장에게 물었다.

"만찬이 끝난 다음 대통령께서 현관에서 참석자들이 떠나는 것을 전송하면 어떻겠습니까?"

의전장이 말했다.

"그런 전례는 없었습니다. 그리고 대통령께서 그렇게 하시겠습니까?"

일반적인 상황이라면 의전장의 의견이 옳았다. 어느 나라든지 국가원수가 주최하는 만찬이 끝나면 국가원수가 먼저 자리를 뜨는 것이 관례이기 때문이다. 국가원수가 참석자들을 전송하는 사례는 거의 없었다.

그러나 내 마음에 이런 생각이 들었다.

'지금은 외환위기라고 하는 국가적 위기 상황이고, 또 경축 사절들이 한 시간의 경축식을 위해 몇 시간 혹은 15-20시간씩 비행기를 타고 왔는데, 그 정성을 생각해서 우리도 무언가 그들에게 따뜻한 감사의 마음을 보여 주는 것이 필요하지 않을까?'

나는 대통령께 건의를 했다.

"대통령님, 오늘 취임식 하시느라 피곤하시겠지만 조금만 참으시고 경축 사절들을 전송해 주십시오. 그러면 그들이 깊은 감동을 받아 대통령님의 따뜻한 마음을 고마워할 것이고, 자기네 나라에 돌아가서도 국가원수는 물론 많은 사람들에게 대통령님의 친절과 한국의 우의(友誼)를 말할 겁니다."

대통령은 흔쾌히 수락했다.

경축 만찬은 청와대 본관에 있는 충무실(忠武室)에서 거행되었다. 만찬이 끝나고 대통령이 먼저 퇴장을 했다. 참석자들은 으레 대통령이 먼저 떠나는 것으로 생각해 전원이 기립박수를 쳤다. 대통령은 충무실에서 나와 현관에 서 있었다. 잠시 후 경축 사절들이 만찬장에서 나왔다. 그들은 대통령이 자신들을 기다리고 있을 것이라는 생각은 전혀 못한 채 왁자지껄하면서 걸어 나오고 있었다. 그러다가 대통령이 현관문 앞에 서 있는 것을 보고 모두 깜짝 놀랐다. 대통령은 경축 사절 한 사람 한 사람과 일일이 인사를 나누면서 감사의 말을 전했다.

"먼 길을 와 주어 감사합니다. 안녕히 가시고, 돌아가면 대통령이나 총리에게 각별한 안부를 전해 주십시오."

그들은 깊은 감동을 받고 청와대를 떠났다(《하나님의 대사 3》 26-31쪽 참조).

* 사실 대통령 취임식으로 피곤한 연로하신 대통령에게 만찬 참석자들을 전송하기 위해 현관 앞에서 잠시 기다리시라고 건의하는 것은 어떻게 보면 무모한 행동일지도 몰랐다. 그러나 앞에서 이야기한 대로 나는 대통령 취임식에서 대통령에게 있을지도 모르는 해프닝을 방지하기 위해 대통령 의자 뒤 차디찬 콘크리트 바닥에서 한 시간 가까이 웅크리고 있었고, 대통령은 그 일에 대해서 아무 말도 하지 않았지만 청와대로 돌아온 다음 내가 무슨 건의를 하든지 다

받아 주었다. 대통령의 그러한 태도를 보고 나는 경축 사절들을 위한 만찬 후에 대통령께 현관에서 잠시 기다리시도록 건의를 할 수 있었던 것이다.

＊ 김 비서관은 단순히 의전만 하는 사람이 아니에요

취임식 다음 날 일정 보고를 마치자 대통령이 나에게 이렇게 말했다.

"내가 이번에 김 비서관을 의전비서관으로 데려오라고 그랬지만 김 비서관은 단순히 의전만 하는 사람이 아니에요. 내가 생각하는 게 있으니 김 비서관은 앞으로 내 옆에서 의전 업무 이외에도 여러 가지를 도와야 해요. 그동안 김 비서관이 일해 왔던 외교나 안보, 그리고 북한 문제 등에 대해 수시로 보고하고 무슨 중요한 문제가 발생하면 김 비서관의 의견을 말해 주세요. 그리고 한국에 주재하는 중요한 나라 대사들과도 수시로 조용히 만나 그 사람들 의견을 듣고 나에게 보고하세요."

그 후 대통령께서는 수시로 나에게 외교나 안보, 그리고 북한 문제 등에 관해 질문을 하거나 내 개인의 견해를 보고서로 정리해 달라고 지시했다. 그래서 나는 주로 의전 업무를 하면서도 많은 시간과 정력을 이 분야에 집중할 수밖에 없었다.

＊ 대통령이 나를 의전비서관으로 데려오면서도 나에게 단순한 의전
업무만 하지 말고 외교나 안보, 그리고 북한 문제 등에 관한 보고를

하라고 했던 것은, 내가 지난 25년간 외무부에서 근무한 경험과 특히 미국, 인도, 일본 및 중국에서 근무할 때의 경험을 최대한 활용하려 했던 것 같았다.

그 당시 청와대에서는 임동원 외교안보수석비서관이 외교와 안보, 그리고 통일에 관한 모든 업무를 관장하고 있었다. 그래서 나는 대통령과 있었던 이야기를 항상 임 수석에게 전달해 주었고, 임 수석 또한 자신이 관장하는 문제들에 관해 수시로 이야기해 주면서 나의 견해를 물었다. 그리고 시간이 급하거나 어려운 일이 있을 때는 나에게 대통령에 대한 보고를 부탁하곤 했다. 이러한 상황은 임 수석의 후임인 황원탁 외교안보수석이 근무할 때도 똑같이 계속되었다.

3.

화합과
소통을 위한
청와대 인사

　김대중 대통령은 한국 역사상 처음으로 야당 후보로서 대통령
이 되었다. 그것도 자민련의 김종필 총재와 박태준 전 총리의 적극
적인 협조로 당선이 되었다. 그렇기 때문에 정부는 국민회의와 자
민련의 공동정부로 운영되어야 했다.

　더욱이 '국민의정부' 앞에는 외환위기라고 하는 엄청난 시련이 기
다리고 있었다. 그 당시 3월 말 안에 갚아야 할 단기 외채가 251억
달러였지만, 외환 보유고는 120억 달러밖에 없었다. 상황이 워낙
급하다 보니 금을 수출하기 위해 금모으기 운동을 했는데, 전국에
서 350여만 명이 참여해 226톤의 금을 내놓았으며 이것이 당시 시
세로 21억 달러 정도 되었다.

이와 같은 위기를 극복하기 위해서는 훌륭한 인재를 잘 활용하는 것이 무엇보다도 중요했다. 그런데 대통령 선거 당시 오랜 기간 김 대통령의 정치적 동지로서 활동했던 이른바 동교동계 가신들과 비서들은 김대중 후보가 대통령이 되면 차기 정권에 참여하지 않겠다고 선언했다. 그리고 김 대통령이 대통령으로 당선된 후에 "민주화 동지는 있어도 가신은 없다"고 측근 배제 원칙을 밝히자, 그들은 다시 한 번 임명직 공무원에는 참여하지 않겠다고 천명했다. 그렇기 때문에 김 대통령으로서는 비교적 자유로운 입장에서 환난을 뚫고 나가기 위한 좋은 인재들을 활용할 수 있는 여건이 조성되었다. 그래서 내각을 구성할 때도 국민회의와 자민련이 거의 비슷한 지분으로 훌륭한 인재들을 장관에 임명하려고 노력했다.

** 파격적인 비서실장 임명

여느 대통령 때도 그렇듯이 청와대 비서실의 구성, 특히 비서실장을 누구로 임명하는지는 국정에 매우 중요한 영향을 미친다. 그런데 김 대통령은 김중권 전 노태우 대통령 시절의 정무수석을 비서실장으로 임명했다. 그것은 말 그대로 파격이었다. 김 대통령은 아마 비서실장 인사를 통해 '화합과 소통'이라는 메시지를 보내려 했던 것으로 추측되었다. 김 실장은 경상북도 출신이었고 과거 보수 정권에서 대통령 정무수석과 국회의원을 지낸 인물이었다.

그는 1997년 대통령 선거 시 김대중 총재의 간곡한 요청으로 대통령 선거전략 자문위원장을 맡았지만, 대통령 당선 이후에는 일체 당에 나가지 않았다. 김대중 대통령 당선자가 두 번이나 비서실장을 맡아 줄 것을 요청했지만 고사했고, 나중에 당선자가 결정 사실을 일방적으로 통지해 어쩔 수 없이 수락했다. 김 실장은 사실 대통령이 간절히 원하는 '동서 화합'을 위한 최고의 적임자였다. 그리고 또한 자민련과의 공동정부를 연결하는 중요한 '소통'의 통로였다. 김 실장은 이후 대통령의 기대에 부응해 자신의 임무를 훌륭하게 수행했다.

나는 대통령 취임식 날 청와대에 들어가 3년 8개월을 근무하는 동안 김중권 실장이 청와대를 떠날 때까지 함께 근무했다. 물론 김 실장에 대해 다소 비판적인 인식을 가진 인사들도 있었지만, 김 실장은 그런 여론에 상관하지 않고 아무런 사심 없이 오직 대통령과 나라를 위해서 일했다. 당시 의전비서관은 비서실장 직속이라 나는 다른 누구보다도 그의 생각과 행동을 잘 알고 있었다.

그는 '국민의정부' 첫 2년이 성공하는 데 중요한 역할을 했으며, 대통령에게 비서실장으로서 자신의 생각은 물론 시중의 돌아가는 이야기들을 가감 없이 전달했다. 그렇기 때문에 대통령도 김 실장의 이야기는 최대한 경청했으며 그를 다른 누구보다도 신임했다. 김 대통령이 정부를 출범시키면서 김 실장과 같은 사람을 비서실장으로 임명한 것은 모진 인생의 경험을 통해 터득한 지도자만이 보여 줄 수 있는 놀라운 선택이었다고 아니할 수 없었다.

* 김 대통령은 천주교 신자로서 하나님을 잘 믿는 분이었다. 그런데 김 실장도 하나님을 잘 믿는 신실한 사람이었다. 정부 출범 직후인

어느 일요일 오후였다. 대통령께서 나에게 전화를 해서 비서실장에게 청와대로 들어오라고 전하라고 했다. 급히 김 실장을 찾아보니 그는 자신이 장로로 있는 교회에서 예배를 드리고 있었다. 나는 그에게 대통령이 찾으시니 빨리 청와대로 들어가라고 말했다.

그랬더니 김 실장이 말했다. "교회에서 예배를 드리고 있어서 금방 들어가기는 어렵습니다. 대통령께 그렇게 말씀드려 주시고, 그럼에도 불구하고 들어오라고 하시면 예배를 중단하고 가겠습니다. 그러지 않아도 된다고 하시면 예배 후 가겠다고 말씀드려 주세요."

대통령이 찾는데 다른 사람도 아닌 비서실장의 대답이 뜻밖이었다. 나는 할 수 없이 대통령께 그대로 말씀을 드렸다. 그랬더니 대통령께서 말했다. "알겠어요. 그럼 천천히 오라고 해요. 예배드리는 것이 나를 만나는 것보다 더 중요하니까."

나는 깜짝 놀랐다. 이전에 군대나 외무부에서 높은 사람들을 많이 모셔 보았지만 이런 일은 처음이었다. 대통령이 찾는데 예배를 드리고 있으니 나중에 가겠다고 하는 비서실장도 그렇지만, 하나님께 드리는 예배가 더 중요하니 천천히 오라고 하는 대통령의 믿음도 대단했다. 비서실장은 그날 저녁에야 관저로 대통령을 찾아뵈었다. 김 실장은 그런 사람이었다(《하나님의 대사 3》 33-34쪽 참조).

김 실장은 비서실장으로 근무하면서 많은 자리에서 다시는 정치를 하지 않겠다고 공언했다. 그런 때문인지, 비서실장을 떠나 당으로 자리를 옮기면서 자신의 뜻과는 상관없이 다시 정치를 하게 되었으나 성공하지 못했다. 그러나 나는 그가 '국민의정부' 초기에 2년 가까이 비서실장으로 근무하며 남긴 공헌은 마땅히 기억되어야 한다고 생각한다.

* 유능하고 정직한 최고의 참모

앞에서도 이야기했지만 김 대통령에게는 많은 가신들과 비서와 동지들이 있었다. 그들은 수십 년 동안 김 대통령을 위해 충성과 헌신을 한 사람들이었다. 그러나 그들은 선거 기간 중 국민들과 한 약속 때문에 대통령 옆에서 공직자로서 보좌할 수가 없었다.

그러다 보니 대통령은 다른 수석비서관을 임명함에 있어서 출신이나 지역이나 전력을 따지지 않고 오직 능력을 위주로 해서 인사를 했다. 그중에서도 가장 뛰어난 인물이 임동원 외교안보수석비서관이었다. 그는 원래 군인이었다. 육군사관학교를 나와 27년간을 군사전략가로 활동하다가 육군 소장으로 예편하면서, 외교관이 되어 주나이지리아대사와 주호주대사를 거쳐 외교안보연구원장을 역임한 다음, 통일부차관을 끝으로 공직에서 은퇴했다. 그러한 그를 김 대통령이 아태재단 이사장 시절 삼고초려를 해서 영입했다.

1998년 2월 말 '국민의정부'가 출범하면서 그는 대통령 외교안보수석비서관, 나는 의전비서관으로서 청와대에서 함께 근무하다 보니 업무적으로 자주 만나게 되었다. 그러면서 나는 임 수석이 어떤 마음으로 대통령을 모시는지, 어떤 자세로 자신의 업무를 수행하는지를 유심히 관찰했다.

임 장관은 전혀 사심이 없는 사람이었다. 그가 외교안보수석으로 있을 때 한번은 대통령이 그를 국방부장관에 임명하려 했다. 그러나 그는 끝내 고사하고 다른 사람에게 양보했다. 통일부장관을 마치고 국정원장직에 임명될 때 임 장관은 정치적인 식견이 부족해 맡을 수 없다고 또 강력히 고사했지만 대통령이 임명을 강행했다. 임 원장은 국정원장을 마치면서 대통령에게 쉬고 싶다고 했지만, 대통령은 다시 그를 통일부장관으로 임명했다.

그리고 2001년 9월 국회에서 한나라당이 발의한 통일부장관 해임안이 통과된 후, 대통령이 통일외교안보특보로 임명하려 하자 또다시 그는 극구 사양했지만 대통령은 그를 특보로 임명했다. 임 장관 자신은 자리에 대한 욕심이 없었음에도 한 대통령 밑에서 장관급 임명장을 네 번이나 받는 진기록을 남겼다. 나는 이러한 상황을 옆에서 목격하면서 한국 사회 특히 지도층에 이러한 사람이 존재한다는 사실이 너무 감사했다.

그는 말할 수 없이 성실하면서도 또한 정직하고 담대한 사람이었다. 나는 그가 아주 어려운 상황에서도 자신의 의견을 정직하고 담대하게 개진하면서 대통령을 설득하려 하는 것을 많이 보았다. 그는 오직 자신의 출세와 영달을 위해 아부하고 시류에 영합하는 그런 세상적인 사람들과는 전혀 달랐다. 물론 그러한 그를 뒤에서 욕하고 비방하는 사람들도 있었다. 그러나 임 수석은 사심이 없었기 때문에 그런 것에 전혀 신경을 쓰지 않고 오직 나라와 대통령을 위해서만 일했다. 그래서 그런지 김 대통령은 임 장관을 누구보다도 깊이 신임했다(《하나님의 대사 3》 50-51쪽 참조).

* 임 장관은 정부가 바뀐 다음 뜻밖에도 두 번이나 법정에 서는 고통을 당했다. 두 사건 모두 개인적인 비리나 부정부패의 문제가 아니라 국정원장 재직 시기의 업무 수행과 관련된 것이었다. 물론 나중에 모두 집행유예를 선고받고 곧 사면·복권되었지만, 임 장관으로서는 억울한 점이 많았을 것이다. 하지만 그는 어떤 불평도 하지 않고 하나님의 사람답게 모든 것을 의연하고 담담하게 이겨 나갔다. 그는 내가 사회생활을 하면서 만난 사람 중 진심으로 존경할 수밖에 없는 훌륭한 리더였다.

4.
민주적인
경호를 위한
인사

　청와대에는 대통령을 업무적으로 보좌하기 위한 비서실이 있고 대통령의 경호를 담당하는 경호실이 있는데, 이 두 조직의 책임자가 비서실장과 경호실장으로서 과거에는 두 사람 다 장관급이었다. 물론 경호실이 수적으로는 비서실보다 적지만 대통령의 안전을 24시간 지키다 보니 경호실의 권력이 막강해지는 경우가 흔히 있었고, 그러한 현상은 대통령들에게 득이 되기보다 오히려 누가 되는 경우가 많았다.

　그럼에도 불구하고 이것은 상당히 민감한 문제였기 때문에 정권 내 어느 누구도 이 문제를 거론하기가 어려웠으며, 대통령들 자신 또한 자신의 안전을 책임지는 경호실의 권력을 축소하려고 시도

하지 않았다. 다만 김영삼 대통령 시절 정권 초기에 경호실장의 직급을 차관급으로 낮추었지만 얼마 지나지 않아 다시 장관급으로 격상했다.

* 경호실장을 차관급으로

그러나 수십 년간 야당 정치인으로 살아오면서 이러한 문제점을 누구보다도 잘 알고 있던 김 대통령은 대통령에 취임하면서 이 문제를 근본적으로 해결하려 했다. 대통령이 가장 먼저 취한 조치는 경호실장의 직급을 차관급으로 낮추는 것이었다. 앞에서 이야기한 대로 그 전까지 경호실장은 장관급이었다. 경호실장이 장관급인 것과 차관급인 것은 전혀 달랐다. 따라서 경호실장의 직급이 차관급으로 낮추어진다면 그만큼 경호실장의 위세가 위축될 수밖에 없었다.

대통령은 안주섭 장군(육군 소장)을 경호실장으로 임명했다. 그는 육군사관학교를 나와 사단장과 육군대학 총장을 거친 직업 군인이었다. 대통령은 그에게 "민주적인 경호"를 당부하면서 대통령 행사를 준비하는 정부 기관이나 민간 기관에 위세를 부려 원성을 사지 말도록 강조했다. 사실 경호는 강하고 위압적으로 하면 쉽지만 민주적이고 개방적으로 하면 더 어렵고 힘들기 마련이었다. 그러나 안 실장의 경호실은 대통령의 뜻을 충실히 따라 경호를 함으로써 '경호를 신사적으로 한다'는 평가를 듣기도 했다(《김대중 자서전 2》 47-48쪽 참조).

✱ 해외 순방 시 경호실장을 비공식수행원으로

과거 정부에서 경호실장은 장관급이었기 때문에 대통령의 해외 순방 시에는 항상 공식수행원에 포함이 되어 정상회담을 포함한 대부분의 행사에 참석을 했다. 그러나 선진국에서는 경호실장이 공식수행원으로 참석하는 경우가 거의 없었기 때문에 상대국 배석자와의 불균형을 초래했고, 특히 경호실장이 다른 수석비서관들보다 상석에 위치함으로써 어색한 상황이 발생하는 경우가 많았다. 이 때문인지 김 대통령은 해외 순방 시 경호실장을 공식수행원이 아닌 비공식수행원에 포함시키라고 지시했다. 이에 따라 경호실장이 공식수행원일 때 발생하는 여러 가지 문제점들이 해소되었다.

이것은 김대중 대통령이 아니면 할 수 없는 결정이었다. 안주섭 실장은 이러한 결정에 대해 아무 불만노 표시하지 않고 대통령의 결정에 순종했다. 그래서 대통령은 안 실장을 깊이 신임했고, 자신의 자서전에서도 안 실장이 과묵한 사람으로서 대통령 재임 5년 동안 국내외 모든 행사를 수행하면서 한 번도 실수를 한 적이 없다고 칭찬했다.

> ✱ 당시 청와대에서 외부 행사를 나갈 때 의전비서관은 항상 경호실장과 같은 자동차를 타게 되어 있었다. 그래서 의전비서관으로 근무하는 2년 6개월 동안 나는 항상 안 실장과 같은 차를 타고 다녔다. 그렇기 때문에 안 실장이 얼마나 성실하고 유능한지를 잘 알았다. 그는 단순히 경호만 하는 사람이 아니었다. 그는 끊임없이 경호실을 발전시키려 노력했고 개혁을 하려고 했다. 그러면서도 학구파

였다. 그래서 시간적인 여유가 생길 때면 항상 책을 보고 공부를 했다. 그는 김대중 대통령에게 가장 잘 어울리는 경호실장이었다.

5.
권위주의적
관행의 타파와
개선

　　김대중 대통령은 일생을 야당 정치인으로만 살아왔기 때문에 기본적으로 권위주의적 관행에 대해 거부감을 가지고 있었다. 그래서 대통령에 취임하자마자 그러한 관행들을 없애거나 개선하도록 지시했다.

* '각하'라는 호칭을 없애고 대통령 사진을 걸지 말라

　　대통령은 먼저 대통령에게 '각하'라는 칭호를 쓰지 말라고 지시했다. 사실 '각하'라는 칭호는 국가원수에게는 맞지 않는 호칭이었다. 그러나 오랜 기간 사용해 오다 보니 많은 사람들이 습관적으로 사용했던 것이다. 김 대통령은 다시는 자신에게 이 호칭을 사용하지 못하도록 했다. 그래서 그 이후 대통령을 각하라고 부르는 호칭은 사라졌다.

또 그때까지만 해도 관공서는 물론이고 동사무소나 파출소, 또한 해외에 주재하는 대사관이나 대사관저에도 대통령 사진이 걸려 있었다. 그러나 김 대통령은 이것도 권위주의 산물로 생각하고 관공서나 대사관에 대통령 사진을 걸지 못하도록 했다(《김대중 자서전 2》 45-46쪽 참조).

* 외빈을 위한 좌석 배치의 정상화

앞에서도 밝혔듯이 내가 외무부의 의전과장이 된 것은 1987년 1월로 당시는 전두환 대통령 시절이었다. 권위주의가 가장 심했던 시기로서 당시 내가 경험한 이야기들만 쓰더라도 책 몇 권이 될 정도다. 1988년 2월이 되어 노태우 대통령이 취임한 다음, 청와대 의전비서실에서는 외무부 의전과와 협조해 의전 관행 가운데 권위주의적인 색채가 남아 있는 것들을 조사해 많은 것들을 개선했다.

그런데 가장 개선하기 어려운 것 중의 하나가 외빈들의 대통령 예방 시 의자를 어떻게 배치하느냐에 관한 것이었다. 물론 외빈이 국가원수거나 총리인 경우는 문제가 없었다. 문제는 부총리나 외무장관 등 고위 인사들의 경우였다. 사실 미국이나 유럽 등 선진국에서는 그 나라의 국가원수가 외빈을 맞을 때 항상 자신의 오른쪽에 나란히 앉게 하는 것이 보편화된 관례였다.

그러나 우리는 권위주의적인 영향 때문에 대통령이 혼자 가운데 앉고 앞으로 좀 떨어져서 오른쪽 열에 외빈과 그 대표단, 왼쪽 열에는 우리 측 배석자들이 앉도록 배치했다. 나는 외국에 가서 국제적으로 보편화된 의전 관례를 보다가 청와대의 의자 배치를 보면 답답했다. 그래서 노태우 대통령 정부 시 청와대의 의전책임자, 김영삼 대통령 정부 시 청와대의 의전책임자에게 계속 이 문제를 제기하고 우리도 다른 선진국처럼 의자를 배치하도록 건의했지만 끝내 받아들여지지 않았다.

2월 25일 대통령 취임식을 마치고 청와대로 돌아와 경축 사절들을 면담하기 위한 준비를 하면서, 나는 대통령에게 이 문제에 관한 평소 생각을 말씀드렸다. 대통령은 내 보고를 다 듣고 나더니 그 자리에서 "김 비서관 건의 대로 시행하라"고 지시하는 것이었다. 그렇게 오랫동안 끌어오던 문제가 순식간에 해결되었다. 나는 바로 의전비서실 직원들에게 앞으로 대통령을 예방하는 외국의 주요 인사 중 국가원수나 총리가 아니라 하더라도 일정한 직위 이상의 인사들의 경우에는 의자를 대통령 의자 오른쪽 옆에 나란히 배치하도록 지시했다.

취임식 당일과 다음 날 이틀 동안 대통령이 경축 사절들을 접견하는 자리에서 몇몇 국가의 외빈들은 자신들의 자리가 대통령 옆에 나란히 배치된 것을 보고 깜짝 놀랐다. 아마 그들은 그 의자 배치를 통해 김대중 대통령 정부가 이전 정권보다 훨씬 더 권위주의에서 탈피하려고 노력할 것임을 짐작했으리라 생각되었다.

이와 관련해 1998년 3월 12일 홍콩에서 발행된 〈다궁바오〉(大公

報)에 실린 장팅엔(張庭延) 전 주한 중국대사의 "청와대의 새 주인"이라는 칼럼에서 장 대사는 김대중 대통령 취임식 참석 소감을 설명하면서 마지막 부분에 이렇게 기록했다.

"이날은 김대중 대통령의 취임 후 청와대에서 외빈을 접견한 첫날이었는데, 나는 좌석 배치가 전임 대통령 때와 다르다는 것을 발견했다. 김대중 대통령은 앞을 보고 홀로 독좌하지 않았으며, 손님과 나란히 앉고 기타 수행원들은 양측에 나누어 앉혔다. 나는 이러한 변화를 발견하고, 깊은 생각에 잠기지 않을 수 없었다."

* 청와대의 의자 배치의 변화는 외국의 많은 주요 인사들에게 김대중 정부에 대한 인식을 새롭게 하는 계기가 되었다. 대통령 취임 몇 달 후 세계적으로 유명한 미국의 전직 고위 인사가 김 대통령을 예방하러 청와대에 들어왔다. 접견실에 들어와 수행원 석에 앉으려 하는 것을 청와대 의전비서실 직원이 대통령 옆자리에 앉으라고 하자, 그가 자신의 수행원에게 이렇게 말하는 것이었다.
"아무래도 김 대통령이 전임 대통령들보다는 더 잘할 것 같구먼. 내가 전에 청와대 올 때마다 이 자리에는 항상 전임 대통령 혼자만 앉았지. 그리고 나는 항상 지금 자네가 앉은 그 자리에 앉았고."
비록 아무 내색도 하지 않았지만, 그들은 청와대에 들어와 앉을 때마다 간단한 의자 배치 하나를 보면서 그 당시 한국 정부가 얼마나 권위주의적인지를 알았을 것이다. 그리고 그 의자 배치가 바뀐 것을 보고 김대중 정부가 이전보다 덜 권위주의적인 정부가 될 것이라는 것을 직감했을 것이다.

* 대통령 해외 순방 시 공항 행사의 간소화

3월 들어 청와대 의전비서실에서 행정자치부와 4월 초 런던에서 열리는 제2차 ASEM 정상회의에 참석하는 대통령의 출국 및 귀국 시 공항 행사를 협의하는 과정에서 과거의 행사 규모가 너무 크고 권위주의적이며 비효율적이라는 것을 알았다. 현재 나라가 외환위기에 처한 상황임을 감안해 어떤 형식으로든지 공항 행사를 간소화할 필요가 있었다.

청와대는 우선 외교통상부를 통해 각국의 관례를 조사했다. 조사 결과 선진국에서 그러한 행사를 하는 나라는 없었다. 미국이나 영국은 물론이고 독일이나 프랑스에도 없었고, 중국에서는 국가주석에 한해 공항이 아닌 인민대회당에서 소수의 인사들이 참석하는 간단한 옥내 행사만 할 뿐이었다.

청와대는 행정안전부와 협의해 선진국들의 관례를 참조해 대통령 해외 순방 시 공항 행사의 간소화 방안을 작성했다. 가장 중요한 것은 출영 인사의 규모였다. 그 전에는 국무총리 및 일부 국무위원, 정당 인사, 대통령 수석비서관 및 외교사절 등 30여 명에 달했으나, 이를 국무총리, 행자부장관, 대통령비서실장, 청와대 일부 수석비서관, 방문국 대사 등 10여 명으로 제한했다. 또한 공항 행사도 과거의 팡파르, 의장대 사열, 출국인사 발표 등을 없애고, 출영 인사들과 간단한 인사 교환 후, 도열병을 통과해 바로 항공기에 탑승하도록 절차를 대폭 생략했다. 이로써 전에 300여 명에 이르렀던 군 행사요원이 20여 명의 도열병만으로 크게 줄어들었다.

한편 과거 대통령 출국과 귀국 일에 효자동 입구에서 청와대 구간과 서울공항 구내에 게양하던 가로기도 서울공항 구내에만 게양하도록 했다.

> *이와 같은 간소화 방안은 상당한 경비의 절감은 물론이고 대통령이 해외에 나갈 때마다 많은 고위 인사들과 수행원들이 공항을 가고 옴으로써 생기는 폐해를 없앴다는 점에서 아주 중요한 결정이었다. 사실 이 문제는 권위주의적인 사고방식을 가진 대통령에게는 건의하기 어려운 민감한 문제였지만, 김대중 대통령이었기에 밑에서 건의를 할 수 있었고 대통령 또한 아주 흔쾌히 결정을 내려 주었던 것이다.

* 휘호 요청에 대한 대통령의 거부감

김 대통령은 취임 이후 대통령의 휘호나 글씨를 써 달라고 하는 것에 대해 거부감을 가지고 있었다. 현직에 있을 때는 사람들이 그렇게 가지고 싶어 하는 글씨도 현직에서 떠나면 별다른 의미가 없다는 것을 너무나 잘 알았기 때문이었다.

* 판문점 '자유의 집' 비석 휘호

1998년 6월 중순이었다. 외교안보수석비서관실에서 통일부 요청이라고 하면서 판문점 '자유의 집' 비석에 사용할 대통령의 휘호를 건의해 왔다. 내가 이에 대한 보고를 하자, 대통령은 임기가 제한되어 있는 대통령들이 장기간 보존해야 할 비석 등의 휘호를 쓰는 것은 적절치 않다고 하면서 앞으로는 그 분야의 최고 전문가로 하여금 정식으로 쓰도록 하라고 지시했다. 이 지시는 곧 외교안보수석비서관실을 통해 통일부에 전달되었다.

✽ 국정원의 원훈석(院訓石) 이야기

신임 대통령에 대한 국가안전기획부(안기부)의 업무보고가 1998년 5월 중순으로 결정된 다음, 이종찬 안기부장이 청와대에 들어와 대통령께 보고를 하면서, 안기부가 앞으로 명실공히 정보기관으로 거듭난다는 의미에서 이름을 '국가정보원'으로 바꾸고 원훈(院訓)도 '정보는 국력이다'로 정하겠다고 보고했다. 그리면서 이 부장은 국정원 원훈석에 새길 새로운 원훈 '정보는 국력이다'라는 휘호를 써 주실 것을 건의했다. 대통령은 몇 번을 망설이다가 이 부장의 강력한 건의에 따라 마지못해 휘호를 써 주면서 휘호 아래 '대통령 김대중'이라는 글을 새기지 말라고 지시했다.

5월 12일 대통령은 국가안전기획부(안기부)를 방문해 업무 보고를 받았다. 안기부의 업무 보고가 끝나자 대통령이 훈시를 했다.

"과거 불행했던 안기부 역사의 표본은 바로 나입니다. 납치, 사형선고 등 안기부의 용공 조작 때문에 별일을 다 당했습니다. 내가 당했던 일을 안기부가 다시는 해서는 안 됩니다. 완전히 새 출발을 해야 합니다. 대통령은 국가의 원수요 행정 수반으로서 받드는 것이지 정치적으로 받들 필요가 없습니다. 대통령이 정치적으로 부당한 어떤 지시를 해도 들을 필요가 없습니다. 이 정권은 안기부를 정권의 도구로 이용하지 않을 것이며 여러분도 그것은 원하지 않을 것입니다.

안기부는 국민의 마음에 탄식과 걱정을 끼쳤고, 정치적으로는 부정적인 기관으로 보여 온 게 사실입니다. 이제 안기부는 국가정보원으로 다시 태어났습니다. (중략) 국가정보원이 국내에서 군림해서는 안 됩니다. 국가 기관과 정보를 공유해 국가 위기 원인을 철저히 관리해야 합니다. 국가정보원은 이제 직언하고 경고해야 합니다. 대통령으로서 마지막으로 부탁합니다. 완전 중립을 지켜 주십시오"(《김대중 자서전 2》 50-51쪽 참조).

업무 보고가 끝난 다음 대통령은 이종찬 부장과 함께 마당에 있는 원훈석을 제막했다. 원훈석에는 '정보는 국력이다'라는 휘호가 잘 새겨져 있었다. 그런데 대통령이 원훈석 뒤로 가더니 갑자기 큰소리로 말했다.

"이 부장! 이거 어떻게 된 겁니까? 왜 여기에다 '대통령 김대중'이라는 글씨를 새긴 거예요?"

"네, 대통령께서 앞에 새기지 말라고 하셔서 사람들이 보지 못하도록 뒤에 새겨 놓았습니다."

그러자 대통령이 더 큰소리로 말했다.

"지금 무슨 소리를 하는 겁니까? 이런 돌멩이에 왜 대통령 이름을 새깁니까? 나중에 나를 싫어하는 사람이 와서 내 이름을 보고 이 돌멩이를 치우라고 하면 어쩌려고요? 당장 내 이름을 지우세요."

이 부장은 당장 지우겠다고 답했고, 우리는 청와대로 돌아왔다.

비서실장이 대통령께 말했다.

"저희들이 끝까지 꼼꼼하게 확인했어야 하는데, 심려를 끼쳐 드려서 죄송합니다."

대통령이 말했다.

"여러분은 오늘의 일을 중요한 교훈으로 삼아야 합니다. 내가 대통령을 하면 얼마나 하고, 또 권력이 있다고 해도 얼마나 있겠습니까. 솔직히 말해 작년 12월 18일 이전에 대한민국에서 김대중이 대통령이 된다고 확신한 사람들이 과연 몇 명이나 있었겠습니까. 우리가 지금 청와대에 들어와 권력을 가졌다고 해서 절대 교만해서는 안 되며 항상 겸손해야 합니다. 우리는 언제나 역사를 생각해야 합니다. 앞으로 정치가 어떻게 될지 아무도 모르는 겁니다. 혹시 압니까? 5년이나 10년 뒤에 나를 싫어하는 사람이 나와서 그 돌멩이를 치우라고 할지. 그러니 우리는 정말 겸손해야 합니다."

훗날 정권이 바뀐 다음 국가정보원은 정원에 놓여 있던 김대중 대통령 시절의 원훈석을 치우고 새로운 원훈석으로 바꿔 놓았다 (《하나님의 대사 3》 34-37쪽 참조).

* 나는 나중에 국가정보원의 원훈석이 바뀐 것을 보고 김 대통령의 말씀을 생각했다. 그리고 그가 얼마나 통찰력을 가진 지도자였는지 다시 한 번 확인하는 동시에 권력의 무상함을 실감했다.

6.
대통령 면담 신청은
의전비서실을
통하라

　당시 청와대 본관에는 대통령을 지근거리에서 보좌하는 부속실과 의전비서실이 있었다. 의전비서실은 공적인 의전 업무를 관장하고 있는데 반해 부속실은 대통령의 개인적인 일이나 가족들에 관한 업무를 관장하고 있었다. 그런데 대통령에 대한 보고나 면담 신청은 의전비서관실을 통하기도 하지만 어떤 때는 청와대 관계 수석비서관실을 통하기도 하고, 때로는 부속실을 통하는 경우도 있었다.

　정권이 출범한 지 얼마 안 된 어느 날, 비서실장이 수석비서관 회의에서 대통령의 지시를 전달했다.

　"대통령께서 지시하신 내용입니다. 오늘부터 정부 및 국가 기관장들의 대통령에 대한 보고나 외부 인사들의 대통령 면담 요청은 반드시 의전비서실을 통해서 해야 합니다. 따라서 대통령께서 사적으로 부속실에 특별히 지시하지 않는 한, 관계 수석실에서 대통령에 대한 보고나 면담 요청을 부속실로 하면 안 됩니다. 또한 수석비서관들 자신이 대통령께 보고를 할 때도 반드시 의전비서실을 통해 시간을 받아야 합니다.

또 대통령의 서명이 필요한 모든 문서는 수석비서관들이 대통령께 대면 보고를 하면서 결재를 받지 않는 한, 전부 의전비서실에 보내 의전비서관으로 하여금 결재를 받도록 하십시오."

이후 내가 의전비서관으로 근무하는 기간에는 대통령을 공개적으로 만나는 모든 면담 신청과 문서 결재는 반드시 의전비서실을 통해 이루어졌다. 그러다 보니 대통령께 의전에 관련된 업무 때문에 보고를 하러 들어가는 시간도 많았지만, 각 부처는 물론이고 청와대 내 각 수석비서관실에서 올리는 문서에 대한 보고와 재가를 받는 시간도 많았다.

그런데 대통령을 만나고자 하는 사람은 많지만 대통령 일정상 모든 면담을 주선할 수 없다 보니 외부에서 불평들이 나오기 시작했다. 의전비서관이라는 사람이 대통령 면담을 막고 있다는 것이었다.

어느 날 대통령이 주요 인사들이 많이 모인 자리에서 말했다.

"요즈음 밖에서 대통령에 대한 면담 일정을 반드시 의전비서관을 통해야 하는 것에 대해 말들이 있는 것 같은데 그것은 의전비서관이 자기 마음대로 그러는 것이 아니에요. 내가 그렇게 하라고 지시해서 하는 것이니 그렇게 아세요."

그 이후 의전비서실의 대통령 면담 주선에 관해서는 아무 말도 나오지 않았다. 그리고 내가 의전비서관으로 근무하는 동안 청와대 내 수석비서관실은 물론이고 외부에서도 대통령 면담을 희망하는 경우에는 반드시 의전비서실을 경유하는 관행이 정착되었다.

* 대통령이 외부 인사들과의 공식적인 면담 문제를 부속실이 아닌 의전비서실을 통해 처리하도록 한 것은, 수십 년 동안 야당 정치인으로 살아오는 동안에 교류했던 많은 사람들이 비공식 라인을 통해 막무가내로 면담을 신청할 경우 이것을 거절하기가 상당히 어려웠던 것도 하나의 원인이 되지 않았을까 생각되었다. 그래서 그들에게 전혀 생소한 의전비서관을 통해 면담을 신청토록 함으로써 면담 신청을 한 번 걸러야 할 필요가 있어서 그랬던 것이 아닌가 추측되었다.
어쨌든 이것은 내가 감당하기에 너무나 막중한 책임이었다. 그래서 나는 항상 공정한 입장에서 임무를 수행하기 위해 의전비서관으로 있는 2년 6개월 동안 어떤 권력자나 사회적인 지도급 인사들도 외부에서 만나지 않았으며, 행사가 없을 때는 대부분 혼자 사무실에서 식사를 하곤 했다.

7.
런던
ASEM(아시아유럽 정상회의)
참석

3월 31일 오후 김 대통령 내외는 공식수행원(박정수 외통부장관, 한덕수 통상교섭본부장, 최홍건 산업자원부차관, 김태동 경제수석비서관, 임동원 외교안보수석비서관, 박지원 공보수석비서관, 필자인 의전비서관, 외통부 관계국장) 및 특별수행원(국민회의 양성철, 김상우 의원, 유종근 전북지사)과 함께 특별기로 영국 런던에서 열리는 제2차 ASEM 정상회의 참석차 출국했다.

대통령 취임 이후 최초의 출국인 만큼 어느 정도는 환송하는 분위기가 있어야 함에도 불구하고 최근에 결정된 정부 방침에 따라 거리에는 현수막이나 기념 아치는 물론 태극기 게양도 없었다. 비행장에 도착해 비행기에 탑승하는데 환송객은 10여 명에 불과했고, 3군 의장대 사열은 물론이고 팡파르도 울리지 않았다. 그동안 관례적으로 했던 텔레비전 생중계도 없었다. 물론 모든 것이 국가의 중요한 의전 지침이 바뀐 때문이었지만, 현재의 나라 상황이 워낙 어려운 만큼 대통령을 비롯한 수행원 모두가 심각한 표정으로 비행기에 올랐다.

런던에 도착해 4월 1일 대통령은 ASEM 정상회의와 회의 기간 중 갖게 되는 개별 정상회담에 관한 대책 회의로 바쁜 시간을 보내고, 오후 늦게 도체스터(Dochester)호텔로 가서 영국에 거주하는 동포 350여 명을 초청한 리셉션에 참석했다.

* 중국 주룽지 총리와의 회담

다음 날인 4월 2일 오전 대통령 숙소인 힐튼파크레인호텔로 중국의 주룽지 총리가 찾아왔다. 주 총리와의 만남은 대통령이 런던에 도착해 외국 지도자와 가진 첫 번째 회담이었다. 두 지도자들은 만나자마자 지난 1996년 10월 베이징에서의 만남을 회고하면서 반가워했다.

김 대통령은 어려울 때 친구가 진정한 친구라고 하면서 중국의 협력에 깊은 감사를 표했다. 주 총리는 중국이 한국 경제에 계속 깊은 관심을 갖고 있으며, IMF 구제 금융도 참여했고, 한국의 위기 극복을 위해 중국이 할 수 있는 범위 내에서 계속 협력을 제공할 생각이라고 말했다.

주 총리는 특히 김 대통령이 가장 큰 관심을 가지고 있는 위안(元)화 평가절하와 관련해, 중국은 희생을 감수하더라도 평가절하를 하지 않겠다는 약속을 계속 지켜 나갈 것이라고 밝혔다.

김 대통령은 자신의 대북정책 3원칙(무력사용 불용, 흡수통일 불원, 교류와 협력을 통한 남북 관계 발전)을 소상히 설명하면서 중국의 협조를 요청했다. 이에 대해 주 총리는 한국 정부의 새로운 대북정책을 충분히 이해하며, 동 정책이 성공하기를 기원한다면서 한반도 문제가 남북한 당국 간의 직접대화로 해결되기를 기대한다고 말했다.

한편 주 총리는 4월 말에 후진타오(胡錦濤) 국가부주석이 한국을 방문할 예정인데 그 기회에 양국 간 협력이 더욱 확대되기를 기대한다고 말했다.

> * 이날 두 지도자의 만남은 다른 어느 회담보다도 따뜻하고 우호적이었다. 결국 1996년 10월 베이징에서 시작된 두 지도자의 우정은 양국 관계에 중요한 영향을 미치기 시작했으며, 특히 주 총리가 중국의 경제를 관장하는 국무원 총리(행정수반)가 되었기 때문에 훗날 한·중 경제협력 강화에 결정적인 도움이 되었던 것이다.

대통령은 잠시 후 숙소 호텔에서 열린 영국 경제인연합회 초청 오찬에 참석해 연설을 했다. 그리고 오후에는 숙소로 찾아온 일본의 하시모토(橋本) 총리와 정상회담을 갖고 한·일 어업협정의 재개정, 일본 문화 개방, 2002년 월드컵 공동개최 문제 등에 관해 의견을 나누었다.

* 영국 블레어 총리와의 정상회담

일본 하시모토 총리와의 회담을 마친 다음, 김 대통령은 영국의 블레어 총리를 만나기 위해 총리 관저로 갔다. 그런데 황당한 일이 발생했다. 대통령 차량 뒤를 따라오던 수행원 차량들이 영국 선도 경찰의 실수로 다른 장소로 간 것이었다. 런던의 길이 복잡하고 좁은데 국가 정상의 모터케이드에서 어떻게 그런 일이 발생했는지 알다가도 모를 일이었다. 수행원들이 없으니 할 수 없이 대통령과 총리가 둘이 앉아 환담을 나눌 수밖에 없었다. 블레어 총리도 당황해하는 기색이 역력했다. 그러나 대통령은 계속 다른 화제를 가지고 시간을 끌었다. 얼마 후에 영국 경찰의 안내로 우리 수행원들이 도착했다.

먼저 김 대통령은 자신의 취임식 때 영국이 축하 사절을 파견해준 데 대해 감사를 표했고, 블레어 총리는 한국이 IMF 관리 체제 하에서 추진 중인 개혁 노력을 높이 평가했다. 대통령은 우리의 금융위기 관련 영국의 지원에 감사하면서, 위기의 근본은 외환 문제로서 수출과 외국인 투자를 통해 외자를 도입해야만 난관을 극복할 수 있기 때문에 한국 정부가 외자 도입을 위해 모든 제한을 철폐해 나가고 있다고 설명했다. 그러면서 현재 금융위기를 겪고 있는 아시아 국가들에 대해 유럽 국가들이 적극 지원해 주길 희망한다고 말했다. 이에 대해 블레어 총리는 영국도 가능한 한 지원을 아끼지 않겠다고 대답했다.

대통령은 자신의 대북 3원칙을 설명했고, 블레어 총리는 한국 정부의 대북정책이 아주 좋은 방향으로 전개되고 있다고 보며, 영국 정부는 이를 전적으로 지지할 것이라고 말했다. 또한 블레어 총리는 엘리자베스 여왕이 내년에 한국 방문을 희망하고 있다고 했고, 대통령은 엘리자베스 여왕의 방한을 고대하고 있겠다고 답했다.

마지막으로 대통령은 이번 런던 ASEM 정상회의가 성공적으로 진행되기를 희망했고, 블레어 총리도 2000년 가을 서울에서 개최되는 제3차 정상회의의 성공적 개최를 위해 최대한 협조하겠다고 말했다.

회담이 끝나고 나가면서 블레어 총리는 다시 대통령에게 오늘 일어난 일에 대해 미안함을 표시했고 대통령은 농담으로 받아 넘기면서 총리 관저를 떠나 호텔로 돌아왔다.

그날 저녁 대통령 내외는 도체스터호텔에서 개최된 아세안 7개국 정상과 한·중·일 정상들과의 회동에 참석하고, 이어서 영국 통산성이 주최하는 리셉션에 참석한 다음, 블레어 총리가 주최하는 비공식만찬에 참석해 각국 정상들과 친교를 나누었다.

* 1·2차 정상회의 결과

다음 날인 4월 3일 아침 엘리자베스2세회의센터에서 정상회의 개막식이 열렸다. 영국 측은 정상회의라고 해서 특별한 준비를 하지 않고 평소에 사용하던 시설 그대로를 사용하고 있었다.

이어서 열린 오전 1차 정상회의에서 김 대통령은 한국이 경제위기에 처하게 된 원인을 설명하고, 한국이 추진하고 있는 위기 극복

방안을 설명했다. 블레어 총리가 주최하는 오찬이 끝난 다음, 다시 2차 정상회의가 속개되었다. 김 대통령은 모두(冒頭) 발언을 통해, 한국 정부의 새로운 대북정책, 남북기본합의서 준수, 식량지원, 경수로 사업 이행, 남북대화와 4자회담 병행 추진 등을 설명했다. 그리고 한국, 태국, 인도네시아에 투자조사위원회를 파견해 경제개혁의 실태를 파악한 다음, 외국 기업들이 투자할 수 있도록 하자고 제안했다.

* 프랑스 시라크 대통령과의 정상회담

일반적으로 정상회담은 양국 간 가장 중요한 문제들을 다루는 중요한 회담이기 때문에 회담의 충분한 준비를 위해 양국 외교부 간에 사전에 충분한 협의를 통해 이루어진다. 특히 대통령이 다자 정상회의 참석 시에는 여러 가지 일정으로 인해 시간을 내기가 어렵고 또 현장에서 정상회담 준비를 하기가 어렵기 때문에, 사전에 충분한 시간적인 여유를 두고 양국 외교부 간의 협의를 통해 준비하기 마련이다. 때문에 다자 정상회의에 참석하면서 현장에서 정상회담을 갖는 것은 다소 이례적인 것이다.

그런데 전날 블레어 총리 주최 비공식만찬에서, 김 대통령과 프랑스의 시라크 대통령이 대화를 나누는 중에 다음 날인 4월 3일 2차 정상회의가 끝나고 저녁에 엘리자베스 여왕 내외가 주최하는 만찬 사이에 시간을 내어 정상회담을 갖기로 했다.

다음 날 오후 늦게 양 정상은 회담을 갖고 경부고속철도 건설사업과 외규장각 도서 환수 문제와 관련해 많은 의견을 교환했다. 그리고 김 대통령은 이번 ASEM 정상회의에 대한 자신의 견해를 설명했다.

대통령은 지금 아시아인들이 고통 속에 있으며 그들에게 중요한 것은 말이 아닌 외국인 투자기 때문에 유럽이 아시아에 구체적으로 어떤 도움을 줄 것인가를 주목하고 있다면서, 만일 현재 준비된 의장성명서가 채택될 경우 아시아인들에게 실망을 주게 될 것이라고 말했다. 그러면서 우리는 외국인 투자를 원하며, ASEM 자체와 EU(유럽연합) 각국 입장에서 아시아와의 교역 및 투자증대를 위한 조사단을 파견해 주면 아시아 국가들은 유럽이 진정한 친구라는 확신을 가질 수 있으므로, 프랑스에서도 투자단을 파견하고 내일 회의 시 시라크 대통령이 이에 관해 발언을 해 달라고 요청했다.

시라크 대통령은 프랑스가 이미 한국에 대한 투자단 방문을 고려하고 있었다면서, 앞으로 프랑스 경제인연합회 고위 기업인들로 구성된 투자사절단을 한국에 파견하도록 노력하겠다고 말했다.

＊ 3차 정상회의 결과

그날 저녁 버킹엄 궁에서 엘리자베스 2세 영국 여왕이 정상회의에 참석한 각국 정상들을 위해 주최하는 부부동반 만찬이 개최되었다. 김 대통령은 동 만찬에 참석해 유럽 정상들에게 투자단 파견을 요청했다.

그리고 다음 날 오전에 열린 3차 정상회의에서 김 대통령의 제안에 대해 의장인 블레어 영국 총리와 시라크 프랑스 대통령 그리고 하시모토 일본 총리 등의 적극적인 지원으로 당초 의장성명서에 포함되었던 "아시아 경제 위기 해결을 위한 구체적인 방안으로 유럽이 '투자 촉진단'을 파견하기로 했다"는 표현이 "'고위급 기업인 투자 촉진단'을 파견하기로 했다"는 강력한 표현으로 채택되었다. 그리고 폐막식에서 한국은 제3차 ASEM 정상회의 주최국으로서의 권한을 인수받았다.

* 김 대통령이 ASEM 정상회의에서 그러한 성과를 거둘 수 있었던 것은 개별 회담을 가진 영국, 일본, 프랑스의 정상들의 적극적인 협조 때문이었으며, 이것은 다자 정상회의에서 대통령이 어떻게 활동하는 것이 중요한 것인지를 인식하는 좋은 기회였다.

그리고 회의를 통해 발견한 중요한 사실은 주최국인 영국이 정상회의를 준비하면서도 전혀 돈을 쓰지 않았으며 그냥 있는 그대로의 시설과 장비를 이용했다는 것이다. 그것은 자신들의 전통에 대한 자부심과 외형적인 것에 돈을 낭비하지 않겠다는 지극히 실용적인 사고방식에 근거한 것으로 보였다. 국제행사를 준비한다고 항상 엄청난 국민의 세금을 쏟아 붓는 한국의 현실을 생각하면서 '우리는 언제 저렇게 할 수 있을까' 하는 생각이 들었다.

그런데 시라크 대통령과의 정상회담 때 한 가지 재미있는 일이 있었다. 정상회담이 열린 곳은 ASEM 정상회의가 열리는 회의장 내 소회의실이었다. 회의 준비는 한국 측이 하기로 되어 있었기 때문에 우리는 회의장 측에 요청해 물과 음료수를 준비했다. 그리고 정상회담을 하면서 회의장 측이 테이블 위에 준비한 물을 아무런 생각 없이 마셨다. 그런데 프랑스 의전에서는 주최 측에서 준비한 물을 마시지 않고 자신들이 준비해 온 물을 따라서 시라크 대통령 앞에 갖다 놓는 것이었다. 국가원수를 위한 행사를 준비하면서 건강과 안전을 위해서 그런 면까지도 준비한다는 것이 놀라웠다.

대통령은 그날 오후 런던대학에 가서 특별 명예교수 칭호 수여식에 참석하고 연설을 한 다음, 한국으로 가기 위해 런던을 출발했다. 런던을 출발하기 전 대통령은 그동안 대통령의 ASEM 정상회의 참석 준비를 위해 수고한 최동진 주영국대사를 불러 노고를 치하하고 대사관 직원들에게도 감사의 뜻을 전해 줄 것을 당부했다.

8.
중국의
후진타오(胡錦濤) 국가부주석
방한

중국의 후진타오 국가부주석이 4월 말 한국에 왔다. 그는 비록 국가부주석이었지만 이미 당시 장쩌민을 중심으로 하는 제3세대 지도체제의 뒤를 이을 것으로 예상되는 제4세대 지도자들 가운데서도 가장 중요한 역할을 담당할 것으로 주목받는 지도자였다. 그래서 4월 초 런던 ASEM 정상회의에서 김 대통령을 만난 중국의 주룽지 총리도 후 부주석의 방한을 한·중 협력 관계를 확대시켜 나가는 계기로 삼으라고 조언했던 것이다. 이에 따라 정부는 후 부주석 방한의 성공을 위해 성심껏 일정을 준비했다.

✻ 사진 촬영을 위한 계단을 준비하다

후 부주석의 방한 일정을 협의하는 과정에서 중국 측은 특별한 요구를 해 왔다. 후 부주석을 수행하는 인사들이 많은데 김 대통령과 꼭 합동으로 사진을 찍고 싶어 하니 그런 기회를 달라는 것이었다. 우리는 고민을 하다가 중국 인민대회당에서 사용하는 것과 비슷한 목재로 된 계단을 제작했다.

4월 28일 오전 후 부주석이 많은 수행원들과 함께 청와대에 들어왔다. 대통령과 후 부주석이 악수를 한 다음, 그 뒤에 잠시 간이 계단을 갖다 놓고 일부 수행원들은 계단에 올라가 합동 기념촬영을 했다. 청와대 의전비서실이 외빈들과의 사진 촬영을 위해 계단을 사용한 것은 그때 한 번 뿐이었으며, 그 이후 그 계단을 다시 사용한 적은 없었다.

✻ 미래 최고지도자와의 신뢰 구축

사진 촬영 후 시작된 접견에서 김 대통령은 후 부주석의 방한이 한·중 양국 간 새로운 역사의 장을 열고, 금년 초 새로이 출범한 양국 정부 간 긴밀한 협력의 계기가 될 것으로 기대한다고 말했다. 이에 대해 후 부주석은 양국이 수교 이후 지난 5년간 거둔 성과에 만족을 표하고, 김 대통령에게 앞으로 양국 우호협력 관계의 진일보 발전을 위해 계속 깊은 관심을 가져 줄 것을 요청했다.

이어 계속된 오찬에서 양 지도자는 주로 북한에 관해 솔직한 의견을 교환했다. 특히 김 대통령은 자신의 대북정책을 상세히 설명했고, 남북 관계의 진전을 위한 중국의 협조를 요청했다.

이에 대해 후 부주석은 김 대통령의 대북정책을 높이 평가한다고 하면서, 중국은 남북한이 대화를 계속하기 바라며 접촉하는 것이 접촉하지 않는 것보다 낫고, 협의하는 것이 협의하지 않는 것보다 낫다고 말했다. 그러면서 중국말에 '合久必分, 分久必合'(합해진 것이 오래되면 반드시 나뉘어지게 되고, 나뉘어진 것이 오래되면 반드시 합해지게 된다)이라는 말이 있는데, 남북 문제도 '分久必合'의 이치에 따라 해결되어야 한다는 것이 많은 사람들이 바라는 것이라고 말했다.

양 지도자들의 만남은 화기애애한 가운데 진행되었으며, 이 만남을 계기로 서로에 대한 깊은 신뢰를 갖게 되었고 이것은 후에 양국 관계 확대에 긍정적으로 작용하게 되었다.

1998.4.28 후진타오 국가부주석, 김대중 대통령 예방 시 기념촬영
대통령의 왼쪽 후진타오 부주석, 대통령의 오른쪽 다이빙궈 당대외연락부장(후에 국무위원), 뒷줄 왼쪽에서 두 번째 필자

* 당시 처음으로 한국을 방문한 후 부주석은 한국과 한국인에 대해 깊은 인상을 가지게 되었으며, 이것은 훗날 그가 국가주석이 되었을 때 한·중 관계를 중시하는 계기가 되었다고 평가된다.

후 부주석이 말한 '合久必分, 分久必合'이라는 말은 《삼국지》맨 처음에 나오는 말로서 '나라가 통일이 된 지 오래되면 반드시 분열이 되고, 분열 상태가 오래되면 반드시 통일이 된다'는 뜻이다. 중국인들은 그렇게 되는 것을 '천하대세'(天下大勢)라고 말한다. 따라서 후 부주석의 말은 남북통일도 때가 되면 이루어질 것인데, 그렇게 천하대세에 따라 통일이 이루어지는 것이 바람직하다는 것을 의미한 것으로 생각되었다.

9.
미국
국빈방문

미국 방문 준비

어느 대통령이든지 한국의 대통령이 취임한 다음 가장 먼저 방문하는 나라는 우리에게 가장 중요한 나라인 미국이다.

김 대통령의 미국 국빈방문이 6월 6일부터 14일까지로 결정된 다음, 청와대 의전비서실은 외교통상부 의전실과 긴밀한 협의 하에 세부적인 의전 준비를 시작했다. 그런데 외신에서도 평가하듯이 '국민의정부'는 역사상 최초로 야당 후보가 대통령에 당선된 것이기 때문에 아직도 남아 있는 권위주의적인 색채를 탈피하는 것이 중요한 과제였으며, 그것은 국민들의 눈에 잘 띄지 않는 의전에서도 마찬가지였다.

앞에서 이야기했듯이 나는 과거 외무부에서 의전과장으로 근무하는 2년 동안 대통령 해외 방문 행사를 준비하면서 많은 생각을 했으며, 그 당시 언젠가 나에게 기회가 주어진다면 꼭 개선하고 싶은 몇 가지 문제들이 있었다. 나는 '국민의정부' 출범을 시작으로 그 문제들의 개선을 건의하기로 마음먹었다.

* 공식 수행원 문제

대통령의 해외 순방 시 의전이 당면하는 가장 어려운 문제는 대통령의 공식수행원을 누구로 할 것이냐는 것이다. 김대중 대통령의 미국 국빈방문은 '국민의정부' 최초의 국빈방문으로서 언론으로부터 많은 주목을 받을 것이기 때문에 많은 사람들이 수행원에 포함되기를 희망했다. 그러나 미국 정부가 공식수행원의 숫자를 11명으로 제한했기 때문에 어려움이 많을 수밖에 없었다. 특히 미국이 과연 한국이 얼마나 변화되었나 주시하고 있을 것이기 때문에 공식수행원을 어떻게 구성하느냐가 중요한 문제였다.

우선 반드시 포함되어야 할 8명 즉 이규성 재경부장관, 박정수 외교통상부장관, 이홍구 주미대사, 그리고 청와대의 강봉균 경제수석비서관, 임동원 외교안보수석비서관, 박지원 공보수석비서관, 의전비서관(필자)과 외통부의 권종락 북미국장을 제외하면 남는 자리는 3명뿐이었다.

많은 검토와 협의를 거쳐 3명이 결정되었다. 우선 대통령 방미 기간 중 빌 클린턴 대통령과의 정상회담 직후 체결 예정인 한·미 범죄인 인도협정 서명식에서 반드시 관계 장관이 서명을 해야 한다고 주장하는 법무부 의견에 따라 박상천 법무부장관이 포함되었다. 또한 과거 항상 공식수행원에 포함되던 산업자원부장관이 빠지고 대신 한덕수 통상교섭본부장이 포함되었다. 그리고 주한미군을 고려해 이번에 한해 김진호 합참의장을 포함시키기로 결정했다.

이 과정에서 가장 관심이 모아졌던 것은 경호실장 문제였다. 그러나 지난 4월 초 런던에서 개최된 ASEM 정상회의 직전에 대통령의 지시로 대통령 해외 순방 시 경호실장은 공식수행원이 아닌 비공식수행원에 포함시키기로 결정되었기 때문에 별다른 문제없이 넘어갔으며, 이와 같은 관행은 '국민의정부' 내내 계속되었다.

** 교민들의 공항 환영·환송 문제

'국민의정부' 이전에 우리 대통령이 어느 국가를 방문하기 위해 그 나라에 도착할 때는 그곳에 거주하는 한국 교민들이 공항에 나와 환영을 하고, 또 떠날 때는 환송을 하는 것이 중요한 일정의 하나였다. 그런데 이것은 다분히 권위주의적인 색채가 있는 일정이었다. 그래서 의전과장을 하면서 또한 해외에 근무하면서 대통령 방문 행사 때마다 이 행사를 준비하며 나는 늘 현지 교민들에게 미안하게 생각했다.

이 행사를 준비하기 위해서는 먼저 공관에서 공항에 나오는 교민들의 명단을 받아 경호실을 통해 신원조회를 한 다음 참가 인원을 확정했다. 그리고 행사 당일 교민들은 (여성일 경우 한복을 입고) 대통령 도착 네 시간 전에 집합 장소에 모여 신원 체크와 명찰을 받고, 두 시간 전까지는 공항에 도착해서 대통령을 기다렸다. 그런데 대통령이 공항에 도착하면 교민들과는 인사를 할 수가 없기 때문에 교민 환영단을 향해 손을 흔든 다음 바로 자동차를 타고 떠나며, 교민들은 다시 버스를 타고 원래 집합 장소로 가서 거기서 각자 집으로 돌아가는 것이었다. 결국 공항에서 그것도 멀리서 대통령을 몇 분간 환영하기 위해 힘든 생활을 하며 사느라 바쁜 교민들의 귀중한 시간을 빼앗는 것 같아 항상 미안한 마음이 들었고, 언젠가는 반드시 시정되어야 할 일정이라고 생각하고 있었다.

나는 대통령 방미를 준비하면서 먼저 외교통상부를 통해 선진국에서 이러한 행사를 하는 나라가 있는지를 조사했지만, 그러한 사례는 거의 없었다. 그래서 나는 보고서를 준비해 대통령께 이 행사의 문제점을 소상히 보고했다. 대통령께서는 보고를 들은 다음, 앞으로 대통령의 해외 순방 행사에서 교민들의 공항 환영과 환송 행사를 없애라고 지시했다. 이후 '국민의정부'에서는 이 행사들이 없어졌다.

* 외교통상부를 통해 이 지시를 내려보내자 주미대사관에서는 처음에는 이해가 되지 않았는지 본부 지시가 사실이냐는 전문을 보내오기도 했다. 이것은 외부에서 보기에는 별것이 아닌 것같이 보이지만, 외무부 본부는 물론 대사관의 업무, 그리고 교민들에게도 큰 영향을 미친 중요한 결정이었다.

** 동포리셉션 장소 문제

대통령이 해외에 나가면 항상 현지에 있는 교민들과의 만남을 가지며, 그러한 행사를 동포리셉션이라고 했다. 우리 교민들은 미국에 가장 많이 살고 있기 때문에 미국에서의 동포리셉션 규모는 다른 지역에 비해 클 수밖에 없었다.

뉴욕에서 대통령이 묵는 고급 호텔에서 동포리셉션을 할 경우 일인당 100달러 정도가 소요되기 때문에, 만일 교민들이 천 명 정도 참석한다고 가정할 경우 최소한 10만 달러 정도가 소요될 것으로 예상되었다. 그러나 외환위기 상황에서 한 번의 리셉션에 10만 달러를 사용할 여유가 없었다. 그래서 우리는 대통령이 방문하는 지역에서 호텔이 아닌 다른 장소를 물색하기 시작했다. 그러나 뉴욕에서는 그와 같은 장소를 찾을 수가 없었다.

우리는 궁리 끝에 뉴저지에 있는 한국 식당에서 동포리셉션을 하기로 했다. 또한 워싱턴에서는 대사관저, 그리고 샌프란시스코에서는 박물관에서 개최하기로 했다. 다만 로스앤젤레스에서는 마땅한 장소를 찾지 못해 할 수 없이 호텔에서 하기로 결정했다. 이를 통해 우리는 수십만 달러의 비용을 절감할 수 있었다.

* 이 문제와 관련해 일부 인사들은 대통령의 권위를 고려해 동포리셉션을 최고급 호텔에서 해야 한다고 계속 주장했다. 그러나 대통령의 확고한 생각으로 인해 로스앤젤레스를 제외한 3개 지역에서는 호텔이 아닌 곳에서 하기로 결정되었다. 이 결정은 경비도 경비였지만 국가가 위기인 상황에서 최고 권력자가 현 상황에 대해 어

떤 인식을 가지고 있는지를 보여 주는 상징성이 있었기 때문에 매우 중요한 의미를 가진 것이었다.

한편 '동포리셉션'이라는 명칭은 일본 국빈방문 때 '동포와의 대화'라는 명칭으로 바뀌었으며, 또한 교민들이 행사 내내 장시간 서 있게 된다는 점을 고려해 테이블에 앉아 행사를 진행하는 형식으로 바뀌었다.

** 대사관저 만찬 및 한국 음식 준비 문제

대통령이 해외에 나가면 음식 때문에 애를 먹는 경우가 종종 있다. 물론 아무 음식이나 잘 먹는 대통령의 경우에는 문제가 없지만, 외국 음식을 잘 먹지 못하는 대통령의 경우에는 현지에서 행사를 마치고 숙소로 돌아와서 다시 한국 음식으로 식사를 하거나, 아니면 간식을 하기 때문에 이것을 준비해야 했다. 그래서 어떤 때는 방문국 일정 중간에 대사관저에서 대통령 내외분을 위한 식사를 준비하기도 했다.

그런데 대통령이 대사관저에서 식사를 하거나 대사관에서 대통령 숙소에 한국 음식을 공급하는 문제는 많은 문제들을 야기하곤 했다. 우선 많은 대사관의 경우, 대사관저 만찬이나 대통령 숙소에 한국 음식을 공급하기 위해 반찬이나 양념 등을 한국에서 공수해 와야 했다. 그리고 어떤 때는 낡은 관저를 대대적으로 수리해야 했고, 또 음식을 준비하고 나르기 위해 대사관 직원 부인들이 동원되기도 했다. 그러다 보니 한 번의 식사를 위해 많은 돈과 인력이 소모됨은 물론, 불필요한 일들로 인해 정작 중요한 행사를 준비하는 데 여러 가지 지장을 초래하기까지 했다. 그래서 나는 대통령 행사를 준비하면서 늘 언젠가 이 문제가 반드시 개선되어야 한다고 생각했다. 그러나 이것은 국가원수를 모시는 아주 민감한 문제이기 때문에 밑에서 함부로 거론하기가 어려운 문제였다. 만일 대통령이 받아들이지 않는 경우에는 국가원수를 잘 모시지 못하는 사람으로 인식될 수도 있기 때문에 더욱 그랬다.

나는 그동안 지켜본 김 대통령의 뜻과 행동을 볼 때 나의 건의를 받아들일 것으로 확신했다. 그래서 외교통상부로부터 필요한 자료들을 받아 잘 정리한 다음 대통령께 지금까지의 관례와 문제점을 보고하면서, 앞으로 대통령이 해외에 나갈 때 아주 특별한 경우가 아니면 대사관저에서 식사를 하지 않음은 물론, 대사관에서 대통령 숙소에 일체 한국 음식(필요시 떡이나 식혜 같은 것은 허용)을 준비하지 않도록 하는 것이 좋겠다고 건의했다. 대통령께서는 여러 가지 질문을 한 다음, 아주 흔쾌히 그렇게 시행하라고 지시했다. 그 이후 김 대통령 내외는 어느 나라를 가든지 대사관저에 가서 식사를 하지 않았으며, 대사관에서 대통령을 위해 어떠한 한국 음식도 준비하지 못하도록 했다. 그 대신 꼭 한국 음식이 필요한 경우에는 방문국에 있는 한국 음식점에서 조용히 직접 구입해 사용하도록 했다.

나는 그 이후 이 문제가 어떻게 진전이 되었는지 모른다. 그러나 대통령 방문 행사 시 관저 만찬과 대통령 숙소에 한국 음식을 준비하지 않음으로써 대사관이 본연의 임무를 수행하는 데 커다란 도움이 되었을 것임은 확실하다.

* '국민의정부' 출범 직후 한번은 대통령이 어느 주요 국가를 방문
했을 때, 그 나라 국가원수가 주최하는 국빈만찬을 마치고 숙소로
돌아왔더니 대사관에서 대통령 숙소에 야참으로 드시라고 한식으
로 음식을 잘 준비해 놓았다. 대통령께서는 대사를 부르더니 "대사
가 일을 열심히 해야지 왜 쓸데없이 이런 것을 준비하는 데 시간과
인력을 낭비하느냐"고 야단을 치는 것이었다. 대사는 혼비백산했고
그 이야기가 퍼진 탓인지 다시는 그런 일이 발생하지 않았다.

미국 국빈방문

* 뉴욕에서의 일정

6월 6일 토요일 오후 김 대통령은 특별기편으로 서울공항을 출
발해 뉴욕으로 갔다. 뉴욕에 도착하니 토요일이었지만 대통령은 유
엔(UN) 본부에 가서 코피 아난(Koffi Annan) 사무총장을 면담했다.

그리고 저녁에는 월도프아스토리아호텔에서 열린 국제인권연
맹에서 수여하는 '올해의 인권상' 수상식에 참석했다. 대통령은 수
상 연설에서 "오늘의 이 인권상은 내가 받을 영광이 아니라 나와 함
께 투쟁하며 민주주의를 쟁취해 낸 한국 국민에게 돌아가야 할 영
예라고 생각한다"고 말해 참석한 사람들에게 감동을 주었다.

다음 날 7일은 일요일이라 대통령 내외는 오전에 뉴욕 시내 성

패트릭 성당에 가서 미사를 드렸다. 대주교는 강론 중에 한국 기독교 박해 역사를 설명하면서 김대건 신부의 옥중 마지막 편지 내용을 소개하기도 했다.

오후에 대통령은 뉴저지에 있는 한국 식당으로 가서 뉴욕 주재 한국 특파원들과 간담회를 가진 다음, 그 식당에서 준비한 동포리셉션에 참석했다. 물론 고급 호텔의 대형 홀이 아니기 때문에 식당의 방들을 다 트고 잔디 마당까지 이용해서 천 명이 넘는 교민들이 참석했다. 역대 대통령들이 뉴욕을 방문할 때마다 항상 최고급 호텔에서 열린 동포리셉션에 참석했던 교민들이었기에 뉴저지까지 자동차를 몰고 와 비좁은 한국 식당에서 열린 리셉션에 참석하면서 모국의 외환위기의 심각성을 다시 한 번 인식했을 것으로 생각되었다. 그런 가운데서도 특별히 리셉션에 참석한 뉴저지 주의 토리첼리(Torricelli) 상원의원이 대통령에 관해 감동적인 연설을 해 교민들의 마음을 뭉클하게 했다.

그날 저녁 대통령 내외는 뉴욕 메트로폴리탄 박물관에 가서 한국관 개관식에 참석해 특별전시회를 관람한 다음, 양국의 문화계 인사 400여 명이 참석한 가운데 이집트 전시관에서 개최된 만찬에 참석했다. 그러나 만찬이 너무 길어지자 내일 워싱턴 일정을 고려해 대통령 내외는 먼저 퇴장했다.

6월 8일은 월요일이었다. 대통령은 아침 일찍 뉴욕 증권거래소에 가서 미국 금융계 인사들과의 조찬 연설에서 "미국의 기업들이 한국과 미국의 상호 이익을 위해서 한국 경제에 적극 참여해 줄 것을 요청"한 다음, 증권거래소 객장으로 가서 개장 벨을 타종하고 객장을 시찰했다.

대통령은 다시 코리아소사이어티(The Korea Society)와 아시아소사이어티(The Asia Society), 그리고 미국외교협회(CFR)가 공동주최한 오찬에 참석한 다음, 워싱턴으로 이동했다.

워싱턴에 도착한 대통령은 미국 측이 준비한 영빈관(블레어 하우스; Blair House)에 가서 짐을 풀었다. 그리고 주미대사 관저로 가서 동포리셉션에 참석했다. 워싱턴 또한 최고급 호텔에서 리셉션을 하기 어려워 대사관저에서 하다 보니, 울퉁불퉁하고 좁은 뜰에 천 명이 넘는 동포들이 가득 들어차 열기가 대단했다. 대통령은 교민들 앞에서 또 감동적인 연설을 했다.

* 백악관 공식 환영식

6월 9일 아침 10시 30분 백악관에서 공식 환영식이 시작되었다. 나도 의전을 하면서 많은 나라의 환영식을 보았지만 백악관에서의 환영식은 성대하고도 장엄해 사람들에게 깊은 감동을 주었다.

그런데 클린턴 대통령의 연설은 더 감동적이었다. 클린턴 대통령은 "1980년대 독재 체제 하에서 정치범이었던 폴란드의 바웬사, 체코슬로바키아의 하벨, 남아공의 만델라 그리고 오랫동안 정부로부터 부당하고 가혹한 탄압을 받다가 결국 사형선고까지 받았던 김

대중 등 자유의 영웅들이 지금은 모두 대통령이 되었다"고 하면서 "김대중 대통령은 인권의 개척자이고, 용기 있는 생존자이며, 세계를 위해 더 좋은 세계를 건설하려는 미국의 동반자"라고 강조해 듣는 이들의 마음을 뜨겁게 했다. 김대중 대통령은 영어로 답사를 하면서, "한·미 양국은 이제 민주주의와 시장경제에 대한 철학과 이념을 공유하는 가운데 한 차원 높은 동반자 관계로 발전시켜 나가야 한다"고 강조했다.

✳ 정상회담과 공동 기자회견

공식 환영식이 끝난 다음 오벌 오피스(Oval Office)에서 단독 정상회담이 개최되었다. 단독 정상회담이 끝난 다음, 항공 자유화 협정과 범죄인 인도조약에 대한 서명식을 하고 다시 확대회담이 개최되었다. 양 정상은 회담을 통해 한·미 두 나라 관계를 안보동맹 및 경제 관계를 포함한 한 차원 높은 동반자 관계로 확대하고 한국의 경제난 극복 등에 미국이 적극적인 지원 및 역할을 한다는 데 합의했다.

확대회담이 끝나자, 대통령은 국무부로 자리를 옮겨 고어 부통령 내외가 주최하는 오찬에 참석했다.

오찬이 끝나자마자 대통령은 다시 백악관으로 가서 클린턴 대통령과 공동 기자회견에 참석했다. 우리가 늘 텔레비전으로만 보던 백악관 기자회견장 뒤에 있는 조그만 대기실에서 김 대통령과 클린턴 대통령 두 분이 잠시 기다리다가, 회견장으로 나가 기자회견을 하고 돌아와서 클린턴 대통령이 김 대통령에게 물었다.

"이 정도면 한국 국민들이 만족하겠습니까?"

클린턴 대통령은 김 대통령이 자동차를 타는 데까지 함께 걸어 나와 배웅을 했다. 클린턴 대통령은 어떻게 해서든지 연로한 김 대통령을 돕고 최대한 정중하게 대우하려 노력하는 모습이 역력했다.

대통령은 거기서 참전 기념비 방문을 위해 알링턴 국립묘지로 갔다. 비가 오는 속에서도 미국 측은 다수의 도열병 배치와 예포 발사 등 철저한 준비를 해 놓았다.

숙소로 돌아온 대통령은 기진맥진한 가운데서도, 거의 한 시간 동안 다음 날 예정된 의회 연설 프롬프터 연습을 했다. 그리고 바로 국빈만찬 참석을 위해 백악관으로 갔다.

* 백악관 국빈만찬

만찬에 앞서 리셉션이 아주 우아하면서도 다채롭고 흥겹게 진행되었다. 그리고 참석자들이 만찬장으로 들어가기에 앞서 양국 대통령 내외분에 대한 인사 순서가 있었다. 전위 음악가 백남준 씨(작고)가 클린턴 대통령에게 인사를 하려고 휠체어에서 일어나는 순간 바지가 벗겨지는 해프닝이 벌어진 것이 바로 이때였다.

이스트룸(East Room)에서 열린 백악관 만찬은 우리와 달리 만찬 중간에 바이올린 연주자들이 들어와 테이블 옆에서 연주를 하는 등

1998.6.9 국빈만찬장 입장 전 클린턴 대통령과 인사하는 필자

계속 참석자들의 흥을 돋우었다. 후식이 나오고 재미 성악가 홍혜경 씨의 노래가 시작되었다. 홍 씨는 노래도 잘 했지만, 노래에 앞서 영어로 하는 인사말이 세련되고 훌륭해서 참석자들로부터 많은 박수를 받았다. 홍 씨는 혼신을 다해 노래를 했고 모든 참석자들의 심금을 울리는 것 같았다. 노래가 끝난 다음, 클린턴 대통령이 감격한 듯 말했다.

"우리는 오늘 이 순간 모두 한국인이 되었습니다."

백악관의 국빈만찬은 정말로 내 일생에 참석했던 수많은 만찬 중 가장 감명 깊었던 만찬이었다.

만찬이 끝나 숙소인 블레어 하우스로 돌아온 것은 밤 11시가 넘어서였다. 그런데 엘리베이터 안에서 대통령은 나에게 다시 의회 연설 연습을 할 테니 프롬프터 준비를 하라고 지시했다. 그리고 대통령은 밤 12시가 넘도록 연습을 했다. 물론 우리 비서진들은 새벽 2시가 되어서야 잠자리에 들 수 있었다.

> * 고어 부통령 내외가 주최하는 오찬과 백악관 국빈만찬에서 나는 같은 테이블에 앉은 대통령 비서실장 등 미국의 주요 인사들과 많은 이야기를 나누었다. 그런데 그들 중 몇 명이 이렇게 말했다.
> "미국은 김대중 대통령이 반드시 성공적인 대통령이 되도록 도울 겁니다. 지금까지 미국이 독재 국가의 야당 지도자를 살린 경우가 종종 있지만 두 번을 살린 경우는 아주 드물기 때문입니다. 그래서 미국은 김 대통령이 반드시 성공해야 한다고 생각합니다. 만일 김 대통령이 대통령으로서 성공하지 못한다면 미국이 두 번이나 살린 의미가 없으니까요."
> 나는 이 이야기를 들으면서 미국이 김 대통령을 최대한 도울 것이며, 우리가 외환위기를 반드시 극복할 것이라는 확실한 믿음을 가지게 되었다.

** 워싱턴 상공회의소 조찬 연설

다음 날인 6월 10일 의회 연설에 앞서 아침 7시 30분부터 9시까지 워싱턴 상공회의소 조찬이 예정되어 있었다.

7시 조금 지나 영빈관에서 상공회의소로 모터케이드가 출발하는데 별안간 대통령이 나를 찾으시더니 옆에 타라고 했다. 자동차 안에서 대통령은 오늘 새벽에 상공회의소 조찬 영어 연설문을 읽어 보았는데 의심나는 부분들이 있다고 하면서 내 의견을 물어보는 것 이었다. 그리고 몇 군데 추가할 부분이 있어 한글로 써 놓았으니 상공회의소에 도착해 회장단과 잠시 환담하는 중에 그 부분을 영어로 적어 놓으라고 지시했다.

잠시 후 모터케이드가 상공회의소에 도착해 대통령이 회장단과 환담하는 중에 나는 옆방에 들어가 대통령이 지시한 부분을 영어로 적어 놓았다. 회장단 환담이 끝나고 나올 때 나는 대통령에게 연설문을 드렸고, 대통령은 그 연설문을 가지고 조찬장으로 들어가 연설을 시작했다.

* 그 당시 경호실장을 비롯한 많은 수행원들은 대통령이 왜 갑자기 의전비서관을 옆자리에 태우고 조찬장으로 갔는지, 그리고 자동차 안에서 무슨 이야기를 했는지 궁금해 했다. 그러나 나는 아무런 설명도 하지 않았다. 나는 그날 많은 생각을 했다. 고령의 대통령이 전날 하루 종일 강행군을 하고 새벽 1시가 되어서야 잠자리에 들었음에도 불구하고 이른 새벽에 일어나 조찬 영어 연설문을 검토하고 미진하거나 수정할 부분을 의전비서관에게 조치하도록 지시하는 그 투철한 사명감과 부지런함을 보고 다시 한 번 마음가짐을 새로이 하게 되었다.

☀ 미 의회 연설

그날 오전 10시 미 국회의사당에서 상·하 양원 합동회의 연설이 시작되었다. 연설을 하기 위해 김 대통령이 입장할 때 미국 의원들은 약 5분 이상의 기립 박수를 했으며, 연설 중 18번 이상의 박수를 보냈다.

그 다음 날인 6월 10일 〈워싱턴 포스트〉지는 "Kim's House Call"이라고 제목을 단 메리 맥그로비(Mary McGrovy)의 칼럼을 게재했는데, 그중에서 주요한 내용은 아래와 같았다.

"파벌 싸움에 분주한 의회에 위대한 영웅, 김대중 대통령이 찾아왔다. 그는 과거의 모든 억압과 탄압에 대한 보복심을 용서한 지 오래다. 그는 극적으로 변한 자신의 위치에 대해 자랑하지 않았으며, 세계에서 가장 존경받는 인물 가운데 하나로 '도덕적 권위'로서 의원들을 제압했다. 그의 동기를 의심하는 사람은 아무도 없었다.

김 대통령이 연설할 때 본 회의장에는 고요함이 흘렀다. 의원들을 부끄럽게 만드는 것이 있다면, 그것은 김 대통령의 용기와 순수한 목적의식이었을 것이다."

연설이 끝난 다음, 대통령은 20여 명의 상하원 의회 지도자들과 면담을 했는데 영어로 질의응답을 했다. 그런데 가장 보수적인 것으로 알려진 상원의 제씨 헬름스(Jesse Helms) 외교위원장이 대통령 옆에서 계속 도와주는 것이었다. 면담을 끝내고 나오는데 대통령이 우리 측 수행원들에게 이렇게 농담을 했다.

"헬름스 위원장은 과거에 나를 공산주의자라고 가장 심하게 매도를 했는데, 오늘 이렇게 친절하게 대해 주는 것을 보니 세상이 바뀌기는 바뀐 것 같네."

* 대통령은 미국 방문을 준비하면서 대부분의 연설문을 영어로 준비할 것을 지시했다. 그러면서 자신의 영어가 부족한 점이 많지만, 미국 지도자들과 미국 국민들을 설득하기 위해서는 영어 연설이 조금이라도 더 나을 것이라는 설명도 했다. 대통령은 특히 의회 연설을 위해 혼신의 힘을 다해 준비를 했다. 연설문은 수없이 수정을 거듭하다가 전날 밤에야 간신히 완성되었다.

한편 대통령은 의회 연설문을 영어 발음이 좋은 사람에게 낭독하게 하고 그것을 테이프로 만들어 시간이 나는 대로 들었다. 예를 들면, 대통령이 뉴욕 일정을 끝내고 워싱턴으로 이동하려고 호텔 앞에 세워 둔 자동차를 타려다가 그 테이프를 달라고 하는 것이었다. 그런데 여비서가 테이프를 자기 가방에 넣어 둔 바람에 꺼내는 데 몇 분이 걸렸다. 미국 경호는 VIP가 탑승하면 모터케이드는 바로 떠나야 한다고 야단이었지만 어쩔 수 없이 기다렸고, 대통령이 테이프리코더의 이어폰을 귀에 꽂고 난 다음에 모터케이드가 출발할 수 있었다. 그 정도로 대통령은 공항으로 이동하는 자투리 시간도 낭비하지 않았다.

대통령은 그러면서 시간이 나는 대로 프롬프터를 이용해 연습을 했다. 때문에 의회 연설 당일 우리 의전과 경호는 국회의사당의 프롬프터 준비를 철저히 확인했다. 그리고 대통령의 의사당 입장 직전까지 확인을 했지만, 대통령이 연설을 하기 위해 단상에 올라가는 그 시점에 누군가가 줄을 건드리는 바람에 프롬프터가 작동을 하지 않았고, 대통령은 할 수 없이 준비해 간 원고를 보면서 연설을 해야 했다.

의회 연설을 마치고 대통령은 영빈관으로 돌아왔다. 그리고 오후에는 숙소에서 제너럴모터스(General Motors) 회장과 루빈 재무장관을 각각 접견한 다음, 조지타운대학에 가서 대통령에 당선되기 전에 결정되었던 인문학 명예박사 학위를 받았다.

그리고 대통령은 저녁에 대사관저에 가서 워싱턴 주재 특파원들을 접견한 다음, 주미대사가 준비한 미국의 주요 인사 250여 명이 참석한 리셉션에 참석해 연설을 했다.

다음 날은 워싱턴을 떠나는 날이었다. 대통령은 캉드쉬 IMF 총재와 울편슨 세계은행 총재와 조찬을 한 다음, 그동안 수고해 준 블레어 하우스 직원들을 따듯하게 격려하면서 고마움을 표시했다.

∗ 샌프란시스코 방문

6월 11일 오후 샌프란시스코에 도착한 대통령은 아시아예술박물관에서 열린 동포리셉션에 참석했다. 샌프란시스코 시는 11일을 '김대중의 날'로 선포했고, 리셉션에는 윌리 브라운(Willie Brown) 시장이 직접 참석해, '김대중의 날' 선포문과 명예시민증과 행운의 열쇠를 증정했다. 박물관을 가득 메운 400여 명의 동포들로 인해 리셉션 장은 열기가 후끈후끈했다.

다음 날 대통령은 피곤함도 잊은 채 시간을 쪼개어 실리콘밸리의 주요 기업인들을 만나 한국 진출을 호소하고, 스탠포드대학에가서 연설을 하고, 또 유명한 IT 회사인 휴렛패커드(Hewlett Packard)와 인텔(Intel)을 방문했다.

> * 김 대통령이 샌프란시스코를 방문한 것은 한국을 정보화 강국으로 만들겠다는 대통령의 강력한 의지가 반영된 것이었다. 사실 청와대 대부분의 참모들은 대통령이 정보 산업의 발전을 위해 꼭 샌프란시스코를 보아야 하니 포함시키라고 지시했을 때 그 의미를 정확히 몰랐으며 그 효과도 반신반의했다.
> 미국 방문을 마치고 1999년에 들어가 '국민의정부'가 정보화를 위한 강력한 정책을 추진해 가면서 우리는 대통령의 미국 방문 시 샌프란시스코 방문의 중요성을 새롭게 인식하기 시작했다. 청와대의 관계 참모들은 대통령의 통찰력에 대해 경탄을 금치 못했다.

** 로스앤젤레스 방문

6월 12일 오후 대통령은 마지막 방문지인 로스앤젤레스로 이동했는데, 로스앤젤레스 시도 12일을 '김대중의 날'로 선포했다. 대통령은 옴니호텔에서 열린 동포리셉션에 참석했고, 천 명이 넘는 동포들이 참석해 열기가 뜨거웠다.

6월 13일 대통령은 미국 언론들과 인터뷰를 한 후, 2004년에 돌아가신 레이건 대통령의 부인 낸시 여사를 방문했는데 레이건 대통령의 건강 문제 때문인지 자택에 대한 외부인의 접근을 엄격히 통제하는 바람에 대통령 내외만 안에 들어가서 인사를 하고 나왔다.

대통령 취임 후 처음으로 이루어진 8박 9일간의 미국 국빈방문을 위해 이홍구 주미대사와 대사관 직원들, 그리고 뉴욕, 샌프란시스코, 로스앤젤레스 총영사를 비롯한 총영사관 직원들이 정말로 고생을 많이 했다. 특히 이홍구 대사는 대통령 방미의 성공을 위해 최선을 다했다. 대통령은 한국으로 가기 위해 로스앤젤레스를 출발하기 전, 워싱턴에서 로스앤젤레스까지 수행하고 온 이 대사를 불러 그동안의 노고를 치하하고 대사관 직원들에게도 감사의 뜻을 전해 달라고 부탁했다.

* 미국 국빈방문 결산

대통령은 미국 방문을 앞둔 6월 2일 청와대에서 열린 국무회의가 끝난 다음, 이번 방미를 통한 목표를 3가지로 요약했다.

첫째, 앞으로의 한·미 관계를 지금까지의 단순한 안보나 통상 차원이 아닌, 한 차원 높은 철학과 원칙을 같이하는, 즉 아시아에서 민주주의와 시장경제를 병행 추진해 나가는 국가로서의 동반자 관계로 격상시킨다. 둘째, 미국과 물샐틈없는 확고한 안보태세를 유지함으로써 북한의 대외개방을 유도한다. 셋째, 한국 경제의 회생을 위한 미국의 적극적인 협력과 미국 측이 2선 자금 문제는 물론 대한국 투자단 파견에 대해서도 전향적인 태세를 취해 주도록 노력한다.

대통령은 이번 미국 방문 기간 중 15번의 연설과 70여 개의 행사를 통해 3가지 목표를 충분히 달성했다. 그리고 6월 14일 오후 비교적 홀가분한 마음으로 서울공항에 도착했다.

10.
외빈 접견에 얽힌
에피소드

7월 초 어느 날이었다. 대통령께 보고를 드리고 나오려는데, 대통령이 나에게 어느 외국 인사를 초청해 식사를 하고 싶으니 준비를 하라고 지시했다. 내가 그 인사를 보니 외교부차관이 만나도 될 만한 사람이라 대통령이 만나 식사를 하기에는 적절하지 않았지만 일단 "알겠습니다"라고 대답을 하고 밖으로 나왔다.

그리고 대통령이 그 인사와 별도로 만났을 경우 생길 수 있는 여러 가지 문제점을 정리해서 대통령 집무실에 다시 들어가 "만나시지 않는 것이 좋겠다"고 건의를 했다. 대통령은 비서관이 그렇게까지 이야기하니 알겠다고 하면서도 기분은 좋지 않아 보였다.

며칠 후 보고를 드리고 나오려는데 대통령이 다시 그 문제를 꺼내면서 아무래도 한 번은 만나야 할 것 같으니 준비를 하라고 지시했다. 그래서 내가 이렇게 말했다.

"대통령님, 그 인사를 그렇게 따로 만나신 것을 나중에라도 사람들이 알게 되면 틀림없이 말이 많을 겁니다. 그러니까 아무래도 만나시지 않는 것이 좋겠습니다. 만일 마음에 정 부담이 되시면, 제가 외통부장관에게 연락해서 대통령님을 대신해서 식사를 대접하고 대통령님의 뜻을 전하도록 하겠습니다."

대통령께서는 또 기분이 별로 좋지 않은 얼굴로 알겠다고 했다.

며칠 후 임동원 외교안보수석비서관이 나에게 전화를 했다.

"조금 전 대통령께 들어가 보고를 하는데, 대통령께서 '어느 외국 인사와 식사를 하고 싶은데 김하중 비서관이 계속 반대를 해서 못하고 있다'고 하시면서, '김 비서관이 말하는 것이 맞느냐?'고 하셨습니다. 그래서 '김 비서관이 주장하는 것이 맞습니다만, 제가 김 비서관하고 이야기를 한 번 해 보겠습니다' 하고 나왔습니다. 대통령께서 비서관한테 그렇게까지 말씀하시니 한번 시간을 잡아 드리시지요."

나는 그 말을 듣고 대통령께 너무 죄송했다. 젊은 비서관이 말을 안 들어 대통령께서 수석비서관한테 말씀을 하셨다니 몸 둘 바를 몰랐다. 나는 대통령께 들어가 다른 보고를 마친 다음 말했다.

"대통령님, 조금 전에 임동원 수석으로부터 전화를 받았습니다. 대통령님께서 그 외국 인사와의 식사 문제를 말씀하셨다는 이야기를 들었습니다. 대통령님, 죄송합니다. 제가 대통령님의 뜻을 잘 헤아리지도 못하고 이런 짓을 저질러 너무 죄송합니다. 지시하신 문제를 곧 조치토록 하겠습니다." 그때 대통령이 말했다.

"김 비서관."

"네."

"김 비서관은 아주 훌륭한 사람이에요."

"네?"

"지금 누가 나한테 와서 내가 지시한 것을 몇 번이나 반대하겠어요? 나는 김 비서관이 나한테 그렇게 해 줘서 너무 고마워요. 그래서 내가 얼마 전에 우리 집사람 보고 '우리 이번에 정말 비서관 잘 뽑았다'고 했어요. 내가 부탁을 하겠는데, 앞으로도 무슨 일이 있으면 꼭 그렇게 해 줘요. 아니면 아니라고, 안 되는 것은 안 되는 것이라고. 그래아 내가 알 거 아니에요. 내가 하고 싶은 대로 하더라도 무엇이 잘못됐는지를 알고 하는 게 중요하니까, 말하기 좀 어렵더라도 꼭 이야기해 주기 바라요."

나는 대통령이 너무 고마웠다. 그리고 그 후부터 나는 대통령이 지시한 대로 "아니면 아니라고, 안 되는 것은 안 된다"고 말씀드렸다. 내가 청와대에서 근무하는 3년 8개월 동안 그런 문제에 대해 어떻게 행동했는지는 대통령과 지근거리에 있던 김중권 비서실장과 한광옥 비서실장, 업무적으로 항상 긴밀한 관계를 유지했던 임동원 외교안보수석비서관(후에 통일부장관과 국정원장)을 비롯한 청와대 일부 비서관들, 또 그 당시 업무적으로 긴밀하게 연락했던 대부분의 외교·안보 부서 장관들이 잘 알고 있었다.

11.
외교통상부장관의
경질

미국 방문을 성공적으로 마치고 귀국한 대통령은 6월 16일 국무회의에서 장관들이 과연 국정을 잘 다루고 있는지 생각해 보아야 하며, 그동안 기자들이 개각에 대해 물으면 이를 부인했지만 국민들이 이 장관을 갖고 안 되겠다고 생각하면 어쩔 수 없다고 말했다. 그리고 현재 나라가 어려운 상황에 처해 있는바 앞으로 정부가 개혁에 앞장서야 하며, 특히 속도가 중요하므로 빨리 개혁을 진행해야 한다고 강조하고, 각 경제 부처와 교육부 및 국방부에 개혁을 주문했다. 그러면서 외교·안보 관련 부처들은 경제 부처들에 비해 업무를 차질 없이 잘 처리하고 있다고 치하했다.

7월 초 별안간 러시아가 러시아주재 한국대사관의 참사관을 추방하는 사건이 발생했다. 러시아는 한국 참사관이 외교관 신분의 정보원으로서 자신의 활동 영역을 벗어난 활동을 했다는 이유로 기피인물로 지정하고 추방했다. 사실 이러한 일은 외교 관계에서 있을 수 있는 일이었다. 그러나 그런 경우 대부분 당사국들은 물밑 협상을 통해 조용히 처리하는 것이 일반적인 관례였다.

그런데 이 사건에서 보여 준 러시아의 태도는 외교관에 대한 국제협약과 외교적 관례를 벗어난, 어떻게 보면 무례하다고 여겨질 만큼 일방적인 조치였다. 얼마 후 우리 정부도 이에 대한 대응으로 주한 러시아대사관의 참사관을 추방했다. 자연히 러시아와의 관계가 냉각되기 시작했다. 뜻밖의 사건으로 인해 한국과 러시아의 관계가 어려움에 봉착하게 된 것이었다.

그러던 중에 7월 말 필리핀의 마닐라에서 연례적으로 개최되는 아시아지역포럼(Asian Regional Forum)과 아세안외무장관회의(ASEAN PMC)가 열리게 되었으며, 그 회의에는 한국은 물론 러시아 외무장관도 참석토록 되어 있었다. 우리 외교통상부는 한·러 외무장관회담을 통해 양국 관계를 다시 정상화시키려 했다.

그러나 7월 26일 열린 한·러 외무장관회담에서 러시아 측이 뜻밖에도 한국 정부가 추방한 주한 러시아대사관 참사관의 재입국을 강력히 주장했고, 러시아 측의 태도를 예상하지 못한 우리 측이 이에 대해 적절한 대응을 하지 못함에 따라 회담은 결렬되었다. 그러자 언론들은 회담의 결렬을 우리 관계 부처 간의 횡적인 조율과 한·러 간에 사전 조율이 부족한 점에 초점을 두고 정부를 비난했으며, 특히 러시아의 돌출 행위를 예상하지 못한 외교통상부를 공격했다.

이런 상황에서 한·러 외교 당국 간의 막후 협상을 통해 2차 한·러 외무장관회담이 열리게 되었고, 모두가 무언가 돌파구가 마련되기를 기대했다. 그러나 외무장관회담이 끝난 다음, 러시아 외무장관이 자국 언론에 대해 "추방된 주한 러시아대사관의 참사관이 한국에 재입국해 후임자가 결정될 때까지 체류하게 되었다"고 발표했으며, 이것은 한국이 러시아 참사관의 재입국에 대해 이면합의를 해 주었다는 의혹을 불러 일으켰다. 박정수 외교통상부장관은 이면합의가 없었다고 설명했지만, 언론들은 한·러 외무장관회담에서 양측이 전 주한 러시아대사관 참사관의 재입국 문제를 재검토하기로 합의했음에도 불구하고, 박 장관이 거짓말을 했다고 외교통상부를 집중적으로 비난하면서 책임자의 문책을 요구했다.

물론 이 정도의 외교적인 문제를 가지고 장관에게 책임을 묻는다는 것이 지나치다는 것을 정부의 많은 사람들은 물론이고 대통령까지도 잘 알고 있었기 때문에 어떻게 해서든지 사태를 수습해 보려고 노력했다. 그러나 어떻게 된 일인지 외교통상부 장관이 계속 논란의 중심에 서게 됨으로써 점점 수습하기 어려운 상황으로 몰리게 되었다.

결국 필리핀과 베트남 방문을 마치고 귀국한 박정수 장관이 8월 3일 대통령에게 한·러 외무장관회담 결과를 보고하는 자리에서 스스로 사의를 표명함으로써 장관 취임 4개월 만에 물러나게 되었다. 그리고 그 자리에는 과거 주러시아대사를 지냈던 홍순영 장관이 임명되었다.

* 지금 돌이켜 보면 당시 박정수 장관으로서는 억울한 점이 많았을 것이다. 사실 이러한 문제는 정부의 일사불란한 대응이 필요한 것이었다. 그렇기 때문에 외교통상부와 국정원이 다른 어느 부처보다도 긴밀한 협조 체제를 유지하면서, 표면적으로는 외교통상부가 움직이지만 내부적으로는 국정원과 완전히 통일된 입장을 유지해야 했다. 그러나 외부에서 보는 외교통상부와 국정원의 주장이 달랐기 때문에 언론으로부터 비난을 받을 수밖에 없었다.

또한 사건 초기에 우리는 다소 힘이 들더라도 참고 기다려야 했다. 특히 상대는 강대국으로서 '힘의 외교에 능숙한' 러시아라는 점을 고려해, 냉정하게 사태를 관망하는 것이 필요했다. 그러나 우리가 너무 여론을 의식해 문제를 조기에 수습하려다 오히려 사태가 더 어려워진 측면이 강했다.

12.
일본
국빈방문

일본 방문 준비

대통령의 두 번째 국빈방문 대상국은 일본이었다. 앞에서도 언급했지만, 나는 1995-96년 2년 동안 아시아태평양국장을 담당했는데, 그 기간 중 가장 힘들고 골치 아픈 문제가 바로 대일본 관계였다. 일본의 과거사 문제, 위안부 문제, 독도 문제 등으로 인해 한 · 일 관계는 하루도 바람 잘 날이 없었다. 특히 김영삼 대통령의 "버르장머리를 고쳐 주겠다"는 발언으로 뒤틀어진 양국 관계는 결국 1998년 2월 김영삼 정부가 끝나기 직전에 일본이 어업협정을 파기함으로써 최악의 상황이었다.

이러한 상황에서 출범한 '국민의정부'에서는 한·일 관계를 복원하기 위해 몇 가지 문제에 대해 분명한 입장을 정해야 했다. 그러나 그것은 대통령의 최종 결정이 필요한 것들이었다.

대통령은 나에게 여러 가지 문제에 대해 질문을 하고 보고서를 만들게 했는데, 그 보고서는 무슨 자료를 보고 만드는 것이 아니라 전에 내가 주일대사관 참사관과 아태국장으로 근무했을 때의 경험과 지식을 바탕으로 해서 작성한 것이었다. 그리고 이 과정에서 나는 임동원 외교안보수석비서관, 외통부장관(처음에는 박정수 장관, 후에는 홍순영 장관)과 긴밀한 관계를 유지하면서 대통령의 뜻을 전달했다.

✱ 천황 호칭 문제

한국에서 일본의 천황을 어떻게 불러야 하는지에 관한 문제는 오랫동안 논란이 되어 온 민감한 문제였다. 그래서 대부분의 한국 언론들은 천황을 항상 '일왕'(日王)이라고 표기했다. '국민의정부' 출범 후 5월에 박정수 외교통상부(외통부) 장관이 외신기자 간담회에서 '천황'이라고 표현한 것에 대해 언론들이 박 장관을 신랄하게 비난했다.

언론 보도를 본 대통령은 나에게 "영국이 자기들의 왕을 여왕이라고 부르면 우리도 여왕이라 부르고, 미국이 대통령이라고 부르면 우리도 대통령이라고 불러 주는 겁니다. 그러니까 우리가 국가원수를 대통령이라고 부르면 다른 나라 사람들도 대통령이라고 부르는 거지요. 박 장관에게 당황하지 말고 당당하게 설명하고 계속 천황이라고 부르라고 전하세요"라고 지시했다.

나는 대통령의 지시를 박 장관에게 설명해 주었고 박 장관이 그와 같은 내용을 언론에 설명한 이후 잠잠해졌다. 대통령은 그 후에도 이와 같은 내용을 기회가 있을 때마다 공개적으로 이야기했다.

✽ 김대중 납치 사건 문제

김 대통령 취임 이후 일본 정부는 내심으로 1973년 동경에서 발생했던 김대중 납치 사건에 대해 '국민의정부'가 어떠한 태도를 취할지 우려하고 있는 것으로 보였다. 물론 우리 정부 내에서도 앞으로 대통령이 이 문제에 대해 어떻게 나올지 궁금하게 생각했다. 그러나 대통령은 자신이 비록 납치 사건의 직접 당사자지만 앞으로 일본과의 미래 관계를 고려해 납치 문제는 일절 거론하지 않을 것임을 분명히 했다.

이것은 대통령 자신의 용서 정신에 기인한 것이기도 하지만, 어떤 의미에서 보면 더 큰 것을 위해 자신의 문제를 희생함으로써 일본 측이 김 대통령의 우호적인 제스처에 대해 합당한 태도를 취해 주기를 기대한 것이기도 했다. 어쨌든 이와 같은 김 대통령의 태도는 '국민의정부' 내내 한 · 일 관계에 매우 긍정적인 영향을 미쳤다.

* 일본 문화 개방 문제

그 당시 정부 내에서 가장 논란이 됐던 문제는 일본의 대중문화를 한국에 개방하는 문제였다. 관계 부처는 물론이고 많은 사람들이 일본 문화 개방에 반대했다. 일본 문화가 한국에 들어오기 시작하면 한국을 휩쓸 것이라고 우려했기 때문이었다.

그러나 대통령의 개방 의지는 확고했다. 대통령은 한민족은 독창성을 가진 문화 민족이기 때문에 오랫동안 중국 문화권에 있으면서도 동화되지 않고 오히려 중국 문화를 우리 문화로 재창조했다고 하면서, 일본에 문화를 개방한다고 하더라도 아무 문제가 없을 것이니 문화를 개방하라고 지시했다. 그럼에도 불구하고 문화를 일시에 개방할 경우 예상치 못한 부작용이 있을지도 모르니 점진적으로 개방하는 것이 좋겠다는 의견들이 많아 우선은 일부분만 개방하기로 했다.

일본에 문화를 개방한 이후 결과는 대통령이 말한 그대로였다. 많은 사람들이 우려했던 일본의 문화는 한국에서 전혀 힘을 쓰지 못하고 영향력도 확대하지 못한 반면, 한국의 문화는 일본을 휩쓸면서 한류라고 하는 새로운 현상을 일으키게 되었던 것이다.

* 일본대학에서의 명예박사 학위 수여 문제

일본 방문을 준비하는 과정에서 7월 말 외통부에서 대통령 방일 기간 중 일본 대학에서 명예박사 학위를 받는 문제를 검토 중이라고 하면서 청와대 의견을 문의해 왔다. 나는 외통부 간부들에게 현재 일본과 어업협정은 물론 과거사 정리도 제대로 안된 시점에 대통령의 명예박사 학위 문제를 거론하는 것은 본말이 전도된 것이므로, 명예박사 학위를 받는 문제는 추진하지 않는 것이 좋겠다고 알려 주었다. 그러자 간부들은 그 문제에 대한 청와대의 분명한 지침을 정식으로 내려 보내 달라고 요청했다.

나는 며칠 동안 관련 자료를 수집했다. 우선 최근 5년간(1993-1997년) 61명의 외국 정상들이 한국을 방문했는데, 그중 7개국(불가리아, 우크라이나, 남아프리카, 이스라엘, 콜롬비아, 페루, 키르키즈스탄) 정상만이 한국에서 명예박사 학위를 받았다. 그러나 미국의 클린턴 대통령, 중국의 장쩌민 국가주석, 일본의 하시모토 총리, 독일의 콜 총리 및 영국의 메이저 총리 등 54명의 정상들은 명예박사 학위를 받지 않은 것으로 나타났다. 결국 선진국일수록 명예박사 학위 수여에 대해 관심이 없었다.

나는 수집한 자료들을 잘 정리해 대통령에게 보고하면서, 앞으로 대통령의 해외 순방 시 공식 또는 비공식 채널을 통해 명예박사 학위를 취득하려는 노력은 금지해야 하며, 다만 명예박사 학위를 수여하고 싶다고 강력히 요청해 오는 외국의 대학이 있으면 대학의 권위와 순방 목적 등을 고려해 수락 여부를 신중히 검토하는 것이 좋겠다고 건의했다. 그리고 이번 일본 국빈방문 시에는 혹시 일본 대학에서 명예박사 학위를 수여하겠다고 제의해 온다 하더라도 현재의 한·일 관계와 여러 가지 복잡한 문제들이 많음을 고려해 아예 명예학위를 받지 않는 것이 좋겠다고 건의했다.

대통령은 나의 의견에 전적으로 동의를 표하면서, 대통령 자신

은 이미 많은 학위를 갖고 있는 만큼 더 이상 무리하게 해서 받고
싶은 마음이 없으니, 일본에서는 아예 학위를 받지 않겠다고 외통
부에 통보하라고 지시했다. 나는 대통령의 지시를 즉시 외통부 간
부들에게 전하고, 주일대사관에도 전문을 보내 착오가 없도록 하라
고 요청했다.

* 사실 이런 문제는 많은 사람들이 문제점을 잘 알고 있으면서도 대
통령에 관한 것인 만큼 감히 제기하기 어려운 민감한 문제였다. 그
러나 나는 해외에서 근무하면서 이러한 문제에 부딪칠 때마다 너무
나 힘이 들었고 개선해야 할 필요성을 절감했기 때문에 대통령에게
과감히 건의를 드렸던 것이다. 다행히 대통령도 흔쾌히 건의를 받
아들여서 좋은 방향으로 정리될 수 있었다.

일본 국빈방문

10월 7일 오전 대통령 내외는 특별기를 타고 10명의 공식수행
원(홍순영 외교통상부장관, 김선길 해양수산부장관, 한덕수 통상교섭본부장, 정덕
구 재경부차관, 강봉균 경제수석비서관, 임동원 외교안보수석비서관, 박지원 공보수
석비서관, 의전비서관인 필자, 문봉주 외통부 아태국장), 그리고 일본과 깊은
관계를 유지하고 있는 두 명(박태준 자민련 총재와 김수한 전 국회의장)의
특별수행원과 함께 일본으로 갔다.

하네다공항에는 일본의 고오무라(高村) 외무대신이 영접을 나왔고, 대통령은 고오무라 대신과 같이 자동차를 타고 영빈관으로 갔다.

천황 내외가 참석하는 공식 환영식은 오후 3시에 영빈관 정원에서 시작되었는데, 나루히토(德仁) 세자와 오부치(小淵) 총리 부부를 비롯한 3부 요인 부부도 참석했다. 당초 일기예보에 따르면 오후 3시부터 비가 올 것으로 예상되어 비가 적게 내리면 우산을 쓰고 환영식을 거행하려고 준비했지만, 다행히도 환영식을 하는 시간에는 비가 오지 않았다. 그러나 환영식이 끝나자마자 비가 내리기 시작했다.

공식 환영식이 끝난 다음 대통령 내외는 천황 내외와 함께 자동차를 타고 황궁으로 이동해 환담을 한 다음 영빈관으로 돌아왔다.

그리고 영빈관에서 동포와의 대화에 참석했는데, 과거에는 서서 리셉션을 진행했던 것을 이번부터는 대통령이나 동포들이 전부 앉아서 행사를 했는데 처음으로 시도해 본 형식이었지만 아주 훌륭하게 진행되었다.

일본 정부에 지방 참정권 등 동포들의 권익 신장을 위한 적극적인 조치를 취해 달라고 강력히 요청할 생각이라는 대통령의 열변에 그동안 한·일 관계 악화로 늘 긴장 속에서 지내던 동포들의 감사한 마음과 향후 한·일 관계 발전에 대한 기대로 영빈관이 뜨거워졌다.

천황 내외 주최 국빈만찬

저녁에 황궁에서 천황 내외가 주최하는 공식만찬이 열렸다. 160여 명의 참석자 중 남자들은 전부 블랙타이 복장이었다.

1998.10.7 국빈만찬장 입장 전 히로히토 천황과 인사하는 필자

만찬장은 아주 격조가 있고 아름다웠다. 황궁 만찬은 백악관에서의 만찬과 달리 조용하고 우아한 분위기 속에서 진행되었다.

만찬사에서 천황은 한국과 일본의 역사적 관계를 언급하면서 식민지배에 대해 사죄했다.

"이와 같이 밀접한 교류의 역사가 있는 반면, 한때 우리나라가 한반도의 여러분께 크나큰 고통을 안겨 준 시대가 있었습니다. 그것에 대한 깊은 슬픔은 항상 본인의 기억 속에 남아 있습니다."

그러나 대통령은 "한·일 양국이 진정한 동반자 관계를 이끌어 나가도록 노력하자"고 하면서도 과거사에 대해서는 언급하지 않았다. 천황을 존경하는 일본 국민들의 감정을 고려해서였다. 나중에 일본 언론들은 이러한 대통령의 태도를 긍정적으로 평가했다.

　반면 대통령은 만찬 시 천황 내외와의 대화를 통해 한국의 대통령이 얼마나 높은 식견과 통찰력을 가지고 있는지를 보여 주었다. 예를 들어 이런 것이었다.

　황후가 대통령에게 이렇게 말했다.

　"대통령께서는 많은 고난의 세월을 보내셨는데도 아주 온화한 철학과 강한 신앙과 희망을 잃지 않는 생활 태도를 가지고 계신 것 같습니다."

　대통령이 대답했다.

　"과분한 말씀입니다. 저는 본래 용기가 있다기보다는 겁이 많은 사람입니다. 우스운 얘기로 밤에 어두운 곳에서는 도깨비가 나오지 않을까 하고 겁을 내는 그런 정도입니다. 그러나 저에게 용기를 준 것은 두 가지입니다. 하나는 크리스천으로서의 신앙입니다. 진정한 예수의 제자는 고통을 받는 사람을 위해 억압자와 싸우다 십자가에서 죽은 예수처럼 이 사회의 불의와 독재, 부패와 싸우는 사람입니다. 둘째는 역사에 대한 신앙입니다. 역사를 보면 악을 행한 사람이 당대에는 벌을 받지 않는 경우가 있지만, 후세에는 반드시 심판을 받게 됩니다. 반면 바르게 산 사람이 당대에 성공하지 못하는 경우가 있지만 후세에 반드시 정당한 평가를 받게 됩니다. 저는 사형 선고를 받고 집행을 앞두고 죽는다는 것이 무서웠지만, 지금 죽더라도 반드시 역사 속에서, 그리고 국민들의 마음속에서 군사독재에 대해 승리한다는 확신이 있었습니다. 그들은 저를 협박하기도 하고 회유하기도 했지만 저는 유혹을 거절하고 죽음의 길을 택했습니다. 그것은 용기라기보다는 역사에 대한 신앙의 힘이었습니다.

일본에도 사카모토 류마(坂本龍馬)라는 사람이 있습니다. 그는 아시다시피 낭인이었고 아무런 출세와 성공도 이루지 못하고 죽었습니다. 그러나 그는 명치유신의 가장 큰 공로자로서, 그 후 귀족이 되고 총리가 된 다른 많은 사람들보다도 일본 국민들이 존경하는 그런 인물이 되었습니다. 역사 속에 바르게 산 사람은 절대로 실패하지 않는다는 것이 일본의 역사 속에도 교훈으로 나와 있습니다"(《김대중 자서전 2》 112쪽 참조).

* 사실 대통령이나 고위 인사들은 실무진들이 미리 준비한 자료를 가지고 사전에 조율된 의제에 관해 회담을 할 수가 있다. 그러나 오찬이나 만찬 시 대화는 사전에 조율된 의제가 없기 때문에 평소 실력으로 할 수밖에 없고, 거기서 지도자의 진짜 실력이 드러나기 마련이다. 김 대통령은 세계의 어느 지도자를 만나 어떤 문제를 이야기하든지 놀라울 정도로 해박한 지식과 뛰어난 통찰력으로 대화를 이끌어 갔다. 그것은 아무도 흉내 낼 수 없는 김 대통령만이 가지고 있는 장점이었다.

만찬이 끝난 다음, 참석자들은 아악 연주와 무곡을 각 한 곡씩 관람했다. 공연이 끝난 다음, 참석자들은 천황 내외와 자유롭게 이야기를 나누는 시간을 가졌는데, 천황과 간단한 이야기를 나눈 뒤 황후와도 이야기를 나눌 수 있었다. 만찬이 당초 예정보다 상당히 늦어졌지만 영빈관으로 돌아온 대통령의 얼굴은 아주 밝았다.

＊ 오부치 총리와의 정상회담

8일 오전 영빈관에서 오부치 총리와의 정상회담이 개최되었다.

양 정상은 과거를 깨끗이 청산하고 미래지향적인 새 시대를 열기 위해 20세기 초에 시작된 불행을 20세기의 마지막에 완전히 결말을 짓고 21세기를 향해 공동의 파트너로서 협력해 나가기로 합의했다.

대통령은 이를 위해 앞으로 일본 정부 여당에서 과거사에 대한 돌출 발언이 나와서는 안 된다는 점을 강조했다. 이에 오부치 총리는 당내에도 많은 의원들이 있으므로 이를 전부 통제하기는 어려우나, 이런 돌출 발언으로 인해 양국의 국민감정이 악화되는 악순환이 계속되는 일만큼은 확실히 근절되어야 할 것이며, 오해가 오해를 낳는 부주의한 발언이 중지되도록 노력해 나가겠다고 다짐했다.

양 정상은 북한 문제에 관해서도 깊이 있는 의견을 교환했으며, 양국 경제협력을 강화하기 위한 많은 문제에 합의하는 동시에 어업협정도 조기에 타결하기로 했다(어업협정은 대통령이 동경을 떠나는 9일 새벽에 한국 해양수산부장관과 일본 농림수산대신 간의 협상을 통해 타결됨).

오부치 총리는 또한 김 대통령이 일본 문화 개방에 대해 적극 대응해 준 것에 감사를 표하고, 앞으로 양국 간 문화 교류를 증진시킴으로써 국민 상호 간의 이해를 심화시켜 신문화를 창조해 갈 수 있기를 기대했다.

한편 김 대통령은 일본 정부가 재일한국인들에 대해 지방 참정권을 부여해 주도록 요청했으며, 오부치 총리는 이 문제는 기본적으로 국민주권, 지방자치, 국가와 지방자치단체와의 관계 등을 고려해 여러 각도에서 검토되어야 할 것이라고 대답했다.

정상회담이 끝나고 먼저 양국 외무장관들이 이중과세방지협약, 외교관사증면제교환각서, 취업관광사증협정에 서명했다. 그리고 대통령과 오부치 총리가 '21세기 한·일 파트너십에 관한 공동선언'에 서명했다. 이 공동선언은 많은 원칙과 구체적인 행동계획을 담고 있었다.

그중 가장 중요한 것은 과거사에 관한 일본 총리의 대한국 사죄였다. 오부치 총리 대신은 금세기의 한·일 양국 관계를 돌아보고 일본이 과거 한때 식민지 지배로 인하여 한국 국민에게 다대한 손해와 고통을 안겨 주었다는 역사적 사실을 겸허히 받아들이면서, 이에 대해 통절한 반성과 마음으로부터의 사죄를 했다.

이는 일본 정부가 '식민 통치에 대한 통절한 반성과 사죄'를 처음으로 외교 문서에, 또 한국을 직접 지칭해서 명기했다는 데 의미가 있었다. 사회당 출신의 무라야마 도미이치(村山富市)도 1995년 반성과 사죄를 표했는데 그때의 담화는 대상이 '아시아의 여러 나라'였다(《김대중 자서전 2》 112쪽 참조).

* 앞에서 언급한 '21세기 한·일 파트너십에 관한 공동선언'에서 일본이 한국에 대해 '식민 통치에 대한 통절한 반성과 사죄'를 명기한 것은 매우 중요한 의미를 갖는 것이었다. 그것은 1973년의 납치 사건으로 인한 일본의 부담감, 천황 호칭 문제와 문화 개방에 대한 대통령의 적극적인 태도, 그리고 대통령과 오부치 총리와의 개인적인 관계가 중요한 영향을 미쳤던 것이었다.

김 대통령의 일본 방문 직후인 11월 중국의 장쩌민 국가주석이 일본을 방문했다. 그때 중국 측은 과거사 문제에 관한 한 김대중 대통령 방일 시 한국 측과 합의했던 것과 동일한 표현을 일본 측에 요구했다. 그러나 일본 측은 한국과 중국은 상황이 다르기 때문에 과거사 문제를 언급할 수 없다고 강력히 주장했으며, 이에 중국에서 고위 인사가 직접 일본을 방문해 일본 측과 담판을 벌였지만 끝내 합의를 이루지 못했고, 그것은 그 후 중국과 일본 관계를 상당 기간 경색시킨 요인이 되었다. 과거에는 중국의 지도자들이 일본을 방문하고 난 다음, 양국 관계가 발전하는 방향으로 나갔지만 이번에는 오히려 반대 현상이 나타난 것이었다. 모두가 과거사 문제에 대한 양국의 인식 차 때문이었다.

정상회담이 끝난 다음, 대통령은 뉴오타니호텔에서 열린 동일본 6개 주요 경제단체가 공동으로 주최하는 오찬에 참석했다. 그 자리에는 우리 측에서 박태준 자민련 총재와 신현확 전 총리 등이 참석했고, 200명에 달하는 일본 경제 인사들이 참석했다.

* 일본 의회 연설

그날 오후 대통령은 참의원 본회의장에서 연설을 했다. 일본의 중의원과 참의원 730여 명 중에서 600명이 넘는 의원들이 참석했는데, 일본 측은 의회 연설 사상 가장 많은 의원들이 참석했다고 설명했다.

1973년 동경에서 납치되었으며, 1980년에는 사형 언도까지 받았던 한국의 정치인이 대통령이 되어 일본을 방문하고 의회에 와서 연설을 해서 그런지 많은 사람들이 연설에 깊은 관심을 보였다. 흥미로운 것은 연설에 오부치 총리와 전 총리 5명의 부인, 각료와 의원들의 부인들까지 참석한 것이었다. 그리고 일본의 공영 방송인 NHK는 전국에 생중계를 했다.

대통령은 연설에서 일본은 과거를 직시하고 역사를 두렵게 여기는 진정한 용기가 필요하고, 한국은 일본의 변화된 모습을 올바르게 평가해 미래의 가능성에 대한 희망을 찾을 수 있어야 한다고 강조했다.

대통령이 입장하고 퇴장할 때 일본 의원들은 기립해 박수했으며, 약 25분간에 걸친 연설 중에도 12차례에 걸쳐 큰 박수를 보내주었다.

연설이 끝난 다음, 대통령은 일본 의회의 주요 의회 인사들(약 65명)과 별도로 환담을 가졌다. 그리고 그 자리에서 대통령은 20세기에 일어난 일들은 20세기에 끝내야 하며, 이는 양국의 선린우호 관계를 향유해야 할 우리들의 후손에 대한 책무라고 강조함으로써 일본 참석자들의 가슴에 깊은 감동을 남겼다.

대통령은 의회 연설이 끝난 다음 일본 NHK와 대담을 했으며, 이 프로그램은 일본 전국에 방송되었다.

* 오부치 총리 내외 주최 만찬

그날 저녁 총리 관저에서 오부치 총리 내외가 주최한 만찬이 열렸으며 양측에서 80명 정도가 참석했다. 오부치 총리가 감동적인 환영사를 했다.

"대통령께서는 한·일 국교 정상화 당시, 국회에서 다수 의원들이 정상화에 반대하는 가운데 용기를 가지고 정상화에 찬성하셨습니다. 1965년의 이러한 역사적 결단에 대한 언급 없이 현재와 미래의 한·일 관계를 말할 수 없습니다. (중략) 본인이 경애하는 고(故) 시바료타로(司馬遼太郞) 작가가 1980년 대통령께서 아직 투쟁의 가시밭길을 걷고 계실 때, 당시 스즈키젠코(鈴木善幸) 총리대신 및 마사요시 외무대신에게 서한을 보낸 일이 있습니다. 그 내용은 '한 인간으로서 김대중 씨의 구명을 위해 계속 기도하고 있습니다'라는 단 한 줄이었습니다. 대통령께서는 그 뒤로 더 많은 시련을 거친 끝에 마침내 대통령으로서 한국을 지도하는 자리에 서게 되었습니다. 대통령께서 걸어오신 발자취는 바로 한국의 민주화와 경제 발전의 역사 그 자체입니다"《김대중 자서전 2》118쪽 참조).

나는 자민당의 카토 무츠키 의원, 민주당의 간 나오토(管直人) 당수 및 일본 텔레비전 사장 등과 같은 테이블에서 식사를 했다. 간 나오토 의원은 김 대통령은 정말로 위대한 지도자이며, 오늘 있었던 국회 연설은 단순한 연설이 아니라, 수십 년간의 고난과 역경을 극복한 사람만이 할 수 있는 것이라고 극찬했다. 한편 일본 텔레비전 사장은 현재 일본에는 김 대통령과 같은 지도자가 없어 너무 답답하다고 말했다.

9일은 동경에서의 일정을 마치고 오사카로 떠나는 날이었다. 대통령은 아침 일찍 영빈관에서 수행 기자단과 간담회를 가진 다음, 와다하루키(和田春樹) 도쿄대 교수 등 오랫동안 친분이 있는 일본 인사 60여 명과 다과회를 가졌다. 대통령이나 참석자들이나 모두 옛날 어려웠을 때를 생각해서 그런지 상당히 감동적인 표정들이었으며, 대통령도 인사말을 하는데 눈시울이 붉어졌다.

* 천황 내외의 작별 예방

친분 인사들과의 다과회가 끝난 다음, 천황 내외가 작별 인사를 하기 위해 영빈관으로 찾아왔다.

대통령은 이틀 전 황궁에서 성대하고 성의 넘치는 만찬을 베풀어 준 데 대해 감사를 표했고, 천황은 대통령의 이번 방일이 앞으로 양국 간 우호관계의 큰 기반이 되리라고 생각한다고 말했다. 대통령은 우리가 노력하면 한·일 양국이 20세기의 일은 20세기에 끝내고 새로운 21세기를 열 수 있다고 생각하며, 이번 방일이 신시대의 동반자 관계를 구축하는 계기가 되기를 기대한다고 말했다. 천황은 대통령의 국회연설은 많은 사람들에게 감명 깊은 것이었다고

1998.10.9 김대중 대통령 내외에 대한 천황 내외 작별 예방
오른쪽 맨 앞 필자

생각하며, 앞으로 양국 간의 이해가 더욱 진전되기를 바란다고 말했다.

이밖에도 대통령과 천황은 여러 가지 문제에 관해 의견을 나누었다. 그리고 대통령은 어제 오부치 총리에게 천황 내외분이 좋은 시기에 방한해 주시도록 정식으로 초청했으며, 한국에서 천황 내외분의 방한에 대한 여론이 조성되어 방한 시기가 빨리 오게 되기를 기원한다고 말했고, 천황은 대통령의 초청에 깊은 감사를 표했다.

대통령 내외와 작별 인사를 하고 나가던 황후가 필자(그 당시 양국 통역 이외에 배석자는 없었으며, 본인만이 대통령과 천황 내외분들이 계신 곳에서 약간 떨어진 의자에 혼자 앉아 있었음)에게 "이번 일본 측의 준비가 괜찮았는지, 혹여 어려운 일은 없었는지"를 물어보면서 "잘 가시라"고 친절하게 말했다. 황후의 태도에서 겸손함과 우아함이 묻어났다.

** 일본 정계 지도자 초청 오찬

대통령은 동경을 떠나기 전 마지막 일정으로 일본의 정계 지도자들을 영빈관에 초청해 오찬을 했다. 그 자리에는 나카소네 야스히로(中曾根康弘), 다케시타 노보루(竹下登), 하시모토 류타로(橋本龍太郎), 무라야마 도미이치(村山富市), 하타 쓰토무(羽田孜), 가이후 도시키(海部俊樹) 등 6명의 전직 총리와 간 나오토(管直人) 민주당 대표, 오자와 이치로(小澤一郎) 자유당 당수 등 5개 정당의 대표도 참석했다. 그리고 한국 측에서는 박태준 자민련 총재, 신현확 전 총리, 김수한 전 국회의장 등이 참석했다.

일본 측 참석자 전원이 돌아가면서 어제 있었던 국회 연설을 높이 평가하고, 김 대통령의 말씀처럼 앞으로 한·일 양국의 진정한 미래지향적 관계 구축을 위해 자신들도 최선을 다하겠다고 다짐했다.

사실 일본에서 위에 말한 전직 총리 2-3명을 한꺼번에 만나기도 쉽지 않은데 여야를 막론한 6명의 전직 총리와 공산당을 제외한 모든 정당의 당수들이 참석했다는 것은 그만큼 일본의 지도자들이 김 대통령을 존경한다는 뜻이었다. 그리고 그들의 말과 태도도 아주 정중하고 깍듯했다. 앞으로의 한·일 관계가 밝아 보였다.

* 오사카 방문

9일 오후 특별기로 동경 하네다공항을 출발한 대통령 내외는 35만 명의 재일 동포가 사는 오사카(大阪) 간사이공항에 도착했다. 공항에서 숙소인 데이코쿠(帝國)호텔로 가는 연도에는 많은 일본인들이 가두에 나와 대통령 내외를 열렬히 환영했다. 이것을 본 대통령은 경호원들의 반대에도 불구하고 차에서 내려 일본인 환영객들과 악수를 나누기도 했다.

호텔에 도착 후 곧 대통령은 동포와의 대화에 참석했다. 동경에서의 공식 일정을 성공적으로 끝내 기분이 홀가분했기 때문인지 대통령은 아주 재미있고 감동적으로 격려사를 했고 그 자리에 참석한 700여 명의 동포들은 계속 박수를 치면서 뜨겁게 반응했다.

이어서 대통령은 오사카부(大阪府) 지사, 오사카 시장, 상공회의소 및 관서경제인 연합회가 공동 주최하는 '관서 지역 주요단체 공동주최 만찬'에 참석했는데, 만찬에는 오사카 지역 경제인 800여명이 참석해 성황을 이루었다. 이 자리에서 대통령은 "역사적으로한 · 일 간 경제 및 문화교류의 중심지였던 간사이 경제계가 한 · 일양국의 경제협력에 앞장서 줄 것"을 요청했다.

* 재일동포 단독 접견 시 일어난 일

다음 날인 10일 아침 일찍 오사카 지역에서 유력한 재일동포 인사가 대통령 숙소로 찾아왔다. 사실 대통령은 이름은 알지만, 잘 알지도 못하고 만난 적도 없는 재일동포를 단독으로 만날 이유도 없고 시간도 없어 계속 거절을 했다. 하지만 그가 아주 잠깐이라도 좋으니 꼭 인사를 드리고 싶다고 해서 수행원들과의 조찬 전에 잠시 만나기로 했다. 재일동포 인사가 도착하기 전에 대통령은 나에게 그 인사를 안내한 다음 나가지 말고 그 자리에 있으라고 지시했다.

나는 재일동포 인사를 안내해 숙소로 들어가서 옆에 서 있었다. 그 인사가 대통령께 인사를 하고 한두 마디 하더니 무언가 조그만 쇼핑백을 전달하려는 것이었다. 대통령은 아주 강력하게 안 받겠다고 하면서 나를 쳐다보았다. 나는 그 인사에게 가서 대통령께서 받지 않겠다고 하시니 그냥 가시라고 하면서 방 밖으로 함께 나왔다. 그 인사는 할 수 없이 가지고 왔던 쇼핑백을 도로 가지고 돌아갔다.

> * 일본 방문을 마치고 돌아온 다음인 11월 초 청와대에서 전국 검사장들을 위한 대통령 주최 오찬이 있었다. 그 자리에서 대통령은 부정부패 척결을 강조하면서, 지난 번 일본 방문 시 어느 재일동포가 여비를 하라고 돈을 주었지만 이를 돌려주었다고 말했다. 나는 그때야 그것이 돈이었으며, 대통령은 그러한 일이 생길 것을 미리 알고 나에게 나가지 말라고 지시한 것임을 알았다.

❊ 죄 없는 자가 먼저 돌로 치라

잠시 후 대통령을 모시고 수행원들과의 조찬이 시작되었다. 먼저 어느 수석비서관이 언론 보도를 보고하면서 미국 시간 8일 미 하원 본회의에서 르윈스키 사건과 관련해 클린턴 대통령에 대한 탄핵 조사안이 통과되었다고 보고했다. 그러자 대통령이 이렇게 말했다.

"Let any one of you who is without sin be the first to throw a stone at her."

이어서 대통령이 말했다.

"이것은 성경 요한복음 8장에 나오는 말씀입니다. 서기관들과 바리새인들이 간음한 여자를 끌고 와서 예수께 '율법에서는 이러한 여자를 돌로 치라 명했는데 선생은 어떻게 말하겠나이까?' 하고 물었을 때, 예수께서 '너희 중에 죄 없는 자가 먼저 돌로 치라'라고 하신 말씀이에요. 지금 클린턴 대통령을 비난하는 사람들 중에 과연 그를 돌로 칠 수 있는 사람이 몇 명이나 있겠습니까?"

그 말을 마치고 대통령은 화제를 돌려 다른 이야기를 시작했다.

* 사실 기독교 신자로서 성경을 많이 읽은 사람이라고 하더라도 그러한 화제가 나왔을 때 바로 영어로 해당 구절을 말할 수 있는 사람이 과연 몇 명이나 있을까? 그리고 지금과 같이 혼탁한 세상에서 과연 누가 자기는 죄가 없는 깨끗한 사람이니 다른 사람을 돌로 치겠다고 할 수 있을까? 참으로 많은 것을 생각하게 한 대통령의 말씀이었다.

대통령은 오전에 일본의 문화계 인사 30여 명과 간담회를 갖고 일본 방문 일정을 다 마무리 지었다. 대통령은 오사카를 떠나 귀국하기 전에 동경에서 오사카까지 수행을 해서 온 김석규 주일대사를 불러 대통령의 국빈방문 준비를 위해 수고한 그동안의 노고를 치하하고 직원들에게도 감사의 뜻을 전해 달라고 당부했다.

* 일본 국빈방문 결산

3박 4일간의 일본 방문은 성공적이었다. 그동안 계속 긴장 상태를 유지하던 한·일 관계가 발전적인 방향으로 나가는 전기가 마련되었다. 그것은 다른 무엇보다도 역사상 처음으로 민주적 정권 교체에 의해 이루어진 한국 정부와, 한국의 민주화를 위해 일생을 바쳐 온 김대중 대통령에 대한 일본인들의 긍정적인 평가와 지지가 큰 힘으로 작용했다. 그리고 대통령의 대범하고 큰 정치인의 모습이 일본과 일본인들의 마음을 사로잡은 결과로 보여졌다.

우선 대통령은 1973년의 납치 사건으로 인해 대통령에게 무언가 부담감을 갖고 있던 일본 정부에게 앞으로 납치 문제를 거론하지 않겠다고 함으로써 일본에 대해 대범한 태도를 보여 주었다. 그리고 한국에서 비교적 민감한 문제인 천황 호칭 문제에 대해 공개적으로 국민들의 이해를 구하고, 또한 많은 한국인들이 반대하는 문화 개방 문제도 적극적으로 추진함으로써 일본 정부로 하여금 김 대통령과 협력하면 앞으로의 한·일 관계를 발전시킬 수 있다는 확신을 주었다.

대통령은 또한 천황 주최 만찬 시 다음 날로 예정된 국회 연설에서 과거사 문제를 언급할 것임을 고려해 천황에게 일절 과거사 문제를 언급하지 않았는데, 이것 또한 일본 사람들에게 상당히 긍정적인 영향을 미친 것으로 보였다. 또한 일본 의회 연설에서는 일본의 정치인들에게, 그리고 NHK 텔레비전과의 인터뷰를 통해서는 일본 국민 특히 지식인들에게 큰 정치인의 모습을 보여 줌으로써 깊은 인상을 남겼다.

그리고 다른 무엇보다도 중요한 것은 그 당시 총리가 오부치라는 사람이었다는 것이다. 오부치 총리는 아주 겸손한 사람이었으며, 김 대통령을 진심으로 존경했다. 그래서 대통령과 오부치 총리는 호흡이 잘 맞았다. 이와 같은 여러 가지 요소들의 종합적인 영향으로 인해 일본은 과거사 문제에 관한 한국 측의 강력한 요구를 받아들이는 등 한국과 김 대통령에 대해 많은 배려를 했고, 결국 대통령의 일본 방문이 성공적으로 이루어지게 되었던 것이다.

13.
중국
국빈방문

일본 국빈방문을 마치고 돌아오자마자 청와대와 외통부는 바로 11월 11-15일로 예정된 중국 국빈방문 준비에 들어갔다. 중국 방문 직후 대통령은 말레이시아로 가서 아시아태평양경제협력체(APEC) 정상회의에 참석한 다음 홍콩을 경유해 귀국할 예정이었기 때문에 준비할 것이 많았다.

대통령은 과거 세 번이나 중국을 방문해 중국의 지도자들과 친분도 쌓았고, 중국에 대한 공부도 많이 해서 많은 생각과 다양한 전략을 갖고 있었으며, 내게도 수시로 여러 가지 문제에 대해 질문을 하고 지시를 했다. 그때마다 나는 임동원 외교안보수석비서관과 홍순영 외통부장관에게 대통령의 뜻을 전달하면서 긴밀히 협력했다.

＊ 명예박사 학위 수여 문제

한번은 외통부 간부가 나에게 전화를 해서, 대통령 중국 방문 기간 중 중국의 저명한 대학에서 명예박사 학위를 받는 문제에 관한 청와대 입장을 문의했다. 나는 지난 10월 일본 국빈방문 시에도 동일한 문제가 제기되었지만, 앞으로는 대통령이 해외 순방 시 방문 대상국의 대학에서 명예박사 학위를 받는 것을 추진하지 않기로 했으니 중국에서도 추진하지 말라고 말했다.

나는 그 간부에게 내가 전에 주중대사관에서 근무할 때, 대통령 중국 방문을 추진하는 과정에서 비공식적인 경로를 통해 중국의 저명한 대학에서 명예박사 학위를 받는 것을 교섭했지만 실패했다고 말하고, 이번에도 우리가 또다시 똑같은 행태를 보일 경우, 결국 대통령은 물론 국가의 체면을 손상시킬 것인바, 청와대에서 별도 지시가 없는 한 어떠한 경우에도 명예박사 학위 수여를 추진하지 말라고 당부했다.

얼마 후 주중대사가 나에게 연락을 해 11월 대통령 중국 방문 시 중국 대학에서 명예박사 학위를 받는 문제를 추진하는 데 대한 의견을 문의했다. 나는 외통부 간부에게 설명한 대로 대통령 해외 순방 시 명예박사 학위 수여를 추진하지 않는 것이 대통령의 확고한 뜻이므로 추진하지 말라고 설명했다.

11월 11일 오후 대통령 내외는 특별기편으로 서울을 출발해 중국 베이징에 도착해 숙소인 댜오위타이(釣魚臺) 국빈관에서 짐을 풀었다. 잠시 후 대통령은 숙소 내에 있는 팡페이위안(芳菲苑) 연회장에서 상사 주재원 등 300여 명의 재중 한국인들을 부부동반으로 초청해 간담회를 가졌다.

* 수행원들과의 비공식만찬

재중 한국인들과의 간담회가 끝나고 수행원들과의 비공식만찬이 시작되었다. 만찬에는 공식수행원인 홍순영 외교통상부장관, 이정무 건설교통부장관, 김선길 해양수산부장관, 권병현 주중대사, 청와대의 강봉균 경제수석비서관, 임동원 외교안보수석비서관, 박지원 공보수석비서관, 의전비서관(필자), 외교부의 문봉주 아태국장과 특별수행원인 국민회의 소속 서석재 의원(한중의원외교협의회 회장)과 이영일 의원(한중문화협회장)도 참석했다. 대통령은 수행원들과 이튿날부터 시작되는 정상회담을 비롯한 각종 회담에 관한 대책을 협의했다.

한창 대화를 하다가 대통령께서 맨 끝에 앉아 있는 나에게 중국차를 시켜 달라고 말했다. 그러더니 이렇게 말했다.

"여러분들 저기 앉아 있는 김하중 비서관을 잘 모르지요. 저 사람은 내가 1994년 중국에 왔을 때 만났는데, 그때 중국에 관해 많은 이야기를 듣고 깊은 인상을 받았어요. 그래서 대통령이 되고 난 다음 생각이 나서 의전비서관으로 데려왔어요."

* 앞에서도 이야기했지만, 사실 나는 처음에 인수위에서 외교부로 의전비서관 후보 추천 요청이 왔을 때 의전비서관으로 가고 싶지

않으니 추천하지 말아 달라고 했고, 그래서 다른 사람으로 결정되었지만 마지막 순간에 상황이 바뀌어 내가 부임하게 되었다. 그러나 나는 그렇게 된 정확한 이유를 몰랐고, 아무도 나에게 그 이유를 설명해 준 적이 없었다. 그런데 9개월 만에 대통령이 직접 많은 사람들 앞에서 설명한 이유를 듣고 비로소 내가 왜 의전비서관직을 맡게 되었는지 알게 되었다.

✱ 장쩌민(江澤民) 국가주석과의 정상회담

12일 아침 대통령은 인민대회당 광장에서 열린 공식 환영식에 참석한 뒤 바로 자리를 옮겨 장쩌민 주석과의 정상회담에 들어갔다.

김 대통령은 장 주석에게 다가오는 21세기에는 한·중 양국이 모든 분야에서 선린우호의 동반자로서 전반적인 협력 시대에 진입하기를 희망한다면서, 한·중 관계가 전면적이며 긴밀한 관계로 나아가야 한다고 생각하는 이유를 설명하고, 또한 자신의 대북정책을 소상히 설명하고 중국의 지지를 요청했다.

이에 대해 장 주석은 오늘날 국제 정세는 중대한 변화를 맞이하고 있고, 이러한 상황 속에서 양국은 협력을 강화할 필요가 있으며, 그런 의미에서 21세기를 향한 한·중 협력동반자관계를 설정하게 된 것을 환영한다고 말했다. 장 주석은 또한 김 대통령 취임 이후 대북한 관계 개선 노력으로 남북 간에 긴장 완화 움직임이 있게 된 것을 기쁘게 생각하며, 한국이 의장이었던 최근 4자회담 3차 본회담의 진전은 한반도 정세의 안정을 위한 긍정적인 변화로 중국은 이를 환영한다고 말했다. 또한 중국은 한국의 대북포용정책이 올바른 정책으로서 진정한 평화실현이 가능하다고 생각하며, 특히 김 대통령이 취임 후 미국의 대북 경제제재 해결을 강조한 것을 높이 평가했다.

장 주석은 한반도의 평화와 안정이 중국의 기본 입장이며, 남북 양측이 점차 신뢰를 회복하고 관계를 개선해 나가기를 희망하며, 4자 회담의 성과를 통해 한반도에 항구적 평화체제가 구축되는 것이 한반도의 안정에 유리하기 때문에 중국은 이를 위해 건설적인 역할을 계속할 것이라고 말했다.

한편 장 주석은 대만 문제에 대한 중국의 입장을 상세히 설명했고, 양 정상은 일본의 과거사 문제에 관해서도 솔직한 의견을 교환했다.

또한 김 대통령은 동북아의 평화와 안정을 위해서는 이 지역 국가들의 협력이 매우 중요하다고 강조하고, 현재 전 세계적으로 지역안보협의체가 있지만 동북아시아에만 없으므로 남북과 미국, 중국, 일본, 러시아 등 6개국이 참여해 동북아시아의 평화와 안정을 논의하는 대화의 장을 만들 필요가 있다고 강조했다(《김하중의 중국 이야기 2》 243-245쪽 참조).

장 주석은 회담을 하는 과정에서 "대통령께서는 평범치 않은 삶을 살아오셨는데 대통령을 뵙고 보니 두 가지 생각나는 말이 있다"면서, "그 첫째는 '뜻이 있는 사람은 반드시 이룬다'(有志者 事竟成)라는 말로서 대통령은 여러 풍파를 거치신 후 대통령에 당선되셨으며, 다른 하나는 '큰 난국 속에서도 죽지 않으면 반드시 복이 온

다'(大難不死 必有鴻福)라는 말인데, 대통령께서는 여러 위험을 무릅쓰고 나서 복을 받으셨다고 할 수 있다"고 말했다.

두 정상의 대화는 깊이가 있고 그 폭이 넓었다. 그러면서도 그 속에 상대방에 대한 존경과 배려가 담겨 있었다.

❊ 베이징대학 연설

그날 오후 대통령은 베이징대학으로 가서 연설을 했다. 그 자리에는 천자얼(陳佳洱) 베이징대학 총장과 중국 정부를 대표하여 외교부의 왕이 부장조리(우리의 차관보, 현 외교부장)가 참석했다. 강당에는 천 명이 넘는 학생들과 교수들이 몰려들어 정말로 발 디딜 틈이 없었다.

대통령은 연설에서 "베이징대학이 중국 민족주의 운동의 요람이었고 한때는 민주화 운동의 중심이었다"고 말하고, "한 · 중 양국의 청년들이 손에 손을 잡고 21세기를 여는 미래의 주인으로서 21세기에 한 · 중 양국을 이어 주는 다리가 되어 줄 것을 바란다"고 했다. 이와 같은 대통령의 연설에 학생들에게서 계속 박수가 터져 나왔다. 연설이 끝난 후 학생들과의 질의응답이 있었으며, 행사 말미에 대통령이 베이징대 개교 100주년을 기념해 한국에서 준비해 온 휘호 '실사구시'(實事求是)를 베이징대 총장에게 넘겨줄 때 학생들로부터 우레와 같은 환호와 박수가 터져 나왔다.

당초 연설 시간을 1시간 정도로 잡고, 연설이 끝난 다음 베이징

대학 내 고고학 박물관을 관람하기로 준비했지만, 연설 관련 일정
이 거의 2시간 가까이 늘어나는 바람에 결국 고고학 박물관 관람은
취소되었다.

> * 중국 방문 전에 나는 대통령에게 베이징대학 연설 시 꼭 휘호를
> 준비할 것을 건의했다. 마침 금년이 베이징대학 개교 100주년이고
> 중국에서는 그러한 해를 매우 중시하기 때문에 외국의 국가원수가
> 한자로 휘호를 써서 기증한다면 대학은 물론이고 중국 국민들이 그
> 글씨를 매우 소중히 생각할 것이라고 설명했다. 그리고 지금 중국
> 인들이 가장 좋아하는 말이 '실사구시'라는 말이니 그 말로 휘호를
> 쓰실 것도 건의했다.
> 베이징대학 연설이 끝나고 숙소로 돌아가서 대통령은 "김 비서관
> 말대로 휘호를 써 갖고 오기를 잘했다"고 말했다.

﹡ 장쩌민 주석 내외 주최 공식만찬

저녁에 인민대회당(서대청)에서 장쩌민 주석 내외가 주최하는
공식만찬이 열렸다. 중국 측에서는 첸치천(錢其琛) 부총리, 장춘윈
(姜春云) 전인대 부위원장, 왕자오궈(王兆國) 정협부주석, 탕자쉬안(唐
家璇) 외교부장, 천즈리(陳至立) 교육부장을 비롯한 주요 인사들이 참
석했다.

만찬은 아주 유쾌하게 진행되었고, 옆에서 군악대가 계속 중국
과 한국의 민요를 번갈아 연주하며 흥을 돋우었다. 그리고 중국의

여자 가수가 나와 노래를 했다. 그런데 헤드테이블을 보니 장 주석이 가수가 노래를 부를 때 손을 흔들면서 노래를 따라 부르는 것이었다. "석가"(夕歌)라는 노래가 나왔을 때, 장 주석은 또 가수 노래를 따라 부르다가 마지막 소절이 옥타브가 너무 높아 따라 부르지를 못하고 중단을 했다.

만찬이 끝나고 예정된 순서에 따라 장 주석과 대통령 내외가 군악대로 가서 격려를 했다. 그런데 대통령이 장 주석에게 아까 따라 부른 노래가 옥타브가 너무 높아 따라 부르지를 못하셨는데 옥타브를 낮춰 한 번 더 불러 보라고 권유를 했다. 그랬더니 장 주석이 기꺼이 새로 노래를 부르는데 정말 노래를 잘했다. 장 주석은 자신의 노래가 끝난 다음, 대통령께도 한 곡 부르라고 권유했다.

대통령은 기다렸다는 듯이 여사님과 함께 "도라지" 노래를 불렀다. 노래가 끝난 다음 대통령이 장 주석에게 아무래도 노래 솜씨는 장 주석을 따라가지 못하겠다고 농담을 해서 그 자리에 있던 모든 사람들이 웃었다. 정상회담도 좋았고 만찬 또한 유쾌했다. 앞으로의 한 · 중 관계도 그럴 것이라는 확신이 들었다.

* 숙소로 돌아온 다음 대통령은 나에게, 오늘 만찬을 하면서 장 주석이 계속 노래를 따라 부르는 것을 보고 나중에 노래를 시켜야겠다고 마음을 먹었으며, 또한 만일에 대비하여 자신도 마음으로 노래를 준비했다고 말했다. 그러면서 장 주석은 어떤 문제가 나오더라도 솔직하고 격의 없이 터놓고 이야기를 했다고 하며, 그는 정말 큰 인물이라고 평가했다.

** 첸치천(錢其琛) 부총리 접견

11월 13일 대통령은 숙소에서 경제 6단체장들과 조찬을 하면서 비즈니스 외교 전략을 협의한 다음, 인민대회당으로 가서 내외신 기자회견을 했다. 그리고 다시 숙소로 돌아와 중국의 첸치천 부총리를 접견했다. 그 자리에는 중국 측에서 한·중 수교 교섭 당시 중국 외교부의 부부장(우리의 차관)으로서 수석대표였던 쉬둔신(徐敦信) 전인대 외사위 부주임, 차석대표였던 장루이제(張瑞杰) 전 대사, 장팅엔(張庭延) 전 주한 대사, 우다웨이(武大偉) 주한 대사, 왕이(王毅) 외교부 부장조리 등이 배석했다. 그리고 우리 측에서는 홍순영 외교통상부장관, 권병현 주중대사, 임동원 외교안보수석, 박지원 공보수석, 의전비서관(필자)과 문봉주 아태국장이 배석했다.

대통령은 한·중 수교 당시 외교부장으로서 수교를 지휘한 첸치천 부총리를 위시한 중국 측 인사들에게 감사를 표하고 수교 이후 지난 6년 동안 비약적으로 발전한 양국 관계를 평가했다. 이에 대해 첸 부총리는 한·중 수교 과정을 회상하면서 한·중 수교가 양국에 큰 경제적인 이익을 가져온 것은 물론이고 한반도의 평화 유지에 좋은 기초를 만들었다고 평가했다.

대통령은 또한 첸 부총리에게 대북 3원칙을 상세히 설명하고, 한·중 수교를 시작한 첸 부총리가 이제는 한반도 문제를 잘 해결해 나가는 데 있어서도 적극적인 역할을 해 줄 것을 당부했다. 이에 대하여 첸 부총리도 자신의 생각과 중국의 입장을 설명했다.

예정되었던 시간이 다 되어 일어설 시간이 되었다. 갑자기 대통령이 내게 앞으로 나오라고 하더니 첸 부총리에게 이렇게 말했다.

"첸 부총리는 김 비서관을 잘 아시지요? 장팅엔 대사가 수교 교섭을 통해 주한 중국대사가 되었으니, 김 비서관도 앞으로 주중대사를 해야 하겠습니다. 내가 김 비서관을 만난 것은 김 비서관이 공사로서 북경에 근무하고 있을 때였습니다. 당시 김 비서관은 나에게 중국에 대해 여러 가지 도움이 되는 이야기를 많이 해 주었고 실제로 중국 이해에 큰 도움이 되었습니다. 그래서 대통령이 되면서 의전비서관으로 발탁했습니다. 여러분도 잘 아시다시피 의전비서관은 비서실장과 더불어 대통령과 함께 지내는 시간이 가장 많은 사람입니다."

* 면담이 끝난 다음 중국 측 참석자들이 나에게 와서 축하 인사를 했다. 그들은 대통령이 중국의 부총리를 비롯한 주요 인사들 앞에서 김 비서관이 앞으로 주중대사를 한다고 했으니 이제 대사로 오는 것은 시간 문제로 생각하고 기다리겠다고 말했다. 나는 그들에게 대통령께서 중국 전문가인 내가 앞으로 중국 인사들로부터 정당한 평가를 받도록 하기 위해 말씀하신 것이지 주중대사를 시키기 위한 것이 아니라고 설명해 주었다.

첸 부총리와의 면담 직후 한·중 경제인 주최 오찬 연설회가 예정되어 있었다. 오찬 직전 중국 측 주요 인사들과 환담을 하는데, 대통령은 또다시 중국 인사들에게 나를 소개하면서, 과거 주중대사관에서 정무공사로 있으면서 한·중 수교 시 실무교섭을 전담하여 큰 공헌을 세운 사람이라고 칭찬해 주었다. 사실 그 자리는 중국의 주요 경제 인사들이 참석한 자리이기 때문에 의전비서관과 아무런 관련이 없음에도 불구하고 그렇게 소개하는 대통령의 의중이 궁금했다. 대통령께서 무언가 다음을 생각하여 일부러 그러는 것으로 생각되었다.

잠시 후 대통령은 댜오위타이 안에 있는 연회장에서 한·중 경제인 주최 오찬에 참석하여 "21세기 아시아 태평양 시대의 중심축으로서 한·중 경제협력의 필요성을 역설"했다. 오찬에는 양국 경제인 250여 명이 참석했다.

* 후진타오 국가부주석과 리펑 전인대 상무위원장 면담

그날 오후 대통령은 인민대회당으로 가서 먼저 후진타오 부주석과 만났다. 대통령은 지난 4월 후 부주석이 한국에 왔을 때 한국을 중국의 해외여행 자유화 대상지역으로 결정해 줄 것을 요청했는데 귀국 후 곧 조치해 준 데 대해 감사를 표했다. 후 부주석은 어제 정상회담에서 21세기의 협력동반자관계를 구축하기로 합의했는데, 이것은 양국의 다음 세기의 발전 방향의 틀을 확고히 결정한 것으로서 양국 관계가 새로운 발전 단계에 들어섰다는 것을 의미하며, 앞으로 양측의 노력을 통해 장기적이고 호혜 협력적인 관계가 다음 세기로 이어질 것으로 확신한다고 말했다.

대통령은 후 부주석에 이어 리펑 전인대(한국의 국회) 상무위원장을 면담했다. 리 위원장은 대통령의 방중을 환영하며 이번 방중을 통해서 양국 관계가 가일층 발전할 것으로 믿는다고 하면서, 대통령의 영도 아래 한국이 구조조정을 통해 경기가 회복단계에 들어서게 된 것을 축하한다고 말했다.

대통령은 오랫동안 총리로 재임하면서 중국이 성공을 이룩하는데 큰 역할을 한 위원장을 만나 기쁘며, 중국이 여러 가지 어려움에도 불구하고 위안화의 평가 절하를 자제함으로써 주변 나라에 좋은 영향을 주고 있는 것에 대해 감사한다고 말했다. 대통령은 과거의 한·중 관계는 주로 경제 위주의 관계였지만 이제는 정치, 외교, 경제, 문화, 한반도의 평화와 안정, 환경에 이르는 모든 분야에서의 관계 발전을 강화해 나가기로 했으며, 리 위원장이 앞으로도 양국의 우호 증진을 위하여 계속 노력해 달라고 당부했다.

* 주룽지(朱鎔基) 총리 면담 및 만찬

그날 저녁 대통령 내외는 주룽지 총리 내외가 주최하는 만찬에 참석했다. 중국의 총리는 우리나라와 달리 국무원의 총리로서 행정수반이라고 할 수 있다. 그래서 국무원에 관련된 업무, 특히 경제 업무에 관하여 강력한 권력을 가지고 있다. 그렇기 때문에 중국의 총리는 미국에 가더라도 백악관 환영행사에 참석하고 미국 대통령과 정상회담을 한다.

당시 외환위기를 극복하고 우리 기업들의 중국 진출을 돕기 위해서는 주룽지 총리의 도움이 절대적으로 필요했다. 대통령과 주 총리는 만찬에 앞서 먼저 간단한 환담 순서를 가졌다.

주 총리는 한국의 금융위기를 지대한 관심을 가지고 지켜보고 있으며, 최근 한국 경제가 신속히 회복되고 있음을 기쁘게 생각하고, 김 대통령의 훌륭한 영도 하에 어려움이 완전히 회복되기를 기대하며, 특히 이 과정에서 한국 국민의 단합된 정신에 탄복하고 있다고 말했다.

김 대통령은 한국 경제가 위기는 넘겼다고 생각하며, 이제부터는 국내 개혁을 전력을 다해 추진하고 있다고 하면서 이 과정에서 사실 걱정되는 것은 위안화 평가절하 문제인데, 중국이 위안화 가치를 유지하고 이에 따라 한국 경제 회복에도 도움이 되고 있어 감사한다고 말했다. 그리고 경제협력 분야에서 5가지 분야에서의 협력 방안에 대해 설명했다. 그것은 1) 중국 원자력 발전소 건설에의 우리 기업 참여 문제, 2) 중국 내 완성차 생산 문제 3) 한국만이 가지고 있는 음성다중분할방식(CDMA)의 이동전화 상용화를 위한 양국 간 협력, 4) 중국 진출 우리 금융기관에 대한 지원(보험사에 대한 영업 허가, 우리 은행 지점의 위안화 영업 허가), 5) 고속철도 분야에서의 협력이었다.

두 정상은 만찬장으로 자리를 옮겨 대화를 계속했다. 주 총리는 조금 전 대통령께서 말한 사항 중 중국이 위안화를 평가절하 하는 일은 없을 것이므로 안심해도 된다고 말했다. 그리고 김 대통령이 요청한 5가지 분야에서의 협력에 관해 소상히 설명하면서 어느 분야는 한국 측 희망대로 수용하고 어느 분야는 긍정적으로 검토하겠다고 말했다. 그러면서 이것은 단순히 외교적 수사가 아니라 김 대통령을 존경하기 때문에 진심으로 하는 말이라고 덧붙였다.

김 대통령은 역사적으로 한 나라가 흥하려면 인물이 많이 나오고 망해 가는 국가는 인물이 나오지 않는데 장쩌민 주석이나 주룽지 총리를 보니 중국은 계속 발전하고 부강해질 것으로 보인다고 말했다. 이에 대해 주 총리는 자신은 인물이 아니며 덩샤오핑이 진정 큰 인물이라고 하면서 다음과 같은 에피소드를 소개했다.

"1992년 1월 덩샤오핑의 남순강화가 있은 다음인 3월 본인은 상하이 시 인민대표대회에서 남순강화에 대한 이견을 제기했습니다. 그리고 곧 크게 후회를 했는데 혹시라도 과거와 같이 비판의 대상이 될 것 같아서였습니다. 그런데 덩샤오핑이 '주룽지의 말이 옳다'고 하며 본인의 발표문을 인쇄하여 공산당원 전체에게 배포토록 조치했는데 참으로 존경스러웠습니다.

본인은 1958년도에 한때 우파로 몰려 20년간 공산당원 자격이 박탈된 채 농촌으로 하방(下放)되었다가 1978년에 복권된 바 있습니다. 또한 학생 시절에는 장 주석과 함께 생명을 걸고 학생운동을 하며 반독재운동을 전개한 바 있습니다."

이에 대해 김 대통령도 자신이 겪었던 감옥에서의 경험에 관해 여러 가지 이야기를 했다. 양국의 최고지도자들이 딱딱한 정치나 경제 이야기만 하는 것이 아니라 과거 자신들이 당했던 고난을 이야기하면서 서로의 아픔을 위로하는 것은 우정을 심화시키는 데 중요한 촉매 작용을 했던 것이다(《김하중의 중국 이야기 2》 245-247쪽 참조).

다음 날인 14일 대통령 내외는 베이징을 출발, 상하이로 가서 '한 · 중 경제인초청 연설회'에 참석하고, 푸둥(浦東) 개발 지구를 시찰한 다음, 상하이 시장 내외가 주최하는 만찬에 참석했다. 그리고 마지막 날인 15일 상하이 임시정부 청사를 방문했다.

그동안 대통령의 중국 국빈방문을 준비하느라 주중대사관 직원들과 주상하이총영사관 직원들의 수고가 많았다. 대통령은 APEC 정상회의 참석을 위해 말레이시아로 출발하기 전, 권병현 주중대사를 불러 노고를 치하하고 직원들에게 감사의 뜻을 전해 달라고 당부했다.

✲ 중국 국빈방문 결산

중국 방문은 성공적이었다. 중국과의 관계에 있어 가장 중요한 것은 최고지도자들과의 친분 관계 구축이었다. 그런데 중국의 지도자들은 기본적으로 김 대통령이 야당 지도자로서 오랜 세월의 탄압과 고난을 극복하고 대통령이 된 것에 대해 깊은 존경심을 가지고 있었다. 그들은 미국 정부가 과거 두 번이나 김 대통령의 생명을 구해 주었으며, 외환위기의 극복 과정에서 세계 어느 나라보다도 김 대통령을 적극 도와주는 것을 보고 미국이 김 대통령을 얼마나 중시하는지를 확인했다.

사실 중국은 한반도의 평화와 안정을 가장 중시했는데, 김 대통령의 햇볕정책이 바로 그러한 중국의 기본적인 대북정책과 맥을 같이 했기 때문에 김 대통령과의 관계를 중시할 수밖에 없었다. 장 주석은 김 대통령이 북한에 대해 확고한 결심을 갖고 있고, 어떠한 일이 있어도 인내심을 갖고 북한과의 관계 개선에 최선의 노력을 다할 것이며, 한국과 중국이 이심전심으로 인내심을 가지고 화해와 교류협력을 추진해 나가야 한다는 점에 공감한 것으로 보였다. 그러한 장 주석의 마음은 국빈만찬장에서 김 대통령과 노래까지 함께 불렀다는 점에서 확인할 수 있었다.

김 대통령은 또한 주룽지 총리와도 특별한 친분 관계를 구축함으로써 앞으로 중국과의 경제협력에 있어 전폭적인 협조를 기대할 수 있게 되었다.

결국 김 대통령과 중국 최고지도자들과의 신뢰와 우의에 기초하여 양국은 모든 분야에서 전면적인 동반자 관계를 추진해 나갈 수 있는 여건이 조성된 것이었다. 수교 이후 지난 6년간 무역과 경제협력 위주로 발전해 오던 양국 관계가 이제 정치, 경제, 한반도의 평화와 안정, 문화, 관광, 그리고 환경 등 모든 분야에 걸쳐 전반적 동반자 관계로 발전해 나갈 수 있게 된 것이었다.

* 김 대통령 방중에 대한 중국 평가

나중에 알려진 이야기지만 김대중 대통령의 방문을 앞두고 중국 정부에서는 앞으로 한·중 관계를 어떻게 정립할지에 관한 내부 회의가 개최되었다. 그 회의에서 일부 보수주의적 견해를 가진 인사들은 예상되는 북한의 반발을 고려하여 한·중 관계를 전면적으로 확대시키는 데 대해 반대를 했다고 한다. 그러나 중국이 한국과의 관계 확대에 신중을 기한다 하더라도 북한이 이를 감사하게 생각할 가능성이 희박하고, 특히 앞으로 21세기를 대비하여 아시아에서 한국과의 긴밀한 관계 유지가 필요하다는 의견이 우세하여 결국 '협력적인 동반자관계'로 확대해 나가기로 방침을 세운 것으로 알려졌다.

그래서 중국 정부는 김대중 대통령의 방중을 매우 중시했으며, 한·중 관계에 있어 1992년 한·중 수교를 양국 관계의 첫 번째 이정표로 생각할 때, 1995년에 있었던 장쩌민 주석의 한국 방문을 두 번째 이정표로, 그리고 김 대통령의 방중을 세 번째 이정표로 평가했다.

14.
말레이시아
APEC 정상회의
참석

11월 15일 오후 말레이시아 수도 쿠알라룸푸르에 도착한 대통령 내외는 숙소인 힐튼호텔에서 여장을 풀었다. 그리고 대통령은 바로 싱가포르의 유력 영자 일간지 〈뉴 스트레이트 타임즈〉(*New Strait Times*)와 회견을 가졌다.

* 개별 정상회담

다음 날인 16일 오전 대통령은 이번 APEC 정상회의 의장국인 말레이시아 마하티르 총리, 뉴질랜드 시플리 총리, 싱가포르의 고 촉동 총리와 정상회담을 가진 다음, 오후에는 국제무역센터로 가서

APEC 최고경영자회의(Business Summit)에 참석하여 후지모리 페루 대통령, 하워드 호주 총리와 함께 기조연설을 한 다음, 참석자들과 질의응답을 했다.

다음 날인 17일 오전 대통령은 다시 호주의 하워드 총리, 캐나다의 크레티앵 총리, 그리고 칠레의 프레이 대통령과 정상회담을 가졌다.

* APEC 정상회의 공식 환영행사

그날 오후 김 대통령을 비롯한 21개국 정상들이 참석한 가운데 APEC 정상회의의 공식 환영행사가 열렸으며, 기념 촬영을 한 다음 마하티르 총리로부터 의제에 관한 설명을 들었다.

대통령은 다시 기업인 자문위원과의 대화에 참석한 다음, 클린턴 대통령을 대신하여 참석한 미국의 고어 부통령을 접견하고, 저녁에 마하티르 총리 내외가 주최하는 만찬에 참석했다.

18일 아침 7시 45분에 우리는 대통령을 수행하고 호텔을 출발하여 8시 30분에 APEC 정상회의장인 사이버뷰 브리지(Cyberview Bridge)에 도착했다. 사이버뷰 별장은 쿠알라룸푸르 서남쪽 50킬로미터 지점 탐오일 농장에 건설된 첨단 멀티미디어센터 건물 중 일부였다.

* 정상회의 결과 및 정상선언문

정상들은 먼저 기념 촬영을 한 뒤, 바로 1차 정상회의에 들어갔다. 이때 각 정상들은 통역 한 명씩만 데리고 들어가며, 나머지 수행원들은 별도의 방에서 화면을 통해 정상들의 토의 장면을 보게 되어 있었다.

12시 30분에 회의가 끝나고, 오찬 전 칵테일이 있은 다음, 마하티르 총리 주최 오찬이 열렸다. 그리고 20분 정도 휴식을 취한 다음, 오후 2시 30분부터 다시 2차 정상회의가 시작되었다.

당시 21개국 정상들은 아시아 금융위기, 경제 · 기술 협력, 전자 상거래, 무역 · 투자 자유화 등 4개 분야에 대해 기조연설을 듣고 토론을 벌였다. 금융안정 분야는 태국의 추안 총리와 김대중 대통령, 경제 · 기술 협력 분야는 하워드 호주 총리, 전자 상거래 분야는 고촉동 싱가포르 총리, 무역과 투자 자유화는 시플리 뉴질랜드 총리가 각각 8분 정도씩 기조연설을 했다. 그러나 논의는 금융위기 해결 방안에 집중되었으며, 정상들은 오전 대부분의 시간을 이 문제에 할애했고, 오후에도 다시 이를 거론했다.

정상회의가 끝난 다음 21개국 정상들은 정상선언문을 채택하고 폐막되었는데, 정상선언문은 '성장을 위한 기반 강화' 등 모두 8개 분야에 걸쳐 35개 항목에 관한 논의 사항을 담고 있었다. 정상들은 선언문에서 "당면 주요 과제는 아시아의 신속하며 강력한 경기 회복을 지원하는 것"이라고 하면서 "각국의 특수한 경제 상황에 적합한 성장지향적인 거시경제 정책을 추진하는 등 협조적인 경제 성장을 추구해 나가자"고 결의했다.

모든 일정이 끝난 뒤, 우리는 대통령을 수행하여 호텔로 돌아왔다.

11월 19일 아침 일찍 대통령 내외는 특별기편으로 홍콩으로 출발했다. 대통령은 쿠알라룸푸르를 출발하기 전 대통령의 APEC 정상회의 참석 준비를 위해 수고한 이병호 주말레이시아대사를 불러 노고를 치하하고 대사관 직원들에게도 감사의 뜻을 전해 달라고 당부했다.

* 말레이시아 APEC 정상회의는 출발부터 순조롭지 못했다. 특히 최대 쟁점인 '분야별 조기 자유화' 타결이 무산됨으로써 역대 가장 빈약한 정상선언문을 채택하게 되었다. 거기에다 말레이시아의 마하티르 총리는 1993년 제1차 시애틀 정상회의에 불참하는 등 그동안 APEC에 대해 부정적인 시각을 갖고 있었기 때문에 이것 또한 회의에 부정적인 영향을 미쳤다. 또한 APEC 정상회의에서 가장 중요한 미국의 클린턴 대통령이 다른 일을 이유로 회의에 불참함으로써 맥이 풀린 회의가 될 수밖에 없었다.

회의 기간 중 김 대통령은 마하티르 총리와 상반된 입장을 내놓았다. 무엇보다도 아시아가 겪고 있는 금융위기의 진단과 처방에 대한 견해가 달랐다. 김 대통령은 경제 전반의 위기로 보는 반면 마하티르 총리는 외환위기로 한정했다. 또 김 대통령은 위기의 중요한 원인으로 부패를 든 반면, 마하티르 총리는 헤지펀드(단기 투기성 자금)가 돈을 강탈해 갔다면서 "IMF의 식민지가 되느니 차라리 굶어 죽겠다"고 선언했다(《김대중 자서전 2》 135쪽 참조).

대통령 내외는 홍콩에서 하루를 보낸 다음 한국으로 돌아왔다.

15.

클린턴
대통령
방한

　김 대통령은 중국 국빈방문과 말레이시아 APEC 정상회의 참석을 마치고 홍콩을 거쳐 11월 20일 귀국했다. 그리고 그날 저녁 클린턴 미국 대통령이 일본 방문을 마치고 3박 4일의 일정으로 한국에 도착했다.

　대통령은 클린턴 대통령이 과거 한국을 국빈으로 방한했던 관계로 이번 방한은 공식방문이 될 수밖에 없기 때문에 청와대 도착 시 공식 환영행사를 못하는 대신, 공항 도착 시 국무총리가 클린턴 대통령을 영접하고 공항 행사도 성대하게 하라고 지시했다.

　그런데 하루 전인 11월 19일 금강산 관광선이 처음으로 북한의 장전항에 도착했고, 바로 그날 북한을 방문하고 돌아온 미국의 카트먼 한반도평화회담 특사가 "한·미 양국은 북한이 금창리에 건설 중인 지하시설이 핵 개발과 관련이 있다는 믿을 만한 증거를 공유하고 있다"고 밝힘으로써 북한 금창리 건설 지하시설 문제가 중요한 이슈로 급부상했다.

✽ 한·미 정상회담 결과

클린턴 대통령은 21일 오전 청와대로 들어와 김 대통령과 정상회담을 가졌다. 대통령이 먼저 말레이시아 APEC 정상회의 결과와 중국 방문 결과를 설명하고, 클린턴 대통령은 자신의 일본 방문 결과를 설명했다.

클린턴 대통령은 미국 국민이 김 대통령의 대북포용정책을 적극 지지하고 있다고 하면서, 자신은 최근 대북정책 조정관으로서 전 국방장관 윌리엄 페리를 임명했는데, 이는 그가 의회로부터 상당한 신뢰를 받고 있기 때문에 임명한 것이며, 페리 조정관의 임명을 통해서 우리의 입장이 강화되기를 희망한다고 말했다. 그리고 어제 텔레비전에서 북한을 향해 떠나는 유람선을 보았는데, 그것은 북한이 스스로 만든 울타리를 뚫고 들어가려는 김 대통령의 정책의 성과를 보여 준 것이며, 그래서 본인은 김 대통령의 정책을 전적으로 지지한다고 말했다. 한편 북한의 지하시설과 관련해서 의심할만한 강력한 정보가 있지만 동 시설의 핵과의 관련 여부를 알아내기 위해서는 동 시설에 대한 완전한 접근이 반드시 필요하며, 북한의 핵 개발 프로그램을 계속해서 억제해야 한다고 강조했다.

김 대통령은 지하시설에 대한 의혹 해소 필요성에 대한 클린턴 대통령의 설명에 전적으로 동의하면서, 앞으로 미국의 적극적 의혹 해소 노력을 전적으로 지원하겠다고 말했다. 다만 최근 북한이 긍정적인 면과 부정적인 면을 동시에 보이고 있으니 평화를 해치는 행위에 대해서는 강한 메시지를 보내면서, 우리와 협력하면 살 길이 열리고 도움이 온다는 따뜻한 메시지도 같이 보내는 것이 좋다고 설명했다.

이에 대해 클린턴 대통령은 전적인 동감을 표시하면서, 그것이 지금으로서 최선의 길이며 이에 대해 미국 국민과 정부는 광범위한 지지를 보내고 있다고 말하고, 우리는 북한에 대응할 방법을 찾아야 하는데 지금 이 상황을 해결해 나갈 수 있는 사람은 김 대통령뿐이며 김 대통령의 정책은 적절하다고 평가했다.

정상회담이 끝난 다음, 양국 정상은 공동 기자회견을 열고 "대북 포용의 정책이 가장 현실적인 최고의 정책으로 일관성 있게 추진해 간다는 데 인식을 같이 했다"고 밝히고, "북한 핵 지하시설과 미사일 개발 등은 한반도 안정과 안보에 심각한 문제로 의혹이 있는 만큼 북한을 현장 방문 조사해 의혹을 반드시 규명해야 한다는 데 합의했다"고 밝혔다.

* 김 대통령과 클린턴 대통령은 정상회담을 통하여 양국의 대북공조에 이상이 없음을 확인해 주었다. 이에 따라 최근 미국 내 일각에서 생긴 한 · 미 공조 이상교류에 대한 우려가 불식되었다. 클린턴

대통령은 지난 6월 김 대통령의 미국 방문 시와 같이 김 대통령에 대해 전폭적인 신뢰와 확고한 지지를 보여 주었다.

이것은 단순히 외국 국가원수에 대한 우호적인 제스처가 아닌 일생을 험난한 역경을 뚫고 살아온 김 대통령에 대한 깊은 존경심에서 우러나온 것으로 보였다. 이러한 미국 대통령의 태도는 김 대통령이 국난인 외환위기를 극복하는 데, 그리고 대북정책에 대한 국내 지지를 확보하는 데 큰 도움을 주었다.

∷ 클린턴 대통령 환영만찬과 참석자 선정

그날 저녁 청와대 영빈관에서 클린턴 대통령을 위한 공식만찬이 열렸다. 당시 클린턴 대통령은 국내적으로 하원 본회의에서 르윈스키 사건에 관한 탄핵 조사안이 통과되어 매우 힘든 상황이었다.

대통령은 나에게 클린턴 대통령을 위로한다는 의미에서 환영만찬 참석자 선정 시 지금까지의 형식에 구애받지 말고 새로운 방법으로 해 보라고 하면서, 예를 들어 55세 이상의 인사를 반, 55세 이하를 반으로 하되, 분야도 정부나 정계 인사들에 국한하지 말고 예술계, 연예계 등 각계각층의 인사를 망라토록 해 보라고 지시했다. 나는 대통령 지시에 따라 외교통상부, 그리고 청와대 각 수석비서관실과 협조하여 만찬 참석자를 선정했다.

환영만찬 전 대통령과 클린턴 대통령이 참석자들과 인사를 하는 순서가 있었는데, 한국 측 참석자 120여 명 중 먼저 3부 요인과 정당 대표, 종교계, 언론계, 경제계, 학계 인사 등 55세 이상의 인사들이 인사를 했다. 그리고 이어 대부분 20-30대 전후의 배우, 연극인, 가수, 운동선수, 미스코리아 진선미, 대학생 대표 등 각계를 대표하는 많은 젊은 사람들이 나타나자 클린턴 대통령은 깜짝 놀랐다. 그리고 한 사람 한 사람 소개를 받으면서 얼굴이 환해졌다. 그날 만찬 내내 클린턴 대통령의 얼굴이 밝았다. 그는 말은 하지 않았지만 마음으로 대통령의 깊은 배려에 감사했을 것이 틀림없었다.

만찬에 이어 민속공연이 끝나니 밤 10시 20분이 넘었다. 평소 외빈들을 위한 만찬이 보통 밤 9시에서 9시 반에 끝나는 것과 비교하면 그날 만찬은 평소보다 상당히 길었다. 그리고 밖에서는 때 이른 눈이 내리고 있었다.

＊ KBS '열린음악회'와 로저 클린턴

그날 밤 클린턴 대통령은 만찬이 끝나고 숙소로 돌아가는 길에 갑자기 세종문화회관에서 개최된 KBS '열린음악회'에 잠시 들렀다. 그날 '열린음악회'에는 록 가수인 클린턴 대통령의 동생 로저 클린턴(Roger Clinton)의 공연이 예정되어 있었기 때문에 숙소로 가는 길에 동생을 보기 위해 잠시 들른 것으로 알려졌다.

16.
베트남 아세안+3
정상회의 참석과
공식방문

　12월 15일 오전 10시 대통령 내외는 금년도 마지막 순방을 위해 공식수행원(이규성 기획재정부장관, 한덕수 통상교섭본부장, 강봉균 경제수석비서관, 임동원 외교안보수석비서관, 박지원 공보수석비서관, 의전비서관인 필자, 문봉주 외통부 아태국장)들과 함께 특별기편으로 서울을 출발했다.

　특별기는 오후 1시 베트남의 수도인 하노이 시 노이바이공항에 도착했다. 대통령 내외는 공항에서 바로 숙소인 대우호텔에 가서 짐을 풀었다.

ː 르엉 국가주석과의 정상회담

잠시 후 대통령은 주석궁으로 가서 르엉 주석과 간단한 환영행사를 한 다음, 바로 정상회담을 시작했다. 르엉 주석은 대통령의 베트남 방문을 환영하며 이번 방문이 양국 간 우호협력 관계 발전의 중요한 계기가 될 것으로 확신한다고 말했다.

김 대통령은 초청에 감사를 표하고, 양국 관계가 92년 수교 이후 다양한 분야에서 기대 이상으로 괄목한 발전을 이룩했음을 평가하고, 우리 두 나라 사이에는 한때 불행한 시기가 있었으나 양국이 이를 극복하고 미래지향적인 우호협력 관계 발전을 위해 노력하고 있음을 진심으로 기쁘게 생각한다고 말했다. 르엉 주석은 김 대통령의 불행한 과거에 대한 말씀을 주의 깊게 들었다고 하면서, 평화와 친선의 전통을 갖고 있는 베트남 국민과 지도자들은 불행했던 과거를 뒤로하고 미래지향적 자세로 한국과의 진실한 우호협력 관계 발전을 중시하고 이를 위해 노력하고 있음을 다시 한 번 강조하고자 한다고 말했다.

대통령은 남북 관계 현황과 우리 정부의 북한에 대한 3대 원칙을 상세히 설명했다. 이에 르엉 주석은 베트남은 대화와 평화적인 방법에 의한 한반도 문제 해결을 추구하는 한국 정부의 노력을 지지하며, 현재 진행 중인 4자회담과 KEDO 사업이 순조롭게 진행되어 한반도 평화와 안정에 기여하기를 기대한다고 말했다.

양 정상은 양국 간 통상 분야에서의 협력과 인적교류 및 국제무대에서의 협력 등 각 분야에서의 협력에 관하여 의견을 교환했다. 그리고 대통령은 르엉 주석의 방한을 초청했다.

정상회담이 끝나고 양 정상 임석 하에 외교관 및 관용여권 사증 면제협정, 공업기술학교건립 지원사업 시행약정에 관한 서명식이 진행되었다.

그리고 저녁에 대통령 내외는 베트남의 카이 총리 내외가 주최하는 만찬에 참석했는데, 그 자리에는 아세안의 정상들과 오부치 일본 총리가 참석했다.

다음 날인 16일 대통령은 아침 일찍 호치민 전 국가주석 묘를 참배한 다음, 베트남 공산당사를 방문하여 피에우 공산당 서기장을 면담하고, 베트남 카이 총리가 주최하는 정상회의 참석자들을 위한 오찬에 참석했다.

오후에 아세안 9개국과 한·중·일 정상들이 참가하는 아세안 +3 정상회의가 열렸다. 이 자리에서 정상들은 역내 경제회복을 위한 협력을 강화하기로 합의했다. 그리고 김 대통령은 '동아시아 협력에 관한 비전그룹' 구성을 제의했으며, 아세안 국가들은 이를 받아들이기로 했다.

대통령은 다시 아세안 9개국 정상들과 정상회담을 갖고 한국과 아세안 국가들과의 관계 강화 방안에 관하여 의견을 교환했다.

그날 저녁 대통령 내외는 주석궁에 가서 르엉 국가주석 내외가 주최하는 공식만찬에 참석했다.

대통령 내외는 12월 17일 아침 주석궁에 가서 공식 환송 행사를 한 다음 특별기편으로 하노이를 출발했다. 하노이를 떠나기 전 대통령은 대통령 방문을 준비하느라 수고한 조원일 주베트남대사를 불러 노고를 치하하고 대사관 직원들에게도 감사의 뜻을 전해 달라고 당부했다.

17.
1998년을
보내며

　　12월 17일 오후 베트남에서 돌아온 대통령은 쉴 틈도 없이 그 다음 날인 18일 한국을 방문한 탄자니아 대통령을 만나 정상회담과 공식 환영만찬 등으로 바쁜 하루를 보냈다. 그리고 연말에 예정된 각종 회의와 행사에 참석하느라 바쁜 시간을 보내다 보니 피로가 겹쳐 감기에 걸렸다. 12월 24일 대통령은 감기 때문에 출근을 하지 않았다.

　　오후에 해양수산부 장관이 나에게 전화를 해서 해양수산부에서 국회에 보내는 서류가 있는데 오늘 중으로 반드시 결재를 받아 달라고 요청했다. 할 수 없이 관저에 연락을 해서 비서에게 오늘 결재를 받을 수 있는지 대통령께 여쭤봐 달라고 했더니, 금방 관저에서 연락이 와서 나보고 서류를 가지고 오라고 했다. 관저로 갔더니 응접실이 아닌 내실로 들어가라고 해서 대통령 내외분이 주무시는 침실로 들어갔다. 대통령께서 침대에서 일어나 앉아 계시고 나는 옆에 서서 결재를 받았다. 아직 감기에서 완전히 회복을 못한 상태시라 결재를 받으면서도 송구스러웠다.

대통령에게 1998년은 정말 바쁘고 힘든 한 해였다. 외환위기 속에서 대통령에 취임하자마자 기업, 금융, 공공, 노동 4대 부문 개혁에 착수하면서, 많은 어려움이 있었지만 대통령은 끝까지 밀고 나갔다. 서서히 효과가 나타나기 시작했지만 아직 많은 문제가 있었고 특히 실업자 문제가 심각했다.

한편 우리가 외환위기를 극복하고 나아가 경제를 회생시키기 위해서는 미국의 도움이 절실히 필요했다. 그리고 김 대통령의 햇볕정책에 대한 미국의 지지도 긴요했다. 그런 의미에서 6월의 미국 국빈방문은 매우 성공적이었다. 거기에는 클린턴 대통령과의 개인적인 관계가 큰 작용을 하였다.

또한 과거사 문제 등으로 인하여 지난 몇 년간 계속 긴장 상태를 유지해 온 한·일 관계를 복원하기 위한 일본 방문도 매우 중요했다. 김 대통령은 일본 방문 기간 내내 대범함과 큰 정치가로서의 모습을 보여 줌으로써 일본 국민과 정치가들을 감동시켰으며, 이로 인하여 한·일 관계는 다시 발전적인 방향으로 나아가기 시작했다.

한편 우리의 중요한 무역상대국이며 대북 관계에 중요한 역할을 할 수 있는 중국과의 관계도 중요했다. 김 대통령은 중국 국빈방문 중 장쩌민 국가주석과 한·중 양국이 21세기를 향한 협력동반자관계로 나아가기로 합의했다. 그리고 주룽지 총리를 비롯한 중국의 지도자들과도 각별한 친분 관계를 구축함으로써, 앞으로 대북 관계에 있어 중국과 긴밀한 협조를 유지할 수 있게 되었으며, 또한 외환위기로 국내적으로 어려움에 처한 우리 기업들이 대거 중국에 진출할 수 있는 발판을 마련했다.

문제는 남북 관계였다. 대통령이 취임 초부터 햇볕정책이라고 하는 유화적인 정책을 들고 나왔지만, 비료 지원을 위한 남북 차관급회담이 실패로 돌아가자 북한은 햇볕정책을 비난했다. 6월 잠수정 사건이 발생하자 우리 야당과 일부 언론들이 정부를 공격했지만, 대통령은 햇볕정책을 고수했다. 8월 말 북한이 미사일(대포동 1호)을 시험 발사하자 일본은 대북 수교협상과 식량지원을 중단하고, 미국도 민감한 반응을 보였지만, 대통령은 그래도 햇볕정책을 고수하면서, 북한이 헌법을 고쳐 국가주석직을 폐지하고 김정일 국방위원장이 최고 권력을 장악하는 과정을 주시했다.

11월 18일 금강산 관광이 시작되었고, 북한이 군사 요충지인 장전항을 개방했다. 미국 내에서 북한이 금창리에 건설 중인 지하시설이 핵 개발과 관련이 있을 것이라는 주장이 제기되었지만, 클린턴 대통령은 방한 기간 중 김 대통령의 햇볕정책을 확고히 지지했으며, 북한에 대한 강경파인 윌리엄 페리 전 국방장관을 대북정책 조정관에 임명함으로써 정면 돌파를 선택했다. 이제 북한 핵 문제가 어떻게 해결이 될지, 그리고 남북 관계는 어떻게 전개될지가 초미의 관심사가 되었다.

1998년 한 해도 힘들었지만, 1999년도에는 더 많은 일과 사건들
이 대통령을 기다리고 있었다.

2장

넓어지는
한국 외교의
지평

1.
새로운
한 해를
시작하며

20세기의 마지막 해였던 1999년은 '국민의정부'가 출범한 지 1주년이 되는 해였다. 그동안 상황이 많이 호전되었다. 대통령 취임 당시 120억 달러에 불과하던 외환 보유고가 520억 달러로 늘어났고, 1997년 87억 달러에 달했던 무역 적자가 1998년에는 399억 달러 흑자로 돌아섰다. 그러나 아직도 정치, 경제, 노동 각 분야에 많은 문제가 있었고 강력한 개혁이 필요했다.

** 확대 수석비서관회의에서의 대통령 훈시
먼저 대통령의 철학과 뜻에 따라 개혁과 국정과제를 강력히 추진하기 위해서는 청와대 수석비서관실의 역할이 중요했다. 대통령은 '국민의정부' 출범 1주년을 맞아 확대 수석비서관회의에서 앞으로의 방향을 설명했다.

"지난 1년 국민의정부는 민주주의 발전에 많은 기여를 했습니다. 그리고 과거 시장경제에 역행해 왔던 많은 것들을 구조조정을 통해 시정하는 성과를 거두었고, 외환위기를 극복하여 사상 최고의 외환 보유고를 갖게 되었습니다.

남북 관계에 있어서는 장애도 많았지만 우리가 기본 입장을 일관되게 유지함으로써, 역사상 처음으로 미국이나 일본이 우리의 정책을 중심으로 대북정책을 추진하게 되었고, 또한 중국이나 러시아의 지지도 획득함으로써 우리가 한반도 정책을 주도하게 되었습니다. 물론 그 과정에서 부정적인 측면도 있었지만 긍정적인 것을 발전시켜 나감으로써, 전 세계 국가들이 우리의 햇볕정책을 지지하게 되었습니다.

결국 우리는 지난 한 해 대내적으로는 국민들에게 하면 된다는 자신감을 불어넣어 주었고, 또한 대외적으로는 민주주의와 시장경제의 강력한 추진을 통해 대외적인 신인도를 크게 제고했습니다.

물론 국내적으로 아직 실업 문제를 비롯한 노동 문제가 최대의 과제로 남아 있지만, 우리는 구조 개혁과 금융 및 공기업 분야에서의 경제 개혁 등을 마무리 지음으로써 탄탄한 기반을 구축하고, 이를 통해 명년에는 다시 도약의 기회를 맞이해야 합니다. 따라서 개혁을 추진하는 과정에서 조금이라도 방심하거나, 지연을 시키거나, 압력에 굴복하여 후퇴해서는 안 됩니다.

현재 시중에서는 정부가 시장경제를 한다고 하면서 왜 간섭을 하느냐고 경제정책을 비판하는 이야기가 있지만, 우리가 경쟁력을 기르기 위해서, 그리고 자유로우면서도 공정하고 올바른 길로 나아가기 위해서는 정부의 간섭이 불가피하다는 것이 우리의 입장입니다. 정부로서는 그와 같은 비판에 흔들리지 말고 간섭을 최소화하면서 자율적으로 추진해 나가야 합니다.

또한 시중에서는 정부가 구조조정 과정에서 오히려 5대 재벌을 키워 주었다는 지적도 있지만, 시장경제 원칙에 의해 공정하게 결정을 해서 개혁을 해 나갈 경우 시비를 하지 못할 것인바, 금년에도 더 한층 개혁을 추진해 나가야 합니다. 한편 재벌의 개혁도 중요하지만, 금융 기관들이 더 이상 부실화되지 않도록 하는 것도 매우 중요하므로 앞으로 금융 기관들의 부실화 방지를 위해 철저히 노력해야 합니다.

금년은 역사상 가장 중요한 시기가 될 것인바, 후일에 오늘을 되돌아볼 때 자랑스럽게 생각할 수 있도록 임무 수행에 만전을 기해 주기 바랍니다."

☀ 공무원은 개혁의 주체이지 개혁의 대상이 아닙니다

그런데 개혁을 성공시키기 위해서는 공무원들의 협조가 중요했다. 과거의 정권들은 항상 집권 초기에 개혁을 추진하는 과정에서 공무원들을 희생양으로 삼아 왔으며, 그러다가 결국 공무원들의 비협조와 보이지 않는 저항에 의해 개혁이 실패하곤 했다. 따라서 공무원들에 대해서는 엄격한 신상필벌의 원칙에 따라 개혁을 추진하면서도, 공무원들을 개혁의 동지로서 계속 격려하고 이끌어 주는 게 중요하다는 것이 대통령의 생각이었다.

1월 12일 국무회의에서 대통령이 말했다.

"공무원은 개혁의 주체이지 개혁의 대상이 아닙니다. 때문에 공무원은 개혁의 동지로서 개혁을 주도해 나가야 합니다."

* 경제부처 실·국장 초청 오찬

1월 말 청와대에서 대통령이 주최하는 경제부처 실·국장 초청 오찬이 있었다. 대통령은 지난 1년간의 국정 성과와 금년 국정운영 방향에 관해 설명하면서, 현 정부의 최대 현안인 실업, 농업 및 재벌의 구조조정 문제 등에 관해 구체적이고도 논리정연하게 설명을 해 주었다.

동인들이 경제 관료 중에서도 가장 중요한 중추적인 책임자들임을 감안할 때, 앞으로 경제개혁 추진이 가속화 될 것으로 보였다.

* 일반 행정부처 실·국장 초청 오찬

3월 초 청와대에서 다시 대통령이 주최하는 일반 행정부의 실·국장 초청 오찬이 있었다. 그 자리에서 대통령은 지난 1년간의 국정 성과와 금년 국정운영 방향에 관해 설명하면서, 자신이 살아온 인생에 관해서도 설명했다.

대통령은 인생을 회고해 볼 때, 가장 이상적인 인생이라는 것은 자신의 희망과 신념을 갖고 원하는 자리에서 일하는 것이며, 그렇지 못할 경우에는 어떠한 자리에서든지 신념을 갖고 사는 것이 중요하다고 생각하며, 그럴 경우 비록 만족하지는 못하지만 자식들에게 자랑스러운 부모로서 기억될 수 있으며 후회 없는 삶을 살았다고 할 수 있기 때문이라고 말했다.

그리고 자신은 앞으로 단순히 훌륭한 대통령으로서가 아니라 올바른 대통령으로서 우리 민족과 세계를 위하여 봉사함으로써, 대통령을 그만둔 다음에라도 많은 사람들로부터 존경받고 사랑받는 대통령이 되는 것이 소원이며, 그래서 앞으로도 이와 같은 소원을 이룩하기 위해서 최선을 다해 국민들에게 봉사할 생각이라고 강조했다.

대통령은 또한 우리가 살아가면서 행운의 여신은 항상 아름다운 모습으로만 오는 것이 아니라 아주 험악한 모습으로 오는 경우도 있기 때문에, 우리가 IMF라고 하는 위기를 겪기는 했지만 이를 잘 극복할 경우, 오히려 우리에게 전화위복의 기회가 될 수도 있다고 설명했다.

* 대통령이 경제 부처와 일반 행정부처의 실·국장들을 오찬에 초청해 지난 1년간의 국정 성과와 금년 국정운영 방향에 관해 설명하면서, 자신의 철학과 인생관을 진솔하게 설명한 것은 그 후 '국민의 정부'가 개혁을 추진해 나가는 데 있어 공무원들의 적극적인 협조를 확보하는 중요한 계기가 되었다.

* 특정 고등학교 출신으로 뭉치면 안 됩니다

그런데 공무원들의 마음을 잡기 위해서는 다른 무엇보다도 공무원 사회의 공정한 인사가 긴요했다. 1월 12일 국무회의에서 대통령이 말했다.

"인사는 지역이나, 학벌이나, 친소 관계에 의해 이루어져서는 안 되며, 능력과 청렴성과 헌신성을 기초로 이루어져야 합니다. 그러나 최근 간혹 일부 부처에서 학벌 특히 특정 고등학교를 졸업한 사람들을 중심으로 뭉친다고 하는데 이런 것은 절대로 용납될 수 없습니다. 물론 국민적 단합을 위하여 경우에 따라서는 지역 안배도 해야 합니다. 그러나 각 부처의 장관들은 지역 편중이 있는지 소관 부서의 인사를 재점검하고, 능력 있는 사람들을 중용해야 합니다."

* 대통령이 국무회의에서 특정 대학이 아닌 특정 고등학교 출신들의 인사 문제를 언급한 것은, 그 당시 일부 부처에서 특정 고등학교 출신들이 중요한 보직을 독점하는 것을 의미했다. 물론 그러한 현상은 이미 한국 사회의 각 분야에서 보편적으로 나타난 현상이었지만, 공무원들도 그렇게 할 경우 정부가 추진하는 개혁에 결정적인 장애 요인이 될 것을 우려한 때문이었다. 또한 대통령이 어느 고등학교라고 명확히 지칭은 하지 않았지만 국무회의에 참석한 대부분의 사람들은 그 학교들이 당시 공무원 사회에서 많이 회자되던 서울에 있는 모 고등학교와 호남에 있는 모 고등학교를 의미하는 것임을 알았다.

2

일본
오부치(小淵) 총리
방한

일본의 오부치 총리가 3월 20-21일(토-일)에 한국을 방문했다. 일본 측은 사전에 일본 국회 사정 때문에 토요일과 일요일에 한국을 방문해도 좋은지를 타진해 왔으며, 우리 측이 일본의 국회 사정을 충분히 이해하기 때문에 흔쾌히 받아들이기로 함에 따라 이루어진 것이었다.

일본 측은 이런 한국 측의 태도에 대해 감사를 표하고, 이를 양국 정상 간의 전례 없는 신뢰의 결과로 이해한다는 뜻을 전해 왔다.

그 당시 오부치 총리는 다가오는 9월에 자민당 총재 선거를 앞두고 있었기 때문에 방한이 성공할 경우 자민당 총재 선거에도 큰 도움이 될 것으로 예상되었다. 그 때문인지 일본 측은 오부치 총리의 방한을 세심하게 준비했다.

** 오부치 총리와의 정상회담 결과

오부치 총리가 3월 20일 아침 일찍 청와대로 들어와 김 대통령과 정상회담(단독 및 확대)을 가졌다. 오부치 총리는 먼저 작년 대통령 방일을 통해 일본 국민의 한국에 대한 마음이 더욱 확대되어 감사드린다고 하면서 대통령의 의회 연설은 자신이 경험한 역대 여러 나라 지도자들의 연설 중에서도 가장 감명 깊은 것이었으며, 다른 국회의원들도 같은 마음이었을 것이라고 말했다. 그리고 대통령과의 회담을 통해 그동안 양국 간에 쌓였던 응어리 같은 것이 확 풀릴 수 있었던 것이 큰 보람이었으며, 그런 성과가 나온 것은 대통령의 성의 있고 커다란 결단 때문으로 생각한다고 말했다.

이에 대해 대통령은 작년 양국 정상회담의 최대 성과는 양국민의 마음이 서로를 향하는 방향으로 돌아서게 되었고, 양국민의 마음과 마음의 문이 열려서 상대방을 친구로서 받아들이는 태세가 이루어졌다는 것인데, 이것은 무엇과도 바꿀 수 없는 성과로 총리의 용기 있는 결단이 큰 도움이 되었다고 말했다.

양 정상은 작년 회담 이후 5개월이 지나는 동안 '파트너십 공동선언'과 '행동계획'이 순조롭게 이행되고 있음을 높이 평가했다.

북한 문제와 관련하여 김 대통령은 우리의 대북정책을 설명하면서 북한이 현재 양면적인 태도를 보이고 있는데, 만일 협력적인 태도를 보이면 인센티브를 주되, 부정적인 측면에 대해서는 경고와 함께 확실한 안보태세로 대응해야 하며, 이를 위해 한·일·미 3국이 그러한 대북정책을 성공시키는 방향으로 협력해야 한다고 강조했다. 이에 대해 오부치 총리는 일본은 확실한 안전보장의 자세를 유지하면서 포용정책을 추진하는 것을 지지하며, 한·일·미 3국의 정상이 확고한 연대를 갖는 것은 중요하다고 말했다.

이 밖에도 양 정상은 양국 각료와 의원들 간의 교류, 경제, 환경, 청소년 교류 등 광범위한 분야에서의 협력에 관하여 의견의 일치를 보았다. 그리고 회담 후 9개 항으로 이루어진 정상 공동발표문을 발표했다.

* 정상회담 평가

한·일 정상회담은 성공적으로 끝났다. 가장 중요한 것은 김 대통령의 대북포용정책의 기조에 대해 일본이 명확한 지지를 하고, 양 정상이 앞으로 대북 문제를 추진함에 있어 한·미·일 3국의 긴밀한 협력이 필요하다는 점을 재확인한 것이었다.

그리고 경제, 문화 교류 등과 같은 실질적인 협력 과제들의 추진 상황을 점검하고 촉진하는 여러 조치들에 합의했다. 특히 일본이 제공하기로 한 10억 달러의 장기·저리 자금이나 투자협정 교섭 가속화 같은 것은 경제협력을 한 차원 끌어올리는 실질적인 조치들이었다. 물론 양국 국내 사정으로 어업 문제에 관하여 합의를 이루지 못한 것은 아쉬웠다.

그러나 중요한 것은 양 정상이 서로를 존경하면서 무슨 문제가

나오든지 상대방의 요청에 기쁘게 동의하거나 아니면 협력할 용의
가 있음을 보였다는 점이다. 이것은 그동안 한·일 정상들 간에 있
어 보기 드문 일이었다.

> * 사실 김 대통령은 오부치 총리의 인품과 인덕(人德)을 높이 평가했
> 다. 그래서 1998년 10월 일본 방문 시, 현재 일본의 어려운 상황을
> 극복하기 위해서는 인품의 오부치, 인덕의 오부치가 필요하다고 이
> 야기를 하기도 했다. 오부치 총리는 이러한 대통령의 높은 평가에
> 보답이라도 하듯이 김 대통령에 대해 깍듯한 태도를 보였다.
> 일본의 지도자들은 나중에 결과가 좋게 나오더라도 그 자리에서는
> 가능한 한 자신의 속마음을 표시하지 않는 것이 일반적인데, 오부
> 치 총리는 김 대통령에게는 그렇게 하지 않았다. 그만큼 대통령에
> 대한 존경심이 깊었던 것으로 보였다.

＊ 오부치 총리 환영만찬

그 당시 외국의 국가원수들의 한국 방문 시에는 대통령 주최 만
찬이 끝난 다음 민속공연 프로그램이 있었지만, 총리들의 경우에는
그런 행사가 없었다. 그러나 대통령은 작년 일본 방문 시 받은 융숭
한 대접을 고려하여 오부치 총리 환영만찬에 일본에 관련된 한국의
주요 인사들을 초청함은 물론, 특별히 민속공연도 준비하라고 지시
했다.

그런 때문인지 그날 만찬은 정상회담에 이어 양 정상 간의 우의

를 다지는 분위기가 이어졌다. 대통령은 환영사를 통하여 "현재 일본의 어려움을 극복하고 강인한 품격의 아름다운 일본을 만들려는 각하의 의지가 일본의 경제를 재도약의 궤도에 올려놓을 것으로 확신한다"고 말함으로써 총리의 지도력을 높이 평가했다. 이에 대해 오부치 총리는 "국가가 나아갈 길을 직시하면서 담대하고 과감하게 정책을 단행하는 대통령의 모습에서 '결단력이 있되, 유연한 자세를 보는 심정'(鬼手佛心)"이라고 화답했다.

오부치 총리는 21일 합천 해인사를 방문하여 8만대장경을 관람한 다음, 일본으로 돌아갔다.

3.
미국 대학 내 김대중센터 설립 문제

✱ 김대중 평화센터 설립 문제

1998년 5월에 미국의 어느 주립대학에서 한국의 명문 사립대학을 통하여 동 대학 내에 김대중 평화센터를 건립하고자 하니 청와대가 이에 동의해 달라는 연락이 왔다. 청와대에서는 내부 협의를 가진 다음, 먼저 미국 대학이 소재하는 지역에 있는 우리 총영사를 통하여 미국 대학의 제의 배경과 실현성 여부에 관한 상황을 알아보기로 했다. 총영사관에 알아본 결과, 미국 대학의 제의는 아주 초보적인 것으로 동 건이 구체적으로 진행되기 위해서는 상당한 시간이 필요하다는 의견이었다.

나는 현지 의견에 기초하여 현 단계에서는 동 건을 추진하기가 어려움으로 먼저 현재 당면한 외환위기를 극복한 다음 적절한 시기에 검토하는 것이 좋겠다는 의견을 제출했다.

얼마 후 과거 김 대통령을 지근거리에서 모셨던 어느 인사가 청와대로 나를 찾아왔다. 그 인사는 미국 주립대학과 우리 한국 대학 측의 입장을 설명하면서, 양측이 이미 합의했기 때문에 이제는 동건을 구체적으로 진행시켜야 하므로 청와대 측에서 구두로라도 빨리 동의한다는 내용을 미국 학교 측에 통보해야 한다고 강조했다. 그리고 지금 청와대 내에서 김 비서관이 이 문제에 대해 반대를 한다고 하여 자신이 찾아온 것이라고 설명했다. 그래서 내가 말했다.

"미국 대학에 김대중 평화센터를 건립하는 자체는 좋다고 생각합니다. 그러나 지금은 외환위기로 나라가 아주 어려운 상황입니다. 이런 상황에서는 대통령이나 모든 사람들이 위기를 극복하기 위한 일을 해야지 평화센터 건립을 이야기할 때가 아니라고 봅니다. 그런 것은 나중에 대통령께서 국가적인 위기를 다 극복한 다음에 천천히 상황을 보아 가면서 추진해도 늦지 않다고 생각합니다."

그 인사가 나를 보더니 말했다.

"김 비서관은 대통령님을 얼마나 모셨습니까?"

"이제 두 달 조금 넘었습니다."

"나는 대통령님을 옆에서 오랫동안 모신 사람입니다. 그래서 나는 대통령님의 뜻을 다른 누구보다도 잘 압니다. 만일 이 문제를 잘못 다루어 앞으로 김 비서관 신상에 문제가 생기면 어쩌려고 그러십니까?"

내가 대답했다.

"제 신상에 문제가 생기다니요? 저는 이곳에 출세하러 온 사람이 아닙니다. 저는 이 자리에 있다가 승진을 빨리 하거나 정치를 하고 싶은 생각이 추호도 없습니다. 저는 원래 청와대에 오고 싶지 않다고 했습니다. 그러나 이렇게 온 이상 열심히 일은 하겠지만, 오늘이라도 청와대에서 나가라고 하면 기꺼이 외무부로 돌아갈 생각을 하고 있습니다."

그 인사는 내가 너무 당돌하게 말하자 나를 가만히 쳐다보다가 돌아갔다. 나는 비서실장에게 가서 조금 전 있었던 이야기를 설명하고, 현재와 같은 국난의 상황 하에서 김대중 평화센터를 건립하는 것은 적절치 못하며, 앞으로 국난을 극복하고 난 다음에 필요하다면 얼마든지 그와 같은 사업을 추진할 수 있을 것이라는 의견을 제시했다.

며칠 후 나는 대통령에게 다른 보고를 마치고 난 다음, 그 문제에 관한 조사 결과와 내 의견을 솔직하게 보고했다. 대통령께서 나에게 말했다.

"나는 김 비서관의 말이 옳다고 생각해요. 그 사람들 성의는 고맙지만 지금은 그런 이야기를 꺼낼 때가 아니에요."

나는 대통령이 너무 고마웠다.

* 김대중 예술센터 설립 문제

해가 바뀌어 1999년이 되었다. 청와대 의전비서실에서는 대통령이 7월에 다시 미국을 방문하기로 함에 따라 그 기회에 필라델피아에 가서 '자유메달'을 수상하는 준비를 하고 있었다.

4월 중순에 주미대사가 보고를 해 왔다. 내용은 미국의 저명한 대학의 총장이 7월 대통령 방미에 맞추어 동 대학 내에 김대중 예술센터 설립을 발표하겠다고 하면서 대통령의 참석을 요청해 왔다는 것이었다. 보고를 들은 대통령은 그 자리에서 나에게 주미대사를 통해 미국 대학 총장에게 아래와 같은 내용의 서한을 보내라고 지시했다.

"1. 본인은 항상 귀 대학과 총장님을 잊지 않고 있으며, 잘되기만을 기원하고 있습니다. 본인은 또한 본인이 동 대학의 이사임을 영광으로 생각하고 있습니다.

2. 본인이 과거에도 이야기한 바와 같이, 본인은 현재 정치인이기 때문에 예술센터를 건립하면서 본인의 이름을 사용하게 될 경우, 학교에 누가 되지 않을까 걱정됩니다.

3. 따라서 전에 이야기한 대로 예술센터 명칭을 '동양 예술센터'로 해 주기 바랍니다. 다만 본인이 대통령직에서 물러난 다음, 명칭을 바꾸는 것은 총장님의 판단에 따르고자 합니다.

4. 금년 7월 방미 시에는 일정이 바빠 행사 참석이 어려울 것 같습니다."

그런 다음 대통령이 나에게 말했다.

"작년에 다른 미국 대학에서 김대중 평화센터 건립을 추진했을 때 김 비서관이 건의했듯이 나도 그와 같은 맥락에서 중지를 지시한 거예요."

나는 대통령의 지시 사항을 외통부에 전달하면서 즉시 주미대사에게 전달하라고 요청했다.

* 어느 정권이든지 정권 초기에는 이러한 문제들이 생기기 마련이었다. 그러나 이러한 문제들은 그보다 더 중요한 문제들을 처리하는 데 방해가 될 수도 있기 때문에 대통령 주위에서 근무하는 공직자들은 항상 조심하고 또 조심해야 한다. 특히 그럴 때는 자신의 견해를 솔직하게 개진하여 문제가 복잡하게 되지 않도록 하는 것이 중요하다. 그것이 정말 자신이 모시는 상사를 위한 길인 것이다.
나는 이 일을 통해 김대중 대통령이 어떤 분이라는 것을 다시 한 번 깨닫고 깊은 감동을 받았다.

4.
영국
엘리자베스 여왕
방한

　영국의 엘리자베스 2세 여왕이 4월 19일부터 3박 4일간 한국을 방문했다. 1883년 한·영 우호통상조약 체결 이래 영국의 국가원수로는 116년 만의 한국 방문이었다.

　19일 오후 청와대에 도착한 여왕과 부군 에든버러 공작(필립 공)은 먼저 공식 환영식에 참석했다. 청와대 뜰과 뒷산에 각종 꽃들이 화사하게 핀 봄 날씨 속에 치러진 환영식에 참석한 여왕은 그동안 신문이나 텔레비전에서 보던 대로 우아하고 기품이 있어 보였다. 그러면서도 태도는 아주 친절하고 겸손했다.

　환영식이 끝난 다음, 대통령과 여왕은 오픈카를 타고 본관으로 올라갔다. 여왕은 의장대의 전통 의상이 신기한 듯 의장대를 손으로 가리키며 대통령에게 계속 질문을 했다.

본관에 도착하여 여왕은 방명록에 서명하고 기념 촬영을 한 뒤 2층으로 올라가 환담을 시작했다. 대통령이 먼저 "오늘은 한국 사람들에게 아주 축복된 날로서 한·영 국교수립 100년 만에 처음으로 여왕 폐하가 오시고, 이를 환영하듯 봄 날씨마저 화창하니 이중으로 기쁘다"고 따뜻한 환영의 인사를 했다.

대통령은 우리 정부의 외환위기 극복 노력을 설명하면서, 그 과정에서 영국이 도와준 데 대해 감사를 표했다. 그리고 여왕에게 영국의 현 상황에 대해 질문을 했다. 그런데 여왕이 아무런 대답도 하지 않는 것이었다. 대통령이 이번에는 다른 질문을 했다. 그런데 여왕이 다른 데를 바라보며 또 아무 말도 하지 않는 것이었다. 대통령이 옆에 있던 나를 쳐다보았다. (여왕이 도착하기 직전에 나는 대통령께 여왕과는 정치나 경제나 외교 등에 관한 이야기가 아닌 일반적인 문화나 예술이나 문학 같은 문제에 관한 대화를 하시도록 건의했었다.) 나는 대통령에게 눈으로 신호를 보냈다.

대통령은 화제를 돌려 여왕과 한국의 전통문화, 영국의 대문호인 셰익스피어, 그리고 여왕의 취미인 승마에 대해서도 대화를 나누었다. 옆에 있던 필립 공은 김 대통령이 은퇴 시절 머물렀던 숙소가 있는 케임브리지대학 내 아파트 단지 이름을 '파인 허스트 로지'에서 '김의 집'으로 바꿀 때 그 현판식에 자신도 참석했다고 소개했고, 대통령은 이에 대해 감사를 표했다. 그리고 대통령은 방한 기간 중 여왕이 방문할 안동 하회마을 등에 관하여 간단한 설명을 했다.

환담 시간은 30여 분에 불과했다. 그것도 세 분이 통역을 두고 이야기를 한 것이니까 한 분이 이야기한 시간은 5-6분에 불과한 짧은 환담이었다.

* 청와대 국빈만찬

다음 날인 20일 저녁 청와대 영빈관에서 여왕 내외를 위한 국빈만찬이 열렸다. 외환위기 발생 이전 한국을 방문하는 외국의 국가원수나 의원내각제의 총리들을 위한 환영만찬은 대부분 영빈관에서 열렸다. 그러나 외환위기 발생 이후 국가의 재정이 어렵다 보니 연회의 규모를 축소하여 대부분의 국가원수나 총리들을 위한 환영만찬은 청와대 본관 충무실에서 80명 내외의 규모로 개최되었다. 다만 미국, 중국 및 러시아의 대통령과 일본 총리만은 영빈관에서 120-150명 규모로 개최하기로 내부 방침이 되어 있었다.

그러나 영국 여왕은 수교 이후 116년 만에 한국을 국빈방문하는 것이기 때문에 예외적으로 영빈관에서 하기로 결정했다. 그런데 만찬에 참석하기를 희망하는 인사들이 많아 참석자가 계속 늘어났고, 결국에는 170명 정도가 되었다. 아마 국빈을 위한 만찬으로는 최대 규모였을 것이다.

1999.4.20 국빈만찬장 입장 전 엘리자베스 여왕과 인사하는 필자

만찬이 시작되었다. 메뉴는 여왕 내외를 위하여 특별히 준비한 한정식으로 삼색 밀쌈구이, 잣죽, 은대구 구이, 궁중 신선로, 갈비구이, 진지와 맑은 탕 후에 과일과 수정과가 나왔다. 만찬에 참석한 영국 측 참석자들이 이구동성으로 한국 음식이 맛있다고 극찬을 했다.

만찬이 끝나고 두 정상 내외는 자리를 옮겨 서로가 준비한 선물들에 대한 설명을 했다. 먼저 여왕이 대통령을 위해 준비한 바스 명예 대십자훈장(그런데 영국의 훈장은 수상자의 사망 후 영국 정부에 다시 반납하는 것이 관례이기 때문에 사전에 대훈장 반납 서약서에 서명하는 것이 특징)과 케임브리지 풍경화(과거 케임브리지 체류 시절을 회상하시라고 준비)와 여사님을 위해 준비한 선물을 설명했다. 그리고 대통령이 여왕 내외를 위해 준비한 친필 휘호가 들어간 도자기와 다른 선물에 관해 설명했다.

두 정상은 다시 아래층으로 내려와 30분간에 걸쳐 민속공연을 관람했다. 프로그램은 우리의 전통적인 궁중악, 태평무, 가야금 합주, 판소리, 승무 및 삼고무 그리고 서양 음악으로 영재들에 의한 현악 4중주가 연주되었다.

모든 일정이 끝나니 거의 밤 11시가 되었다. 여왕 내외는 대통령 내외의 따뜻한 전송을 받으며 영빈관을 떠났다.

* 그런데 다음 날 영국 신문들에 에든버러 공작이 청와대 국빈만찬에서 꾸벅꾸벅 조는 모습이 실렸다. 그중에서도 대중일간지 〈선〉(Sun)은 그 사진에 "수프접시에 빠진 에든버러 공작"이라는 제목을 붙였다. 만찬 시 에든버러 공작은 김 대통령 옆에 앉아 있었는데 고령과 그동안의 강행군으로 인하여 피로가 겹쳐 여왕이 연설하는 중에 졸았던 것이다.

당시 만찬을 취재하던 영국 언론들이 이것을 놓치지 않고 에든버러 공작이 눈을 지그시 감고 만찬 테이블에 부딪칠 정도로 위험하게 머리를 떨구고 있는 모습을 포착하여 보도를 한 것이었다. 대중일간지 〈미러〉는 영화 '왕과 나'의 제목을 본떠서 "남편과 나"라고 불렀고, 일간지 〈익스프레스〉는 "아내의 연설을 듣는 데 지친 남편"이라는 제목을 뽑았다(〈동아일보〉 1999년 4월 22일자 기사, "수프접시에 빠진 에든버러 공" 참조).

☀ KBS 한 · 영 친선음악회와 생일 축하곡

여왕 내외는 그날 안동 하회마을에 가서 73회 생일상을 받고 돌아왔다. 그리고 저녁에 KBS홀에서 열린 한 · 영 친선음악회에 참석했다. 그날은 여왕의 73회 생일이었기 때문에 대통령 내외도 특별히 동 음악회에 참석하여 여왕 내외와 함께 관람을 했다.

그날의 프로그램은 양국 국가 연주 후에, 한국 궁중무와 KBS 오케스트라 연주, 그리고 영국 소프라노 레슬리 개럿(Lesley Garrett)의 노래와 첼리스트 이유홍의 연주, 다시 KBS 오케스트라 연주와 고전 발레가 있었다. 그리고 마지막 공연 순서가 되자 모든 출연자들이 무대로 나와 오늘 73회 생일을 맞은 엘리자베스 여왕을 위해 "Happy Birthday to You"를 합창했다.

노래를 들은 청중들이 박수를 치기 시작했다. 그리고 출연자들이 이 노래를 다시 한 번 더 부르자 청중 중 일부가 노래를 따라 부르기 시작했고, 나중에는 대통령 내외도 생일 축하곡을 따라 불렀다. KBS홀 전체에 계속 노래와 박수가 울려 퍼졌다. 여왕은 생일 축하곡을 처음 부를 때는 조용히 미소만 지었지만, 두 번째 부를 때는 오른손을 들어 답례를 했다. 그때 텔레비전에 비친 여왕의 눈가에 눈물이 반짝였다. 감동을 받은 모습이었다.

음악회가 끝난 뒤 두 정상 내외는 무대에 올라가 출연자들과 일일이 악수를 나누며 격려했다. 이를 본 청중들은 두 정상이 무대에 올라가 있는 10여 분 내내 박수로 그들에 대한 존경과 사랑을 표시했다.

* 여왕은 한국에 와서 무슨 특별한 활동을 한 것도 아니었지만, 어디를 가든지 자신을 반기는 한국인들을 보고 많은 것을 느꼈을 것이다. 한국 국민들이 여왕을 얼마나 좋아하는지 그 따뜻한 마음이 여왕 부부에게 전달되었을 것이며 여왕 자신이 말한 대로 이번 한국 방문은 "생애 최고의 추억이 될 것"이 틀림없었다. 그리고 자신들이 존경하는 여왕을 반기고 사랑하는 한국 국민들을 보면서 영국인들도 많은 감동을 받았을 것이다.

5.
러시아
국빈방문

한국이 중국 및 러시아와 수교하기 전에는 한국 외교에 있어 가장 중요한 나라는 동맹국인 미국과 일본이었다. 그리고 1990년 10월에 러시아와, 1992년 8월에 중국과 수교한 이후부터는 미국과 일본에 이어 중국과 러시아가 추가되었다. 그래서 우리들은 편의상 그들 나라를 4강이라 부르고, 그들 국가와의 외교를 4강 외교라 불렀다.

'국민의정부'가 출범한 첫 해에 김 대통령은 미국, 일본 그리고 중국을 방문함으로써 3강과의 관계를 새로이 구축했다. 남은 것은 러시아였다. 그런데 1998년 7월 말 발생한 외교관 맞추방 사건으로 인하여 러시아와의 관계가 서먹서먹해진 상태였다. 그러나 대통령은 러시아가 지금은 비록 여러 가지로 어려운 상황에 있지만, 러시아의 역사와 문화적 깊이와 질을 볼 때 무한한 저력을 가진 나라이기 때문에 러시아와 좋은 관계를 유지하는 것이 매우 중요하다고 강조했다.

　모스크바와 서울에서 양측의 물밑 접촉이 계속되었다. 러시아 측은 김 대통령이 러시아에서 민주주의 투사로 잘 알려져 있고, 러시아 정치인이나 학자 중 김 대통령을 존경하는 사람들이 많기 때문에, 러시아를 방문하면 조야로부터 성대한 환영을 받을 것이라고 하면서 조기에 러시아를 방문해 줄 것을 요청했다.

* 방문 형식에 관한 줄다리기

　러시아와 서울에서의 접촉을 통하여 대통령의 러시아 방문을 5월 말에 하는 것으로 합의가 이루어졌다. 그런데 러시아 측에서 대통령의 방문 형식은 국빈방문이 아닌 공식방문으로 할 수밖에 없다고 하면서, 그 이유를 아래와 같이 전달해 왔다.

　"1. 옐친 대통령 취임 이후, 외국 국가원수가 러시아를 방문할 때 첫 번째 방문은 공식방문의 형식을 취하되, 두 번째 방문의 경우에 국빈방문의 형식을 취하도록 하고 있으며, 이것은 옐친 대통령이 직접 서명한 정부 지침으로서 대외적으로도 문서로 발표된 사항이기 때문에 한국 측의 국빈방문 요청을 받아들이기 어려움. 특히 한국의 요청을 받아들일 경우 그동안 러시아를 처음 방문했던 다른 나라 정상들이 이를 어떻게 생각할지도 문제임(중국의 장쩌민 주석의 경우에도 두 번째 방문 시 국빈방문으로 접수).

2. 국빈방문과 공식방문 간에 차이는 거의 없으며, 다만 국빈방문의 경우 공항 출영 행사와 공식 리셉션에 러시아 주재 외교단 일부가 포함되는 것이 차이라는 점.

3. 특히 현재 옐친 대통령의 건강 상태를 고려할 때, 장시간을 요하는 행사에 참석키가 어렵다는 점."

그러나 우리는 작년 외교관 추방 사건이나 금년 초 러시아가 탈북자 7명을 중국에 넘겨줌으로써 한국 내 러시아에 대한 여론이 별로 좋지 않은 상황에서 김 대통령의 방문이 공식방문이 된다면 틀림없이 이상한 억측을 불러일으킬 수 있으므로 국빈방문이 되어야 한다고 주장했다. 장시간의 줄다리기 교섭 끝에 마침내 러시아 측이 김 대통령의 방문을 5월 27-30일간 국빈방문으로 접수하기로 결정했다고 알려 왔다.

* 나중에 러시아 측에 확인한 바에 의하면, 그 당시 옐친 대통령은 건강이 좋지 않아 한국 측의 국빈방문 요청을 받아들이기가 어려웠다고 한다. 그러나 이바노프 외무장관이 양국 관계의 중요성을 옐친 대통령에게 보고했고, 특히 스테파신 총리가 옐친 대통령에게 김 대통령의 러시아 방문이 당초 계획대로 이루어져야 한다고 강력히 주장함으로써 국빈방문이 이루어지게 된 것으로 알려졌다.

✻ 러시아 국빈방문

5월 27일 아침 대통령 내외는 공식수행원(강봉균 재경부장관, 홍순영 외통부장관, 정덕구 산자부장관, 이기호 경제수석비서관, 황원탁 외교안보수석비서관, 의전비서관인 필자, 박재선 구주국장)과 함께 전용기로 서울을 출발하여 모스크바공항에 도착했다. 공항에는 스테파신 총리 내외가 나와 영접을 했으며 간단한 공항 환영행사를 마치고 바로 모스크바 크렘린 궁 안에 있는 영빈관에 도착했다. 모스크바 시내는 생각보다 아름답고 거리도 넓고 깨끗했으며 과거 초강대국의 면모를 그대로 갖고 있었다. 특히 영빈관 시설은 아주 훌륭했으며, 규모나 호화로운 면에서 미국, 일본, 중국 등 어느 나라에 못지않아 과거 러시아 제국의 풍모를 느끼게 했다.

잠시 후 대통령은 프레지던트호텔로 가서 동포 간담회에 참석했다. 동포들은 이른바 '고려인'들로서 220명 정도가 부부동반으로 참석했다. '고려인'들 중에는 한국어를 못하는 사람들이 많아 대통령이 연설을 하는 데 통역이 필요했다.

동포 간담회가 끝나고, 대통령은 발주크호텔로 가서 한 · 러 경제인 초청만찬에 참석했다. 대통령은 140여 명의 경제인들에게, "러시아에 정착한 한국의 상사들이나 기업은 그 공장과 상품으로 러시아 경제에 기여하고 있으며, 한국의 수도 서울과 제2도시 부산에서는 러시아 기업인들을 위하여 러시아어 간판을 내건 상점들이 등장하고 있다"고 하면서 한국과 러시아 간의 경제적인 교류가 활발해지고 있음을 설명했다.

﹡ 옐친 대통령과의 정상회담

28일 아침 대통령은 먼저 무명용사 묘에 가서 헌화를 하고 돌아와 크렘린 궁 내 행사장으로 이동했다. 행사장인 캐서린 홀은 벽과 천정이 온통 웨지우드(Wedge-wood) 제품으로 장식된 호화로우면서도 아름다운 방이었다.

공식 환영식이 거행되었고, 기다리던 옐친 대통령이 나타났다. 옐친 대통령은 얼굴이 약간 부었고 움직이는 데 다소 불편한 것 같았으나 비교적 건강한 모습이었다. 옐친 대통령은 우리 공식 수행원들과 악수를 하면서 일일이 말을 거는 등 여유 있는 모습을 보이려 했다.

1999.5.28 공식 환영식 후 옐친 대통령과 인사하는 필자

곧이어 정상회담(단독 및 확대)이 진행되었다. 옐친 대통령은 민주주의와 시장경제 주창자로 전 세계에 널리 알려진 김대중 대통령의 러시아 방문을 환영한다고 하면서, 자신은 친구의 입장으로서 민주 러시아, 자유 러시아를 방문하신 대통령을 맞이한다고 말했다. 그리고 대통령으로 취임하신 이후 짧은 기간 동안 양국 관계 발전을 위해 많은 기여를 하셨으며, 양국 관계에 다소 어려운 시기가 있기는 했지만 양국이 이를 슬기롭게 극복했음에 만족한다고 말했다.

  이에 대해 김 대통령은 옐친 대통령의 초청에 사의를 표하고, 옐친 대통령의 영도 하에 러시아가 민주주의와 시장경제를 확고히 해 가고 있음을 높이 평가한다고 말했다. 그리고 여성인 이인호 주러시아 한국대사가 러시아 전문가일 뿐 아니라 노어도 능숙하게 구사하는데, 이 대사가 러시아가 5년 전과 비교하여 정치가 상당히 안정되었으며 경제 역시 안정되어 가고 있다고 보고했다고 말했다.

  이어 김 대통령은 우리의 대북포용정책을 설명하면서, 이는 한반도 평화와 안정을 확보하기 위한 것으로 이에 대한 러시아의 지지가 필수적이라고 말했고, 옐친 대통령은 한국의 노력을 지지하며 앞으로도 동 정책을 일관성 있게 추진해야 할 것이라고 강조했다. 그 밖에도 양 정상은 양국 간 경제 협력과 문화 협력을 강화해 나가기로 합의했다.

  정상회담이 끝나고 양 정상이 임석한 가운데 나호드카 한·러 공단설립 협정, 형사사법 공조조약, 원자력협력 협정, 산업협력 양해각서에 대한 서명식이 있었다. 서명식이 끝나고 기자회견에서 전문과 8개 항으로 구성된 공동성명을 통한 회담 결과가 발표되었다.

기자회견이 끝난 다음, 축하를 위한 샴페인이 참석자들에게 돌려졌다. 대부분의 참석자들이 샴페인을 한 모금 정도 마시는데, 옐친 대통령은 샴페인을 단숨에 다 들이켰다.

* 모스크바대학 연설

대통령은 국회의사당에 가서 하원의장이 주최하는 오찬에 참석한 다음, 자신이 종신 명예교수로 있는 모스크바대학으로 갔다. 당초 600명 정도 참석할 것으로 예상되던 교수와 학생들이 천 명 이상 참석하여 대통령을 열광적으로 환영했다. 강당으로 들어가는데 모스크바대학 합창단이 "전 세계 학생가"를 우렁차게 불렀다.

사회자가 김 대통령을 "모스크바대학의 명예교수이신 김대중 대통령"이라고 소개했고, 대통령은 연설을 시작하면서 "과거 이 자리에서 강연을 한 일도 있고 명예교수라는 영광스러운 자리를 받은 바도 있지만, 이번에는 한국의 대통령이 되어서 금의환향하게 되었다"고 말했다. 그러면서 러시아 역사와 문학에 대한 해박한 지식으로 러시아 국민의 위대성을 찬양했다.

"나는 러시아를 존경하고 사랑합니다. 나는 오랜 옥중 생활을 통하여 러시아 문학을 섭렵할 기회가 있었습니다. 나는 그때마다 이처럼 위대한 문학을 만들어 낸 러시아 국민의 저력과 예술성에 탄복하지 않을 수 없었습니다. 러시아 문학을 읽는 것만 가지고도 감옥에 간 보람이 있었다고까지 생각했으니 말입니다.

러시아가 위대한 것은 과거만이 아닙니다. 현재도 러시아는 세계에 가장 중요한 영향을 주고 있는 나라입니다. 러시아는 뛰어난 과학 기술과 세계에서 가장 풍부한 자원을 가지고 있는 나라입니다. 이러한 것들이 하나가 되어 러시아의 밝은 미래를 보장할 무한한 잠재력을 이루고 있습니다."

대통령 연설 중에 참석자들은 열광적으로 박수를 쳤다. 그리고 대통령이 강당을 떠날 때 모스크바대학 합창단은 "선구자"를 불렀다. 무언가 코끝이 찡한 것을 느끼면서 가슴에 깊은 감동이 밀려왔다.

* 옐친 대통령 주최 국빈만찬

만찬 장소는 오전에 공식 환영식이 열렸던 캐서린 홀이었다. 당초 옐친 대통령이 건강 때문에 만찬 참석이 어려울지도 모른다고 생각했지만, 옐친 대통령은 고맙게도 끝까지 자리를 지켰다. 대통령은 옐친 대통령의 건강을 고려한 때문인지 가능한 한 옆에 앉은 옐친 대통령의 부인 나이나 여사와 대화를 하려고 했다.

만찬이 끝난 다음, 옐친 대통령이 일어서려는데 건장한 경호원들이 와서 대통령을 부축해서 일으켰다. 옐친 대통령이 걷는데 약간 비틀비틀하면서 걸었다. 그래서 그런지 경호가 계속 옐친 대통령 옆에 바짝 붙어서 걸었다. 이윽고 작별 인사를 할 때가 왔다. 김 대통령과 작별 인사를 하고 나서, 옐친 대통령은 김 대통령을 꼭 껴안더니 "한국에서 다시 만납시다"라고 말했다. 그러나 그 만남이 사실 마지막 만남이었다.

만찬에서 돌아온 대통령은 옐친 대통령이 몸이 불편한데도 불구하고 자신을 국빈방문으로 초청해 주고, 오늘 하루 종일 정상회담과 국빈만찬에 참석해 준 것을 고맙게 생각했다. 그러면서 옐친 대통령의 건강을 걱정했다.

* 후에 러시아 측은 우리에게 당시 옐친 대통령은 다리에 수술을 받아 거동하는 데 어려움이 많았기 때문에 걷거나 자리에서 일어날 때는 다른 사람의 부축을 받아야 하는 상황이었다고 설명했다. 그래서 그 당시 장시간의 정상회담을 한 적이 없으며, 특히 공식만찬의 경우에는 대개 시작만 하고 자리를 뜨는 것이 관례였는데, 이번과 같이 만찬 내내 자리를 지킨 경우는 아주 이례적인 것으로, 이는 결국 김 대통령에 대한 존경과 한국과의 관계를 중시한 때문이었다고 설명했다.

옐친 대통령은 체격이 장대한 것처럼 화통하고 강력한 리더십을 가진 지도자임이 분명했다. 그러니까 1991년 민주화 추진에 불만을 품은 보수 강경파들이 쿠데타를 일으켰을 때 쿠데타 군대의 탱크에 올라가 주먹을 흔들면서 온몸으로 저지했다는 것이 충분히 이해가 되었다.

* 스테파신 총리 주최 오찬

다음 날인 29일 오전 대통령은 러시아의 한반도 전문가들과 조찬을 하고, 러시아 RTR TV와의 회견을 한 다음, 다닐로프 수도원에 가서 러시아 정교회의 알렉세이 2세 총주교를 면담했다.

그리고 러시아 정부 청사로 가서 스테파신 총리 주최 오찬에 참석했다. 오찬에 앞서 스테파신 총리가 건배사를 했다.

"세계 역사를 볼 때 김 대통령과 같은 비극적인 정치 역정을 겪은 지도자는 흔하지 않습니다. 김 대통령께서는 각고의 어려움 앞에 굴복하지 않았으며, 김 대통령을 만날 수 있는 기회를 가질 수 있음은 이곳에 참석한 모든 이들의 영광입니다. 김 대통령과 같은 분이 대통령으로 계심은 한국에 커다란 행운이며, 대통령께서는 한국을 독재 정권 하의 전체주의로부터 민주주의로 이행케 하는 데 커다란 역할을 하셨습니다. 한국을 위한 김 대통령의 역할은 아직도 계속되고 있으며, 한반도 평화와 안정을 이룩하기 위한 김 대통령의 노력 역시 인정되어야 합니다. 한국 속담에 '깊은 물은 조용히 흐른다'라는 속담이 있는데, 이 속담은 한국 국민의 현명함과 김 대통령의 성품을 지칭하는 것입니다."

스테파신 총리는 또한 오찬을 끝내면서 "이 세상에서 가장 부자는 훌륭한 사람들과 인간관계를 맺고 있는 사람이라는 말이 있는데, 오늘 김 대통령을 만나 뵙게 되어 영광"이라 말하고, "인생의 좋은 보화는 돈이나 명예보다도 좋은 친구를 만나는 것인데, 저는 오늘 생애 최고의 보화를 얻었다"고 말했다.

* 러시아 총리가 공식석상에서 한국의 대통령에 대해 이렇게 표현할 정도로 경의를 표시한다는 것이 놀라웠다. 그래서 나는 그 이유를 생각해 보았다. 나는 하나의 인간이 그와 같이 많은 고난을 이겨 내고 한 나라의 지도자가 되었다는 사실에 사람들은 깊은 감동을 받을 수밖에 없으며, 그러한 대통령의 말 한 마디 한 마디는 오직 고난을 이긴 사람에게서만 우러나올 수 있는 말이기 때문에 깊은 존경을 표할 수밖에 없다는 것을 깨달았다.

그날 밤 대통령 내외는 볼쇼이 극장에 가서 발레를 관람했다. 나도 옆에서 발레를 보면서 볼쇼이 극장의 화려함과 장려함, 발레의 아름다운 모습, 그리고 관중들의 열광적인 호응을 보고 러시아 국민들의 예술에 대한 사랑이 얼마나 깊은지를 확인했다.

30일은 3박 4일간의 러시아 국빈방문을 마치고 떠나는 날이었다. 이번 대통령의 러시아 방문이 성공적으로 이루어진 데는 이인호 주러시아대사의 역할이 컸다. 이 대사는 작년에 발생한 외교관 맞추방 사건으로 인하여 러시아와의 관계에 많은 어려움이 있었음에도 불구하고, 유창한 러시아어와 러시아 역사와 문화에 정통한 실력으로 양국 관계를 복원하는 데 큰 기여를 했다. 대통령 내외는 이 대사를 불러 그간의 노고를 치하하고 격려하면서 직원들에게도 감사의 뜻을 전해 줄 것을 당부했다.

이 대사는 그 후 주러시아대사직을 성공적으로 마치고 돌아와 국제교류재단의 이사장이 되어 많은 일을 했다.

* 러시아 국빈방문 결산

대통령의 러시아 국빈방문은 성공적이었다. 이번 방문을 통하여 그동안 소원했던 양국 관계 특히 작년 스파이 사건으로 악화된 양국 관계가 정상으로 돌아왔다. 그리고 러시아가 김 대통령의 대북정책을 긍정적으로 평가하면서 지지 의사를 밝혔다. 이제 한국은 주변 4강의 확고한 지지를 배경으로 하여 본격적으로 대북정책을 추진할 수 있게 되었다. 그리고 경제협력을 통하여 러시아와의 실질적인 협력관계를 강화할 수 있는 여건이 조성되었다.

6.
몽골
국빈방문

대통령 내외는 5월 30일 오전 특별기편으로 모스크바를 출발하여 그날 저녁 몽골의 수도인 울란바토르에 도착했다. 한국 국가원수로는 첫 번째 방문이었다. 공항에는 41세인 여성 외무장관이 출영했으며, 숙소인 징기즈칸호텔까지 동행하여 대통령에게 몽골 방문 일정을 설명하고 돌아갔다.

그날 밤 호텔에서 정전이 되었으며, 그 외에도 불편한 점들이 다소 있었다. 당초 몽골에 올 때 일부에서는 몽골의 상황이 아직 여의치 않으니 나중에 가는 것이 좋겠다는 의견도 있었지만 대통령은 그런 것은 생각하지 말고 오직 몽골과의 관계만 생각하고 가자고 말했다. 서울에서 이미 그러한 지시가 있었기 때문에 우리들은 불편하다고 생각하지 않고 감사하게 받아들였다.

> * 사실 몽골에 도착하여 황량한 초원을 보면서, 고려 시대 우리의
> 선조들이 수없이 몽골의 침략을 당하고 수많은 고려의 여인들이 그
> 먼 길을 끌려서 저 초원을 걸어왔다고 생각하니 가슴이 뭉클했다.
> 그런데 역사가 흘러 지금은 한국의 대통령이 몽골을 방문했고, 오
> 히려 지금은 한국이 몽골보다 훨씬 더 부강한 나라가 되었으니 역
> 사라는 것에 두려움을 느끼게 되었다.
> 대통령 일행이 몽골에 도착하기 전에 몽골의 어느 역사학자가 과거
> 고려와 몽골의 역사를 서술하면서, "우리 몽골은 과거 한국의 조상
> 들에게 저지른 죄를 반성해야 한다"는 글을 써 언론에 보도되었다
> 는 이야기가 귀에 맴돌았다.

** 공식 환영식과 정상회담

다음 날인 31일 아침 울란바토르 시내에 있는 정부 종합청사 앞
수흐바타르 광장에서 양국 대통령이 임석한 가운데 공식 환영식이
거행되었다. 먼저 몽골 의장대장이 사열 준비를 보고하고 양국 국
가가 연주되었다. 그리고 양 정상이 사열을 하는데, 몽골 환영식 중
독특한 부분은 의장대 사열 도중 대통령께서 의장대에게 우리말로
"여러분 안녕하십니까?"라고 말하면, 의장대원들이 일제히 몽골어
로 환영의 말을 하는 것이었다.

환영식이 끝난 다음 두 정상은 정부 종합청사 내 '겔'(몽골 전통 천

막 가옥)로 가서 잠시 환담을 하고, 자리를 옮겨 정상회담을 가졌다.

양 정상은 단독 및 확대 정상회담을 마친 다음, 모두 11개 항목의 합의 사항을 담은 공동성명을 발표하고, 양국 관계를 '21세기 새로운 차원의 상호보완적 협력관계'로 강화시키기로 합의했다. 특히 몽골은 김 대통령의 대북정책과 4자회담 추진 등 한반도에서의 평화와 안정 구축을 위한 한국 정부의 노력에 충분한 이해와 지지 의사를 공식 표명했다.

경제 분야에서 한국 정부는 몽골에 대한 경제협력 사업을 확대하고 민간 부문의 경제통상 협력관계 촉진을 위한 민간기업 사이의 협의 채널을 구체화하기로 했다. 한편 문화 · 학술 분야에서의 교류 확대를 위해 양국 교육부가 교육협력 프로그램에, 한국의 문화관광부와 몽골의 보건복지부 사이에 체육교류 약정을 각각 합의했다. 이와 함께 한 · 몽골 형사사법 공조조약과 한 · 몽골 범죄인 인도조약이 체결되었다.

* 그 당시 몽골의 주요 지도자들은 대부분 40대였다. 바가반디 대통령은 49세, 총리는 42세, 국회의장은 45세, 여성 외무장관은 41세, 농공업부장관은 35세였다. 그들은 다 젊었고 겸손했다. 그리고 활기가 넘쳤다. 그들의 모습에서 어떻게 해서든지 몽골을 발전시키려는 강력한 의지를 느낄 수 있었다. 그래서 몽골이 지금은 어렵지만 앞으로 언젠가 틀림없이 발전할 것이라는 믿음이 들었다.

그날 오후 대통령은 숙소에서 몽골 총리를 접견했다. 그리고 다시 정부 종합청사로 가서 국회의장을 면담하고 국회에서 연설을 했다. 몽골의 국회의원이 총 70여 명이기 때문에 국회라고 하면 국회의사당을 상기하는 우리로서는 낯설 정도로 의사당도 그 규모가 작았다. 특히 몽골 의회에서는 외국 원수가 연설하는 것이 드물기 때문인지 연설의 열기가 오르지 않았다. 저녁에는 몽골 대통령이 주최하는 국빈만찬이 열렸다. 식사 중에 양고기 절단식과 전통예술 공연 관람이 있었다. 만찬이 끝나갈 즈음, 대통령 내외가 몽골의 왕과 왕비의 복장으로 갈아입고 들어왔는데, 복장이 너무나 잘 어울려서 모든 참석자들이 한바탕 웃었다.

6월 1일은 몽골을 떠나는 날이었디. 몽골 대통령 내외가 호텔로 작별 예방을 왔다가 돌아갔다. 대통령은 열악한 환경 속에서 대통령의 국빈방문을 위해서 고생한 황길신 주몽골대사를 불러 그동안의 노고를 치하하고 대사관 직원들에게 감사의 뜻을 전해 달라고 당부하고 공항으로 향했다.

7.
미국
실무방문

6월 15일 오전 서해 연평도 서쪽 해역에서 우리 해군 함정과 북한 경비정 사이에 총격전이 벌어졌다(그 시간 청와대에서는 김 대통령과 싱가폴의 고촉동 총리 간의 정상회담이 진행 중이었다). 북한 측이 먼저 선제공격을 했고 우리 해군이 대응 사격을 해서, 북한 어뢰정 1척이 침몰했고 경비정 1척은 대파되었다. 나머지 북한 경비정 4척은 퇴각을 했는데, 수십 명의 사상자가 나온 것으로 알려졌다. 이에 비해 우리 측의 피해는 경미했다.

이것이 바로 제1차 연평해전이었다. 우리 정부가 대통령 취임 이후 천명해 온 대북정책의 3대 원칙 중 첫 번째인 "북한의 어떠한 무력 도발도 용납하지 않는다"는 것을 행동으로 옮긴 것이었다. '국민의정부'는 햇볕정책이 순진한 발상이거나 유화적인 정책이 아니라는 것을 대내외에 보여 주었다.

그리고 6월 말 북한이 금강산을 관광 중인 우리 여성 관광객을 '남쪽 정보기관의 공작원'이라는 혐의로 억류했다 4일 만에 풀어 주었다. 이로 인하여 금강산 관광이 잠정 중단되었다.

☀ 미국 실무방문

이러한 상황에서 김 대통령은 미국을 방문하게 되었다. 이번에는 다른 특별한 일정이 없이 백악관에 가서 클린턴 대통령과 오찬을 하고 정상회담을 한 다음, 필라델피아에 가서 자유메달을 수상할 예정이었다. 그래서 이번 미국 방문의 성격을 '실무방문'이라고 했다.

김 대통령 내외는 7월 2일 아침 공식수행원(홍순영 외교통상부장관, 이기호 경제수석비서관, 황원탁 외교안보수석비서관, 박준영 공보수석비서관, 의전비서관인 필자, 외통부 북미국장)들과 특별기편으로 서울을 출발하여, 14시간 조금 넘어 워싱턴 앤드류 공군기지에 도착했다. 그리고 전과 같이 숙소인 블레어 하우스로 갔다.

☀ 클린턴 대통령 주최 오찬

잠시 후 대통령은 백악관으로 가서 클린턴 대통령과 반갑게 인사한 뒤 함께 2층 칵테일 장으로 가서 오찬과 회담에 참석하는 미국 측 참석자 서머스 재무장관 내정자, 포데스터 대통령 비서실장, 피커링 국무차관, 버거 안보보좌관, 바쉡스키 USTR 대표, 보스워스 주한대사, 로스 국무부 동아태 차관보 등과 인사를 나누었다.

곧이어 '올드 패밀리 다이닝 룸'(Old Family Dining Room)이라고 부르는 방에서 오찬이 시작되었다. 그때가 워싱턴 시간 오후 1시 반 정도였으니 서울 시간으로 새벽 3시 반이라 한참 졸음이 올 시간이었다. 그 때문인지 대통령은 거의 식사를 하지 못했다. 그 대신 클린턴 대통령과 계속 격의 없는 대화를 나누었다.

클린턴 대통령은 김 대통령의 방미를 환영하며, 김 대통령은 괄목할 만한 정치 지도자라면서 한국은 경제 위기에서 회복했고 견실한 성장을 달성하고 있는데, 이것은 누구도 기대하기 어려웠던 업적이라고 평가했다.

대화 중에 클린턴 대통령이 김 대통령에게 중국의 경제에 대한 전망을 물었다. 이에 대해 김 대통령은 "중국이 현재 외형적으로는 상당한 경제 발전을 하고 있지만, 반면 많은 문제를 안고 있기 때문에 중국의 경제를 쉽사리 전망하기가 어려운 상황입니다. 그러나 중국의 현 지도자인 장쩌민 주석과 주룽지 총리가 개혁적인 성향을 갖고 중국을 이끌어 가고 있는 것이 확실하며, 이들의 입장을 강화시켜 주는 것이 자본주의 국가들에게 유리하므로 앞으로 미국도 중국에 대한 투자를 강화해서 개혁적인 지도자들의 국내적 입지를 강화시켜 주는 것이 장기적인 관점에서 이익이 될 것으로 생각합니다"라는 요지로 설명했다. 클린턴 대통령과 미국 측 참석자들이 고개를 끄덕이면서 동의를 표시했다.

* 한 · 미 정상회담 결과

오찬이 끝나고 오벌 오피스로 자리를 옮겨 정상회담이 진행되었다. 먼저 김 대통령이 최근 서해 교전 사태를 설명하면서 북한도 이번 사태를 통하여 우리의 햇볕정책이 유화정책이 아니며 도발 시에는 단호한 대응을 맞게 된다는 교훈을 얻게 되었다고 생각하며, 앞으로도 한국 정부는 확고한 안보 태세를 유지하여 북한의 도발을 방지하면서 포용정책을 일관성 있게 추진하여 북한의 개방을 유도해 나갈 것이라고 설명했다. 그리고 현재 우리의 포용정책을 중국과 러시아도 지지하고 있는 만큼 한 · 미 · 일 3국은 소신을 가지고 포용정책을 계속 추진할 필요가 있다고 본다고 설명했다.

이에 대해 클린턴 대통령은 미국은 한국의 포용정책을 계속 지지해 오고 있으며, 또한 한국이 북한의 핵, 미사일 개발 저지를 중심으로 하는 페리 제안에 대해 적극적으로 협력하여 준 데 대해서도 고맙게 생각한다고 말하고, 앞으로 북한의 미사일 발사에 대해서는 한 · 미 · 일 3국간 긴밀한 공조에 입각하여 단호한 대응 조치를 취해야 할 것이라고 말했다.

양 정상은 회담을 통해 한반도의 평화구축을 위해 대북포용정책을 계속 추진한다는 원칙을 재확인했다. 결국 서해 사태 이후 김 대통령의 대북정책 기조인 포괄적 접근방안을 수정해야 한다는 여론이 있음에도 불구하고 미국 대통령의 확고한 지지로 인해 정책의 변화가 없음이 분명해진 것이었다.

정상회담을 마치고 블레어 하우스로 돌아온 대통령은 페리 조정관을 면담했다. 그리고 워싱턴 주재 한국 특파원단(15개사 24명)을 접견한 다음 동포 대표 30명과 간담회를 가졌다.

> * 미국 실무방문은 성공적이었다. 이번이 세 번째 만남이었는데 클린턴 대통령은 김 대통령을 따뜻하게 맞아 주었고 오찬에서의 대화는 화기가 넘쳤다. 클린턴 대통령의 태도가 이렇다 보니, 미국 참석자들도 김 대통령에 대한 태도가 정중하고 깍듯했으며, 대통령이 무슨 말을 하든지 그에 대해 존경을 표했다.
>
> 정상회담에서도 클린턴 대통령은 김 대통령의 대북정책을 확고히 지지했다. 그리고 김 대통령의 접근 방식이 매우 적절하며, 이는 한·미·일이 일관성 있게 대북정책을 추진한다는 점과 일치한다고 했다. 클린턴 대통령의 협조와 배려로 모든 일들이 깨끗하게 정리되었다.

** '필라델피아 자유메달' 수상

대통령 내외는 아침 일찍 워싱턴을 출발하여 필라델피아로 갔다. 공항에서 숙소인 호텔로 가는 도중에 대통령은 서재필 기념관을 방문했다. 그리고 방명록에 "선각자는 영원합니다"라고 서명했다.

오후에 동포간담회에 참석한 다음, 대통령은 자유메달 수상 기념만찬에 참석했다. '필라델피아 자유메달'(Philadelphia Liberty Medal)은 필라델피아의 실업인과 지도자 모임인 필라델피아협회가 미국 독립 기념 200주년을 기념하기 위하여 1988년에 제정한 상으로, 양

심의 자유와 억압과 무지, 빈곤으로부터의 자유를 신장하기 위하여 리더십을 발휘한 지도자나 단체에 수여(상금 10만 달러)하며 미국 판 '노벨평화상'으로 불리기도 한다.

1989년 바웬사 전 폴란드 대통령이 첫 번째 수상자였고, 이후 카터 전 미국 대통령, 아리아스 전 코스타리카 대통령, 만델라 전 남아공 대통령, 하벨 체코 대통령, 시몬 페레스 전 이스라엘 총리, 후세인 전 요르단 국왕 등이 수상을 했는데, 재밌는 것은 그중에서 폴란드의 바웬사 대통령, 코스타리카의 아리아스 대통령, 남아공의 만델라 대통령, 이스라엘의 페레스 총리 및 요르단의 후세인 국왕 등 다섯 명이 노벨평화상을 수상했다는 것이다. 김 대통령은 열한 번째 수상자였다.

그날 만찬에는 렌델(Rendell) 필라델피아 시장과 자유메달 선정위원회 위원장 등을 비롯한 670여 명의 참석자들이 행사장을 가득 메웠다. 만찬은 먼저 환영사와 자유메달 역사에 관한 비디오 상영, 그리고 메이어슨(Meyerson) 자유메달 선정위원장과 렌델 시장 등의 인사말과 김 대통령의 인생 역정에 관한 비디오가 8분 동안 방영되었다. 이어서 대통령의 오랜 친구인 포글리에타(Foglietta) 주이탈리아 미국대사(전 하원의원)가 감동적인 소개를 했다.

마지막으로 대통령의 만찬 연설이 시작되었다. 김 대통령은 영어로 "본인이 자유메달을 수상할 수 있었던 것은, 자유와 민주인권을 위한 한국 국민의 의지와 또한 한국 국민들이 고통을 함께하며 개혁에 앞장서 주었기 때문이며 이번 자유메달 수상은, 한국이 아시아의 민주주의 국가로서, 그리고 인권국가로서 모범이 되라는 격려로 생각한다"고 연설했다.

대통령 연설에 대해 참석자들은 열광적인 박수를 보냈다.

7월 4일 오전 10시 드디어 필라델피아 시 독립기념관 옥외광장에서 자유메달 수상식이 시작되었다. 이곳은 1776년 7월 4일 당시 미국 식민지 대표들이 독립선언서를 채택한 곳이었으며, '자유의 종'이 보존되어 있는 성지였다. 그때부터 223년이 되는 바로 그날, 그 장소에서 시상식이 거행되었다.

펜실베이니아 주정부는 대통령이 도착한 7월 3일을 한국의 날로 선포했고, 필라델피아 시는 7월 4일을 한국의 날로 선포했다. 그 때문인지 섭씨 38도가 넘는 무더운 날씨임에도 불구하고 광장에는 3천 명이 넘는 시민들이 운집했다.

개회사에 이어 펜실베이니아 의장대와 고적대의 행진, 추기경의 축도에 이어 양국 국가 연주를 연주할 때 한국 유학생 세 명이 "애국가"를 합창했다. 그리고 펜실베이니아 공군의 축하 비행이 있었다. 이어서 독립공원 원장(여)의 인사말, 필라델피아 복음 성가대의 합창이 있은 다음, 미국 독립선언서가 낭독되었다. 그리고 렌델 필라델피아 시장과 리지(Ridge) 펜실베이니아 주지사가 인사말을 했다. 군악대 연주 후 다시 주요 인사들의 인사말이 계속되었다.

드디어 렌델 시장이 김 대통령에게 자유메달을 걸어 주었다. 수상식이 거행되는 동안 한국 유학생들이 "그리운 금강산"을 불렀다.

대통령이 영어로 수상 연설을 시작했다. 연설을 시작하기 전 대통령은 "무더운 날씨 때문에 누구도 긴 연설을 원하지 않을 것입니다. 여러분들이 저에게 귀한 선물을 주셨으니 저도 여러분들에게 짧은 연설이란 선물을 드리겠습니다"라고 말하고 준비했던 20분 길이의 연설을 10분 정도로 줄여서 했는데 요지는 아래와 같았다.

"본인이 오랜 세월 자유를 향한 순례를 하는 동안, 본인을 지탱해 준 힘은 첫째, 우리에게 자유인이 되라고 말씀하신 예수님이셨으며, 둘째, 비록 현실에서는 좌절한다 하더라도 역사 속에서 반드시 승자가 될 것이라는 역사관과, 셋째 인생의 성공과 행복은 어떻게 사느냐에 의해서 결정된다는 인생관과, 넷째 아내와 자식들의 지원이었습니다.

나는 자유가 관용과 함께할 때 더 큰 자유에 이른다는 것을 알고 있습니다. 그래서 대통령이 된 다음, 본인에게 사형 언도를 내리고 박해했던 과거의 권력자들을 모두 용서했습니다. 또한 우리 민족을 박해하고, 우리와 갈등을 겪어온 일본과의 화해도 성취했습니다.

나는 한국의 경제적 위기 극복의 최대 공로자는 역시 자유의 실천이었다는 것을 말씀드릴 수 있습니다. 나는 자유의 정신을 세상의 모든 어두운 구석에 전파하기 위해 끊임없이 노력하겠습니다. 나는 '자유에 헌신한 사람'으로 기억되기를 원합니다."

뙤약볕 속에서 참석자들은 땀을 훔치며 대통령의 연설을 경청했다. 연설이 끝나고 필라델피아 복음 성가대의 합창에 이어 추기경의 축도를 끝으로 수상식은 끝났다. 그러나 군악대의 연주는 계속되었다.

1999.7.4 **필라델피아 자유메달 수상식**
필자는 뒷줄에 착석

대통령은 수상식이 끝나고 안으로 자리를 옮겨 기자회견을 한 다음, 숙소인 호텔로 돌아가 자유메달 수상 기념 오찬에 참석했다. 대통령이 오찬 답사를 하는데 준비된 답사를 이용하지 않고 즉석에서 연설을 했다.

"나의 이번 자유메달의 수상으로 필라델피아의 미국 독립기념일 축제가 한국을 비롯한 아시아의 인권 승리를 위한 축제로서도 평가되길 바랍니다. 20세기 마지막 해에 내가 자유메달 수상자로 선정된 것은 한국의 자유와 인권 신장의 성과를 평가하며, 21세기에 세계 모든 지역이 자유와 인권으로 가득 차길 바라는 여러분의 기대가 담겨 있다고 생각합니다."

오찬을 하는데 내 옆에 앉아 있던 수상선정위원회의 위원인 외국 대표가 이번 수상자를 선정하는 데 있어 유럽 어느 국가의 지도자가 유럽 대표들을 통해 강력한 로비를 했으며, 내부적으로 선정 작업이 매우 치열했다고 귀띔을 해 주었다.

* 나는 필라델피아에 도착하여 대통령의 자유메달 기념만찬과 수상식을 보면서 많은 것을 생각했다. 어떻게 한국의 지도자가 이렇게 미국 독립기념일에 맞춰 시상하는 영예로운 상을 받을 수 있을까? 그것도 만델라, 바웬사, 하벨 등과 같은 세계적인 자유의 투사들이 받는 그 상을 한국의 정치인이 받게 된 것일까? 미국인들이 누가 돈이 많다고, 명예가 높다고, 권력자라고 그 상을 줄 리가 없었다. 그것은 오직 오랫동안 자유에 대한 헌신이 증명된 사람에 한해서만 주는 명예요 영광이었다.

대통령은 그 영광을 오랫동안 한국의 자유와 민주인권을 위해 헌신해 온 사람들에게로 돌렸다. 김 대통령이 그 앞장에는 섰지만 그와 함께, 아니면 뒤에서 자유를 위해 싸웠던 수많은 사람들의 도움과 헌신이 없었다면 불가능했을 것이었다. 결국 그것은 김 대통령이 살아온 그 험난하고 극적인 인생에 대한, 그리고 오랫동안 자유를 위해 투쟁해 왔던 한국인들에 대한 미국인들의 존경의 표시였다. 나는 그것을 생각하면서 대통령과, 그동안 우리나라의 자유와 민주화를 위해 헌신했던 많은 분들에게도 감사했다.

필라델피아 자유메달 수상 기념 오찬으로 미국에서의 모든 일
정이 다 끝났다. 이번 미국 실무방문은 워싱턴에서 클린턴 대통령
과의 정상회담을 통하여 성공적으로 이루어졌다. 이번에도 작년 국
빈방문 경우와 같이 이홍구 주미대사의 공로가 컸다. 필라델피아를
떠나기에 앞서 대통령은 워싱턴에서 대통령을 수행하여 내려온 이
홍구 대사를 별도로 만나 그간의 노고를 치하했다. 그리고 필라델
피아 자유메달 수상과 관련하여 대통령 방문을 준비한 뉴욕총영사
관의 허리훈 총영사를 불러 그동안의 수고를 치하했다.

8.
캐나다
국빈방문

　7월 4일 필라델피아에서 자유메달을 수상한 다음, 대통령 내외는 캐나다 국빈방문을 위하여 전용기편으로 필라델피아를 출발했다. 필라델피아를 출발한 지 1시간 반 만에 오타와공항에 도착했다. 그리고 총독 관저에 도착해 보니 관저가 좁아 경호실장과 내가 체류할 방이 없었다. 우리는 할 수 없이 영빈관으로 가서 묵었는데, 대통령 경호실장과 의전비서관임에도 총독 관저를 출입하는 것이 너무 까다로워 무척 애를 먹었다.

　그날 저녁 샤토로리에호텔에서 동포 간담회가 열렸다. 대통령은 200여 명의 동포들에게 "내 임기 중에 경제를 반드시 개혁해 세계

일류국가가 되는 기초를 만들어 놓겠다"고 말했다. 대통령 내외는 간담회가 끝난 다음, 총독 관저로 돌아가 저녁 식사를 했다.

∷ 대통령 내외 식사 문제

오타와에서 대통령 내외는 영빈관이 아닌 총독 관저에서 묵게 되어 있었다. 사실 대통령이 호텔에 묵게 되면 음식으로 인한 불편은 별로 없었다. 일반적으로 호텔에는 양식 이외에도 일식이나 중국 음식이 가능하고 꼭 한국 음식이 필요하면 한국 음식점에 가서 필요한 음식을 사 올 수도 있었다. 그리고 영빈관 같은 경우에도 얼마든지 밖에서 음식을 가져오면 먹을 수 있었다.

그러나 총독 관저는 달랐다. 총독 관저는 보통 총독이 그 집에서 살고 있기 때문에 기본적으로 관저에서 제공하는 음식을 먹어야 했다. 나는 과거 외무부 의전과장 시절, 대통령이 어느 국가를 방문할 때 그 나라 총독 관저에서 묵는 과정에서 음식으로 인하여 많은 불편을 겪은 경험이 있었기 때문에, 서울을 출발하기 전에 대통령 내외에게 그와 같은 경험을 말씀드렸다. 그리고 "오타와에서 대통령 내외분이 체류할 예정인 총독 관저에는 총독 내외가 거주하고 있는 장소이기 때문에, 한국 음식을 먹게 될 경우, 김치 냄새 등이 빠지지를 않아 문제가 많을 것으로 생각되니, 내외분께서 도착하는 날 저녁과 다음 날 세끼 및 그리고 떠나는 날 아침 등 다섯 끼는 관저에서 제공하는 대로 드시고 한국 음식이나 다른 음식을 드시는 것을 참으시는 것이 좋겠다"고 건의했다. 대통령 내외는 당연히 그렇게 해야 한다고 하면서 혹시라도 김치 냄새가 날지도 모르니 국수도 먹지 않겠다고 말했다.

그 후에 주캐나다대사가 나에게 국제전화를 해서 대통령 내외분이 오타와에 계시는 동안 계속 양식만 잡수실 텐데 대사관에서 준비할 것이 있는지를 물었다. 나는 대통령 내외분이 캐나다 측에서 준비하는 것을 그대로 잡수실 테니 한국 음식은 일체 준비하지 말라고 말했다. 그랬더니 대사가 다시 그러면 간단한 국수라도 준비하면 어떻겠냐고 물었다. 그러나 나는 그것도 준비하지 말고 가능하다면 떡 정도는 준비해도 괜찮다고 설명해 주었다.

다음 날 아침 10시에 총독 관저 광장에서 공식 환영식이 열렸다. 그 자리에는 로메오 르블랑 총독 부부와 한국전 참전용사, 한 · 캐나다 친선협회 임원과 한국 동포들이 참석했다. 환영행사가 끝난 다음, 대통령 내외는 총독 서재로 이동해서 총독 부부를 예방하고 환담을 했다.

* 스코필드 후손 접견

총독에 대한 예방이 끝난 다음 대통령은 총독 관저 리셉션 룸에서 프란시스 스코필드 박사 후손들을 접견했다. 고 스코필드 박사는 경성제국대학 교수로 재직했으며, 3 · 1운동을 지지했다는 이유로 1년간 옥고를 치른 다음 캐나다로 강제 추방됐다. 그는 한국전쟁 후인 1955년에 다시 한국으로 돌아와 세브란스의과대학에서 교수로 재직했다. 이때 고아원을 설립해 전쟁고아들을 돌보았으며, 1970년 서울에서 70세의 나이로 작고했다. 그리고 외국인으로는 처음으로 국립묘지에 안장되었다.

총독 관저에서 열린 르블랑 총독 내외가 주최하는 국빈오찬에서 김 대통령은 스코필드 박사와의 각별한 인연을 소개했다.

"스코필드 박사는 서울의 한 초라한 아파트에서 병고의 몸으로 고생하면서도 군사 독재를 비판하셨습니다. 나는 박사가 우리 민주화 투쟁을 지원할 당시 찾아뵙고 서로 격려했던 일을 지금도 생생히 기억하고 있습니다."

그날 오후 대통령은 캐나다 국회의사당에 가서 한국전 참전용사들을 접견한 다음 참전기념실에 들러 헌화를 했다. 이미 머리가 하얗게 센 연로한 20여 명의 참전용사들을 보면서 무언가 진한 감동이 밀려왔다.

∗ 한 · 캐나다 정상회담

이어 김 대통령과 크레티앵 총리는 정상회담(단독 및 확대)을 가졌다. 대통령은 한반도 정세와 대북정책을 설명하고 "북한을 국제사회의 책임 있는 일원으로 이끌기 위해 캐나다와 북한의 관계 개선이 이루어지기를 기대한다"고 밝히고, 캐나다의 한반도에너지개발기구 사업과 대북 식량지원을 평가했다. 이에 대해 크레티앵 총리는 "남북 관계의 실질적인 진전을 위한 김 대통령의 대북포용정책과 포괄적 접근 방안을 높이 평가하고 전폭적인 지지와 협력 의사를 표명"했다.

또한 양 정상은 1993년 양국 정상회담에서 합의한 한·캐나다 특별 동반자관계를 확대 발전시켜 나가기로 했다. 회담이 끝난 다음, 통신조달협정 및 군사기밀 보호협정에 관한 서명식을 하고, 두 정상은 공동 기자회견을 가졌다.

저녁에 크레티앵 총리 내외가 주최하는 공식만찬이 열렸다. 만찬 내내 총리 내외가 최선을 다해 대통령 내외를 환대하려고 노력하는 것을 느낄 수 있었다.

다음 날 대통령은 캐나다 기업인들을 접견하고 총독 내외와 기념식수를 하는 것으로 캐나다 방문 일정을 다 끝냈다. 대통령은 김항경 주캐나다대사를 불러 그동안 대통령 국빈방문의 성공을 위하여 수고한 것을 치하하고 대사관 직원들에게도 감사의 뜻을 전해 달라고 당부했다.

그리고 방으로 돌아와 대통령께서 나에게 말했다.

"지난 3일 동안 한국 음식을 한 끼도 먹지 못하니 힘드네. 비행기에 연락해서 혹시 가능하다면 탑승하자마자 김치찌개를 먹을 수 있도록 준비해 보세요."

나는 밖으로 나와 경호를 통하여 항공기 승무원에게 김치찌개를 준비해 보도록 연락했다. 항공기에선 그런 것을 준비하는 것은 곤란하지만, 대신 드실 만한 것을 준비해 놓겠다고 했다. 나는 그 내용을 다시 대통령에게 보고했다.

대통령 내외가 오타와공항에 도착하여 비행기에 탑승하자마자 여비서가 컵라면을 가져왔다. 그 라면 안에는 김치가 들어 있었다. 대통령이 라면 국물을 마시더니 말했다.

"아, 시원하다!"

나는 그 모습을 보면서 가슴이 뭉클했다.

* 일반적으로 한국 사람들은 해외에 나가 며칠 한국 음식을 먹지 못하면 상당히 불편함을 느낀다. 그런 현상은 나이가 든 사람일수록 더하다. 더욱이 대통령 내외분은 70대 중반이 넘으셨으니 그 정도가 더욱 심할 수밖에 없을 것이었다. 그래도 젊은 비서관이 나라를 위해서 그렇게 하라고 하니 할 수 없이 하기는 했지만 3일 동안 다섯 끼를 양식으로만 들면서 속으로 얼마나 힘들었을까 생각하니 너무 죄송했다. 그러면서도 오직 나라를 위해서 비서관의 말을 들어주신 대통령 내외에게 한없는 감사함을 느꼈다.

사실 오타와에 도착한 당일 대통령 내외는 총독 관저에서 식사를 하고, 나도 경호실장과 영빈관에서 식사를 했는데, 다음 날 아침 공식수행원인 어느 장관이 나에게 이렇게 말했다.

"어제 우리는 아침부터 양식만 먹어서 저녁에 몇 사람이 오타와 시내에 있는 한국 음식점에 가서 한국 음식을 먹었어요. 그랬더니 한결 낫네요."

그래서 내가 그 장관에게 말했다.

"장관님, 지금 연로하신 대통령 내외분은 나라의 이미지를 생각해

서 총독 관저에서 양식만 들고 계시는데, 공식수행원인 장관이 그
것을 못 참고 밖에 나가 한국 음식을 먹는 것을 캐나다 정부가 보면
어떻게 생각하겠습니까?"

그 장관은 얼굴이 벌게지면서 아무 말도 하지 못했다.

9.
뉴질랜드
APEC 정상회의와
동티모르 사태

9월 11일 저녁 대통령 내외는 뉴질랜드에서 개최되는 제7차 APEC 정상회의 참석차 공식수행원(홍순영 외통부장관, 정덕구 산업자원부장관, 한덕수 통상교섭본부장, 이기호 경제수석비서관, 황원탁 외교안보수석비서관, 박준영 공보수석비서관, 의전비서관인 필자, 외통부 아태국장)들과 함께 특별기편으로 서울을 출발했다. 정상회의가 열리는 오클랜드공항에 도착해 보니 현지 시간이 아침 8시임에도 불구하고 시플리(Shipley, 여) 총리 내외가 마중을 나왔다.

바로 마우리족(뉴질랜드의 원주민)의 환영행사가 시작되었다. 날씨가 무척 쌀쌀한데도 불구하고 남녀들이 옷을 거의 다 벗고 눈을 부라리면서 창을 휘두르며 혓바닥을 내미는 등의 전통적인 환영

행사였다.

환영행사를 마치고 대통령 일행은 숙소인 칼튼(Carlton)호텔로 이동했다. 호텔 내 대통령 내외 숙소가 대통령용 스위트라고 하기에는 너무 좁아 보였지만 많은 나라 정상들이 참석하는 국제회의라 그러려니 생각했다.

＊ APEC 최고경영자회의 연설

오후에 대통령은 헤리티지(Heritage)호텔로 가서 APEC에 참석한 각국의 최고경영자회의(CEO Summit)에서 영어로 연설을 했다. 대통령은 한국의 경제위기 극복 과정을 설명하고 앞으로 경제 및 정치 개혁과 부정부패의 척결, 생산적 복지의 구현을 가속화시켜 나갈 의지를 분명히 밝혔다. 그리고 새천년의 새로운 아태 시대를 건설하기 위해서는 APEC 회원국들이 새로운 세계 경제 규범의 구축에 주도적인 역할을 해야 한다고 강조했다.

연설이 끝난 다음 외국 참석자들은 김 대통령의 연설에 깊은 감명을 받았다고 하면서, 특히 대통령이 한국에 아직도 부패가 남아 있으며 앞으로 이를 반드시 척결하겠다고 말한 데 대해 이는 어느 국가원수도 할 수 없는 용기 있는 행동이었다고 평가했다. 그리고 이를 통해 대통령의 개혁에 대한 확고한 의지와 자신감을 느낄 수 있었으며, 이것이 한국의 개혁에 대한 신뢰감을 증대시키는 데 큰 도움이 되었다고 평가했다.

* 중국 장쩌민 국가주석과의 정상회담

저녁에 대통령은 쉐라톤호텔로 가서 중국의 장쩌민 국가주석을 만나 정상회담을 가졌다. 중국 측에서는 첸치천 부총리, 왕강 공산당 중앙위 판공청주임(정치국원), 탕자쉬안 외교부장(장관), 쩡페이엔 국가개발기획위주임(장관), 스광성 대외무역경제위원회 부장(장관) 등을 비롯한 고위 관리들이 배석을 했고, 우리 측에서는 홍순영 외통부장관을 비롯한 공식수행원들이 배석했다.

대통령은 먼저 중국이 한반도 평화를 위해 노력하는 데 대해 사의를 표하고, 대통령 취임 시 천명한 대북 3대 원칙을 지난 1년 반 동안 흔들림 없이 지켜왔으며, 북한도 한국에 대해 어떠한 무력행사도 해서는 안 되며, 특히 미사일 발사는 결코 해서는 안 된다고 강조했다. 이에 대해 장 주석은 한반도의 평화와 안정을 위해 유리한 일은 모든 힘을 다하여 도울 것이며, 이에 불리한 일은 저지하기 위해 노력할 것이라고 말했다.

양 정상은 다른 여러 가지 문제에 관해서도 의견을 교환했다. 그리고 김 대통령은 "APEC이 경제 문제를 다루는 기구로서 정치 문제를 다루지 않고 있긴 하지만, 현재 동티모르 사태가 전 세계의 이목을 집중시키고 있으므로, APEC의 테두리에서는 아니더라도 동티모르에 평화가 정착되고 주민의 의사대로 조속히 독립이 이루어지도록 정상 사이에서 의사 표시가 있어야 할 것으로 생각되니, 장 주석이 이니셔티브(initiative)를 취해 달라"고 말했다. 이에 대해 장 주석은 "동티모르 문제가 주민투표에 의해 밝혀진 주민의 의사에 따라 해결되기 바란다"고 하면서, "모든 문제는 평화적으로 해결되어야 한다는 생각이며, 유엔도 평화적으로 해결되도록 노력해야 할 것"
이라는 원론적인 대답을 했다.

나중에 나는 다른 자리에서 중국의 고위 인사를 만나 중국 측의
입장을 문의했다. 그 인사는 동티모르 사태에 관한 김 대통령의 말
씀은 아주 정확하고 올바른 말씀이지만, 대부분의 아세안 국가들은
동티모르 사태가 잘못 처리될 경우 인도네시아 전체의 분열을 가져
올 수 있으며, 나아가 유사한 문제점을 가지고 있는 일부 아세안 국
가들에 대해서도 커다란 영향을 미칠 수 있기 때문에 상당히 신중
한 자세를 취하고 있으므로, 그와 같은 아세안 국가들과의 사이에
서 어떠한 타협점을 도출해 낼 수 있는가가 관건이라고 설명했다.

> * 동티모르는 호주와 인도네시아 사이에 위치한 섬나라로 400여 년
> 간 포르투갈의 지배를 받다가 1975년에 독립을 했으나, 바로 인도
> 네시아의 지배를 받았다. 그러다 독립 움직임이 일어나자 인도네시
> 아 정부가 유혈 탄압을 하는 과정에서 동티모르 사태가 발생하게
> 되었고, 1999년에 인도네시아 정부가 주민들에게 독립 여부를 묻
> 는 주민투표를 허용했으며, 8월 유엔 주관 아래 실시된 투표에서
> 주민의 78퍼센트 이상이 독립을 찬성했지만, 인도네시아 군부가
> 이를 묵살하고 민병대를 통하여 동티모르인들을 학살함으로써 인
> 구의 3분의 1이 희생당한 상황이었다.

다음 날 오전 대통령은 숙소에서 먼저 브루나이 국왕을 만났다.

국왕은 자기가 말하는 것은 영어로 통역을 하게 하고, 상대방 통역이 영어로 말하는 것에 대해서는 통역을 시키지 않았는데, 통역은 현직 외교부차관이었다. 대통령은 다시 싱가포르의 고촉동 총리를 만났다. 그리고 회담에서 대통령은 동티모르 문제를 제기했지만, 고촉동 총리는 원칙에는 찬성한다고 하면서도 역시 행동에는 신중한 자세를 보였다.

✻ 한 · 미 · 일 정상회담과 동티모르 문제

그날 정오에 미국의 클린턴 대통령 숙소인 스탬포드플라자 (Stamford Plaza)호텔에서 한 · 미 · 일 3자 정상회담이 열렸다. 회담에서 정상들은 북한 문제를 비롯한 여러 문제에 관하여 의견을 교환했다. 그리고 김 대통령은 동티모르 사태를 제기하고, APEC이 경제 문제를 다루는 기구로서 정치 문제를 다루지 않고 있긴 하지만, 현재 동티모르 사태가 전 세계의 이목을 집중시키고 있으므로, 인도네시아의 책임과 유엔의 협력 하에 유엔 평화군 파병 문제를 적극 검토해야 한다고 주장했다.

김 대통령의 제안에 대해 오부치 일본 총리는 매우 신중한 태도를 보였고, 클린턴 대통령도 다소 소극적인 태도를 보였다. 그러나 김 대통령은 다시 이 문제를 거론하면서 양 정상의 결단을 요청했다. 회의가 끝날 무렵, 클린턴 대통령이 김 대통령의 제의에 따라 유엔 평화군 파병 문제를 적극적으로 추진해 보자고 결론지었다.

그리고 한 · 미 · 일 정상들은 발표문을 통하여, 정상회담 결과를

설명하는 동시에 동티모르 유혈사태에 심각한 우려를 표명하고 법
질서의 일차적인 책임이 인도네시아 정부에 있음을 재확인하는 한
편, 주민투표를 통해 표명된 주민들의 자유의사가 충분히 존중되도
록 인도네시아 정부가 즉각적인 조치를 취해 줄 것을 촉구했다.

1999.9.12 뉴질랜드 APEC 정상회의 시 한·미·일 3국 정상회담
필자는 김 대통령 뒷줄에 착석

 * 이날 한·미·일 정상이 발표문에서 동티모르 사태에 관하여 우
려를 표명하고 인도네시아 정부의 즉각적인 조치를 촉구한 것은 사
태를 반전시키는 결정적인 원인이 되었다. 그리고 그것은 당초 경
제 문제를 다루는 APEC에서 동티모르 사태와 같은 정치적인 문제
를 다루는 것을 주저하는 미국 대통령과 일본의 총리를 집요하게
설득하여 그들의 입장을 바꿔 놓은 김 대통령의 적극적인 역할 때

문이었다고 할 수 있다.

☆☆ 클린턴 대통령과의 짧은 환담

정상회담이 끝난 다음 클린턴 대통령은 김 대통령에게 다가와, "당신은 나의 친구로서 가장 중요한 사람 중의 하나"라고 하면서, "한국의 기적적인 경제 회복을 축하하며 앞으로 남북 간에도 좋은 일이 생겨, 대통령의 영도 하에 한국의 국운이 더욱 융성하기 바란 다"고 말했다.

클린턴 대통령은 또한 "작년 11월 방한 시, 그 당시 아주 어려웠 던(스캔들을 의미하는 것으로 보임) 본인에게 대통령께서 해 주신 격려를 영원히 잊지 못할 것이며, 대통령을 그만두고 나면 꼭 아내와 함께 한국에 가겠다"고 말했다. 이에 대해 김 대통령은 "클린턴 대통령께 서 남기신 훌륭한 업적은 틀림없이 역사로부터 좋은 평가를 받게 될 것이며, 앞으로 대통령을 그만두시더라도 대통령으로 계실 때보 다 더 바쁠 것이고 더 많은 일을 하시게 될 것"이라고 말했다.

클린턴 대통령의 임기는 2001년 1월까지였기 때문에 그것을 인 식한 두 정상이 그런 대화를 나눈 것이었다.

마침 정상회담에 배석한 올브라이트 국무장관이 옆에서 두 정 상의 대화를 듣고 있다가 김 대통령에게 "저는 집무실에 항상 대통 령님의 사진을 걸어 놓고 있다"고 말했다. 그것은 자신이 김 대통령 을 얼마나 존경하고 있는지를 표현한 말이었다.

* 동티모르 사태의 반전

그날 오후에 칼튼호텔에서 공식 환영식에 이어 의제 설명회와 APEC 기업인 자문회의(ABAC)가 시작되었다. 회의 중에 김 대통령은 하비비 대통령을 대신하여 참석한 인도네시아 재무장관에게 동티모르 문제는 당초 인도네시아 정부가 지원하고 유엔 감시 하에 치러진 선거이기 때문에 주민들의 안전을 보장하고 독립을 실현시켜야 할 것이라고 강조하고, 우리로서는 인도네시아 정부의 체면을 손상시키거나 인도네시아 정부의 태도를 비난하고자 하는 것이 아니라, 인도네시아 정부가 중심이 되어 유엔의 협력 하에 일을 처리하기를 희망하는 것이라고 설명했다. 이에 대해 인도네시아 재무장관은 김 대통령의 설명에 사의를 표명하고, 인도네시아 정부는 유엔 평화유지군을 받아들일 용의도 있다고 대답했다.

저녁에는 오클랜드 시청에서 APEC 정상회의에 참석하는 정상들과 수행원들을 위한 공식만찬이 개최되었다. 그런데 참석자가 400명이나 되다 보니 만찬을 하기에는 너무 비좁고, 특히 많은 참석자들이 자리에 앉지를 않고 만찬 내내 서서 이야기를 하거나 왔다 갔다 하는 바람에 만찬 분위기는 전반적으로 시끄러웠고 어수선했다.

만찬 도중에 중국의 탕자쉬안 외교부장이 나를 보고 잠깐 이야기를 하자고 하더니, 조금 전에 클린턴 대통령이 인도네시아의 하비비 대통령과 통화했는데, 하비비 대통령이 곧 유엔 평화유지군의 무조건 접수를 수락하는 성명을 발표하기로 했다고 알려 주었다.

그날 밤 인도네시아 군부는 자정을 기해 동티모르의 민병대에게 주민 탄압을 자제하라는 명령을 내렸고, 인도네시아 정부는 유엔 다국적군 파병을 수용하겠다고 발표했다. 놀라운 사태의 반전이었다.

* 정상회의 결과와 정상선언문

다음 날인 13일 오전과 오후 오클랜드 박물관에서 정상회의가 개최되었다. 회의 첫 번째 발언자로 나선 김 대통령은 기조연설을 통하여, 한국이 경제 위기를 겪으면서 얻은 교훈은 세 가지로, 하나는 시장경제와 민주주의를 실천하지 못한 것이 정경 유착 등 위기의 원인이 되었다는 것과, 둘째는 개방화와 자율화의 촉진을 통해 위기를 빨리 극복했으며, 셋째는 중산층과 서민에게 경제회복 성과를 배분할 필요가 있는 점이라고 강조했다.

그리고 위기 재발을 막고 새로운 아태지역 건설을 위하여 세 가지 제안을 했는데, 그것은 첫째 국제금융제제의 개선 논의와 각국의 거시경제정책 조율 과정에서 회원국 사이의 협조를 강화해야 하며, 둘째 역내 국가 사이의 투자를 활성화 하는 데 주력해야 하고, 셋째 역내 국가 안에서는 물론 회원국 사이의 사회적 경제적 불균형을 완화해 사회적 화합을 추구해야 한다는 것이었다.

김 대통령 다음으로 기조연설을 한 싱가포르의 고촉동 총리와 일본의 오부치 총리, 그리고 클린턴 대통령 등이 김 대통령의 제안을 지지하면서 이를 정상선언문에 포함시키기로 했다.

한편 김 대통령은 역내 선진국과 개도국의 빈부격차를 줄이는 방안 등을 논의하기 위한 '서울포럼'을 내년 서울에서 개최할 것을 제의했고, 동 제안은 부속선언문에 포함되었다.

다만 동티모르 사태는 정상회의에서 거론되지 않았다. 이는 이미 인도네시아의 하비비 대통령이 유엔 평화유지군의 파견을 수용하기로 발표했기 때문이었다.

정상회의는 정상선언문을 채택하고 폐회되었다.

✱ 한국 외교의 지평이 넓어지다

사실 APEC 정상회의는 명칭 그대로 역내 국가들의 경제 문제를 다루는 정상회의였다. 그런 국제회의에서 민감한 정치 문제를 다루는 것은 어느 면에서는 상당히 모험적인 측면이 있었다. 특히 동티모르 문제가 APEC 정상회의 참가국인 인도네시아와 관련한 것이라 인도네시아가 반발할 경우 정상회의가 분열될 수도 있으며, 경우에 따라서는 인도네시아와의 관계가 악화될 수도 있기 때문에 대부분의 정상들은 소극적이면서도 신중한 태도를 보였다. 그러나 김 대통령의 호소가 클린턴 대통령과 오부치 총리의 마음을 움직여 한·미·일 3국 공동발표문이 나오면서 사태가 반전되기 시작했다.

모르기는 하지만 당시 동티모르 사태 때문에 정상회의에 참석하지 못하고 대신 재무장관을 보낸 인도네시아 대통령이 정상회의 움직임을 보고받은 후 군부를 설득하여 군부가 민병대에게 주민 탄압을 자제하라는 명령을 내렸고, 인도네시아 정부는 유엔 다국적군 파병을 수용하겠다고 발표한 것으로 추측되었다. 사실 김 대통령의 행동은 아무도 흉내 낼 수 없는 담대한 행동이었다. 그러나 클린턴 대통령을 비롯한 정상들은 한국전쟁을 경험하고 오랫동안 독재정권에 대항하면서 온갖 고난을 다 겪은 김 대통령의 말을 무겁게 받아들일 수밖에 없었다.

뉴질랜드 APEC 정상회의는 세계적인 정상들에게 김 대통령의 리더십을 분명하게 각인시키는 중요한 회의였다. 그리고 이것을 통하여 한국의 대외 신인도를 높이고 한국에 대한 투자확대 등 경제적인 토양을 굳건히 하는 계기가 되었다. 또한 김 대통령의 회원국 간 빈부격차 해소와 투기성 단기 자본에 대한 감시 강화 등 국제 금융질서 개편 주장이 회의 결과에 상당히 반영됨으로써 APEC에서 한국의 위상과 영향력이 강화되었다.

대통령의 정상외교를 통하여 한국 외교의 지평이 더욱 넓어지기 시작했다.

* 뉴질랜드 APEC 정상회의가 끝나고 한 달 정도가 지난 10월 22일 싱가포르의 리콴유(李光耀) 전 수상이 한국을 방문하여 대통령과 면담을 했다. 그때 리콴유 전 수상은 동티모르 문제에 대해 이렇게 말했다.

"동아시가 국가들은 점차 하나가 되어 가고 있는데, 그러한 것을 뼈저리게 느낀 것은 한국이 외환위기의 결과 슬럼프를 겪었을 때였습니다. 그때 싱가포르도 한국에 대한 수출이 감소하고 관광객이 감소하는 등 타격을 입었습니다. 그런 맥락에서 이번 한국의 동티모르 파병은 아주 훌륭한 조치로써, 이 지역이 하나가 되어 문제를 해결하려 한다는 자세를 보여 준 것입니다. 인도네시아 정부도 한국의 파병을 크게 환영했을 것입니다. 대통령께서 과거 한국전쟁 당시 유엔의 파병에 대한 감사 표시로 동티모르 파병을 결정하셨다고 들었는데, 그렇게까지 생각하는 사람은 별로 없으며 정말로 훌륭한 생각이십니다. 제가 그 이야기를 듣고 대통령님을 더욱 존경하게 되었습니다. 우리는 그렇게 함으로써 힘으로 무언가를 이루려 하는 국가는 결코 성공하지 못한다는 것을 보여 주어야 합니다. 이번과 같은 대응이 계속될 때 국제사회는 더욱 안전한 사회가 될 것입니다. 그러한 견제가 있음으로 인해 인도네시아가 25년 동안 지배했던 동티모르가 인도네시아의 시배를 벗어나게 된 것입니다."

그때는 아직 국내에서 상록수 부대 파병과 관련하여 여러 가지 반대 의견이 나오고 있을 때였다. 그러나 세계적으로 존경받는 리콴유는 그 문제에 대한 명확하고도 객관적 평가를 해 주었던 것이다.

✳ 상록수 부대의 파병과 여야 대립

APEC 정상회의 이후 유엔 다국적군이 동티모르에 들어갔다. 우리 정부도 다국적군 파병을 결정하고 전투부대를 보내 치안을 유지하고 주민 구호활동을 도우려 준비했다. 그러나 야당은 "사활이 걸린 이익도 없는 동티모르에 전투 병력까지 보내려는 정부의 결정에 정치적인 의도"가 있다면서 "전투 병력의 파병 결사반대"를 주장했다. 파병 문제가 여야가 첨예하게 대립하는 정치 문제로 부상했다. 이러다 보니 외교통상부와 국방부에서 우려의 소리가 나왔다.

그러나 대통령의 생각은 단호했다. 대통령은 관계 장관들에게 "동티모르 파병은 인권을 존중하고 평화를 사랑하는 한국으로서는 반드시 해야 할 일이고, 한국전쟁 때 유엔군이 참전하여 수만 명이 목숨을 바쳐 공산 침략을 막아 준 것에 대한 보은이므로 소신을 갖고 대처하라"고 지시했다.

이런 상황에서 인도네시아에 거주하는 교민 일부가 국내 일간지에 "인도네시아에 거주하는 교민들의 안전이 위험해질 것이라는 이유로 보병의 파병을 반대한다"는 광고를 게재했다. 그러자 주한 인도네시아대사가 기자회견을 갖고, "인도네시아 정부는 전통적인 우방인 한국이 동티모르에 파병하는 것을 환영하며, 한국군의 파병으로 인한 한국 교민들의 위해 가능성은 전혀 없다"고 발표했다.

9월 28일 국회에서 야당이 불참한 가운데 '국군 부대의 동티모르 다국적군 파병동의안'이 통과되었다. 그리고 10월 중순에 특전사 요원 200여 명을 비롯한 419명 규모의 상록수 부대가 동티모르에 파병되었다. 유엔 다국적군으로 파병된 상록수 부대는 4개월 만에 평화유지군으로 전환했다. 2003년 상록수 부대가 철수하기까지 동티모르인들은 이들을 '평화의 사도'라고 불렀다.

* 동티모르의 건국과 김대중 대통령

동티모르는 2001년 8월 제헌의회 선거를 실시했다. 그리고

2002년 5월 완전히 독립을 했다. 한국은 곧바로 동티모르를 주권 국가로 승인하고 대사급 외교 관계를 맺었다.

2000년 1월 29일 오전 대통령은 한국을 방문 중인 동티모르 저항협의회 의장 사나나 구스마오(Xanana Gusmao; 후에 동티모르 대통령)와 부의장 호세 라모스 오르타(Jose Ramos Horta; 1996년 노벨평화상 수상자)를 접견하고 오찬을 함께했다. 오찬 중에 오르타 부의장이 이렇게 말했다.

"저는 지난 2년 전 한국 국민들이 금모으기 운동 등을 통해 IMF 경제위기를 극복하는 것을 놀라운 마음으로 바라보았는데, 이것은 김대중 대통령님의 도덕적 권위와 탁월한 영도력에 의해서만 가능한 일이라고 생각합니다.

저는 작년 11월 뉴질랜드 오클랜드에 가서 APEC 정상회의에 참석한 클린턴 미국 대통령, 호주의 하워드 총리 및 뉴질랜드의 시플리 총리 등을 만나, 동티모르 문제를 협의하고 동인들에게 감사의 뜻을 표했습니다. 그런데 동인들은 이구동성으로 자신들에게 감사해 하지 말고, 한국의 김대중 대통령에게 감사하라고 이야기했습니다. 저는 그분들이 그런 이야기를 하기 전까지는 그러한 사실을 전혀 몰랐습니다. 알고 보니 김 대통령께서 조용하면서도 효과적인 지도력을 발휘하여 문제를 수습하게 되었던 것입니다. 당시 김 대통령께서는 중국의 장쩌민 국가주석과 일본의 오부치 총리에게도 영향력을 발휘하여 줄 것을 요청했는데, 그와 같은 아시아 지도자들의 지대한 관심이 결국 인도네시아 군부에 큰 영향을 미쳐 자신들이 더 이상 버틸 수 없으며, 다국적군의 수용이 불가피하다는 판단을 내리게 되었던 것입니다.

결국 김 대통령의 이니셔티브에 의해 인도네시아 정부가 다국적군을 받아들임에 따라 수만 명의 동티모르인의 희생을 줄일 수 있었던 것입니다. 우리가 역사를 돌이켜 볼 때 항상 탁월한 지도자에 의해 놀라운 일들이 일어나는데, 한국에서도 민주화와 경제회복의 기적이 일어난 것은 김 대통령의 도덕적 권위에 의한 지도력의 강화에 기인하는 것이라고 생각합니다. 김 대통령의 그와 같은 권위가 결국은 동티모르의 폭력 사태를 중단시켰으며, 나아가 국제 사회에서 한국의 위상을 제고시키는 데 크게 기여했다고 생각합니다."

오르타 부의장은 1975년 동티모르가 인도네시아의 지배를 받기 시작한 이래 25년 동안 세계 각국을 순회하며 모국의 독립을 호소했으며, 1996년 벨로(Carlos Belo) 주교와 함께 노벨평화상을 받았고, 나중에는 동티모르의 대통령이 되었다. 결국 그날 오찬에는 동티모르 미래의 대통령 두 사람이 앉아 있었던 것이다.

김대중 대통령, 그 이름은 동티모르의 역사에 길이 남게 될 것이 틀림없었다.

10.
뉴질랜드
국빈방문

9월 13일 오후 APEC 정상회의가 종료된 직후, 김 대통령의 뉴질랜드 국빈방문 일정이 시작되었다. 이번 방문은 지난 7월 말 한국을 공식방문한 시플리 총리의 국빈방문 초청에 따라 이루어진 것으로, 한국 대통령으로서는 31년 만의 방문이었다.

그날 저녁 시플리 총리 내외가 주최하는 공식만찬이 열렸다. 시플리 총리는 환영사를 통해, 한국의 개혁에 대해 경의를 표하는 동시에 김 대통령의 북한을 개방시키기 위한 새로운 정책과 노력에 찬사와 지지를 보냈다. 또한 여러 가지 역경에도 불구하고 인권의 신장을 위해 애써 온 결과, 오늘날 한국은 민주주의를 이루려는 다른 나라들의 모델이 되고 있다고 하면서 김 대통령의 민주화 노력을 높이 평가했다. 대통령은 답사(영어)를 통해, "이번 APEC 정상회의의 성공으로 아태 지역의 번영과 발전을 위한 또 하나의 전기를 마련하게 되었다"고 평가하고, "15,000명이 넘는 뉴질랜드 거주 한국인에 대한 각별한 관심을 부탁한다"고 당부했다.

그 다음 날 대통령은 제17차 한·뉴질랜드 민간경제협력위원회가 주최하는 오찬에 참석해 '새천년을 맞는 한·뉴질랜드 경제협력의 방향'이라는 주제로 연설을 했다.

오후에는 동포 간담회가 열렸다. 대통령은 동포들의 노고를 치하하고 "조국의 위기 극복을 위해 동포들이 모국의 경제돕기운동에 적극 참여해 준 데 대해 감사"를 표했다.

그날 저녁 늦게 대통령 일행은 뉴질랜드 정부가 제공하는 공군기를 타고 뉴질랜드의 수도인 웰링턴으로 이동했다.

* 한·뉴질랜드 정상회담

다음 날 아침 대통령은 먼저 전쟁기념관에 가서 헌화를 한 다음, 국회의사당으로 가서 시플리 총리와 정상회담(단독 및 확대)을 가졌다. 양 정상은 두 달 전 서울에서 정상회담을 했기 때문에, 이미 친숙한 의제들에 대해 회담을 진행했다.

대통령은 먼저 오클랜드에서의 APEC 정상회의가 시플리 총리

의 탁월한 리더십으로 성공적으로 끝난 것을 축하하고, APEC 정상
회의 결과를 평가했다. 그리고 이번 APEC 정상회의의 정식의제는
아니었지만, 전 세계가 APEC 정상들이 동티모르 문제를 여하히 처
리할지에 대해 주목하는 가운데, APEC 정상들 간에 인도네시아 정
부가 책임을 다해야 하며, 동티모르 주민의 의사가 투표 결과대로
존중되어 독립이 실현되어야 한다는 공통된 생각이 표명되었고, 이
것이 인도네시아 정부에 큰 영향을 미치고 또한 유엔에도 그러한
메시지를 보냄으로써, 결국은 인도네시아 정부로 하여금 국제평화
유지군을 수락하게 하는 큰 성과를 거두었다고 평가했다.

시플리 총리는 APEC 기간 중 대통령과 함께 일할 수 있었던 것
을 영광으로 생각하며, 또한 이번에 대통령을 국빈으로 맞이하게
된 것을 큰 기쁨으로 생각한다고 말했다. 그리고 정상회의 논의 과
정에서 세계의 모든 지도자들이 대통령과 한국 정부에 대해 존경
심과 신뢰심을 갖고 있었으며, 특히 대통령께서 경제회복과 개혁을
주도하고 한반도의 안정과 평화를 주도하고 계신 데 대해 존경과
찬사를 보냈다고 하면서, 뉴질랜드는 포용정책이 동북아의 안보에
중요하다는 인식 하에 지지해 왔으며 앞으로도 지지할 것이라고 말
했다.

대통령은 한국전쟁 시 뉴질랜드 용사 5,500명이 참전해 그중 일
부가 목숨을 바쳤으며, 그러한 희생의 결과 오늘날 한국이 안전을
지키고 발전을 이룩할 수 있게 된 데 대해 재삼 감사를 드리며, 그
러한 감사한 마음을 영원히 간직할 것이라고 말했다. 이에 대해 시
플리 총리는 이번 대통령의 뉴질랜드 국빈방문이 참전용사들에게

매우 의미 깊은 방문이며, 한국전쟁은 거기서 끝나는 하나의 전쟁이 아니라 세계평화에 대한 도전의 의미를 가지므로 이를 함께 막아야 하고, 뉴질랜드는 자유를 소중히 여기며 자유를 지키기 위한 준비태세를 갖추고 있다고 말했다.

양 정상은 또 21세기를 맞아 두 나라 관계를 전통적 우호협력관계에서 새로운 동반자적 협력관계로 확대하기로 합의했다.

정상회담이 끝나고 조약서명식을 가진 다음, 양 정상은 공동 기자회견을 갖고 19개 항의 공동성명을 발표하면서, 공동성명이 양국 관계의 현황과 공동 목표를 잘 나타내고 있으며, 양국 관계의 미래 방향도 설정한 좋은 문서라고 평가했다. 정상들은 당초 기자회견에서 기자들의 질문을 받기로 되어 있었지만, 시간이 늦어지는 바람에 시플리 총리가 질문을 생략했다.

* 공식 환영식과 총독 주최 국빈오찬

잠시 후 대통령 일행은 공식 환영식에 참석하기 위해 총독(뉴질랜드는 영연방 국가로서 원수가 영국 여왕이고, 여왕이 파견한 우두머리가 총독이기 때문에 공식 환영식이나 국빈 오·만찬은 총리가 아닌 총독이 함) 관저로 갔다. 원래 공식 환영식은 정상회담 전에 하는 것이 원칙이지만, 그날은 날씨가 추워 부득이 정상회담이 끝나고 하게 되었다.

환영식은 마오리족의 전통 환영행사(도전, 호의적 응답, 환영의 함성 및 노래와 춤), 마오리 대표와의 인사, 의장대 사열, 1,800명의 웰링턴 초·중·고등학생들의 마오리 식의 환영 공연을 관람하는 순서로

진행되었다. 행사가 끝난 후, 총독 관저로 이동할 때 고등학생 합창
단이 합창을 하는데 그 합창이 너무나 아름다웠다.

1999.9.15 **뉴질랜드 국빈방문 시 공식 환영식**

환영행사가 끝나고 총독 관저로 들어가자 비가 내리기 시작했
다. 그리고 바로 마이클 하디 보이스(Michael Hardie Boys) 총독 내외와
의 환담 및 국빈오찬이 시작되었다. 오찬의 특징은 빵과 수프가 없
이 샐러드와 주식만 있는데, 주 요리는 사슴고기로 뉴질랜드 측은
콜레스테롤이 전혀 없다고 설명했다. 대통령은 식사를 하면서 총독
과 양국의 역사, 사회, 문화 등 다양한 문제에 대해 폭넓은 이야기
를 나누었다.
　오찬이 끝난 다음, 대통령은 뉴질랜드 의회의 야당인 노동당의

여 당수 헬렌 클라크(Helen Clark)를 잠시 면담했다. 그런데 클라크 당수는 후에 총리가 되어 한국을 방문했다.

오찬 후 대통령 일행은 다시 뉴질랜드 공군기를 타고 오클랜드로 가서, 대통령 특별기를 바꿔 타고 시드니로 향발했다. 오클랜드를 떠나기 전 대통령은 대통령의 APEC 정상회의 참석과 뉴질랜드 국빈방문의 성공을 위해서 오랫동안 고생한 문봉주 주뉴질랜드대사를 불러 그동안의 노고를 치하하고 대사관 직원들에게도 감사의 뜻을 전해 줄 것을 당부했다.

** 뉴질랜드 국빈방문 결산

뉴질랜드는 아름다운 나라였다. 행정부의 수장인 총리가 여성이고 야당의 당수도 여성이었다. 그들은 입은 것도 수수했고 하는 행동도 부드러웠으며, 순박했다. 그리고 아주 겸손했다. 그들만이 아니라 우리가 만난 대부분의 정치인들과 관료들이 겸손했다. 그것이 나에게는 너무 부러웠다.

양국 간에는 특별한 현안이나 문제도 없었지만, 시플리 총리는 김 대통령에게 최대한의 경의를 표시하면서 정중하게 대접하려 했다. 시플리 총리는 김 대통령의 포용정책을 강력히 지지했고, 양 정상은 앞으로 양국 관계를 더 확대시켜 나가기로 했다. 양국 관계는 그렇게 갈 것이 분명했다.

뉴질랜드를 떠나면서 마음이 가벼웠고, 조금 전 총독 관저에서 고등학생들이 불렀던 아름다운 합창이 계속 귀에 맴돌았다.

11.
호주
국빈방문

    오클랜드를 출발한 지 1시간 45분 만에 특별기는 시드니에 도착했다. 대통령은 숙소인 인터컨티넨탈호텔에서 시드니가 속한 뉴사우스웨일즈(New South Wales) 주의 로버트 카(Robert Carr) 주 총리를 접견했다.

    다음 날인 9월 16일 오전 대통령 내외는 먼저 뉴사우스웨일즈 주 총독 관저로 가서 고든 새뮤얼스(Gordon Samuels) 주 총독을 예방한 다음, 컨벤션센터로 가서 주 총리 내외가 주최하는 경제인 오찬에 참석했다. 주 총리는 환영사를 통해, "군사정권으로부터 민간정부로 권력을 완결시킨 김 대통령을 민주주의 수호자로서 존경하며,

또한 경제위기를 경이적으로 극복한 지도력에 경탄한다"고 말했다.

대통령은 오후에 다시 컨벤션센터에 가서 동포 간담회에 참석한 다음, 공항으로 이동해 호주 정부가 제공한 항공기로 시드니를 출발했다. 그런데 비행기의 상태와 항공기 승무원들의 서비스가 우리가 경험하거나 기대한 것과는 많이 달랐다. 나중에 알고 보니 호주 정부가 민간에서 비행기를 임차해서 우리에게 제공한 것이었다. 그런 설명을 듣고 보니 이해가 갔다.

대통령은 캔버라공항에 도착해 출영한 윌리엄 딘(William Deane) 연방정부 총독 내외 및 하워드(John Howard) 총리 내외와 공식 환영 행사를 한 다음, 숙소인 하얏트호텔에 짐을 풀었다.

저녁에 대통령 내외는 총독 관저로 가서 국빈만찬에 참석했는데, 뉴질랜드 총독 관저 때와 같이 빵과 수프는 없이 바로 샐러드와 주식이 나왔다. 그날 저녁 비가 많이 내려 수행원들 중에 비를 맞은 사람이 많았다.

* 한국 · 호주 정상회담

다음 날인 9월 17일 대통령은 전쟁기념관에 가서 헌화를 한 다음, 국회의사당으로 가서 하워드 총리와 정상회담(단독 및 확대)을 가졌다.

하워드 총리는 김 대통령이 한국 대통령으로서는 처음으로 국빈방문을 한 것을 환영하며, 한국이 김 대통령의 영도 하에 어려운 경제위기를 잘 극복한 것을 기쁘게 생각한다고 말했다. 이에 대해 대통령은 하워드 총리와 호주 국민의 따뜻한 환영에 감사하며, 회담 전 전쟁기념관에서 무명용사비에 헌화를 했는데, 양국 관계는 단순한 양자 관계나 실질 관계를 넘어 혈맹의 관계임을 확인하게 되었다고 말했다.

하워드 총리는 이번에 한국이 동티모르 사태와 관련해 지원을 아끼지 않고 있는 데 감사하며, 이런 어려운 상황에서 인력배치, 병력 지원 등을 통해 양국이 함께 대처할 수 있게 되었다고 말하고, 동티모르 문제는 이 지역 모든 국가에 중요한 사안이라고 설명했다. 이에 대해 대통령은 세계 어디서든 국민투표 결과를 무시하고 폭력으로 탄압하는 행위는 결코 용납할 수 없기 때문에, 자신은 뉴질랜드 APEC에 오기 전에 동티모르를 제2의 미얀마로 만들어서는 절대 안 된다고 결심하고 있었다고 말하고, 이번에 APEC 정상회의 참석 지도자들이 아무것도 안 했다면 세계는 APEC 정상회의 참석 지도자들을 크게 비난했을 것이라고 말했다.

하워드 총리는 한국의 대북포용정책을 적극 지지하며, KEDO에 대해서도 매년 재정적 기여를 계속할 것이라고 말했고, 대통령은 호주의 KEDO 사업에 대한 지원에 감사한다고 말하고, 햇볕정책을 자세히 설명했다. 하워드 총리는 대통령의 판단에 전적으로 동감하며 한국의 정책을 진정한 윈윈(Win-Win)정책으로 생각한다고 말했다.

양 정상은 또한 양국 간의 무역 확대와 경제협력 강화, 그리고 인적교류 확대 방안에 관해 폭넓은 의견을 교환하고 앞으로 양국 관계를 더욱 발전시켜 나가기로 합의했다. 그리고 동티모르 현지에서의 협력을 위해서 양국 국방 당국 사이에 '핫라인'을 설치하기로 합의했다. 정상회담이 끝난 뒤, 양 정상은 이러한 내용을 담은 15개 항의 공동성명을 발표했다.

정상회담이 끝나고 양 정상은 조약서명식에 참석한 다음, 공동 기자회견을 가졌다. 기자회견에서 하워드 총리는 "김 대통령처럼 긴 고초를 겪은 후에 정상에 오른 사람은 많지 않으며, 한국이 동티모르에 보병부대를 파견하기로 결정한 것에 대해 감사드린다"고 했다. 그리고 김 대통령은 "하워드 총리가 우리의 대북포용정책에 대해 적극적인 협력의사를 밝혔다"고 설명했다.

﹡ 하워드 총리 주최 오찬

그리고 잠시 호주 노동당의 브래르튼 당수 대리를 접견하고, 하워드 총리 내외가 주최하는 오찬에 참석했는데, 오찬에는 호주의 하원의장 및 상원의장 대리 등 300여 명이 참석했다.

하워드 총리는 오찬사에서 "김 대통령은 한국의 민주주의를 위해 세계적으로 유례없이 많은 고통을 겪었으며, 세계적인 존경을 받고 계시는 분으로서 김 대통령은 단순히 한국의 지도자일 뿐 아니라, 이 지역은 물론 세계적인 지도자이며, 자신이 신봉하고 지키고자 하는 것을 위해 어느 정치가보다도 더 많이 희생하고 인내한 분이고, 또한 자유와 평화를 사랑하는 사람이라면 누구나 존경해 마지않는 분이기에, 오늘 특별히 김 대통령을 환영한다"고 말해 참석자들의 뜨거운 박수를 받았다.

한편 노동당 당수 대리도 오찬사를 통해, "김 대통령은 험난한 역경을 거쳐 온 탁월한 지도자로서, 한국은 이제 김 대통령과 같은 훌륭한 지도자 아래서 민주주의 국가로서 국제 사회에 당당히 서 있다"고 말했다.

그날 오후 대통령 내외는 하워드 총리 내외와 함께 전쟁기념관 앞 광장에서 열린 한국전 참전 기념비 기공식에 참석했다. 이것은 한국전에 참전한 17,000여 명의 호주 군인들의 참전을 기념하는 비석으로 호주 측에서 95만 호주 달러, 한국 정부가 20만 미 달러를 지원해서 건립하는 것이었다. 대통령은 기공식에서 "기념비는 호주의 한국에 대한 우정과 양국 혈맹 관계의 역사적 표상물로 우리는 한국전쟁 때 호주가 도와준 것을 결코 잊지 않을 것"이라고 강조했다.

대통령 내외는 다음 날 아침 일찍 다시 시드니로 가서 대통령 특별기로 갈아타고 서울로 향발했다. 시드니를 떠나기 전 대통령의 국빈방문의 준비를 위해 고생을 많이 한 신효헌 주호주대사를 불러 그동안의 노고를 치하하고 대사관 직원들에게도 감사의 뜻을 전달해 줄 것을 당부했다.

* 호주 국빈방문 결산
한국 대통령으로서 최초의 호주 국빈방문은 성공적이었다. 사실 호주는 항상 한국에 대해 우호적이었고 많은 도움을 준 나라였다. 1948년 정부 수립과 동시에 대한민국을 승인했고, 1950년 한국전쟁이 발발하자 미국에 이어 두 번째로 많은 17,000여 명의 군대를 파견했으며, 전쟁에서 수백 명이 생명을 바치고 천 명 이상이 부상을 당했다. 지금도 부산 유엔묘지에는 당시 유엔군으로 참전했던 용사들이 안치되어 있는데, 270여 명의 호주 젊은이들이 그곳에 영면하고 있다.

한국이 IMF 위기를 겪었을 때 호주는 제2선 자금 지원을 표명해 우리 정부에 큰 힘이 되었고, 한국 정부의 대북포용정책을 적극 지지하고 있다. 그래서 이번 뉴질랜드 APEC 정상회의를 전후해 많은 나라들이 호주 방문을 희망했지만, 김 대통령과 중국의 장쩌민 국가주석만을 초청했다고 했다. 특히 한국과 호주는 이번 동티모르 사태에 있어 다른 어느 나라보다도 일치된 입장에서 사태 해결에 적극적인 태도를 보였기 때문에 이것도 양국의 정상들을 가깝게 만든 중요한 요인으로 작용했다.

한국과 호주와의 관계는 앞으로 더 발전해 나갈 것이 확실했다. 그리고 이를 통해 우리 외교가 호주와 뉴질랜드를 중심으로 한 대양주에서 하나의 중요한 기반을 구축한 것으로 평가되었다.

12.
필리핀
아세안+3 정상회의 참석과
국빈방문

　11월 27일 아침 대통령 내외는 필리핀에서 개최되는 아세안+3 정상회의 참석차 공식수행원(홍순영 외교통상부장관, 한덕수 통상교섭본부장, 이기호 경제수석비서관, 황원탁 외교안보수석비서관, 의전비서관인 필자, 외통부 아태국장)들과 함께 특별기편으로 서울을 출발했다.

　필리핀 마닐라공항에 도착하니 필리핀 측에서 마카파갈 부통령(여)이 영접을 했다. 그리고 환영행사는 비가 오는 관계로 실내에서 거행되었다.

❋ 인도네시아 와히드 대통령과의 정상회담

대통령은 숙소인 마닐라호텔에 도착하자마자 바로 캄보디아 총리와 정상회담을 가진 다음, 인도네시아 와히드(Wahid) 대통령과 정상회담을 가졌다. 와히드 대통령은 한 달 전에 대통령에 당선되었는데, 수하르토 독재 정권과 싸워 '행동하는 종교인'으로 불렸다. 와히드 대통령은 눈이 잘 보이지 않아 딸의 부축을 받고 입장했지만 말하는 것은 매우 총명하고 명석해 보였다.

와히드 대통령은 "김 대통령께서 한국의 정의를 세우기 위해 일생을 바쳐 오신 데 대해 존경을 표하며, 본인과 메가와티 부통령은 항상 대통령님으로부터 많은 것을 배우고 있고, 이번에도 학생이 선생에게서 배우는 심정으로 왔다"고 말했다. 그리고 "자신은 김 대통령께서 창립한 아태민주지도자회의 회원인데, 대통령이 되었다고 해서 본인의 자격을 박탈하지 말아 달라고 하면서, 한국 방문 시 가능하다면 동 기간 중에 아태민주지도자회의가 개최되기를 희망한다"고 말했다.

한편 김 대통령은 동티모르 문제를 거론하면서, "동티모르의 안정과 평화를 위한 협력이 인도네시아의 평화에도 기여한다는 판단 아래 파병을 결정했다"고 설명했다. 이에 대해 와히드 대통령은 "한국의 동티모르 다국적군 참여가 인도네시아에 해가 될 이유가 없으며, 한국군의 동티모르 파병이 지역 정세 안정에 적극적으로 기여하고 있다"고 말했다.

이로써 동티모르 파병과 관련된 모든 문제들이 깨끗이 정리되었다.

그날 저녁 대통령은 필리핀 대통령궁에서 열린 아세안+한·중·일 정상 비공식회의에 참석한 다음, 에스트라다 대통령 주최만찬에 참석했다.

** 한·중·일 3자 정상회담

다음 날인 11월 28일 아침 코코넛 궁에서 대통령은 중국의 주룽지 총리, 일본의 오부치 총리와 조찬을 겸한 한·중·일 정상회담을 가졌다. 한국과 중국과 일본의 정상들이 이렇게 한자리에 앉은 것은 처음이었다.

그런데 대통령 일행이 서울을 떠나기 전 주한 중국대사는 나에게 본국 정부의 지시라고 하면서, 마닐라에서 개최되는 한·중·일 3자회담 시, 중국으로서는 이번 회합이 첫 번째 모임인 만큼 한반도 문제나 4자회담 등 정치적인 문제에 관해 이야기하기보다는, 경제 문제 등 비교적 가벼운 문제에 관해 이야기를 하고 싶다고 하면서 한국 측의 협조를 요청해 왔다.

이 때문인지 회의를 시작하면서 주룽지 총리는 이렇게 3국 정상이 회동하게 된 것은 큰 의미가 있으며, 오늘 모임은 주최자도 의제도 없는 자유 토론을 위한 모임이고 회의 테이블도 삼각형임으로 사진도 세 방향에서 찍어 달라고 말했다.

그러자 대통령이 덕담을 하겠다고 하면서 주 총리는 아이디어 제작 상을 받고 오부치 총리는 아이디어 상을 받아야 할 것이라고 말했다. 왜냐하면 이 회동은 오부치 총리가 제안해 이루어진 것이기 때문이었다.

　대통령은 다시 우리 3국은 다 같이 한자를 사용하는 동양 문화권의 국가이기 때문에, 가장 유사한 문화를 공유하고 지리적으로도 인접해 있는 3국의 정상들이 만나는 것은 당연한 일이며, 만났다는 그 자체만으로도 중요한 의미를 가지는 것이라고 말했다. 그리고 오늘 모임은 3국 공동의 경제적 이익을 위한 경제 문제 논의를 위한 것으로 다른 정치적 이슈는 없으며 제3국을 겨냥하는 것도 아니라고 말했다.

　오부치 총리는 회의 제안자로서 오늘 회의를 갖게 된 것을 기쁘게 생각하며, 현재 한·중 양국은 3각의 양면에 위치하고 있지만 일본은 둥근 삼각형(round triangle)을 좋아하는데 언젠가는 그렇게 되도록 노력해야 한다고 말하고, 주 총리에게 3국 회동을 준비해 준데 대해 감사드린다고 말했다.

　이어진 회의에서 정상들은 서로 한국과 일본의 경제회복을 평가하고 중국 경제의 안정과 WTO 가입에 관한 미·중 협상의 타결을 축하했다. 그리고 대통령과 오부치 총리는 각각 주 총리가 한국과 일본을 방문해 주도록 초청했다.

　회담 과정에서 김 대통령은 3국간의 협력을 강화하고 마이너스를 극소화하기 위해 중국의 WTO 가입에 따른 대책을 3국의 국책연구소 간에 연구시킬 필요가 있다고 제의했다. 이에 대해 주룽지 총리는 전적인 동감을 표시했고, 오부치 총리도 기본적으로 대찬성하는 입장이지만 일본의 연구기관은 민간이 기본이므로 어디서 담당해야 할지는 검토를 하겠다고 말했다.

3국 정상들은 21세기를 앞둔 중요한 시기에 3개국 정상이 이렇게 만난 것은 큰 의미를 지니고 있으며, 3국이 경제를 완전히 회복해 21세기를 맞이하기 위해 이런 방식의 협의를 계속해 나가자고 합의했다.

대통령은 3자 정상회담이 끝난 다음, 웨스틴플라자(Westin Plaza) 호텔로 자리를 옮겨 일본의 오부치 총리와 양국 정상회담을 가졌다.

❊ 아세안+3 정상회의와 한 · 아세안 정상회의

오후에 대통령은 국제회의센터로 가서 각국 정상들을 위한 필리핀 대통령 주최 실무 오찬에 참석한 다음, 바로 아세안과 한 ·중 ·일 3국 정상들과의 회의에 참석했다. 그리고 "역내 국가의 민간 부문 협력을 강화하기 위해 민간협의회를 구성할 것과 아세안과 3국 정상회의 정례화를 위해 협조 체제를 강화하자고 제안"했다.

대통령은 저녁에 다시 국제회의센터로 가서 한 · 아세안 정상회의에 참석했다. 그리고 회의에서 "지난 1989년 한 · 아세안 대화관계 수립 이후 양측 간의 교류와 협력이 크게 증대되어 아세안이 우리의 중요한 협력파트너로서 부상했음을 강조"했다. 또한 "앞으로 한 · 아세안 특별 협력기금을 활용해 미래지향적 사업을 비롯한 각종 협력사업을 지원하고, 인적 자원 개발 분야 사업을 적극 지원하는 등 21세기의 한·아세안 협력관계를 강화하기 위한 노력을 계속해 나갈 것임"을 밝혔다.

* 한·미얀마 정상회담

현지에 도착한 다음, 대통령은 미얀마 측에 정상회담을 갖자고 제의하도록 지시했으며, 미얀마 측이 동의함에 따라 모든 공식 일정이 끝난 다음인 28일 초저녁에 정상회담이 이루어졌다.

대통령은 먼저 한·미얀마 간의 경제협력에 관해 설명한 다음, 미얀마 총리에게 "아웅산 수지를 비롯한 야당과도 대화를 하는 것이 좋지 않겠느냐"고 말했다. 이에 대해 미얀마 총리는 "정부가 수지 여사를 보호하고 있고, 미얀마 국민들이 군사정부를 확실히 지지하고 있으며, 자신들이 군사정부로서는 마지막이 되기를 희망하고 있다"고 말했다.

대통령이 다시 "총리께서 현 정부가 마지막 군사정부가 되기를 희망한 데 대해 감명을 받았으며, 국민들의 확고한 지지를 얻고 있다면 자신을 갖고 반대파와 대화를 재개할 수 있을 것이고, 그럴 경우 세계적으로 많은 지원을 받을 것이며 귀국의 앞날을 위해서도 큰 도움이 될 것"이라고 말했다. 그러자 총리는 "솔직히 말해 미얀마는 아직 민주주의 국가가 아니다"라고 말했다.

회담을 마치고 돌아와 대통령은 미얀마 총리와의 회담을 통해 실질적인 성과를 얻은 것은 없지만, 그래도 미얀마의 권력자에게 민주화에 대해 이야기를 했다는 자체가 중요하다고 말했다.

* 김 대통령은 미얀마의 인권 문제와 민주화에 대해 항상 깊은 관심을 가지고 있었다. 그러면서 자신은 대통령이 되기 전부터 미얀마의 인권 문제를 거론해 왔는데, 대통령이 되었다고 해서 태도를 바꾸는 것은 옳지 못하다고 하면서, 앞으로 미얀마의 인권 개선을 위해 노력해 나갈 것이라고 말하곤 했다. 그래서 대통령은 미국 측이 주미대사관이나 외교통상부를 통해 미얀마의 인권 문제 관련 한국 측의 협조를 요청해 올 때는 미국 측의 요청에 적극 부응하라고 지시했으며, 나는 그와 같은 대통령 지시를 외교안보수석비서관실과 외교통상부에 하달하곤 했다.

대통령은 1999년 6월 초 우윈아웅(U Win Aung) 미얀마 외무장관의 한국 방문 시 대통령을 예방했을 때도, 동 장관에게 한국과 미얀마의 관계 증대를 희망하는 동시에 "미얀마 정부가 대화를 통한 화합과 협력으로 인권 존중의 실현과 진정한 민주화를 이룩하기를 희망한다"고 말했다.

대통령의 이와 같은 태도는 과거 자신이 민주화 과정에서 당했던 경험에서 비롯된 것으로 보였다.

시간이 흘러 2000년 4월 〈월간조선〉 4월호는 미국의 전 〈뉴스 위크〉 동경특파원 버나드 크리셔가 미얀마 민주지도자 아웅산 수지와 인터뷰한 내용을 보도했는데, 김 대통령 관련 부분은 아래와 같았다.

"우리는 김대중 씨에게 무척 감사하고 있습니다. 우리는 사람들이 일단 정권을 잡으면, 재야에 있을 때와는 달라진다는 사실을 알고 있습니다. 그러나 김대중 대통령은 미얀마의 민주주의를 변함없이 지지하고 있기 때문에 우리는 무척 고맙게 생각합니다. 그는 이 세상에서 집권한 다음에도 변하지 않은 아주 희귀한 사람 중의 하나입니다."

☀ 아세안+3 정상회의 참석 결산

이번 아세안+3 정상회의 참석의 가장 큰 성과는 앞에서 이야기한 대로 김 대통령이 제안한 역내 국가의 민간 부문 협력을 강화하기 위한 민간협의회 구성과 아세안과 3국 정상회의 정례화를 위한 협조 체제 강화가 정상회의 공동성명에 채택되었다는 것이었다.

그리고 부수적인 성과이기는 하지만 어떤 의미에서 가장 큰 성과는 한·중·일 3국 정상들이 처음으로 만나 앞으로 그와 같은 회동을 정례화하기로 합의한 것이었다. 사실 이것은 그동안의 한·중·일 3국 간 관계에 비추어 상당히 중요한 의미를 갖는 것이었다.

왜냐하면 그동안 역사와 영토 문제로 인해 계속 갈등을 빚어 온 3국의 정상들이 모여 비록 경제 문제이기는 하지만 머리를 맞대고 3국 간의 협력 강화 문제를 협의한다는 것 자체가 중요했다. 한·중·일 3국 정상의 회동은 3국뿐만 아니라 아시아, 나아가 세계 경제에도 도움을 줄 수 있기 때문이었다. 그리고 3국 간 경제협력 방안에 대한 공동연구 착수는 그 구체적인 첫 단계라는 점에서도 역시 중요한 의미를 가지고 있었다.

이 밖에도 대통령은 일본 오부치 총리와의 정상회담을 통해 앞으로 양국 간 경제협력을 구체화하는 방안을 협의했으며, 인도네시아 와히드 대통령과는 동티모르 문제에 대해 한국과 인도네시아가 이견이 없음을 공식으로 확인함으로써 상록수 부대 파병과 관련된 여러 가지 불필요한 주장들을 잠재우는 결과를 가져오게 되었다. 그리고 미얀마 총리에게 인권 문제에 대한 국제사회의 여론을 환기시키는 역할도 담당했다.

* 필리핀 국빈방문

아세안+3 정상회의가 끝나고, 11월 29일부터 대통령의 필리핀 국빈방문이 시작되었다. 대통령은 아침 일찍 리잘 공원(필리핀의 독립 영웅인 Jose Rizal 기념)에 가서 도착 환영식에 참석해 도밍고 시아존(Domingo Siazon) 외무장관의 안내로 의장대를 사열하고 리잘 기념비에 헌화한 다음 숙소로 돌아왔다.

잠시 후 대통령은 말라카냥 궁으로 가서 공식 환영식을 한 다음, 에스트라다 대통령과 정상회담(단독 및 확대)을 가졌다. 사실 에스트라다 대통령은 5개월 전인 6월 초에 한국을 방문해 김 대통령과 정상회담을 하면서 많은 문제에 관해 합의를 이루었기 때문에 특별한 의제는 없었다.

그 당시 양 정상은 앞으로 양국이 경제협력과 문화교류 등 여러 방면에서 관계를 확대시켜 나가기로 합의했고, 특히 에스트라다 대통령은 김 대통령의 대북포용정책을 전적으로 지지하며, 금강산 관광사업과 남북 사이의 교류는 한반도 평화 유지에 도움을 줄 것으로 생각한다고 말했다.

이번에는 에스트라다 대통령이 북한과 관계 개선을 하고 싶다는 의사를 밝혔고, 이에 대해 대통령은 "북한이 다른 나라와의 관계 개선을 통해 국제사회에 진출하는 것을 원칙적으로 찬성한다"고 밝혔다. 이에 따라 양 정상은 필리핀이 북한과의 외교 관계 수립을 추진해 나가는 과정에서 한국과 충분히 협의해 나가기로 합의했다.

정상회담이 끝나고 대통령은 필리핀 경제 4단체가 주최하는 오찬에 참석했다. 그리고 오후에는 라모스 전 대통령을 면담하고, 한국전 참전용사회 대표들을 접견했으며, 다시 필리핀 상원의장과 하원의장 등 국회의원들을 면담한 다음, 동포 간담회에 참석했다.

저녁에 대통령 내외는 말라카냥 궁에 가서 에스트라다 대통령 내외가 주최하는 공식 환영만찬에 참석했다. 만찬 후 공연에서 필리핀 측은 "수선화"와 "아리랑" 그리고 "서울의 찬가" 등의 노래를 준비했다.

11월 30일 아침 대통령 내외는 아키노 전 대통령, 망글로푸스 전 외무장관 부인과 조찬을 함께했다. 그리고 그동안 대통령의 아세안+3 정상회의 참석과 필리핀 국빈방문 준비를 위해 고생한 신성오 주필리핀대사를 불러 노고를 치하하고 대사관 직원들에게 감

사의 뜻을 전해 줄 것을 당부한 다음 공항으로 갔다. 그리고 공항에
서 마카파갈 부통령과 작별 인사를 한 다음 필리핀을 출발했다.

3장

새천년의 시작과
남북정상회담

1.
새천년
첫해의
목표

2000년은 새로운 천 년이 시작되는 첫해였다. 대통령은 21세기 첫해 아침에 한국을 복지 선진국과 인터넷 강국으로 만들겠다고 선언했다. 신년 휘호로 '새천년 새희망'을 썼다.

대통령은 1월 5일 국가안전보장회의를 주재했다. 그리고 새해의 대북정책 기조는 남북 관계 개선이라고 강조했다. 이를 위해 조건 없는 남북 당국자회담, 남북 교류의 다면화, 남북 경제공동체 건설 추진, 이산가족 상봉 적극 지원을 4가지 핵심 과제로 설정하고 이렇게 말했다.

"올해는 한반도 냉전 구조 해체 과정을 본격 추진해 안정된 '평화 정착'의 원년으로 삼겠습니다."

1월 13일 아침 수석비서관회의 조찬에서 대통령이 말했다.

"작년에 우리는 IMF 위기를 극복하고 경제를 회복시키기 위해 최선의 노력을 했습니다. 그런데 금년은 새로운 천 년이 시작되는 해로서, 우리나라 국가 전체의 국가 안정에 있어 매우 중요한 해입니다. 즉, 21세기의 지식기반 사회, 정보화 사회 및 초고속 시대라는 대혁명의 시기로 진입하기 위한 태세를 갖추어야 하는 매우 중요한 시기입니다. 이를 위해 우리는 모든 일을 더욱 효과적으로 그리고 창의적으로 추진하지 않으면 안 됩니다.

남북 관계에 있어서는 금년에 북한이 전쟁 도발을 감행할 가능성은 희박한 바, 우리는 북한의 본격적인 변화를 유도하기 위해 노력해야 합니다. 이를 위해서는 서해공단 설립 추진, 경수로 사업의 본격화, 금강산 관광 사업 확대(30만 명 목표), 나아가 체육이나 문화 교류도 계속 확대해 나감으로써, 남북한 간의 경제적·문화적 관계를 연결시켜 나가야 합니다."

대통령의 목표는 분명했다. '국민의정부'는 지난 2년간 전력을 다해 외국의 투자를 유치하고 수출을 확대해 IMF 외환위기를 극복했다. 그리고 국내적으로 금융, 기업, 공공, 노사 등 4대 부문에 대한 지속적인 개혁을 통해 복지 국가와 인터넷 강국으로 나갈 수 있는 역량을 갖추게 된 것이었다.

이제 남은 것은 남북 관계였다. 대통령은 지난 2년간 정상외교를 통해 끊임없이 햇볕정책을 주장하면서 다른 나라들에게 북한과의 관계를 개선하고 북한이 국제사회로 나오도록 도와 달라고 요청했다. 국내적으로 감내하기 어려울 정도의 많은 비난이 있었지만 대통령은 그 비난을 감수하면서도 북한에 계속 우호적인 메시지를 보내고 있었다.

벌써 5년 정권의 2년이 지나고 있었다. 이제는 남북 간에 무언가 진전이 있어야 했다. 그래야 남은 기간에 어느 정도라도 한반도에 평화를 정착시킬 수 있기 때문이었다. 대통령은 그 목표를 이루기 위한 작업을 강력히 밀고 나가기 시작했다.

2.
외교통상부장관 교체와
주중대사 임명

1999년 연말부터 개각 이야기가 흘러 나왔다. 2000년은 말 그대로 새로운 천 년이 시작된 해이기 때문에 새로운 사람이 필요하기도 했다. 그런데 외교·안보 분야에서는 1999년 12월 말에 임동원 국정원장과 박재규 통일부장관이 새로 임명되었고, 조성태 국방부장관도 1999년 5월 말에 임명되었기 때문에 구태여 교체될 대상을 생각한다면 홍순영(작고) 외교통상부장관 뿐이었다. 그러나 외통부장관은 정부의 대외적인 얼굴이기 때문에 대통령으로서도 쉽게 바꾸기가 어려운 자리였다.

* 홍순영 외통부장관의 교체

대개 여름과 연말에 두 번 있는 외통부의 공관장 인사는 본부 주요 보직과 맞물려 있기 때문에, 그 시기가 가까워 오면 외통부 내에서는 주요 공관장과 본부 주요 보직에 대한 소문이 돌아다니곤 했다. 1999년 연말도 그랬다. 홍 장관은 인사를 준비하면서 본부의 주요 보직에 자신이 신임하는 간부를 발탁하려고 했다. 그런데 이에 대해 이견을 가진 사람들이 많았다. 당시 이러한 상황을 잘 아는 황원탁 외교안보수석과 나는 걱정을 많이 했다. 그래서 홍 장관에게 그러한 분위기를 전달하고 이번에는 여러 사람들의 의견을 고려하는 것이 좋겠다고 권유했다.

그런 가운데 1999년 12월 말, 러시아가 국경수비대에서 보호하고 있던 탈북자 7명을 붙잡아 중국에 넘겨주는 사건이 발생했다. 외통부의 외교력에 대한 비판 여론이 비등했다. 그러자 외통부는 이번에는 중국 정부와 교섭해 탈북자들이 북한으로 송환되지 못하도록 노력하겠다고 하면서 언론에 대해 비보도를 요청했다. 그러나 중국 정부는 탈북자들을 전격적으로 북한에 송환해 버렸고, 그러한 상황을 모르고 있던 외통부에 대해 국내 언론들의 비난이 쏟아졌다. 그 중심에 홍 장관이 있었다. 그렇지 않아도 민감한 시기에 탈북자들의 북한 송환으로 말미암아 전반적인 여론이 홍 장관에게 불리한 쪽으로 흘러갔다.

2000년 1월 13일 개각에서 홍 장관은 물러났다. 당사자인 홍 장관은 마지막 순간까지 자신이 교체되리라는 것을 예상하지 못했다. 그런데 묘한 것은 홍 장관의 전임자인 박정수 장관이 러시아와의 외교관 추방 사건으로 인해 장관을 그만두었는데, 이번에도 홍 장관이 교체되고 나서 보니, 애초에 러시아가 탈북자들을 중국에 넘겨준 것이 홍 장관의 사임에 어떤 식으로든지 일정 부분 영향을 미쳤다는 것이다. 그리고 홍 장관 후임으로 임명된 이정빈 국제교류재단 이사장 또한 전에 주러시아대사를 지낸 직업 외교관 출신이었다.

✽ 남아 있는 대통령의 신임

장관직에서 물러난 홍 장관은 주어진 상황을 담담하게 받아들였다. 그러면서 자신처럼 모든 것이 부족한 사람에게 대통령께서 외교통상부장관이라는 과분한 직책을 맡겨 주어 잠시라도 나라를 위해 일할 수 있는 기회를 준 것을 감사하게 생각하며, 특히 지난 1년 4개월 동안 대통령의 두터운 신임을 받아 가면서 소신껏 일할 수 있어 아무런 아쉬움이나 후회도 없다고 했다. 또 비록 장관직에서는 물러났지만, 앞으로도 매사에 의연하고 정정당당하게 살아가겠다고 말했다.

어느 날 대통령이 갑자기 나에게 홍 장관의 근황에 대해 물어, 나는 내가 보고 들은 대로 말씀을 드렸다. 대통령은 홍 장관을 신임하고 있었기 때문에 비록 장관직에서 물러났어도 마음에 아쉬움이 있었다. 그래서 나에게 대통령의 그러한 뜻을 전해 주라고 지시를 했다. 나는 홍 장관에게 대통령의 뜻을 전달했다. 홍 장관은 그 말을 전해 듣고 매우 감사해 했다. 나는 홍 장관에게 비록 현직에서는

물러났어도 대통령의 그러한 뜻을 생각해서 항상 매사를 신중하게
해 줄 것을 당부했다.

* 홍 장관의 주중대사 임명

몇 달이 지나 또 공관장 인사철이 다가왔다. 이번에는 주중대사
자리가 빈다는 소문이 돌면서 자천타천의 많은 사람들이 그 자리를
원했다. 그런데 어떤 사람의 이야기가 나오든 대통령은 아무런 반
응을 보이지 않았다. 거론되는 사람 중에 대통령이 원하는 사람이
없다는 뜻이었다. 5월 초 어느 날, 대통령이 갑자기 나에게 "여러 사
람들이 주중대사를 추천하는데 마음이 놓이지 않으니 김 비서관이
누가 좋을지 잘 생각해 보라"고 밀하는 것이었다. 그리고 퇴근을 하
고 나가시다가 "홍순영 장관을 시키면 어떨까? 한번 생각해 봐요"
라고 말씀하고 가셨다.

그날 밤 곰곰이 생각한 다음 나는 다음 날 대통령께 "홍 장관이 주
중대사를 잘할 것으로 생각한다"고 말하고 그 이유의 하나로 "전에
중국의 탕자쉬안 외교부장이 한국을 방문했을 때 사우나탕에서 함께
사우나를 하면서 외교 이야기를 나눌 정도로 가깝다"(이 이야기는 '온천
외교'로 신문에 소개)고 말했다. 대통령께서는 잘 알겠다고 말했다.

며칠 후 대통령은 홍 장관을 주중대사로 내정했다. 그리고 5월
22일 주중대사와 주미대사 등 25명의 공관장 인사 내정에 관한 결
재를 하면서 대통령이 나에게 말했다.

"홍 장관은 지난번에 내가 장관직에서 해임을 한 사람이에요. 사

실 그런 사람을 다시 쓰기가 쉽지 않지만 이번에 다시 주중대사로 기용하니, 홍 장관이 대통령의 뜻을 잘 헤아려 앞으로 최선을 다해 일해 달라고 전하세요."

나는 저녁에 홍 장관에게 전화를 해, 오늘 대통령께서 주중대사 인사에 관한 결재를 하신 것과 그때 대통령이 지시한 말씀을 알려 주었다.

홍 장관은 "대통령의 말씀을 충분히 알겠으며, 본인을 재신임 해 주신 데 대해 깊이 감사드린다"고 하면서 "주중대사 임명의 중요성을 충분히 인식해 앞으로 최선을 다해 대통령과 국가를 위해 봉사하겠으니 본인의 그와 같은 뜻을 대통령께 보고 드려 달라"고 말했다.

* 홍순영 대사는 1년 후인 2001년 9월 초에 다시 통일부장관으로 발탁되어 귀국했다. 그리고 두 달 뒤인 11월 8일 금강산에서 열린 제6차 남북 장관급회담에서 다음 장관급회담 날짜를 둘러싸고 북측과 격론을 벌이다 우리 측 수석대표인 홍 장관이 자리를 박차고 퇴장하는 사건이 발생했다. 그 사건으로 인해 9·11 사건 이후 어렵게 성사된 남북 장관급회담은 그렇게 끝이 났다. 그리고 홍 장관은 얼마 후 경질되었다(《피스메이커》 574쪽 참조).

그 당시 나는 주중대사로서 근무하고 있었는데, 그 소식을 듣고 상심했을 대통령의 마음을 생각하면서 얼마나 답답했는지 모른다.

3.
이탈리아 및
교황청
국빈방문

이탈리아 국빈방문

3월 2일 아침 대통령 내외는 유럽 4개국 순방을 위해 공식수행원(이정빈 외교통상부장관, 김영호 산업자원부장관, 한덕수 통상교섭본부장, 이기호 경제수석비서관, 황원탁 외교안보수석비서관, 박준영 공보수석비서관, 의전비서관인 필자, 외통부 이상철 구주국장)과 함께 특별기편으로 첫 방문국인 이탈리아로 출발했다. 1884년 이탈리아와 수교 후, 116년 만에 처음으로 이루어지는 대통령 국빈방문이기 때문에 이번 방문은 양국 간에 매우 의미가 컸다. 12시간 40분을 비행해 현지 시간 오후에 로마의 레오나르도다빈치공항에 도착했다. 공항에서는 이탈리아 정부의 산업장관과 교황청을 대표한 대주교가 영접을 했다.

공항에서 숙소인 그랜드호텔에 도착해 보니, 로마에서는 최고급 호텔이라 내부는 매우 좋았지만, 최근 수리를 했다고 하는데도 사용하기에는 매우 불편했다.

잠시 후 대통령은 대통령궁인 퀴리날레(Quirinale) 궁으로 갔다. 이 궁은 1574년 그레고리 13세의 하계 별장으로 착공해서 1700년에 완공된 것으로, 로마의 7개 언덕 중 가장 높은 퀴리날레 언덕에 위치하고 있다 해서 퀴리날레 궁으로 불렸다. 그 궁은 1592년 교황 클레멘스 8세로부터 1870년까지 30명의 교황이 거처로 사용했고, 그 후에는 대통령궁으로 사용해 왔다. 이탈리아 측에 의하면 수많은 벽화와 장식은 물론이고 263개의 양탄자, 3천 개의 가구, 8천 개의 도자기 그리고 2만 개의 은장식 등으로 이루어진 매우 아름다운 궁이었다.

대통령이 도착하자마자 대통령궁의 퀴리날레 광장에서 공식 환영식이 열렸다. 의식은 의장대 끝에 기마병을 도열하는 등 정중하게 거행되었다.

* 참피 대통령과의 정상회담

공식 환영식이 끝나고, 양 정상과 회담 참석 수행원들은 카를로 아젤리오 참피(Carlo Azeglio Ciampi) 대통령 집무실로 이동해 정상회담을 가졌다. 그런데 사무실이 생각보다 작고 협소했다.

먼저 참피 대통령이 김 대통령의 이탈리아 방문을 환영하면서,

김 대통령이 19세기 말 양국이 국교를 수립한 이래 116년 만에 한국 대통령으로서는 처음으로 이탈리아를 국빈방문하게 되어 기쁘게 생각한다고 말했다. 또한 평화를 사랑하고 민주화된 한국, 세계에 개방된 한국의 대통령이 이탈리아를 방문하게 된 것을 매우 기쁘게 생각하며, 대통령은 민주주의 투사로서 자신의 신념을 행동으로 보여 주었고 민주주의 정신을 잘 대표해 준 분이기 때문에 거듭 환영한다고 말했다. 그러면서 2년 전 경제위기가 아시아 전체에 확산되었을 때 한국도 커다란 위기에 직면했지만, 한국은 2년이라는 짧은 기간 내에 빠른 속도로 회복했는데, 이를 이끌어 낸 대통령의 지도력에 경의를 표한다고 말했다.

이에 대해 김 대통령은 참피 대통령의 평가에 감사를 표하고, 이탈리아 정부의 내북 수교 결정을 환영하고 지지하며, 특히 이탈리아 정부가 우리 측과 사전에 충분히 협의하고 북한에 충고를 해 준 데 대해 사의를 표했다. 그리고 우리의 대북포용정책을 상세히 설명하고 북한이 여전히 남북한 대화를 거절하고 있는데, 북한과 이탈리아의 수교가 남북 대화를 촉진하고 북한을 국제사회로 나오게 하는 데 건설적 역할을 하리라고 기대한다고 말했다. 그리고 이번 이탈리아 방문이 한국 대통령으로서는 처음이라는 상징적인 의미가 있지만 실질적인 성과를 거두어 양국 관계가 동반자 관계로 격상되는 계기가 되기를 기대하며, 이번 방문 계기에 중소기업에 관한 공동선언과 관광협력협정, 사회보장협정을 서명하게 된 것을 기쁘게 생각한다고 말했다. 또한 참피 대통령에게 빠른 시일 내에 한국을 방문해 줄 것을 요청했다.

2000.3.2 국빈만찬장 입장 전 참피 대통령과 인사하는 필자

대통령은 저녁에 참피 대통령이 주최하는 공식 환영만찬에 참석했는데 복장은 블랙타이였다. 만찬 장소인 훼스테 홀은 벽화와 천정의 그림들이 너무나 아름다워 한국 대표단 모두가 깊은 감동을 받았다. 다만 만찬 참석자 100여 명을 양 정상에게 소개하는 시간이 30분 정도가 소요되어 다소 지루했다.

양 정상은 만찬 중 계속 양국 간 중소기업협력이 중요하며 양국간 협력 가능성이 매우 크다고 강조했다. 또 김 대통령은 이번 방문 기간 중 밀라노에서 하기로 예정된 대구시의 밀라노 프로젝트 계획을 설명하고, 동 계획이 양국 간 협력 사업의 상징으로 발전될 수 있도록 이탈리아 정부의 지원과 협조를 당부했고, 참피 대통령은 흔쾌히 협조를 약속했다.

** 달레마 총리와의 정상회담 및 오찬

다음 날인 3일 아침, 대통령은 상원의장 공관인 쥬스티니아니 궁으로 가서 니콜라 만치노(Nicola Mancino) 상원의장과 만나 양국 관계 증진 방안을 협의했다. 그리고 다시 하원의사당으로 가서 루치아노 비올란테(Luciano Violante) 하원의장과 면담을 했다.

잠시 후 대통령은 외무부 영빈관인 빌라마다마(16세기 메디치가에서 건축한 깃으로, 라파엘로가 설계를 했고 후기 르네상스의 영향을 반영한 건축물)로 가서 마시모 달레마(Massimo D'Alema) 총리와 정상회담을 가졌다.

달레마 총리는 이번 대통령의 방문은 이탈리아와 북한의 수교를 계기로 이루어지는 것으로 양국 관계에 매우 중요하며, 이ㆍ북 수교는 한반도의 평화와 긴장완화에 기여하기 위해 이루어진 것으로, 이탈리아는 한국의 대북포용정책을 현실적인 대안으로 높이 평가한다고 말했다.

이에 대해 대통령은 북ㆍ이 수교를 계기로 이탈리아가 북한에게 남북 대화 및 교류의 필요성과 북한의 개방을 촉구하는 강력한 메시지를 전달해 주기를 기대한다고 말하고, 우리의 대북포용정책은 한마디로 북한이 개혁ㆍ개방 정책을 선택하도록 유도함으로써 남북한 쌍방이 덕을 보는 윈윈(Win-Win)정책이라고 말했다.

달레마 총리는 한 · 이 양국 간 경제협력은 긍정적인 방향으로 진전 중이며, 산업 디자인 분야, 방산 분야 등 협력의 영역을 더욱 확대해 나갈 수 있을 것이고 섬유산업도 유망한 협력 분야라고 말했다. 이에 대해 대통령은 우리는 이탈리아와 중소기업 협력에 중요성을 부여하고 있으며, 3월 6일 밀라노에서 한국 기업인 40-50명과 이탈리아 기업인들 간에 구체적인 협력방안이 논의될 것이라고 설명했다.

또한 대통령은 정보화 시대에 선진국의 정보화 독점으로 많은 국가들이 소외되는 일이 있어서는 안 된다고 하면서, 현재 아시아는 2005년까지 정보 네트워크를 완성하게 되어 있고, EU는 2003년까지 완성하게 되어 있음에 비추어 유라시아 정보통신망 구축을 제의했다. 그리고 아시아와 유럽의 초고속 정보통신망 연결은 국가 간 교류 증진에 크게 기여할 것이며, 앞으로 이 문제를 ASEM 서울 회의 의제로도 논의하기를 희망한다고 말했다.

이에 대해 달레마 총리는 유라시아 초고속 통신망 구축 제안을 지지하며 이를 다른 회원국들과 협의해 나가도록 하면서, 만약 동 제안이 실현된다면 범유럽은 물론 유럽과 아시아가 상당히 가까워지는 효과를 가져 올 것이라고 말했다.

정상회담이 끝난 다음, 양 정상은 조약 서명식과 공동 기자회견에 참석했다. 곧이어 벽화와 천정화들이 아름다운 라파엘로 홀에서 달레마 총리의 오찬이 열렸다. 그리고 세계적으로 유명한 이탈리아의 테너 루치아노 파바로티(Luciano Pavarotti)와 맹인 테너 안드레아

보첼리(Andrea Bocelli)가 아름다운 노래로 모든 참석자들의 심금을 울렸다.

대통령은 오후에 한·이탈리아 친선협회 임원진을 접견한 다음, 대통령궁으로 가서 공식 환송식에 참석했다.

4일 아침, 대통령은 로마 시청을 방문했다. 로마 시청은 12세기 로마 시 의회 건물로서 건물 자체가 권위 있고 전통이 있는 건물이었다. 대통령은 알베르티니 로마 시장에게 양국 간 협력이 증진되기 위해서는 서울시와 로마 시 간의 협력이 중요함을 강조했다.

> * 시청 안 의회 의사당(시저 홀)에는 시저의 석상이 세워져 있었다. 그 석상을 보는데 마음속에 묘한 감동과 많은 생각이 떠올랐다.

교황청 국빈방문

대통령은 교황청을 국빈방문하기 위해 교황청(바티칸 시 궁)으로 갔다. 교황청은 천 년 단위로 선포하는 대희년(大禧年)에는 국빈방문을 받지 않는다는 관례를 깨고 대통령의 국빈방문을 접수했다.

대통령은 먼저 교황이 거처로 사용하고 있는 '식스토 5세 (SixtusV)의 궁'(16세기 후반 건축된 4층 건물로서 교황은 2층을 집무실로 사용)

2층 크레멘티나 실에서 의장대를 사열하고, 교황과의 면담을 위해 트로네토 실로 갔다. 교황청 내부의 벽화와 장식은 아름답고 장엄했다. 그것을 보면서 과거 로마 교황의 권위와 세력이 얼마나 강성했던가를 실감할 수 있었다.

ᴥ 교황 요한 바오로 2세 면담

교황은 먼저 한국 대통령으로서, 특히 가톨릭 신자인 대통령으로서 교황청을 처음 방문하신 것을 기쁘게 생각한다고 말했다. 김 대통령은 1989년에 야당 총재로서 교황청을 방문해 교황님을 만난 후 이렇게 한국 대통령으로서 다시 뵙게 되어 감개무량하며, 교황님을 늘 스승처럼 생각한다고 말했다.

교황은 대통령께서는 진정 순교자와 같은 인생을 살아왔다고 생각한다고 말했고, 대통령은 자신의 세례명이 토마스 모어라고 대답했다. 그러자 교황은 대통령의 인생 자체가 토마스 모어의 삶과 비슷하다고 생각한다고 말했다. 그리고 1984년 여의도 광장에서 개최된 시성식의 감동은 지금도 잊을 수 없으며, 1989년도 성체대회 때 한국을 다시 방문한 것도 잊을 수 없다고 말했다.

대통령은 교황에게 북한을 방문할 계획이 있는지 물었으며, 교황은 현재로서는 그럴 계획은 없다고 대답했다. 대통령은 만일 교황께서 북한을 방문하신다면 이는 한반도와 동북아의 평화에 큰 기여를 하게 될 것이라고 말했고, 교황은 자신이 북한을 방문할 수 있다면 그것은 기적이라고 말했다.

2000.3.4 교황 요한 바오로 2세로부터 선물을 받는 필자

대통령과의 면담이 끝난 다음, 교황은 대통령 수행원들에게 일일이 직접 2000년 기념주화를 건네주었다. 교황은 얼굴은 건강해 보였지만, 몸이 앞으로 거의 굽어져 거동하기에 매우 불편해 보였다.

** 소다노 교황청 총리 면담

대통령은 자리를 옮겨 교황청의 소다노 총리를 만났다. 총리는 한국 대통령으로서는 처음으로 교황청을 국빈방문함으로써 한국과 교황청 간 양국 관계가 가일층 발전되는 계기가 될 것으로 생각한다고 말했다.

대통령은 이번 방문을 계기로 교황청과의 관계가 더욱 긴밀히 발전되기를 희망하며, 가톨릭 교인으로서 교황을 만나게 된 것은 커다란 영광이 아닐 수 없다고 말했다. 대통령은 또한 도덕적으로 전 세계적인 영향력을 가진 교황청이 북한과 교류하는 것이 중요하다고 생각하며, 조금 전 교황과의 대담 시 교황께서 북한을 방문한다면 한반도의 평화유지에 큰 기여를 할 것이라고 말씀드렸다고 말했다.

이에 대해 소다노 총리는 교황의 북한 방문에는 여러모로 어려운 측면이 있다고 말했다. 교황청 측은 중국과 베트남의 관계 개선에 대해서도 깊은 관심을 가지고 있었다.

* 성 베드로 성당과 지하 성인 묘소 참관

면담이 끝나고 대통령은 환송행사에 참석한 다음, 매 25년의 희년(禧年)에만 열린다는 성문(Holy Door)을 통과해 성 베드로 성당으로 갔다. 베드로가 순교한 땅 위에 건립된 성당은 1513년에 시작해 1626년에 완성되었다고 하는데, 성당 내부는 정말로 상상을 초월할 정도로 아름다웠고, 미켈란젤로의 '피에타 상' 등 아름다운 조각들이 보는 사람을 감동케 했다. 대통령은 다시 성당 지하에 있는 성인들의 묘소로 갔다. 그곳에는 수많은 과거 교황들의 등신대 석상과 석관이 있었으며, 특히 묘지 맨 마지막에는 성역화 되어 있는 성 베드로의 묘소가 있었다.

✱ 로마에서의 비공식 일정

그날 오후 대통령은 이탈리아의 피아트(Fiat) 그룹의 명예회장, 회장 등과 만나 한국 기업과의 제휴에 관해 의견을 교환했다. 그 후 이탈리아에 거주하는 동포 대표 160여 명을 초청해 간담회를 갖고 이들을 격려했다.

동포 간담회가 끝난 다음 대통령은 그동안 국빈방문 준비를 위해 수고한 정태익 주이탈리아대사와 배양일 주교황청대사를 불러 노고를 치하하고, 대사관 직원들에게도 감사의 뜻을 전해 줄 것을 당부했다.

다음 날인 5일은 일요일이었다. 대통령은 오전에 잠시 시간을 내어 로마 시내에 있는 콜로세움(로마 유적의 가장 대표적인 상징물로 기원 후 72-80년간 4만 명의 노예들을 동원해 건축)을 참관했다. 신문이나 화면에서만 보다 막상 가 보니 큰 폭이 188미터, 높이 57미터의 석조 건축물로 5만 명의 수용이 가능한 그 어마어마한 규모에 압도되었다. 더욱이 그런 건물을 2천 년 전에 지었다니 그저 놀라울 뿐이었다.

다음은 보르게제 미술관으로 갔다. 보르게제 미술관은 17세기 초 보르게제 가문 출신의 교황 바오로 5세가 건립한 것이라고 하는데, 베르니니와 카노바의 조각품, 라파엘과 카라바지오의 미술품이 소장되어 있었다. 아름답고 훌륭한 조각품들을 보면서 모두가 할 말을 잊었다.

* 밀라노 시 방문

그날 오후 대통령 내외는 특별기를 타고 로마를 출발해 밀라노로 가서 사보이아호텔에서 짐을 풀었다. 밀라노 시는 인구 140만의 이탈리아 제2의 도시로서, 로마와 강한 경쟁의식을 가진 북부 이탈리아의 거점 도시였다. 그리고 라 스칼라좌 오페라 극장을 비롯한 수많은 문화재들이 있는 도시였다.

밀라노에 도착해 보니 문희갑 대구 시장을 비롯한 섬유 관련 단체장들이 와 있었다. 이들은 최근 추진된 '밀라노 프로젝트'를 현지인들에게 설명하고 투자를 촉구할 예정이었다. 낙후된 대구 섬유 산업에 서구 선진 기술을 도입해 활로를 찾기 위해서였다.

3월 6일 아침, 대통령은 먼저 밀라노 시청을 방문했다. 그리고 시장과 양국의 섬유 산업 중심지인 대구시와 밀라노 시 간의 패션 디자인 분야에서의 협력을 평가하고, 두 도시 간의 협력이 양국 간 실질협력 증진의 밑거름이 되기를 기대했다.

대통령은 숙소로 돌아오는 길에 밀라노 구 도심 변두리에 있는 산타마리아 델레 그라치아 수도원(1466-1490년 건축)으로 갔다. 그리고 수도원 식당에 있는 레오나르도 다 빈치가 그린(1495-1497년) '최후의 만찬' 벽화를 관람했다. 500여 년 전에 그린 벽화를 보면서 예수를 믿는 나로서는 말할 수 없는 기쁨이 솟아났다.

숙소로 돌아온 대통령은 밀라노 경제인 초청 오찬에 참석해 연설을 한 다음, 바로 공항으로 나가 밀라노를 출발했다.

❊ 이탈리아 및 교황청 국빈방문 결산

김 대통령의 이탈리아 국빈방문은 성공이었다. 우선 이탈리아 정부가 대통령을 국빈으로 초청한 것 자체가 큰 의미가 있었고, 이탈리아의 모든 지도자들은 김 대통령이 살아온 역경에 대해 놀라움을 표시하고 그 어려움을 뚫고 대통령이 된 것에 대해 깊은 존경을 표했다. 그런데 이탈리아의 지도자들이 김 대통령을 존경한 또 다른 이유는 김 대통령이 용서의 사람이었다는 사실이었다. 이탈리아 역사상 수많은 위인들이 있었지만 정적을 용서한 사람은 시저 밖에 없었기에 이탈리아에서는 시저가 가장 위대한 인물로 기억되고 있는데, 김 대통령이 자신을 일생 핍박한 정적을 용서했다는 사실에 이탈리아 지도자들은 깊은 감명을 받았다는 것이었다.

이 때문에 이탈리아의 지도자들은 한국이 김 대통령의 영도 하에 외환위기를 극복한 것을 높이 평가했고, 김 대통령의 대북포용정책을 높이 평가했으며, 김 대통령이 제안한 아시아와 유럽의 초고속 정보통신망 연결도 지지했고, 양국이 유엔에서의 협력을 강화하기로 합의했다.

한편 대통령은 로마 시장을 만나서는 서울시와의 관계를 강화하도록 권유했고, 밀라노에 가서는 대구시와의 관계 강화를 권유하는 동시에 우리나라의 중소기업들과 밀라노 경제인들과의 협력을 격려했다(그 결과 김 대통령의 이탈리아 국빈방문이 끝난 다음, 그동안 서울과 최상급의 자매도시 관계 수립에 주저하던 로마 시가 서울시와 최상급 수준의 자매도시 관계를 맺었고, 또한 10여 년 동안 끌어오던 밀라노 시와 대구시의 자매결연도 성사되었다).

이탈리아에는 과거 로마 제국의 흔적들이 많이 남아 있었으며, 그 유적들은 보는 사람들을 압도했다. 대통령궁인 퀴리날레 궁과 만찬장인 훼스테 홀, 총리와의 정상회담 장소인 빌라마다마와 오찬장인 라파엘로 홀, 800년이 넘은 로마 시청, 콜로세움과 보르게제 미술관, 밀라노 그라치아 수도원의 벽화 '최후의 만찬', 모든 것이 과거 로마의 영광과 번영을 나타내는 것이었으며 보는 사람들에게 깊은 감동을 주었다. 거기에 방송이나 음반으로만 듣던 세계적인 성악가 파바로티와 보첼리의 노래를 눈앞에서 들을 수 있었으니 감사했다.

교황청 국빈방문은 오전 11시부터 오후 1시까지의 두 시간에 불과한 방문이었지만 교황과의 만남, 아름다운 교황청 건물, 베드로 성당과 지하 성인 묘소는 대통령을 비롯한 우리 모두에게 깊은 인상과 감동을 안겨 주었다.

4박 5일의 대통령의 국빈방문을 통해 많은 것을 얻었고 많은 것을 보았으며 많은 것을 느꼈다. 이탈리아를 떠나는 마음에 감사함이 밀려왔다.

4.
프랑스
국빈방문

대통령 내외를 태우고 밀라노를 출발한 특별기는 한 시간 반도 안 되어 프랑스 오를리공항에 도착했다. 공항 환영행사는 프랑스답게 화려하고 정중하게 이루어졌다. 그리고 대통령 모터케이드를 선도하는 프랑스 경찰들의 예복도 아주 멋지고 화려했다.

대통령이 머무는 영빈관은 생각보다 작고 오래되기는 했지만, 내부는 아주 화려하고 훌륭했으며, 수행원들이 사용할 물품도 전부 최고급품으로 준비해 놓았다.

대통령은 곧 엘리제 궁으로 갔다. 대부분의 다른 나라들 경우에도 대통령 사무실이나 궁에 대해서는 통제가 엄격하지만, 엘리제 궁은 외부 인사들에 대한 통제가 지나칠 정도로 엄격했다. 엘리제 궁은 1718년에 건축되었다고는 하지만 수려함과 세련미를 갖춘 건물로서 아주 인상적이었다.

시라크 대통령과의 정상회담이 시작되었다. 먼저 시라크 대통령이 김 대통령의 국빈방문을 진심으로 환영한다고 말했다. 이에 대해 김 대통령은 초청에 감사를 표하고, 지난 1998년 런던에서 만난 이후 투자사절단을 파견하는 등 앞장서서 지원해 준 것을 고맙게 생각하며, 이번 서울 ASEM 정상회의에서도 적극 도와주실 것으로 확신한다고 말했다.

시라크 대통령은 런던 ASEM 정상회의는 아시아 금융위기의 어려움 속에서 개최되었다고 밝히면서, 당시 자신은 언론을 접촉할 때마다 아시아 국가들의 경제위기는 빠른 속도로 회복될 것이고, 그중에서도 한국이 가장 빠른 속도로 회복할 것이라고 했는데, 당시의 말대로 한국 경제위기가 잘 회복되었다고 말했다. 그리고 ASEM 정상회의는 한국의 국제사회에서의 위상을 위해서는 물론 한국 국익을 위해서도 성공해야 하며, 프랑스로서도 최선을 다해 ASEM 정상회의의 성공을 위해 노력하겠다고 말했다.

김 대통령은 대북포용정책을 상세히 설명했고, 시라크 대통령은 대북햇볕정책이 적합한 정책이라 생각하며 주변국가와의 역학관계에 비추어서도 가장 현실적으로 가능한 정책으로 생각한다고 말했다. 이와 관련하여 시라크 대통령은 북한에 대한 중국의 영향력에 대해 질문했으며, 김 대통령은 중국의 지도자들은 자신들도 북한에 대해서 그렇게 잘은 모른다고 하지만 그래도 북한을 많이 알고 있는 것은 중국이고, 영향력이 제일 큰 것도 중국이라고 답했다.

양 정상은 르노그룹의 삼성자동차 인수 문제, 외규장각 도서 반환 문제, 군사비밀보호협정 체결에 관한 문제 등 다양한 문제에 관해 의견을 교환했다.

정상회담이 끝난 다음 양 정상은 선물과 훈장을 교환했고, 양측 장관만이 배석한 가운데 협정 서명식이 거행되었다.

⁑ 시라크 대통령 주최 국빈만찬

저녁에 엘리제 궁에서 시라크 대통령 내외가 주최하는 국빈만찬이 거행되었는데, 남자들의 복장은 블랙타이였다. 만찬장에 들어가기 직전 프랑스 측은 프랑스에서 거주하는 한국의 유명 화가들의 작품을 진열하고 대통령에게 설명을 해 주었다. 만찬장은 사치스러울 정도로 화려했으며 테이블 세팅이나 꽃 장식 또한 아주 훌륭하게 장식되어 있었다.

시라크 대통령은 만찬사에서, "김대중 대통령께서 민주주의와 인권 보호를 위해 감내하신 고통과 신변의 위협 앞에서도 보여 주신 불굴의 의지에 프랑스 국민은 감탄을 금치 못하며, 경제 위기를 훌륭하게 극복하신 것에도 깊은 찬사를 보낸다"고 말했다.

한편 김 대통령은 답사를 통해, "유럽통합 진전과 세계 평화를 위한 시라크 대통령의 헌신을 높이 평가하고, 민주주의와 인권 그리고 시장경제가 발전하는 21세기 지구촌 건설을 위해 양국이 함께 노력해 나가자"고 강조했다.

2000.3.6 국빈만찬장 입장 전 시라크 대통령과 인사하는 필자

그날 만찬은 거의 밤 11시가 되어서야 끝났다.

* 나는 만찬을 하면서 주로 옆 자리에 앉은 에디트 크레송(Edith Cresson) 전 여성 총리(프랑스 최초의 여성 총리로서 '미테랑의 철의 여인', '프랑스 경제의 잔 다르크'라는 별칭을 가짐) 그리고 모로아 전 총리 부인과 이야기를 나누었는데, 그들은 많은 이야기를 해 주고 큰 접시 위에 올려 있는 치즈 중에서 맛있는 치즈를 골라 주는 등 친절하게 대해 주었다.

✻ 새벽에 일어나 부름을 기다리다

국빈만찬을 마치고 11시가 넘어 영빈관으로 돌아와 대통령을 방까지 모셔다 드리고 나오는데, 대통령이 나에게 프랑크푸르트에서의 연설문과 베를린자유대학에서의 연설문을 주면서 시간이 나는 대로 수정해서 달라고 했다.

나는 방으로 와서 샤워를 하고 기도를 한 다음, 잠시 다음 날 일정을 챙기고 나서 대통령이 지시한 연설문을 수정했다. 그러다 보니 어느덧 새벽 2시가 넘었다. 아침 6시 전에는 일어나야 하는데 잘 시간이 얼마 없었다. 나는 눈을 감자마자 곯아떨어졌다. 그런데 갑자기 누가 내 머리를 딱 치는 것 같았다.

'어, 누구지?'

깜짝 놀라 일어났는데 아무도 없었다. 다시 잠을 사려고 누웠는데 이상하게도 눈이 말똥말똥해지면서 잠이 오지 않았다.

그때 문득 이런 마음이 들었다.

'대통령이 너를 찾을 것이다.'

나는 서둘러 샤워를 하고, 머리를 만지고, 넥타이를 매고, 양복을 입었다. 그런 후에 책상에 앉자마자 전화벨이 울렸다. 시계를 보니 새벽 5시 5분이었다. 전화를 받아 보니 대통령을 옆에서 모시는 여비서였다.

"비서관님, 일어나셨어요?"

"네, 일어났습니다."

"준비하시는 데 얼마나 걸리실 것 같아요?"

"왜요?"

"지금 대통령님께서 비서관님을 찾으시거든요. 오시는 데 얼마나 걸리실까요?"

"지금 바로 갈 수 있어요."

"그럼 지금 오세요."

나는 전화기를 내려놓고 대통령 방으로 갔다. 내가 노크를 하고 들어가니 대통령께서 깜짝 놀랐다.

"아니, 안 잤나?"

"잤습니다."

"그런데?"

"찾으실 것 같아 일어나 있었습니다."

"그래?"

대통령은 아마 여비서에게 "김 비서관에게 연락해서 오라고 하라"고 지시하고, 내가 여비서에게서 연락을 받고 준비해서 오려면 다소 시간이 걸릴 것으로 생각했던 것 같았다. 그런데 여비서에게 지시한 지 1분도 안 되어 내가 머리를 단정히 하고 넥타이까지 매고 들어가니 놀란 것 같았다.

나는 대통령으로부터 몇 가지 지시를 받고 나오면서 어젯밤 대통령이 수정하라고 지시한 연설문을 드리고 나왔다.

다음 날인 3월 7일 아침 대통령은 파리 시내 대형 연회장인 파비온 가브리엘로 가서 프랑스 경제인연합회가 주최하는 조찬에 참석했는데, 그날 조찬에는 프랑스 재계 인사 100여 명이 참석했다.

대통령은 '한국의 경제 개혁과 한·프랑스 협력방안'이라는 제하의 연설을 한 다음 참석자들과 질의응답을 했는데, 분명하면서도 확신에 찬 모습으로 대답해서 프랑스 경제인들에게 깊은 인상을 남겼다.

대통령은 오전에 파리 시청을 방문해 환영식에 참석하고 장 티베리(Jean Tiberi) 시장과 환담하면서, 파리 시와 서울시 간의 협력이 양국 간의 협력에 선구적인 역할을 할 것이라는 데 의견을 같이했다. 파리 시청은 1533-1628년에 건축된 건물로 오래되었지만 아주 아름답고 우아했다.

환영식에는 파리 시민, 파리 거주 한국인, 그리고 프랑스에 주재하는 외교 사절 등 천여 명이 참석했는데, 장중하고도 아주 멋있게 의식이 진행되이 매우 인상적이고 깊은 감동을 받았다. 의식에 참석한 모든 여성들은(대통령 부인 포함) 단상이 아닌 단하에 착석하도록 했는데 그것은 오랫동안 내려온 관습이라고 했다.

＊ 조스팽 총리와의 정상회담과 오찬

대통령은 다시 프랑스 외무성으로 가서 리오넬 조스팽(Lionel Jospin) 총리와 정상회담을 가졌다(당시 프랑스는 외교·국방은 보수 우파인 자크 시라크 대통령이 담당하고, 내정은 좌파인 사회당의 리오넬 조스팽 총리가 관리하는 이른바 '동거정부: Cohabitaion'를 이루고 있었다). 대통령은 먼저 지난 1980년에 자신이 사형언도를 받았을 때 조스팽 총리가 구명운동에 참여해 준 점과 더구나 1998년 2월에는 개인 특사를 통해 대통령 당선을 축하해 준 것을 감사드린다고 말했다. 이에 대해 조스팽 총리는 프랑스 사회당은 인권에 대해 깊은 관심을 갖고 있으며, 대통령의 이번 프랑스 국빈방문은 인권지도자의 방문이라는 측면에서도 대단한 의미가 있다고 생각한다고 말하고, 대통령의 민주주의 수호를 위한 투쟁 업적은 존경받지 않을 수 없을 것이며, 한국의 민주주의뿐 아니라 아시아의 민주주의를 위해서도 헌신적인 노력을 아끼지 말아 주시기 바란다고 말했다.

김 대통령은 조스팽 총리에게 햇볕정책에 관해 소상히 설명했으며, 조스팽 총리는 대통령의 의견에 동의한 다음 이렇게 말했다.

"독일 통일의 예에서 보듯이 처음에 불가능하다고 생각했던 통일이 어느 날 갑자기 이루어졌습니다. 한반도에서도 통일이 불가능하지만은 않을 것이며, 통일은 역사적인 당위일 것입니다. 그러나 그러한 상황을 만들기 위해서는 경제안정과 더불어 민주주의 신장이 중요합니다. 물론 한반도 통일과 독일의 통일은 반드시 같은 맥락에서만 볼 수 없을 것입니다. 한반도는 동족상쟁이라는 일종의 내란을 겪은 바 있으며, 독일의 분단은 세계대전의 결과입니다. 따라서 한반도 문제와 독일 문제는 성격상 차이가 있으며, 특히 동독과 북한을 같이 비교할 수 없을 것입니다. 그러나 북한에 대한 한국의 자세는 긍정적으로 받아들여지고 있습니다. 최근 들어 한국이 중국이나 일본과의 관계가 개선된 것은 근본적으로 대통령과 한국의 위상이 높아졌기 때문에 가능했던 것으로 생각합니다."

대통령은 조스팽 총리에게 한국이 현재 일본 및 싱가포르와 통신망이 연결되어 있으나 2003년쯤에는 아시아 지역에 초고속 통신망이 완성될 것이기 때문에 앞으로 프랑스를 중심으로 유럽 국가들과 통신망 연결을 도모하는 경우 EU와 동아시아 간에 엄청난 경제적 교류 및 시장 형성이 가능하게 될 것이므로 이러한 관점에서 유라시아 초고속 통신망 구축을 위한 협력을 제의한다고 말했다. 이에 조스팽 총리는 프랑스도 현재 정부와 사기업 간 협력에 역점을 두고 인터넷 정보 협력을 추진하고 있으며, 대통령께서 제안한 유라시아 초고속 통신망 구축 사업 건에 대해서는 경제적, 기술적 측면을 포함한 많은 검토를 해 보도록 하겠다고 대답했다.

양 정상은 그 밖에도 르노의 삼성자동차 인수 문제와 중소기업 간 협력 확대 문제에 관해서도 많은 의견을 교환했다.

> * 회담이 끝나고 조스팽 총리 주최 오찬이 시삭되었다. 나는 옆에 앉아 있는 프랑스 외무성 아주국장과 이야기를 나누었는데, 그가 말했다.
>
> "어떤 외국 정상의 프랑스 방문을 평가할 때 가장 중요한 것은 프랑스 국민들의 반응이며, 그와 같은 반응을 가장 잘 반영하는 것이 언론입니다. 그런데 지금 프랑스 언론들이 김 대통령의 방문을 대대적으로, 또한 호의적으로 보도하고 있음을 볼 때, 우리 정부는 김 대통령의 이번 방문을 성공적인 것으로 평가합니다. 프랑스 국민들이 이와 같이 호의적인 태도를 보이는 것은, 역시 김 대통령께서 오랫동안 민주주의와 인권을 위해 고난의 길을 걸어온 때문이라고 생각되며, 또한 프랑스 기업인들이 좋은 반응을 보이고 있는 것도 언론이 호의적으로 보도하는 이유 중의 하나라고 생각합니다.

한편 프랑스 정부가 김 대통령을 높이 평가하는 이유 중에 하나는 햇볕정책인데, 동 정책이 가장 현실적이기는 하지만 국내적으로 그렇게 반대 여론이 많음에도 불구하고, 김 대통령이 이것을 일관되게 추진해 나가고 계신 것은 역시 대통령이 갖고 계신 강력한 리더십 때문에 가능하다고 생각합니다."

오후에 대통령은 하원의사당을 방문했다. 대통령은 먼저 로랑 파비우스(Laurent Fabius) 하원의장과 환담을 한 후 자리를 옮겨 하원의원 수십 명이 기다리고 있는 리셉션 장으로 갔다. 그런데 외국 국가원수가 왔다고 해서 리셉션을 여는 것은 아주 이례적이라는 프랑스 하원의 설명이 있었다.

대통령은 영빈관으로 돌아오는 길에 처음으로 샹젤리제 거리와 개선문, 그리고 에펠탑을 지나며 드라이브를 했다. 그리고 영빈관에서 주불 특파원들을 접견한 다음, 가브리엘호텔로 가서 프랑스 거주 동포 330여 명과 간담회를 갖고 그들을 격려했다.

* 그때 나와 한 테이블에 있던 교민들이 나에게 이렇게 말했다.
"그동안 3명의 한국 대통령들이 프랑스를 방문했지만, 이번 김 대통령 방문에 대한 프랑스 정부와 국민들의 환대는 상상을 초월하는 것입니다. 특히 〈르몽드〉지를 비롯한 프랑스 유수 언론들의 김 대통령 관련 보도는 엄청난 것으로, 프랑스 정부 지도자들과 언론 그

리고 프랑스 국민들의 김 대통령에 대한 존경과 경외심은 어떻게 생각하면 신비로울 정도입니다."

3월 8일 아침 일찍 대통령은 영빈관을 출발해 공항으로 나갔다. 그리고 영빈관을 출발하기 전에 그동안 대통령의 국빈방문을 위해 수고한 권인혁 주프랑스대사를 불러 노고를 치하하고 대사관 직원들에게도 감사의 뜻을 전해 줄 것을 당부했다.

공항에 도착하자 바로 간단하지만 아주 멋진 환송식을 한 후 대통령 내외는 프랑크푸르트로 가는 특별기에 올랐다.

* 프랑스 국빈방문 결산

프랑스 국빈방문은 성공적이었다. 물론 햇볕정책에 대한 프랑스의 지지를 확보하고, 양국 간 경제협력을 강화하고, 유라시아 초고속 통신망 구축에 대한 긍정적인 답을 받은 것도 중요했다. 그러나 더 중요한 것은 김 대통령에 대한 프랑스 지도자들의 깊은 존경심이었다. 시라크 대통령, 조스팽 총리 및 파비우스 하원의장 등, 누구를 만나든지 그들의 태도에서 마음으로부터 우러나오는 존경심을 읽을 수 있었다. 그것은 하원을 방문했을 때 하원 측이 입구에서부터 현관까지 기마병을 도열시키고, 수십 명의 국회의원들을 모아 리셉션을 열었다는 사실에서도 알 수 있었다.

그리고 또 중요한 것은 세계 어느 나라보다도 자존심이 강한 프랑스 국민들의 마음을 사로잡았다는 사실이었다. 프랑스 언론을 통해 표출된 프랑스 국민들의 환영은 프랑스에 오기 전까지는 전혀 상상도 하지 못한 것이었다. 프랑스 방문을 통해 프랑스 지도자들과 국민들의 마음을 사로잡은 그 자체가 성공이었고 감사한 일이었다. 왜냐하면 프랑스 국민들이 한국에 대해 좋은 인상을 가지게 될 경우, 각 분야에서 양국 간 협력이 순조롭게 이루어질 것이고 특히 우리 기업들과 문화 산업이 프랑스에 진출하는 데 중요한 작용을 할 것이기 때문이었다.

5.
독일
국빈방문

　프랑스 오를리공항을 출발한 대통령 특별기는 한 시간 만에 독일 프랑크푸르트공항에 착륙했다. 왜냐하면 대통령의 독일 국빈방문을 시작하기 전에 먼저 유럽의 경제·금융의 중심지이자 교통·문화의 중심지인 프랑크푸르트를 방문하는 것이 좋을 것이라는 판단 때문이었다. 특히 프랑크푸르트는 1960년대 한국의 광산 노동자와 간호사들이 가장 많이 정착한 곳이었다. 대통령 내외는 공항 행사를 마치고 바로 숙소인 프랑크푸르트 호프호텔로 갔다.

** 프랑크푸르트 방문

짐을 풀기도 전에 대통령은 독일 제1의 화학그룹인 바스프 (BASF)사의 회장을 접견하고 한국에 4억 달러를 투자하겠다는 약속을 받았다. 이어서 헤센(Hessen) 주의 롤란트 코흐(Roland Koch) 총리 내외가 주최하는 오찬에 참석했다. 한국 대통령으로서는 최초의 프랑크푸르트 방문이었기 때문에 헤센 주에서는 대통령의 방문을 환영하는 분위기였다. 대통령은 주 총리와 앞으로의 협력 증진 방안에 대해 의견을 교환했다.

오후에 대통령은 프랑크푸르트 상공회의소로 가서 250여 명의 현지 경제인들에게 "IMF 위기 때 독일 정부와 은행들이 보여 준 지원과 독일 기업인들이 보여 준 신뢰에 대해 감사를 표하고 한국은 안심할 수 있는 나라이니 투자를 하라"고 연설했다. 연설이 끝난 다음 질의응답이 있었으며 대통령은 분명하면서도 명쾌하게 답변을 해서 독일 경제인들에게 깊은 인상을 주었다.

대통령은 다시 프랑크푸르트 시청으로 갔다. 시청에서는 페트라 로트(Petra Roth) 여성 시장을 비롯한 100여 명의 인사들이 김 대통령을 환영하기 위해 기다리고 있었다. 환영식은 황제실에서 거행되었는데, 그 방은 과거 신성 로마제국의 황제들이 대관식을 마친 다음 대연회실로 사용했던 방이었으며, 카알 대제로부터 프란츠 2세에 이르는 52명의 신성 로마제국 황제들의 등신대 초상화가 벽에 전시되어 있는 아름다운 방이었다. 행사 중간에 대통령은 황금 방명록에 서명을 했는데, 그 방명록은 1907년부터 유지해 온 것으로 독일 황제 빌헬름 2세, 알버트 슈바이처 박사, 프로이트 박사 그리고 케네디 대통령 등의 서명이 들어 있었다.

이윽고 대통령이 참석자들 앞에서 연설을 하면서 "독일이 유럽 국가 중 한국의 최대 경제협력 파트너이며, 그중에서 프랑크푸르트가 차지하는 비중과 역할을 평가"하고, "이 지역에 진출해 있는 한국 기업과 동포들에 대한 각별한 관심과 지원을 당부"했다. 그런 다음 로트 시장에 대한 평가를 하는데 참석자들이 깜짝 놀랄 만큼 높은 평가를 하는 것이었다. 로트 시장의 얼굴이 붉어지면서 어쩔 줄 몰라 할 정도였다.

대통령은 오후 늦게 동포 간담회를 마치고, 프랑크푸르트를 떠나 베를린공항에 도착했다. 바람이 강하게 불고 비가 내렸다. 숙소인 인터컨티넨탈호텔에 도착하니 저녁 9시가 다 되었다.

그날도 나는 또 대통령의 지시를 받아 베를린자유대학에서의 연설문을 수정했다.

❋ 요하네스 라우 대통령과의 정상회담

다음 날인 3월 9일 아침 대통령은 독일 대통령궁인 벨뷔 (Bellevue) 성으로 갔다. 벨뷔 성은 18세기 말 프로이센 왕국 최초의 궁전 건물로 건축되었는데 이탈리아나 프랑스에 비해 비교적 질박하고 검소한 분위기였다.

먼저 공식 환영식이 시작되었다. 그러나 비가 너무 많이 와서 양
국 국가 연주만 하고 의장대 사열은 생략했다.

양 정상은 집무실로 들어가 회담을 시작했다. 김 대통령은 먼
저 자신을 초청해 준 것에 대해 감사를 표하면서, 과거 민주화 투
쟁 과정에서 독일 정치가와 민주지도자들의 지원에 감사하며, 또한
1998년 외환위기 당시에도 독일 기업과 은행들이 단기채를 장기채
로 전환하는 등 앞장서서 한국을 지원해 준 데 대해 사의를 표했다.
라우 대통령은 김 대통령께서 민주화 투쟁 과정에서 겪은 고통
을 잘 알고 있다고 하면서, 독일 국민들은 대통령에 대한 각별한 존
경심과 관심을 가지고 있으며, 특히 독일 교회들이 대통령의 구명
운동에 관여한 것을 잘 알고 있다고 말했다. 그러면서 독일 정부와
기업들이 한국의 경제위기 때 적극 지원한 진정한 이유는 대통령께
서 무엇보다도 인권과 민주주의를 위해 헌신했다는 사실에 기인한
것이라고 설명했다.
라우 대통령은 또한 독일 통일이 이미 10년이 지났지만 국민들
은 분단의 고통을 생생히 기억하고 있으며, 그렇기 때문에 독일 국
민들도 한국의 통일을 진정으로 기원하고 있다고 말하고, 한국의
통일에 있어서 한 가지 분명한 사실은 통일의 희망을 결코 포기하
지 말고 끝까지 인내심을 갖고 노력하는 것이며, 우리는 한반도에
서도 독일처럼 통일이 이루어지리라고 확신하고 있다고 말했다.
대통령은 한국의 경제위기 극복 과정과 햇볕정책에 관해서 설
명을 했다. 그리고 금년 10월에 제3차 ASEM 정상회의가 서울에서

개최되는데 이를 계기로 아시아와 유럽 간 협력이 보다 긴밀화 되기를 희망하며, 2003년까지 유라시아 초고속 통신망 구축 문제를 서울 ASEM 정상회의에서 주 의제의 하나로 논의하기를 희망한다고 말했다. 그러면서 라우 대통령을 한국으로 초청했다.

* 베를린 시청 방문과 환영행사

라우 대통령과의 회담이 끝나고 대통령은 베를린 시청을 방문해서 에베르하르트 디프겐(Eberhard Diepgen) 시장과 환담을 가졌다. 그리고 디프겐 시장 내외의 안내로 브란덴부르크 문(Brandenburger Tor)을 방문했다.

브란덴부르크 문(1788-1791년에 건립)은 옛날 베를린 18개 성문 중 유일하게 보존된 문으로서 1806년 나폴레옹 군대가 이 문을 통해 입성한 이래 역사적으로 수많은 행진과 퍼레이드의 행사장으로 이용되어 왔던 곳이다.

그리고 1961년 베를린 장벽이 세워진 다음 문이 폐쇄되었으나 독일 통일 후에는 자유와 번영의 상징이 되었다. 따라서 분단국인 한국 대통령의 브란덴부르크 문 방문은 지구상의 유일한 분단국인 한국의 평화통일을 향한 소망과 메시지를 국제사회에 알리는 상징적인 의미를 가지고 있었던 것이다.

대통령 내외는 거기서 샬로텐부르크 궁으로 이동하여 '정원실'에서 베를린 시의 공식 환영행사를 가졌다. 행사는 간략하지만 아주 정중하게 진행이 되었다. 샬로텐부르크 성은 초대 프로이센의 국왕 프리드리히 1세가 부인인 소피 샬로테를 위해 별장으로 건립 (1695-1698)한 것으로, 샬로테 왕비 사망 후 '샬로텐부르크 성'으로 이름을 바꾸어 지금은 박물관으로서 뿐 아니라 베를린 시의 공식 행사장으로 사용되고 있었다. 대통령 내외와 시장 내외는 환영행사가 끝난 다음, 1층의 '거울실'로 이동해 오찬을 가졌다.

✽ 베를린자유대학 연설

대통령은 오후 베를린자유대학에 가서 연설을 했다. 교수와 학생 900여 명이 참석했고 취재진도 수백 명이 몰렸다. 자유대학 총장은 연설에 앞서 대통령에게 '자유대학메달'을 걸어 주었다.

드디어 대통령의 연설이 시작되었다. 대통령은 이른바 베를린 선언을 발표했다. 베를린 선언의 주요 내용은 4가지였다. 첫째 대한민국 정부는 북한이 경제적인 어려움을 극복할 수 있도록 도와줄 준비가 되어 있으며, 이를 위해서는 정부 당국 간 협력이 필요하고 북한 당국의 요청이 있을 때는 이를 적극적으로 검토할 것이며, 둘째 북한은 우리의 참뜻을 의심하지 말고 한국의 화해와 협력 제안에 적극 호응하기 바라며, 셋째 북한은 무엇보다도 조속한 이산가족 문제 해결에 적극 응해야 하며, 넷째 2년 전 대통령 취임사에서 제의한 특사 교환 제의를 수락할 것을 촉구하는 것이었다.

대통령은 베를린자유대학 연설에 앞서 연설 요지를 통일부장관 명의로 작성하여 판문점 적십자 연락관을 통해 북한에 전달했다.

* 대통령은 원고를 준비하면서 수없이 수정을 했다. 대통령은 서울을 떠나 유럽 순방에 나선 이후, 나에게 수시로 연설문을 주면서 수정한 다음에 달라고 지시했다. 그 때문에 나는 여행 중 늘 잠이 부족했다. 나중에는 연설문을 보기만 해도 지겨울 정도였다. 그래도 대통령은 끊임없이 고쳤다. 그리고 그 작업은 베를린자유대학에 오기 직전까지 계속되었다. 말 그대로 심혈을 기울인 작업이었다.

✳ 라우 대통령 주최 국빈만찬

그날 저녁 대통령 내외는 대통령궁이 있는 벨뷔 성에서 요하네스 라우(Johannes Rau) 대통령 내외가 주최하는 국빈만찬에 참석했다. 그날도 남자들의 복장은 블랙타이였다.

2000.3.9 국빈만찬장 입장 전 라우 대통령과 인사하는 필자

라우 대통령은 환영사에서 김 대통령은 "한국 민주주의의 아버지"라고 부르고 햇볕정책을 적극 지지했다. 김 대통령은 답사에서 "수교 후 1세기가 넘는 동안에 독일은 나와 한국 국민이 민주주의를 향해 고난의 골짜기를 넘을 때 언제나 큰 용기와 아낌없는 지원을 보내 주었다"고 말하고, "두 나라의 관계는 '참다운 우정은 추운 겨울에도 얼지 않는다'라는 독일 속담 그대로 일 것"이라고 말했다.

＊ 전쟁희생자 기념비에서 생긴 일

3월 10일이 되었다. 대통령은 아침에 리하르트 폰 바이츠제커(Richard von Weizsacker) 전 대통령과 조찬을 했다. 그리고 전쟁희생자 기념비(Neue Wache)에 헌화를 하러 갔다. 그곳은 1818년 나폴레옹 전쟁의 최초 희생자를 기념하기 위해 봉헌되었던 곳인데, 독일 통일 이후에는 전쟁과 폭력에 희생된 독일인들의 영령을 기리는 곳이 되었다.

대통령은 "충성스런 동료의 노래"가 연주되는 가운데 헌화를 했다. 그리고 수행원 일동과 함께 묵념을 했다. 묵념 시간이 지나고 계속 시간이 흘러갔지만 대통령은 그래도 묵념을 계속했다. 1분이 지나고 2분이 지났다. 수행원들은 눈을 뜨고 나에게 혹시 대통령에게 무슨 일이 생긴 것이 아닌지 걱정하는 눈치를 보냈다. 할 수 없이 내가 대통령 옆으로 가서 조용히 말했다.

"대통령님, 이제 가시지요."

대통령이 말했다. "알고 있어요."

그것을 본 수행원들도 할 수 없이 다시 고개를 숙이고 묵념을 계속했다. 한참 후에 대통령이 묵념을 끝내고 슈뢰더 총리를 만나러 갔다.

* 나중에 숙소로 돌아와 대통령이 나에게 말했다.
"아까 묵념을 할 때 통일된 독일을 생각하면서 하느님께 많은 것을 기원하느라 시간이 가는 줄 몰랐어요."
대통령의 말을 들으면서 가슴이 뭉클했다.

☆ 슈뢰더 총리와의 정상회담

유럽에서는 대통령이나 총리의 사무실이라고 하더라도 협소하고 좁았다. 특히 독일은 더 심했다. 독일 측은 총리 집무실과 오찬장에 8명밖에 들어갈 수 없으므로 한국의 배석자를 4명으로 제한해 줄 것을 요청했다. 현지 대사와 청와대 관계 수석비서관 두 명을 제외하면 장관이 한 명만 들어갈 수밖에 없는 것이었다. 이번 독일 총리와의 대화는 정치적인 것보다 경제적인 것이 많을 것이므로 외통부장관이 빠지고 산업자원부장관이 배석하기로 했다.

회담이 시작되고 대통령은 독일을 방문하게 된 것을 기쁘게 생각하며 자신이 민주화를 위해 투쟁하던 어려운 시절에 독일이 지원해 준 데 대해 감사를 표했다. 게르하르트 슈뢰더(Gerhard Schroder) 총리는 대통령께서 한국의 민주화를 달성하기 위해 노력한 민주 투사라는 것을 잘 알고 있으며, 자신은 사민당의 총재로서 고(故) 브란트 전 총리의 친구인 김 대통령의 민주화를 위한 노력에 경의를 표한다고 말했다. 그리고 한국의 경제위기 극복 노력과 적극적인 개혁 추진 노력을 높이 평가하고, 현재 최상의 관계를 유지하고 있는 양국 관계가 더욱 확대되기를 기대하면서, 오는 5월 경제장관의 방한 계기에 양국 간 협력이 강화되기를 희망했다.

김 대통령은 EU 등 서방 국가들이 북한과의 관계 개선에 나서는 것이 바람직하다고 제의했으며, 슈뢰더 총리는 북한과 외교 관계가 수립돼 있지 않기 때문에 국회의원으로 구성된 사절단을 북한에 보내는 방안을 검토하겠다고 대답했다.

김 대통령은 시베리아를 경유한 아시아·유럽 초고속 통신망 구축에 양국이 협력해야 한다고 말했고, 슈뢰더 총리는 우선 경제장관 방한 전에 실무자 간에 사전 협의를 하자고 제안했다. 그리고 양 정상은 독일 기업들의 한국에 대한 투자가 확대되도록 노력하는 동시에 이번 중소기업 공동선언 채택을 계기로 이 분야에서 협력이 더욱 증진되도록 노력하기로 했다.

정상회담이 끝난 다음, 양 정상은 조약서명식에 참석하고 공동 기자회견에 참석했다.

대통령은 독일에서의 마지막 일정으로 숙소인 호텔에서 EU 국가 거주 동포 대표 26명을 잠시 별도로 접견한 다음, 베를린 거주 우리 동포들을 초청하여 간담회를 가졌다. 대통령은 동포들의 고국 발전을 위한 성원과 지지에 감사를 표하고 자긍심을 갖고 생활하면서 한국과 독일 관계의 발전을 위하여 노력해 달라고 당부했다.

대통령은 그동안 국빈방문을 위하여 수고한 이기주 주독일대사를 불러 노고를 치하하고 대사관 직원들에게도 감사의 뜻을 전해 줄 것을 당부한 다음, 베를린공항을 통해 서울로 돌아왔다.

* 독일 국빈방문 결산

독일 방문도 성공적으로 끝이 났다. 사실 독일은 김 대통령에게 고마운 나라였다. 1973년 동경에서 납치를 당했을 때, 1980년 내란음모사건으로 사형 선고를 받았을 때 독일은 국제적 구명 운동의 거점이었다. 또한 1997년에 외환위기가 일어났을 때도 독일만이 유일하게 한국에서 투자금을 회수해 가지 않았다. 그만큼 독일 정부와 독일 국민들이 김 대통령을 존경하고 지지했다. 프랑크푸르트는 물론이고 베를린에서도 어디를 가든지 누구를 만나든지 김 대통령에 대해 깊은 존경을 표했다.

거기에다 독일은 통일을 이룬 경험이 있으므로 우리가 배울 것이 너무나 많은 나라였다. 김 대통령이 베를린자유대학에서 베를린선언을 한 것도 다 그런 이유를 생각했기 때문이었다. 그래서 전쟁 희생자 기념비에서 헌화를 하고 묵념을 할 때도 대통령은 20-30초가 아닌 몇 분을 묵념했던 것이다.

** 유럽 4개국 순방 결산

유럽 4개국 순방은 성공적으로 끝났다. 우리에게 가장 중요한 햇볕정책에 대해 확고한 지지를 얻었고, 이들 국가와 단순히 경제협력만이 아닌 정치, 문화, 인적 교류 등 모든 분야에서 협력을 강화해 나가기로 합의했다. 그러나 더 중요한 것은 각 나라 지도자들의 한국과 대통령에 대한 지지와 존경을 확인한 것이었다. '국민의 정부'의 외교가 유럽 주요 국가에서 확고한 지지 기반을 구축한 것이다. 이제 남은 것은 베를린 선언에 대한 북한의 반응이었다. 대통령과 수행원들은 궁금한 마음을 가지고 서울로 돌아왔다.

6.
일본
모리(森) 총리
방한

　3월 27일 오전 한국을 방문 중인 일본의 고노 요헤이(河野洋平) 외상이 대통령을 예방했다. 고노 외상은 대통령이 재야에 있을 때부터 아주 가까운 친분 관계를 유지해 온 인사였다.

　고노 외상은 면담 중에 대통령이 일본에 오셔서 오부치 총리와 함께 형식에 구애받지 않고 진심에서 우러나오는 이야기를 할 수 있는 기회가 마련되기를 희망(실무방문을 의미)한다고 하면서, 양국의 여러 가지 국내 일정을 고려할 때 5월 말이나 6월 초가 좋을 것 같은데 대통령의 견해가 어떤지를 문의했다. 이에 대해 대통령은 서로가 만난다는 원칙에는 합의가 되어 있으므로 기술적인 사항은 양국의 외교당국 간의 협의 결과에 따르겠다고 대답했다.

＊ 오부치 총리의 입원

4월 3일 월요일 아침 언론에 속보가 떴다. 일본의 오부치 총리가 4월 2일 뇌경색으로 도쿄 준텐도(順天堂)병원에 긴급 입원을 했다는 내용이었다. 대통령은 즉시 오부치 총리에게 위로 전문을 발송했다. 그런데 그날 밤 일본 정부의 인사가 나에게 연락을 해 왔다. 오부치 총리가 뇌경색으로 입원했는데, 현재 혼수상태로 산소호흡기를 달고 있지만 회생할 가능성이 희박한 것으로 보인다는 것이었다. 그러면서 자민당에서는 이미 총재와 총리를 모리 간사장이 승계하는 것으로 의견이 모아져 가고 있으며, 내각이 총사퇴하면 중의원 해산은 빨라질 수밖에 없을 것으로 보인다고 알려 주었다.

4일 오후 아오키 관방장관은 기자회견에서, 오부치 총리가 아직 산소호흡기로 호흡을 하고 있는 상태이지만 혈압과 맥박은 정상이라고 발표했다.

＊＊ 모리 내각의 등장

그날 저녁 일본 내각이 총사퇴를 했고, 5일 오전 국회 본회의에서 모리 요시로(森喜朗) 신임 총리 지명자에 대한 총리 인준이 가결됨으로써 새로운 내각이 구성되었다. 대통령은 모리 총리에 대한 축전을 발송했다.

모리 총리의 등장으로 대통령의 일본 실무방문이 애매해졌다. 다른 무엇보다도 모리 내각은 총선 전까지의 잠정 정권이었고 중의원의 해산과 총선 시기도 아직은 불투명했다. 이런 상황에서 대통령의 일본 방문을 검토하기가 어려워진 것이었다. 우리로서 가장 좋은 것은 모리 총리가 총선 전에 먼저 한국을 방문하는 것이었다. 그러면 대통령으로서 향후 일본을 방문할 수 있는 모양이 갖추어지기 때문이었다.

우리는 물밑으로 접촉을 하면서 일본의 반응을 기다렸다. 4월 말 일본 측이 5월 말 모리 총리가 한국을 방문하고자 한다는 의사를 알려왔다.

5월 14일 오부치 전 총리가 병원에 입원한 지 43일 만에 사망이 공식으로 발표되었고, 대통령은 즉시 유족들에게 위로 메시지를 보냈다. 얼마 후 오부치 전 총리의 장례식이 6월 8일로 결정되었다. 대통령으로서는 6월 12일부터 북한을 방문할 예정이었기 때문에 그 준비 관계로 서울을 떠나기가 어려웠지만, 오부치 전 총리와의 친밀한 관계를 고려하여 장례식에 참석하기로 결정하고 일본 측에 그 사실을 통보했다.

* 모리 총리와의 정상회담

그 과정에서 모리 총리가 5월 28-29일에 한국을 방문했다. 모리 총리는 5월 29일 오전 청와대로 들어와 대통령과 정상회담(단독 및 확대)을 가졌다.

대통령은 먼저 총리의 방한을 환영하면서 총리 취임을 축하했다. 그리고 오부치 전 총리의 서거를 진심으로 애도하며 6월 8일 장례식에 참석할 예정이라고 말했다. 모리 총리는 대통령이 남북정상회담을 앞두고 바쁜 가운데 자신의 방문을 받아 주어 감사하다고 말하고, 오부치 전 총리가 서거했을 때 대통령이 보내준 위로 메시지는 잘 받았으며, 오부치 전 총리 부인을 비롯한 가족들이 대통령께 깊은 감사를 드리고 있다고 전했다. 그리고 대통령이 남북정상회담 직전임에도 불구하고 장례식에 참석하는 것은 오부치 총리에 대한 우정과 일본에 대한 대통령과 한국 국민들의 마음이라고 생각하며, 이에 대해 일본 국민을 대표하여 진심으로 감사드린다고 말했다.

대통령은 남북정상회담이 이루어지게 된 배경을 설명하고, 한·일·미 3국이 공조하여 대북정책을 취하여 온 것이 성과를 거두었다고 말했다. 이에 대해 모리 총리는 사상 처음으로 남북정상회담이 개최되는 것을 진심으로 축하한다고 하면서, 지난번 G8 국가 순방 시에도 각국 정상들이 남북정상회담에 대해 큰 기대와 관심을 갖고 있었으며, 특히 대통령의 인내심 있는 포용정책이 드디어 남북 간의 문을 열었다는 견해를 각국 정상이 갖고 있었다고 말했다. 그리고 일본도 한·미·일 3국이 공조한 것이 사상 첫 남북정상회담으로 연결되었다고 이해하고 있으며, 현재 일·북 교섭은 중단된 상황이므로 북한에 가시면 북한과의 관계 정상화를 추진하기 원한다는 일본 정부의 강한 의지를 전달해 달라고 요청했다.

대통령은 양국 관계가 확대·심화되어 과거 어느 때보다도 양호한 관계에 만족하며, 2002년 '한·일 국민 교류의 해'에 양국 국민 교류가 정점에 도달하여 큰 성공을 거두기를 기원한다고 말하고, 금년 6월에 제3차 문화 개방이 있을 것이라고 말했다. 그리고 오랜 숙제로서 일본에서 말하는 영주외국인 지방참정권 부여, 즉 재일한국인 문제에 대해 자민당의 적극적이고 조속한 조치가 취해지고 실현되기를 기대한다고 말했다.

이에 대해 모리 총리는 일·한 관계는 재작년 대통령 방일 이후 오부치 전 총리와 함께 '21세기를 향한 새로운 일·한 파트너십관계'를 구축한 것이 양국의 새 시대의 출발점이라고 생각하며, 양국 국민 교류 심화에 대한 대통령의 큰 공적에 감사를 드린다고 말했다. 다만 참정권 문제는 오랜 현안으로, 자신도 자민당 간사장으로서 어떻게 해서든 이번 국회에서 성립시키고자 노력해 왔는데, 선거 후에 다시 협의하여 가능한 한 빨리 국회에서 성립되도록 당으로서도 노력하고자 한다고 말했다.

양 정상은 그 밖에도 오키나와 G8 정상회의에 임하는 일본 정부 입장, 제3차 서울 ASEM 정상회의에 대한 일본의 협조, 한·일 경제 협력과 무역 적자, 한·중·일 정상회담 시 합의한 경제공동연구, 2002년 월드컵과 '국민 교류의 해'를 통한 교류 확대 방안 등에 관해 의견을 교환했다.

정상회담 후 양 정상은 공동 기자회견을 가진 뒤, 대통령이 모리 총리를 환영하는 오찬에 참석했다.

그 당시 일본은 6월 말에 중의원 선거를 앞두고 있었기 때문에 선거에서 승리하는 것이 가장 중요했으며, 그런 면에서 볼 때 모리 총리의 한국 방문은 일본 국민이 존경하는 김대중 대통령과의 친분 관계를 다진다는 점에서 중요한 의미를 가지고 있었다. 또한 김 대통령의 오부치 전 총리 장례식 참석도 선거에 영향을 미칠 수 있기 때문에, 대통령의 장례식 참석 결정에 대해서도 감사한 마음을 가지고 있었다. 모리 총리는 특히 얼마 전 자신이 한 "일본은 천황을 중심으로 하는 신의 나라"라는 발언으로 곤욕을 치렀는데, 대통령과의 기자회견 시 한국 기자의 질문에 대한 답변을 통해 어느 정도 자신의 입장을 설명할 수 있었던 것을 다행으로 생각하는 것으로 보였다.

7.
일본 오부치
전 총리
장례식 참석

    6월 8일 대통령 내외는 아침 일찍 수행원(이정빈 외통부장관, 황원탁 외교안보수석비서관, 박준영 공보수석비서관, 의전비서관인 필자, 외통부 아태국장)들과 함께 공군 전용기편으로 서울을 출발, 도쿄 하네다공항에 도착했다. 공항에서는 고노 외무대신 등이 영접을 했다(나중에 일본 측 설명에 의하면 그날 다른 나라 정상들은 전부 현지 대사가 영접을 했지만, 클린턴 대통령과 김 대통령만 고노 외무대신이 직접 영접을 했다고 함).

* 모리 총리와의 정상회담
    대통령은 숙소인 뉴오타니호텔에 도착한 다음, 바로 영빈관으로 가서 모리 총리와 정상회담을 가졌다. 모리 총리는 다음 주부터 있을 남북정상회담 준비도 있는데 대통령께서 몸소 이렇게 조문을 와 주셔서 감사하며, 일본 정부와 국민 그리고 오부치 전 총리의 유가족을 대신해 감사를 드린다고 말했다. 이에 대해 대통령은 그만큼 오부치 전 총리에 대한 존경과 서거에 대한 애석함이 크다고 말하고, 앞으로 모리 총리와 손잡고 양국 관계를 발전시키고 동북아 및 한반도 문제 등을 논의하는 데 있어서는 자주 만나는 것이 좋다고 생각하며, 바쁜 가운데 찾아온 것은 그만큼 한·일 관계가 중요하다는 것을 입증하는 것이라고 말했다.

모리 총리는 지난번 한국 방문이 짧은 방문이었음에도 많은 결실을 맺어 진심으로 감사드린다고 말하고, 그때 말씀드린 바와 같이 조만간 편안한 일정으로 일본을 방문하실 것을 거듭 초청한다고 말했다.

대통령은 자신도 그렇게 되기를 희망하며, 총리께서 목전에 두고 있는 총선거와 G8 서미트 등이 모두 잘되기를 진심으로 바란다고 말했다.

대통령은 4일 후로 예정된 남북정상회담과 관련해서 북한이 가장 필요로 하는 것은 자신들의 안전보장과 경제 재건이고, 이의 성공을 위해서는 나머지 나라들은 물론이며, 특히 한·미·일 3국과 공히 좋은 관계를 유지해야 한다는 것이라 말했다. 그러면서 우리가 북한을 상대로 하는 데 중요한 것은 인내심과 일관성이며 자신도 취임 후 온갖 비방을 다 들었지만 햇볕정책을 일관되게 추진해 왔다고 설명했다.

이에 대해 모리 총리는 동감을 표시하고, 남북정상회담이 드디어 출발선에 섰는데, 이는 포용정책의 성과라고 생각하는 동시에 일·미·한 3국이 공통 인식을 확실하게 지니고 있었기 때문이라고 말했다. 대통령은 이번에 북한에 가면 한·미·일 3국과 동시에 좋은 관계를 만드는 것만이 그들의 목표를 달성하는 길이라고 말할 것이며, 일본이 북한과의 관계 개선에 적극적인 의지를 갖고 있다는 것을 들은 대로 전하겠다고 약속했다.

* 오부치 전 총리 장례식 참석

대통령 내외는 오후에 장례식장인 부도칸(武道館)으로 가서 오부치 게이조 전 일본 총리의 '내각·자민당 합동상'에 참석했다. 장례식은 오후 2시부터 3시 10분까지 장의위원장인 모리 요시로 총리 주재로 거행되었고, 김 대통령과 클린턴 대통령 등 179개 국가 및 지역, 국제기관 대표 359명(이중 정상급 인사가 17명, 각료급 인사가 90여 명)을 비롯해 일본 국내외 인사 6천여 명이 참석했다. 일본 측은 김 대통령과 클린턴 대통령이 맨 먼저 헌화를 하도록 배려했다. 9개월 전인 1999년 9월에 뉴질랜드 APEC 정상회의에서 만나 한·미·일 3국 정상회담을 했던 오부치 총리의 영전에 헌화를 하는 김 대통령과 클린턴 대통령의 마음이 어떨지 짐작이 갔다.

* 오부치 총리의 사망은 김 대통령에게는 큰 손실이었다. 오부치 총리는 항상 온화하면서도 소탈하고 서민적이었다. 그는 일본에서

'기다림의 달인'으로 불렸다. 강력한 카리스마는 없었지만 타고난 성실함으로 어려움을 극복했다. 그리고 그는 친한파로 꼽혔다. 그래서인지 오부치 총리는 김 대통령을 깊이 존경했다. 그래서 언제 어디서든지 김 대통령이 무슨 이야기를 하면 적극적으로 도우려 했다. 앞에서도 언급했지만 김 대통령의 1998년 10월 일본 국빈방문이 성공적으로 끝날 수 있었던 것도 당시 일본의 총리가 오부치 총리였다는 것이 하나의 중요한 요인이었다. 그런 친구를 잃은 대통령의 마음은 매우 아팠을 것이다. 물론 후임 총리나 지도자들과도 좋은 관계를 유지할 수 있겠지만 오부치 총리만 한 사람을 다시 만나기는 어려울 것 같았다.

＊ 클린턴 대통령과의 정상회담

오후 늦게 대통령은 오쿠라호텔로 가서 클린턴 대통령을 만났다. 클린턴 대통령은 먼저 자신이 매우 흥분된 가운데 남북정상회담을 기대하고 있으며 진정으로 이 역사적인 회담이 성공하기를 희망한다고 하면서, 이번 회담은 동북아 지역 전체의 장래에 중요한 영향을 미칠 것으로 생각한다고 말했다.

김 대통령은 이번 남북정상회담이 이루어지게 된 것은 한 · 미 · 일 3국이 긴밀히 공조를 유지한 것, 특히 미국이 북한에 대해 한반도 문제에 있어서 당사자는 남북한이며 미국이 될 수 없음을 강조하고, 남한을 제치고 미국만을 상대하는 것에는 찬성할 수 없다는 입장을 일관되게 북한에게 전한 결과라고 본다고 하면서 깊이 감사드린다고 말했다. 그리고 이번에 북한과는 서로 동의할 수 있는 것에는 합의를 이루도록 할 것이나, 거기에 국한되지 않고 양측이 서로 하고 싶은 이야기를 자유롭게 충분히 할 것이라고 말했다.

클린턴 대통령은 김 대통령의 깊은 경험에 비추어 이 세상에 그 누구도 대통령만큼 북한이 지금과는 다른 길을 택하도록 설득할 수 있는 능력을 가진 분은 없을 것이라고 하면서, 대통령께서 북한에 변화의 시작을 가져올 수 있으리라 믿으며, 자신도 할 수 있는 모든 방법으로 대통령을 지원하겠다고 말했다. 김 대통령은 클린턴 대통령의 발언에 감사를 표하고, 2년여 전에 자신이 처음으로 햇볕정책을 발표했을 때 그 누구도 이 시점에서 남북정상회담이 이루어지리라고는 기대하지 않았지만, 클린턴 대통령의 지지와 일본의 지지, 그리고 전 세계의 지지를 통해 북한이 한국과 대화할 수밖에 없다는 결론에 도달한 것이라고 말했다. 결국 남북정상회담은 한·미·일 3국 공조의 성과요, 페리 프로세스(Perry Process ; 클린턴 행정부 시절 윌리엄 페리 대북조정관이 작성한 북한 핵 문제에 관한 포괄적 해결방안)의 성공인 바, 3국이 계속 공조하면서 인내심을 가지고 북한을 대한다면 반드시 우리의 목적을 달성할 수 있을 것이라고 말했다.

클린턴 대통령은 정상회담의 성공을 위해 필요한 사항이 있으면 무엇이든 돕고자 하며, 대통령께서 추진하는 중요한 작업에 자신도 작으나마 역할을 할 수 있는 것을 영광으로 생각한다고 말했다. 이에 대해 김 대통령은 자신의 취임 이후 여러 가지로 도와주신데 뭐라 감사해야 될지 모르겠으며, 개인적으로 클린턴 대통령에 대해 깊은 존경심을 가지고 있다고 말하고, 지난 8년 임기 동안 미국의 역사에 남을 훌륭한 일들을 많이 하셨지만 앞으로도 더 많은 업적을 남길 새로운 기회들을 맞이하게 될 것으로 기대하며, 인생의 친구로서 늘 지켜보고 있겠다고 말했다.

* 항상 그랬듯이 클린턴 대통령과의 만남은 따뜻하고 감동이 있었다. 그것은 기본적으로 클린턴 대통령의 김 대통령에 대한 존경에서 우러나오는 것이었다. 두 정상이 나누는 한 마디 한 마디가 정중하면서도 무게가 있었다. 남북정상회담을 앞두고 정신적으로 여유가 없는 김 대통령에게 클린턴 대통령의 강력한 지지와 격려는 큰 힘이 될 것이 분명했다. 대통령 내외에게는 힘든 하루였지만 일본에 오기를 잘했다는 마음이 들었다.

대통령은 클린턴 대통령과 헤어진 다음 바로 숙소인 호텔로 가서 모리 총리 내외가 주최하는 리셉션에 참석하기 위해 여사님과 함께 영빈관으로 갔다. 그리고 잠시 오부치 전 총리 유족들을 만나 그들을 위로한 다음, 서울로 돌아왔다. 청와대에 도착하니 이미 밤이 깊었다.

8.
역사적인
남북정상회담

　새천년의 첫해인 2000년을 시작하면서, 대통령은 남은 3년간의 임기 중에 첫째, 정치개혁을 이룩하여 국제적으로 인권국가로서의 지위를 확립하고 둘째, 경제개혁을 지속적으로 추진하여 정보 강국(인터넷 강국)으로 우뚝 서도록 할 것이며 셋째, 생산적 복지국가를 건설하고 넷째, 중앙과 지역, 나아가 지역 간 균형 발전을 도모하는 동시에 다섯째, 한반도의 냉전을 종식하여 남북 간의 교류가 확대되도록 하겠다는 생각을 가지고 있었다.

　그러나 다른 것들은 이미 추진 중에 있지만 아직 시작도 하지 못한 남북 관계를 금년 한 해 중에 반드시 개선하기 위해 조건 없는 남북 당국자회담, 남북 교류의 다면화, 남북 경제공동체 건설 추진,

이산가족 상봉 적극 지원 등 4가지를 핵심 과제로 선정했다.

대통령은 언제 어디를 가든지 대북 3원칙을 강조하면서 북한이 대화에 나설 것을 촉구했다. 그리고 자신의 생각을 종합적으로 정리하여 발표한 것이 베를린 선언이었던 것이다. 특히 베를린 선언은 대통령이 독일 자유대학에서 발표하기 이전에 판문점을 통해 북측에 전달했기 때문에 북한이 어떤 형식으로든지 호응해 올 것으로 기대하고 있었다.

* 남북정상회담 합의 발표

4월 10일 오전 10시 박재규 통일부장관과 박지원 문화관광부장관이 6월 12일부터 14일까지 평양에서 남북한정상회담을 개최하기로 했다고 공식 발표했다. 그리고 박지원 장관은 대통령으로부터 대북 특사를 맡으라는 지시를 받고, 3월 17일 중국 상하이에서 북한 측과 접촉을 시작했으며, 4월 7일 북한 측으로부터 베이징에서 만나자는 연락을 받고 가서, 북한의 아태평화위원회 송호경 부위원장과 만나 정상회담을 개최키로 합의했다고 설명했다. 북한도 같은 시간에 발표를 했다.

국민의 90퍼센트가 남북정상회담을 지지했고, 시민단체와 경제단체들도 환영 성명을 발표했다. 클린턴 대통령은 직접 특별성명을 발표했고, 일본의 고노 외상은 담화를, 중국, 러시아, 독일, 프랑스, 이탈리아 등 각국의 외교부도 지지 성명을 발표했다.

＊ 그렇다면 북한은 왜 그 시점에 남북정상회담에 합의했을까? 역시 가장 중요한 요소는 한·미·일 3국 간의 긴밀한 협조와 중국 및 러시아의 협력이었다. 두 번째는 김 대통령이 일관되게 햇볕정책을 추진하면서 절대로 흡수 통일을 하지 않겠다는 것을 계속 강조함으로써, 한국이 정말로 북한 체제를 전복시킬 의사가 없다는 것을 인식하게 되었고, 이와 같은 인식을 결정적으로 하게 해 준 것이 베를린 선언이었던 것으로 보였다. 또한 북한이 외국과 접촉할 때마다 모든 외국들이 한국과의 대화를 권유함으로써 북한으로서도 한국과 대화를 하지 않으면 안 되겠다는 것을 인식한 때문으로 보였다.

＊ 의전 관련 준비와 선발대 파견

우리는 바로 남북정상회담 준비에 돌입했다. 회담에 관하여는 통일부장관을 위원장으로 하는 '남북정상회담추진위원회'가 구성되었고, 회담과 관련된 제반 사항을 기획·조정하는 '준비기획단'이 편성되었는데 단장은 통일부차관이었다.

그런데 회담과 별도로 행사를 준비하는 의전 분야는 남북한 간에 정상회담이 열린 적이 한 번도 없었기 때문에 상당히 민감한 부분이었다. 특히 북한은 예측이 곤란한 측면이 많기에 우리가 전혀 예상하지 않았던 돌발적인 상황이 생겼을 때 어떻게 수습하는지가 매우 중요했다. 그래서 청와대 의전비서관이 책임을 지고 외교통상부 의전장 등과 협의하여 실무적인 준비를 하기로 결정되었다.

4월 22일부터 5월 18일까지 판문점에서 다섯 차례에 걸쳐 남북

정상회담 실무접촉이 이루어졌으며, '남북합의서 이행을 위한 실무 절차 합의서'를 만들고 서명했다. 합의서에 따라 방북 대표단의 규모가 결정되고 회담 형식과 횟수, 체류 일정, 선발대 파견, 신변 안전 보장, 회담 기록과 보도, 실황 중계 등 14개 항에 합의했다. 그러나 그것은 형식적인 것으로 의전은 선발대가 실제로 현장에 가서 미리 상황을 확인하고 점검하는 것이 필요했다.

선발대장은 과거 동 · 서독의 경우에도 양국의 의전장들이 맡았음을 고려하여 외교통상부 의전장이 선발대장을 맡기로 했다. 5월 31일 오전에 남북정상회담 사전 준비를 위한 선발대 30명(외통부 손상하 의전장을 비롯한 청와대와 외통부의 의전 직원들과 관계부처 직원 등)이 평양으로 출발했다.

* 수행원 선정

정상회담을 준비하는 데 가장 시급한 것은 먼저 누가 대통령을 수행하여 평양에 갈 것인지를 결정하는 것이었다.

우선 공식수행원으로 이번 정상회담추진위원회 위원장인 박재규 통일부장관, 북한과의 경협 문제를 협의하기 위한 이헌재 재정경제부장관, 대북 특사를 담당했던 박지원 문화관광부장관, 청와대에서 한광옥 비서실장, 안주섭 경호실장, 이기호 경제수석비서관, 황원탁 외교안보수석비서관, 박준영 공보수석비서관, 의전비서관인 필자와 허갑범 주치의 10명이 결정되었다.

그리고 각계를 대표한 24명의 특별수행원과 청와대, 통일부, 외

교통상부, 국방부 및 경호 등 96명의 일반 수행원 등 총 180명의 수
행원이 확정되었다.

✻ 일정에 관한 북측 태도 분석

선발대가 평양에 들어간 지 일주일이 넘었지만 결과가 지지부
진했다. 물론 북측은 기본적으로 선발대의 행사장 답사 및 접대 시
에는 친절하고 성의 있는 자세를 보였고, 평양 시내 곳곳에서는 울
타리 도색을 하거나 미관 보수작업을 하고 플래카드를 설치하는 등
대통령의 평양 방문을 열심히 준비하고 있는 모습을 보이고 있었
다. 또한 '5·1 경기장' 주변 광장에서는 수많은 학생들이 동원되어
카드섹션을 연습하고 있었다.

그러나 구체적인 일정이나 세부 사항 등 실질문제 협의에 있
어서는 경직된 태도를 보이면서, 의전 문제는 너무 국제관례에 집
착하지 말고 남북 관계를 민족 내부관계로 인식하여 혁신적인 입
장에서 협의하여 결정하자고 계속 강조만 하는 것이었다. 결국 북
한의 의전담당자들이 일정을 결정할 수 있는 권한이 없거나 아니
면 외국과 고위 지도자들 간의 교류가 적어 국제 의전관례에 관
한 지식이나 경험이 부족해서 그런 것이 아닌가 하고 추측될 뿐
이었다.

특히 김 위원장이 참석하거나 참석이 예상되는 행사에 대한 설
명이나 답사는 전혀 이루어지지 않고 있는 것으로 보아, 김 위원장
과 관련된 일정에 관해서는 보안을 의식해 극도로 노출을 꺼리고

있으며 심지어 체류 일정안(案)도 세부 시간 계획이 없는 행사 개요만 제시하고 있는 것으로 보아 행사가 임박한 시점이 되어야 장소 등 세부 사항을 통보해 올 것으로 예상되었다.

서울에서 아무리 선발대에 지시하여 북측과 협의하여 보고를 하라고 해도 별다른 내용이 없었다.

* 평양 체류 일정에 관한 자체 시나리오

우리는 선발대의 보고를 기초로 그동안 수집한 각종 정보들을 취합해 평양 체류 일정 시나리오를 구성해 보았다.

그 시나리오에 따르면, 6월 12일(월) 오전에 대통령 전용기의 순안비행장 도착 시 김 위원장이 직접 영접할 가능성이 높으며, 그 경우 예포 발사와 의장대 사열 등의 환영행사가 있을 것으로 예상되었다. 그러나 김 위원장의 공항 출영 여부는 가능성이 높다는 것이지, 공식으로 확인된 것이 아니라 불확실한 것이었다. 그리고 김 위원장이 출영을 한다면 환영행사 후 대통령과 김 위원장이 동승하여 숙소인 백화원 초대소로 갈 가능성이 있으며, 백화원 초대소에 도착하면 30분 정도 환담을 할 것으로 예상되었다.

오후에는 북한 측이 통보한 대로 김영남 상임위원장을 예방한 다음, 만수대로 가서 예술 공연을 관람하고, 저녁에는 인민 문화대궁전에서 김영남 상임위원장이 주최하는 환영만찬이 거행(총규모 300명, 우리 측 참석자 150명)될 것으로 보였다.

그리고 6월 13일에는 오전에 김 위원장과의 정상회담, 오후에는 김영남 상임위원장과의 회담, 저녁은 목란관에서 대통령이 주최하는 김 위원장에 대한 답례만찬이 있을 것이라는 정도의 시나리오였다.

이 시나리오도 정확한 일정이나 시간 계획 등이 확인되지 않았기 때문에 결국 행사 시작 1-2시간 전에야 확인이 가능할 것으로 전망이 되었으며, 앞으로 행사를 준비하는 데 많은 어려움이 있을 것으로 예상되었다.

선발대 보고에 따르면 북측은 순안비행장 도착 행사에 관한 세부 일정을 출발하는 당일 아침에 설명해 주겠다고 했다. 결국 대통령 내외가 공항에 도착하여 세부 일정을 청취한 다음에 비행기에서 하강하는 것이 불가피했다. 우리는 할 수 없이 1990년 3월 중국의 장쩌민 공산당 총서기의 북한 방문 당시의 비디오테이프에 의거 잠정적 공항행사를 작성했다. 다만, 북측이 우리 선발대에게 대통령 평양 도착 시 도로변에 환영 군중이 있을 것이라고 귀띔한 것을 감안할 때, 공항에서 숙소로 이동하는 도로변에 대규모의 환영 군중이 운집해 있을 것으로 예상되었다.

** 대통령 주최 답례만찬 준비

5월 중순 북한 측은 대통령의 평양 방문 기간 중, 김정일 위원장을 위해 순수한 한국식(궁중 요리)으로 답례만찬을 해 줄 것을 요청해 왔다. 그러면서 이를 위해 한국 측에서 요리사를 데려오고 음식 재료를 가져와도 좋다고 했다.

우리는 내부 협의를 거쳐 북한 측의 요청을 받아들이기로 하고 준비에 들어갔다. 우선 만찬 참석자 규모를 북한과의 협의를 거쳐 200명으로 하고, 북한 측 인사 110명, 우리 측 인사 90명으로 결정했다.

한편 만찬 메뉴를 정하기 위해 유명한 한정식 집에 가서 답례만찬을 위한 궁중요리 시식회를 했는데, 그 자리에는 필자와 외통부의 의전장을 비롯한 의전 요원들이 시식을 하면서 궁중요리 전문가와 의견을 교환했다. 또한 평양 현지에서 음식을 준비하기 위해 요리사 10명(궁중요리 전문가 및 서울 시내 최고급호텔 세 곳의 요리사 9명)이 가기로 했으며, 만찬 전에 마실 주스와 맥주 및 안주, 그리고 식사 시 마실 술로 국내에서 생산되는 샴페인과 백포도주, 적포도주, 소주와 문배주를 준비하기로 했다. 그리고 만찬에 필요한 헤드테이블용 일부 집기도 우리가 준비해 가기로 했다. 한편 우리 식자재를 운반하는 냉장차 2대는 북측 요청에 따라 판문점에서 북측에 인도해 주기로 했다.

* 북한의 우리 언론인 방북 거부

한편 북측은 그동안 주요 일간지와 모 방송국이 북한에 대해 적대적인 보도를 많이 했다고 남북정상회담 취재를 위한 동사 기자들의 방북을 거부하고 있었다. 그러면서 선발대로 평양에 와 있는 PD를 추방하겠다고 위협했다. 이 보고를 들은 대통령은 대노했다. 그러면서 "우리가 인권을 중시하는 민주주의 국가로서 언론의 자유가 보장되어 있음을 고려할 때, 북측이 위협하는 대로 하는 것은 말도

되지 않으니 강력히 항의하고 정면 돌파하라"고 하면서 우리 기자들을 제외시킨다는 것은 있을 수 없으니 강경히 대응하라고 지시했다. 그리고 북측이 이미 주요 일간지와 방송국 기자에게도 신변 안전 보장각서를 발급했음을 고려하여 예정대로 그 기자들을 데리고 가라고 지시하고, 만일 평양공항에서 문제가 생기게 되면 또 북측과 승강이를 벌이면 될 것이라고 말했다.

*북한의 정상회담 하루 연기 요청

서울 출발 이틀 전인 6월 10일 북측이 별안간 정상회담을 하루 연기할 것을 요청해 왔다. 사실 이런 일은 일반적으로는 일어날 수 없는 일이었지만, 북한 측의 의사를 존중하여 그들의 요청을 받아들이기로 함에 따라 서울 출발이 13일로 연기되었다. 그리고 대외적으로는 6월 11일 아침에 연기 사실을 발표하기로 했다.

북한의 하루 연기 요청의 원인은 알 수 없었다. 그러나 북한 측과의 연락이 원활하게 이루어지고 있음을 볼 때 정상회담에 지장을 초래할 정도의 문제는 아닌 것으로 생각되었다.

*드디어 평양으로 가다

6월 13일 새벽이었다. 나는 평양에 가 있는 선발대로부터 북한 측이 약속한 대통령 순안비행장 도착 시의 환영행사 세부 계획을 보내 올 것을 기다리고 있었다. 그러나 북한 측은 끝내 아무것도 주지 않았다. 나는 할 수 없이 순안비행장 공항행사에 관한 아무 자료도 없이 대통령 내외를 수행하여 서울공항으로 나갔다. 이미 연도에 많은 시민들이 나와 대통령 내외를 전송하고 있었고 모든 상황이 생중계되고 있었다.

서울공항에는 3부 요인, 정당 대표 및 국무위원 등 환송 인사들과 500여 명의 환송단 등 천여 명이 기다리고 있었다. 대통령 취임이후 처음 있는 일이었다. 환송식이 시작되었고, 대통령은 국민을 향해 출발 성명을 낭독했다. 대통령이 의장대 사열 후 도열병을 통과하면서 비행기에 오르는데 어린이 합창단이 부르는 "고향 생각"과 "우리의 소원은 통일"이 들려왔다. 9시 15분 전용기는 서울공항을 이륙했다. 드디어 평양으로 가는 것이었다.

* 평양 순안비행장에서 생긴 일

전용기는 한 시간 10분을 날아 10시 25분에 평양 순안비행장에 도착했다. 비행기에 트랩을 대자 뒷문으로 선발대장인 외교통상부 의전장이 올라왔다. 내가 "공항에 누가 영접을 나왔느냐"고 물으니까 "북한 측이 가르쳐 주지 않아 잘 모르겠다"는 것이었다. 할 수 없이 창문을 내다보고 있는데, 레드 카펫을 따라 인민군 의장대와 군악대가 도열해 있고 치마저고리를 입은 수많은 여성들이 서 있었다. 갑자기 "와!" 하는 함성이 들렸다. 카펫 위를 김정일 위원장이 수행원들과 함께 천천히 걸어오고 있었다. 나는 얼른 대통령이 계신 방으로 들어가 말했다.

"대통령님, 저기 김정일 위원장이 오고 있습니다."

대통령이 말했다.

"나도 지금 보고 있어요."

잠시 후 북한 국방위원장실의 전희정 외사국장이 비행기에 올라와 대통령께 인사를 드리고 난 다음 다시 내려갔다. 창문으로 내려다보니 김정일 위원장은 자신이 고안했다는 점퍼 차림으로 서 있었다. 대통령이 밖으로 나가 트랩 위에 서더니 오른쪽으로 고개를 돌려 북한 땅을 잠시 응시했다. 그리고 천천히 내려가 트랩 밑에서 기다리고 있던 김 위원장과 두 손을 마주 잡고 인사를 했다. 플래시가 터지고 카메라가 돌아갔다. 김 위원장은 뒤이어 내려온 여사님과도 악수를 했다.

대통령은 김정일 위원장과 함께 북한 인민군 명예의장대 사열을 시작했다. 원래 사열은 대통령과 김 위원장 둘이서만 하고 여사님은 공식수행원들과 함께 다른 장소에 가 있어야 하는데, 행사 설명서가 없으니 여사님이 어디로 가야 하는지 알 수가 없었다. 나는 옆에 있는 북한 측 사람들에게 여사님이 어디에 서야 하느냐고 물었지만 아무도 아는 사람이 없었다. 할 수 없이 여사님은 대통령과 김 위원장 뒤를 적당히 따라가다가 북한 측 환영 인사들이 서 있는 장소 근처로 가서 대기를 했다. 그리고 의장대 사열을 마친 대통령과 합류했다.

김 위원장이 대통령에게 북한 측 환영 인사들을 소개했다. 김영남 최고인민위원회 상임위원장, 조명록 국방위원회 제1부위원장 겸 인민군 총정치국장, 홍성남 내각 총리, 김국태 노동당 간부담당 비서, 김용순 대남담당 비서, 최태복 최고인민회의 의장, 강석주 외교부 제1부부장, 송호경 조선 아시아태평양평화위원회 부위원장, 안경호 조평통 서기국장 등이었다.

남녀 화동들이 대통령 내외에게 꽃다발을 증정했다. 다음은 김 위원장이 우리 측 공식수행원들과 악수를 하면서 인사를 교환했다. 그리고 의장대 분열이 시작되었다. 분열은 대통령 왼쪽에 김정일 위원장이, 오른쪽에 김영남 상임위원장이 선 채로 진행되었다.

분열이 끝나고 대통령과 김 위원장이 카펫 위를 걸어 차량 있는 곳으로 이동을 하는데, 환영 인파가 일제히 꽃술을 흔들면서 함성을 질렀다. 어떤 사람들은 껑충껑충 뛰면서 열광을 하고 어떤 사람들은 눈물을 흘리기도 했다. 대통령이 카펫에서 내려와 환영 인파 쪽으로 걸어갔다. 북한 의전 책임자가 당황해 하면서 나에게 대통령이 그쪽으로 가시면 안 된다고 말하는 것이었다. 그러나 나는 그에게 "한국에서는 다 이렇게 해요" 하면서 대통령과 함께 환영 인파 쪽으로 계속 갔다.

환영 나온 사람들은 "만세"와 "결사 옹위"를 외치고 있다가 대통령이 자기들에게 다가오니까 당황하는 것 같았다. 순간적으로 환영 인파의 전열이 흐트러지는 느낌이었다. 무언가 이상해서 나는 대통령께 돌아가시자고 말했다. 대통령이 카펫이 있는 곳으로 다시 돌아가는데 카펫 위에 서 있는 김 위원장은 손바닥만 치면서 가만히 보고 있는 것이었다.

자동차 앞에서 두 명의 여성들이 다시 꽃다발을 증정했다. 그리고 대통령이 먼저 차를 타고 나니 김 위원장은 차를 뒤로 돌아 왼쪽으로 가 대통령이 탄 차에 동승을 하는 것이었다. 북한 측 의전 책임자가 나에게 오더니 다음에는 대통령이 절대로 환영 인파 쪽으로 가시면 안 된다고 말했다.

순안비행장에 도착한 지 20분이 지난 10시 50분에 모터케이드가 출발했다. 자동차는 약 20킬로미터의 속도로 달렸다. 그리고 평양 시내 입구인 연못동이라는 곳에 이르러 다시 하차를 했고, 또다시 꽃다발 증정이 있었다.

연못동부터 천리마 거리, 조선혁명박물관, 만수대 언덕, 개선문, 김일성 종합대학, 금수산 기념궁전을 지나가는 10여 킬로미터의 연도에 평양 시민 수십만 명(북측은 60만 명이라고 설명)이 나와 흔드는 꽃술의 물결이 계속 이어졌다. 시민들은 대부분 여자들로서 치마저고리를 입고 나왔고, 일부 여성들은 흰 블라우스에 검정 치마를 입고 나왔는데, 모두가 빨강색 꽃술을 흔들면서 열광을 하고 있었다.

* 백화원 초대소에서 사진을 번갈아 찍다

대통령 모터케이드는 11시 45분에 백화원 초대소에 도착했다. 백화원은 1982년에 건설된 것으로 국가원수급 귀빈(과거 중국의 장쩌민 당 총서기, 카터 전 미국 대통령 등)을 모시는 북한의 최고 영빈관이었다.

현관에서 여성 두 사람이 대통령 내외에게 꽃다발을 증정했다. 그리고 현관 앞에 있는 해금강을 그린 대형 벽화 앞에서 대통령과 김정일 위원장이 사진을 촬영했다. 이때 김 위원장은 사진 기자들에게 "잘 찍으세요"라고 주문까지 했다. 사진 촬영이 끝나자 김 위원장이 여사님을 보면서 "이리 오셔서 같이 사진을 찍으시지요" 했다. 여사님이 앞으로 나가면서 대통령 오른쪽으로 가려고 했다. 그랬더니 북한의 외사국장이 여사님에게 "이리로 오시지요"라고 김 위원장의 왼쪽으로 모셔 가서 세우는 것이다. 결국 김 위원장을 가운데 두고 두 내외분이 서신 모양이 되었다. 그것은 곤란했다.

사진 촬영이 끝나 다들 자리를 움직이려는데 내가 앞으로 나가 말했다. "대통령님과 위원장님은 잠시 그대로 서 계시고 여사님은 이리로 오시지요. 사진을 다시 찍으셔야 합니다" 하면서 여사님을 대통령 오른쪽으로 모시고 가서 세워 드렸다. 이번은 대통령이 가운데 서시고 왼쪽에 김 위원장, 오른쪽에 여사님이 선 사진이 되었다.

그러자 김 위원장이 큰 소리로 말했다.

"상호주의구만. 좋아요. 철저히 상호주의로 합시다."

이 말에 모두가 웃음을 터뜨렸다.

대통령 내외와 사진 촬영을 마치고 나서 김 위원장이 "장관들도 같이 찍읍시다"라고 하여 우리 측 공식수행원들과 함께 사진을 촬영했다. 그리고 난 다음 김 위원장은 혼자 서 있는 김용순 비서에게 다시 "용순 비서도 함께 찍읍시다"라고 권유했다. 그래서 다시 사진 촬영을 했다.

* 사실 대통령 내외가 김 위원장과 찍은 사진은 매우 중요한 의미

를 가지고 있었다. 왜냐하면 나중에 정상회담을 마치고 서울로 돌아와 사진첩을 만들 때 우리는 대통령이 가운데 서고 왼쪽에 김정일 위원장, 오른쪽에 여사님이 서신 사진을 수록했다. 그렇다면 북측이 김 위원장을 가운데 두고 대통령 내외가 왼쪽과 오른쪽에 선 사진만을 보도한다면 북한 주민들이 그 사진을 보고 어떻게 생각할까? 순간적이지만 그 타이밍을 놓치면 나중에 후회하는 법이다. 국가 의전이라고 하는 것은 이와 같이 보기에는 사소한 것처럼 보여도 국가나 지도자의 이미지에 큰 손상을 줄 수 있다는 것을 의전을 하는 사람들은 꼭 기억해야 한다.

❊ 김정일 위원장과의 환담

사진 촬영이 끝난 다음, 대통령과 김 위원장은 벽에 춘하추동 사계절의 풍경화가 걸려 있는 넓은 응접실로 들어가 환담을 시작했다. 제1차 정상회담이었다. 우리 쪽에서는 공식수행원 전원이, 그리고 북측에서는 김용순 비서만이 입장을 했다. 그리고 기자들도 있었다. 이때 대통령과 김 위원장의 환담 모습은 텔레비전으로 생중계 되었다.

잠시 후 기자들이 다 퇴장하고 북측에서 김용순 비서와 우리 공식수행원들만 남은 상태에서 김 위원장이 말을 했다.

"내일 다시 오겠습니다. 젊은 사람이 비록 국가를 통치하고 있지만 국가를 초월해서 오겠습니다. 여기 있는 김용순 비서나 우리 측 간부들은 제가 공항에 나가는 것에 대해 자꾸 빨간불을 켰으나 제가 파란불로 고쳐서 갔습니다. 내일 본인이 이리로 오겠습니다. 밑의 사람들은 다른 곳에서 하자고 했지만 대통령께서 다리도 불편하시고 앉으시면 안장다리도 못하시는데 본인이 이곳으로 오겠습니다. 오늘 우리가 상봉을 했고, 내일 제가 여기 와서 사업(회담)을 하겠습니다. 그리고 또 빨간불을 켜면 제가 고무 새총을 가지고 그 빨간불을 다 쏘아 깨트려 가면서 여기에 오겠습니다. 내일 사업을 하여 결과가 좋으면 궁중요리를 맛보기를 기대하겠습니다. 본인이 어리니 찾아와서 뵐 것입니다."

그리고 김 위원장은 밖으로 나가 현관에서 우리 측 공식수행원들과 다시 일일이 악수를 한 다음 백화원 초대소를 떠났다. 시간을 보니 12시 10분이었다.

방으로 돌아온 대통령이 나에게 말했다.

"김 비서관, 아까 사진 찍을 때 잘했어요. 그렇지 않았으면 마음이 상당히 불편할 뻔 했어요."

김 위원장이 떠나고 잠시 후 공식수행원들은 백화원 초대소 식당에서 점심 식사를 했다. 북측이 풍성하게 준비한 오찬은 아주 담백하면서도 정성을 들여 만들어 맛이 있었다.

메뉴는 전채와 밑반찬으로 깨즙을 친 닭고기, 문어와 가물치회, 청포 종합냉채, 설기떡, 풋배추김치와 주식으로는 평양 온면, 맑은국, 생선 깨튀김, 옥돌 불고기, 버섯볶음이 있었고 후식으로 수박, 밤정과, 인삼차가 나왔다.

점심 식사 후 북한 외교부에서 나온 의전 책임자와 일정을 협의하는데 이미 우리가 아는 일정만 이야기하고 김 위원장과의 정상회담에 관해서는 아무런 말을 하지 않았다. 그래서 내가 김 위원장과의 일정은 어떻게 되느냐고 물었더니 그는 정색을 하면서, 그것은 자기가 모른다고 말하는 것이었다. 내가 조금 전에 김 위원장께서 내일 이곳으로 오시겠다고 하더라고 했더니, 그 사람은 자신은 전혀 모르는 사실이라고 대답했다. 외교부에서 나온 의전 책임자도 모른다는 것은 김 위원장의 동선에 관한 것은 엄격한 보안을 유지하고 있다는 것을 의미했다. 아무래도 이 사람하고는 이야기를 할 수 없을 것 같았다.

그런데 이 책임자가 이렇게 말했다.

"오후에 김영남 위원상에 대한 예방이 끝난 다음, 대통령께서 장군님에게 드리는 선물 리스트를 김영남 상임위원장에게 직접 전달해 주시기 바랍니다."

나는 생각했다.

'선물 리스트라니? 무슨 선물 리스트를 주라는 것이지? 그리고 그것을 왜 김영남 위원장에게 주나?'

사실 우리는 서울에서 올 때 김정일 위원장에 대한 선물로 대형 프로젝션(60인치 멀티)과 진돗개 새끼 한 쌍, 그리고 부인용으로 한식기 세트를 준비해 왔다. 그런데 그 리스트를 어떻게 달라는 것인가? 나는 생각하다가 의전직원들과 상의하여 흰 종이에 여러 가지 색깔로 무늬를 넣어 선물 리스트를 큰 글씨로 인쇄를 한 다음, 깨끗한 클리어파일에 넣어 준비를 했다. 그러면서 김영남 상임위원장에 대한 선물 리스트도 별도로 준비를 했다.

* 김영남 상임위원장 예방과 선물 리스트

대통령은 오후 3시경 공식수행원들과 함께 백화원 초대소를 출발해 만수대 의사당(1984년 건립된 건물로, 지상 4층, 지하 1층의 석조 건물)으로 갔다. 만수대 의사당은 북한의 국회 격인 최고인민회의를 비롯해 각종 정치 행사가 열리는 곳이었다.

먼저 김영남 최고인민회의 위원장과 기념 촬영을 한 다음, 양측 인사 소개가 있었다. 북측에서는 양형섭 부위원장, 김영대 사회민주당 위원장, 김윤혁 서기장, 여운형 씨 딸인 여원구 부의장, 강릉수 문화상, 안경호 조평통 서기국장 등이 참석했고, 우리 쪽에서는 공식수행원 모두가 배석했다.

그리고 김영남 위원장이 아래 요지로 말했다.

"김 대통령께서는 이번에 민족 단결과 민족 통일을 위한 염원을 품고 오셨으며, 평양 시민 전체가 뜨겁게 마중했는데 한마디로 동포애적인 따뜻한 마음과 통일 지향적인 열망을 표시하기 위해 뛰쳐나온 것입니다. 이번 남북 최고위급 상봉 및 회담은 민족 분단 이후 통일사에 특기할 만한 역사적 사건입니다. 김 대통령께서 평양을 찾아 주심으로써 뜻깊은 상봉과 회담을 통해 우리 7천만 민족의 자주 평화 통일을 성취하기 위한 좋은 방안을 꼭 찾아낼 수 있기를 희망합니다."

대통령이 이런 요지로 대답했다.

"본인은 평생 북녘 땅을 밟지 못하는 것이 아닌가 하고 생각해 왔는데, 오늘 이와 같이 오게 되니 모든 것이 조상과 국민들의 음덕으로 생각하며 감회가 깊습니다. 인생도 한 번뿐인데, 본인은 내일 김정일 지도자와 만나 7천만 민족에게 희망을 주고 다시는 전쟁의 위협이 없이 서로 아끼고 사랑하면서 통일로 나가기 위한 가능한 안을 하나하나씩 협의해 나갈 것입니다."

환담이 끝나 가는데 북측 의전 책임자가 나에게 "대통령께 말씀드려 김영남 상임위원장에게 장군님에게 드릴 선물 리스트를 주라"는 것이었다. 나는 할 수 없이 대통령께 말씀을 드렸다. 대통령은 무슨 말인지 이해가 안 되는 표정이었다. 나는 준비해 온 선물 리스트를 대통령에게 드렸다.

대통령이 옆에 앉은 김영남 위원장에게 "제가 이번에 김정일 위원장에게 간단한 선물을 준비해 왔는데 이게 그 리스트입니다"라고 말하는 순간 김영남 위원장이 자리에서 일어서 부동자세를 취했다. 대통령도 할 수 없이 일어나서 김영남 상임위원장에게 리스트를 건네주었더니, 김영남 위원장이 고개를 공손히 숙이면서 그 선물 리스트를 받는 것이었다. 그러고 나서 대통령은 김영남 위원장에 대한 선물 리스트도 건네었다.

* 만수대 예술극장 공연 관람

20분 정도의 환담이 끝나고 난 뒤 김영남 상임위원장은 먼저 예술극장으로 갔다. 그리고 대통령은 의사당 내부를 돌아본 다음 바로 근처에 있는 만수대 예술극장(1976년에 건립된 것으로, 회전무대와 관객 4천 명을 수용할 수 있는 예술단 전용극장)으로 갔다. 그때 시간은 오후 4시였다.

다시 김영남 상임위원장이 영접을 하고 환담을 하는 중에 여사님이 합류를 해 공연장으로 들어가 평양시 예술인들이 펼치는 '평양성 사람들'이라는 음악무용종합공연을 관람했다. 공연 프로그램은 관현악, 무용, 가야금 독주와 병창 등 8가지였다. 공연이 끝난 다음, 대통령 내외는 김영남 상임위원장과 함께 무대로 가서 공연자들을 격려하고 사진 촬영을 했다.

그리고 대통령 내외는 김영남 상임위원장과 작별 인사를 하고 숙소인 백화원 초대소로 돌아왔다. 시간은 벌써 5시 반이 넘어 있었다.

* 김영남 상임위원장 주최 공식 환영만찬

저녁 6시 40분 대통령 내외는 백화원 초대소를 출발하여 20분 만에 인민문화궁전(1974년에 건립되었으며 지상 4층, 지하 1층으로서, 500여 개의 방과 4개의 연회장 구비)에 도착했다. 그리고 김영남 상임위원장의 영접을 받고 응접실로 들어가, 기다리고 있던 북측의 양형섭 부위원장, 최태복 최고인민회의 의장, 김용순 위원장, 김영대 사회민주당 위원장, 김윤혁 상임위 서기장, 강릉수 문화상, 변용립 교육상, 여원구 부의장 등과 인사를 교환하고, 만찬장으로 입장했다.

그날 만찬에는 300명이 초대되었는데, 남과 북의 참석자들이 각각 150명씩이었다. 먼저 김영남 상임위원장이 다음 요지의 환영사를 했다.

"나라의 통일을 위해 우리는 너무나 오랜 세월을 보냈습니다. 분열은 언제 끝장나겠는지, 통일은 또 언제 이룩되겠는지, 이제는 남과 북의 책임 있는 정치인들은 대답을 주어야 할 때가 되었다고 생각합니다. 이제 우리들은 자신들의 힘으로 통일과 번영의 21세기를 열어 나가야 합니다. 김 대통령과 공동의 관심사인 나라의 통일을 위하여 의미 있는 시간을 보내게 되기를 바랍니다."

대통령도 아래 요지의 답사를 했다.

"본인은 이번 방문으로 7천만 민족이 전쟁의 공포에서 해방될 수 있기를 진심으로 바라며, 반세기 동안의 불신과 대결의 관계가 화해와 협력의 관계로 바뀌기를 충심으로 기대합니다. 우리는 민족애의 열정을 가지고 가능한 것부터 하나하나 실사구시의 정신으로 해결해 나가야 하며, 서로에게 도움이 되는 길을 찾아 나가야 합니다. 역사는 불신과 대결이 아니라, 화해와 협력을 선택한 민족에게 영광을 베풀어 주었습니다."

만찬은 풍성했다. 메뉴로는 전채와 밑반찬으로 칠면조향구이, 생선수정묵과 랭채, 삼지연 청취말이쌈, 쑥송편과 쉬움지짐, 약밥, 통배추김치가 나왔고, 주식으로 류류날개탕, 젓기름빵, 소고기굴장즙, 칠색송어 은지구이, 잣죽이 나왔으며, 후식으로 수박, 백두산들

쭉크림, 과줄과 인삼차가 나왔다.

식사를 하는 동안 만수대 예술단의 여성기악중주단이 "도라지"를 연주하고, 독창과 중창으로 "노들강변", "고향의 봄", "군밤타령" 등을 불렀다.

만찬과 공연은 두 시간이 넘어 끝났다. 대통령 내외를 모시고 백화원 초대소로 돌아오니 밤 10시였다. 우리들은 다시 내일 행사를 점검하기 위한 회의를 시작했다. 정말로 중요한 행사는 모두 내일 있기 때문이었다.

* 만찬 중에 남북정상회담 준비를 위한 북측 실무교섭 대표 중의 하나였던 인사가 나에게 말했다.

"본인은 실무교섭에 임하기 전에 장군님(북한 사람들은 항상 그렇게 말했다)으로부터 남북정상회담을 반드시 성사시키라는 지시를 받고 매우 긴장했습니다. 실무교섭 중 가장 어려웠던 문제는 방북 기자단 숫자였는데, 남측 입장이 강경해서 아주 어려웠습니다. 그리고 또 남측 선발대를 맞아 준비를 협의하는 과정에서, 남측이 물어보지 않아도 될 사항들을 자꾸 물어보고 또 요구를 해서, 내부에서 이것은 남측이 회담을 안 하겠다는 의도가 아니냐는 비판적인 의견들도 있었지만, 우리들이 참고 남측의 요청에 잘 응해 주자고 주장하여 수습이 되곤 했습니다."

평양에 도착한 다음 날인 6월 14일 아침이었다. 공식수행원들을 위한 조찬이 시작되었다. 메뉴는 전채와 밑반찬으로 닭고기 빵가루 튀김, 오이 게살냉채, 요구르트, 나박김치가 나오고 주식으로는 생선전탕, 기장밥, 닭알말이, 송이구이 즙, 찹쌀완자찜이 나온 다음 차가 나왔다. 어제 점심처럼 맛있고 메뉴가 풍성했다. 그러나 마음 한구석에 평양에서 이런 좋은 음식을 먹는다는 것이 무언가 부담스러웠다.

식사를 하고 북한의 의전 책임자에게 오늘 정확히 몇 시에 김정일 위원장이 오는지 물었지만 그는 모른다고만 대답했다. 속에서 화가 치밀어 올랐다.

* 김영남 상임위원장과의 회담

대통령은 공식수행원들과 함께 9시 20분에 백화원 초대소를 출발했다. 그리고 10분 후 만수대 의사당에 도착해 2층 휴게실로 이동한 다음, 잠시 휴식을 취했다.

별안간 북측이 예정에 없이 대통령의 방명록 서명을 요청했다. 대통령은 "우리는 한민족 한 핏줄의 공동 운명체입니다. 평화, 교류, 협력, 그리고 민족의 통일을 향해 착실하게 전진해 나갑시다"라고 썼다.

대통령과 공식수행원들은 회담장으로 이동하여 김영남 상임위원장과 인사를 하고 북측 배석자들과도 인사를 했다. 북측 배석자들은 8명으로 양형섭 최고인민회의 상임위 부위원장, 최태복 최고

인민회의 의장, 김영대 사회민주당 위원장, 여원구 최고인민회의 부의장, 송호경 아태평화위 부위원장, 안경호 조평통 서기국 국장, 이삼로 최고인민회의 상임위 부장, 정운업 민족 경제협력연합회 회장이었다.

먼저 김영남 상임위원장이 준비된 원고를 낭독하면서 김일성의 업적을 찬양하고, '자주의 원칙'을 강조하면서 은근히 한·미·일 3국 공조를 비난했다.

이에 대해 김 대통령은 한·미·일 3국 공조는 북한을 봉쇄하거나 공격하려는 것이 아니라, 한반도에서 전쟁을 방지하고 평화를 가져오려는 것으로 우리는 주도권을 쥐고 주변국들과의 관계를 강화시켜 나가야 한다고 설명하고, 이제부터 필요한 것은 말이 아닌 행동이며, 남과 북은 경제공동위의 개최, 적십자 회담 및 이산가족 문제의 실현, 김정일 국방위위원장과 김영남 상임위원장의 서울 방문 등을 통해 세계에 행동으로 보여 줄 필요가 있다고 강조했다.

* 인민문화궁전 참관과 어린이 공연

김영남 상임위원장과의 회담은 당초 50분을 예상했지만, 45분이 늦어져 대통령은 11시 15분에 만수대 의사당을 출발해 만경대 인민 학생소년궁전으로 갔다. 그리고 미리 와 있던 김영남 상임위원장과 함께 실습실(조선무용실, 가야금실, 아코디언실, 서예실, 자수실)을 참관했다.

그리고 공연장에 들어가 12시부터 50분 정도 어린이들의 공연을 관람했다. 공연 내용은 노래와 춤, 그리고 악기 연주 등 13개의 프로그램으로 구성되었는데 훌륭했다. 공연이 끝난 다음, 대통령은 김영남 상임위원장과 함께 무대로 올라가 공연자들을 격려하고 기념사진을 촬영한 다음에 준비된 꽃바구니를 전달했다.

** 옥류관에서 정상회담 일정을 통보받다

대통령 내외와 공식수행원들은 만경대 인민문화궁전을 출발해 냉면으로 유명한 옥류관으로 갔다. 시간은 벌써 오후 1시가 넘어 있었다. 준비된 방에서 대통령 내외를 모시고 공식수행원들이 막 식사를 시작하려는데 누가 나를 찾았다. 나가 보니 북한 외교부의 의전 책임자가 기다리고 있었다. 그는 나에게 "장군님이 2시에 오시니 빨리 식사를 하고 1시 50분까지 돌아가야 한다"고 말했다. 그래서 내가 그에게 말했다.

"우리는 그렇게 못합니다. 대통령께서 이제 막 식사를 시작하셨고 식사하고 돌아가셔서 잠시 쉬셔야 하니 위원장이 오신다면 3시에 오시라고 하세요."

그의 얼굴이 하얗게 변했다. 그가 다급히 말했다.

"그러면 안 됩니다. 그러면 저는 큰일납니다."

그래서 내가 말했다.

"그게 나와 무슨 상관이 있습니까? 아니 우리가 그렇게 시간을 알려 달라고 요청했고, 어제 도착해서, 그리고 오늘 아침에 물어봐도 모른다고 하더니, 지금 식사하시는데 무엇하는 겁니까? 김 위원장도 그렇지, 연로하신 어른한테 이렇게 해도 되는 겁니까?"

나는 그 말을 하고 식당 안으로 들어와 버렸다. 식사를 하는데 그 책임자가 식당 문을 열고 계속 나에게 손짓을 하면서 나오라고 했다.

대통령이 나에게 말했다.

"아니 무슨 일이 있는 거예요?"

"아니 별거 아닙니다. 북측 의전 책임자인데요. 그동안 우리가 그렇게 김정일 위원장과의 회담 일정을 알려 달라고 요청했는데 가르쳐 주지 않더니 지금 와서 김 위원장이 2시에 오니까 빨리 식사를 하고 1시 50분까지는 돌아가야 한다고 해서 그렇게 못하겠다고 했습니다. 대통령님 식사하고 돌아가서 자료도 보셔야 하니까 오려면 3시에 오라고 했습니다."

대통령이 말했다.

"잘했어요. 그 사람들 참!"

나는 다른 수행원들과 함께 끝까지 식사를 하고 대통령 내외를 모시고 나왔다. 그 의전 책임자는 풀이 죽은 얼굴로 밖에서 기다리고 있다가 나에게 말했다.

"저는 이제 큰일났습니다."

내가 그에게 말했다.

"큰일나기는 뭐가 큰일 나요. 아무 걱정하지 마세요. 다 잘될 겁니다."

대통령 내외는 백화원 초대소로 돌아갔다. 백화원에 도착하니 벌써 2시 10분이었다.

* 김정일 위원장과의 정상회담

결국 우리 측 주장대로 오후 3시부터 대통령과 김정일 위원장의 정상회담이 시작되었다. 우리 측에서는 임동원 국정원장, 황원탁 외교안보수석, 이기호 경제수석이, 그리고 북측에서는 김용순 대남 담당 비서가 배석을 했다.

정상회담이 진행되는 중에, 나는 회담장 밖에서 북한 국방위원회 전희정 외사국장과 이야기를 나누었다. 전 국장은 나이가 70세로 원래 외교관이었는데, 1982년에 외사국장이 되면서 거의 20년 가까이 김일성 주석과 김정일 위원장 옆에서 의전 업무를 책임지고 있는 사람이었다(후에 그는 2001년부터 2004년까지 이집트 주재 북한대사를 한 다음, 2007년에 다시 외사국장을 맡았고, 나중에는 당 중앙위원까지 승진했음).

"오늘 정상회담은 원래 장군님 계신 곳에서 할 예정이었지만, 대통령께서 다리가 불편하신 것을 고려하여 장소를 바꾼 것입니다. 장군님께서는 통이 크고 배짱이 두둑하시기 때문에 회담이 잘될 것으로 믿습니다. 그동안 남한에서는 북한에 대해 여러 가지 이야기가 있지만, 백문이 불여일견이라고 금번에 와서 직접 보고 나면 잘 알게 될 것입니다. 장군님께서는 일단 회담을 시작하면 보통 5-6시간 정도는 하는데, 한 시간 반 내지 두 시간에 한 번 정도 휴식 시간을 갖는 것이 좋을 것으로 생각합니다. 따라서 오늘 답례만찬 시간은 당초 예정보다 한 시간 늦춘 저녁 8시에 시작하는 것으로 하고, 백화원 초대소에서 출발할 때는 장군님께서 대통령님 자동차에 동승하실 예정입니다."

전 국장은 중간에 회담장에 들어가, 김 위원장에게 한 시간 반

후(4시 반경)에 휴식을 갖는 것으로 보고하고 나왔다. 그러나 회담이 진지하게 계속되는 바람에, 결국 두 시간이 넘은 다음에야 휴식 시간을 가지게 되었다.

회담이 진행되는 중에 공보에서 오늘 아침 서울에서 나온 조간신문들을 몇 가지 가져왔다. 전 국장이 신문을 보더니 다른 신문도 있으면 다 가져와 보라고 하여 공보에서 모든 신문들을 가져왔다. 전 국장은 그 신문들을 전부 가지고 다른 방으로 들어갔다. 그리고 한참 있다가 다시 신문을 가지고 나왔다. 아마 신문의 내용들을 미리 체크해 본 것 같았다.

전 국장은 나에게 이 신문들을 두 분에게 그냥 드리지 말고 두 분이 놓아 둔 신문들을 보는 장면을 사진 기자들로 하여금 촬영토록 하자고 제의하는 것이었다. 우리는 회담장 밖에 테이블을 설치하고 한국 조간신문들을 테이블에 놓아 두었다.

5시 15분경 회담이 정회가 되었다. 회담장에서 나온 대통령이 테이블 위에 올려놓은 서울에서 온 신문들을 김정일 위원장에게 보여 주었다. 이때 기자들이 몰려들어 그 장면들을 찍기 시작했다.

숙소로 돌아온 대통령은 임동원 국정원장에게 휴식 시간에 북한 측과 우리가 만든 공동선언문을 갖고 협상을 계속하고, 동 협의가 끝난 다음에 회담을 계속하도록 하라고 지시했다.

저녁 6시 10분에 정상회담이 재개되었다. 그리고 40분 만에 대통령과 김 위원장이 밖으로 나왔다. 회담이 끝난 것이었다.

방으로 돌아온 대통령이 나에게 말했다.

"오늘 회담 다 잘 되었어요. 오늘 밤에 공동선언문에 서명할 거예요. 그런데 김 위원장은 머리도 좋고 한국 사정이나 국제 정세에 아주 밝아요. 어쨌든 오늘 나하고 회담해서 자기 이미지를 국제적으로 높이는 데 큰 이익을 보았지요. 사실 그동안 나도 많은 교섭을 해 보았지만, 오늘처럼 힘든 교섭은 없었어요. 김 위원장이 나보고 전라도 사람이 왜 그렇게 고집이 세냐고까지 말하더라니까."

: 대통령 주최 답례만찬 전 환담

오늘 답례만찬은 원래 7시부터 시작토록 되어 있었다. 그러나 결국 지연이 되어 7시 50분에 백화원 초대소를 출발하게 되었다. 낮에 전 국장이 이야기한 것처럼 차량을 타는데 김 위원장은 대통령이 탑승하는 것을 다 보고 뒤로 돌아가서 왼쪽 자리에 앉았다. 자동차가 15분 정도 달린 후, 북한 고위급 간부들의 연회장인 목란관에 도착했다.

대통령과 김 위원장은 휴게실에서 15분 정도 환담을 했다. 휴게실에는 백두산 천지를 그린 대형 그림이 붙어 있었다. 자연히 산 이야기가 나왔다. 김 위원장은 금강산과 칠보산 자랑을 한 다음, 서로 오가는 것도 좋고 관광해서 얻은 이익도 좋지만 손해 보는 것도 적지 않다고 말했다. 그러면서 "다소 과장됐겠지만 금강산 갔다 온 남

쪽 사람들이 자기네 설악산은 오물투성이라고 말하더라"고 이야기
하다가, 자신이 너무 말을 많이 했다고 생각한 때문인지 대통령에
게 "제가 너무 경거망동한 것 같습니다"라고 말했다.

* 김정일 위원장과 김영남 상임위원장

그렇게 한참 대화를 하는데 김영남 상임위원장이 와서 인사를
하면서 "제가 다른 일이 있어서 조금 늦었습니다" 하고 말했다.

김정일 위원장이 "아, 오셨어요. 저기 앉으세요"라고 했다. 그러
나 김영남 상임위원장은 계속 선 채로 "아니, 괜찮습니다" 하고 대
답을 했다. 그러자 김 위원장이 다시 말했다. "아니, 저기 앉으세요."
그러나 김영남 상임위원장은 여전히 선 채로 다시 "아니, 괜찮습니
다"라고 말했다. 그러자 김 위원장이 큰 소리로 말했다. "아니, 가서
앉으라니까요!"

그때야 김영남 상임위원장은 "알겠습니다"라고 말하고 소파 한
구석에 가서 앉았다. 김정일 위원장과 김영남 상임위원장이 어떠한
관계인지는 그날 있었던 그 에피소드 하나로 확실히 알 수 있었다.

* 답례만찬에서 생긴 일

8시 20분 대통령과 김 위원장이 만찬장에 입장했다. 200명(북측
150명, 우리 측 50명)의 참석자들이 일어서서 박수를 보냈다.

만찬의 주최자인 대통령이 먼저 만찬사를 읽었고 그중에 이런

부분이 있었다.

"김 위원장과 저는 정상회담을 성공적으로 마무리했습니다. 이제 비로소 민족의 밝은 미래가 보입니다. 화해와 협력과 통일에의 희망이 떠오르기 시작했습니다. 이제 지난 100년 동안 우리 민족이 흘린 눈물을 거둘 때가 왔습니다. 서로에게 입힌 상처를 감싸 주어야 할 때입니다. 평화와 협력과 통일의 길로 나가야 하며, 그것이 역사가 우리에게 부여해 준 사명입니다. 우리는 이 사명을 수행하는 데 결코 실패해서는 안 되겠습니다."

김 위원장을 대신하여 김영남 상임위원장이 답사를 했다. 그중에 이런 부분이 있었다.

"역사가 주는 기회는 언제나 있는 것이 아니며, 무한정으로 주어지는 것도 아닙니다. 우리 정치인들은 통일을 미래형으로 볼 것이 아니라 현재형으로 만들기 위해 모든 지혜와 힘을 모아야 합니다. 세월이 흘러간 먼 훗날에도 역사는 조국의 통일을 위해 공헌한 애국자들을 잊지 않을 것이며, 그들의 이름을 언제나 기억할 것입니다. 나는 김대중 대통령의 이번 평양 방문이 온 겨레의 숙원인 통일의 길로 이어지게 되리라는 확신을 표명하는 바입니다."

8시 40분에 만찬이 시작되자마자 김 위원장은 앞의 1번 테이블에 앉아 있는 여사님을 보고 "이산가족이 되면 안 된다"고 하면서, 여사님을 헤드테이블로 모시고 오라고 하여 자신과 대통령 중간에 앉으시도록 했다.

그러자 우리가 서울에서 준비해 간 궁중요리가 나오기 시작했다. 모듬전채를 시작으로 호박죽, 유자향 은대구 구이와 전, 삼합찜, 신선로, 갈비와 수삼구이, 비빔밥과 석류탕, 과일, 식혜와 한과 순으로 나왔다. 참석자들은 각 테이블 별로 나오는 음식을 먹으면서 우리가 서울에서 가져간 소주, 문배주, 백포도주와 적포도주를 마셨다. 그런데 재밌는 것은 북한 참석자들이 술을 사양하지 않는 것이었다. 모두들 테이블에 올려놓은 술들을 주는 대로 마셨다. 얼마 지나지 않아 남북의 구분 없이 대부분의 참석자들의 얼굴에 취기가 올라오기 시작했다.

만찬이 한창 진행되는 중에 임동원 국정원장과 북한의 김용순 비서가 공동선언안에 대해 대통령과 김 위원장의 최종 승인을 받았다. 양측이 남북공동선언에 합의한 것이었다. 대통령이 김 위원장의 손을 잡고 연단으로 나와서 말했다.

"여러분 모두 축하해 주십시오. 우리 두 사람이 남북공동선언에 완전히 합의했습니다."

대통령이 김 위원장의 손을 잡아들어 올렸다. 모두가 일어나 박수를 치는데 박수가 그치지를 않았다. 결정적인 순간이었다.

그런데 그 순간 장내에 카메라 기자가 없었다. 공보수석이 대통령에게 가서 "죄송하지만 중요한 장면이니 다시 한 번 해 주십시오" 하고 말씀을 드렸다. 대통령은 할 수 없이 김 위원장에게 이야기를 했고, 김 위원장은 흔쾌히 "좋은 날인데 배우 한 번 더 하십시다"라고 대답했다. 대통령과 김 위원장은 다시 연단으로 가서 잡은 손을 높이 들었다.

"조금 전에 사진을 못 찍었다고 해서 다시 합니다. 우리가 드디어 공동선언문에 완전 합의했습니다. 여러분 축하해 주십시오."

참석자 모두가 다시 일어서서 박수를 치는데 그 소리가 정말 우레와 같았다. 만찬장이 뜨거워졌다.

김 위원장은 앞에 있는 테이블에 앉아 있던 사복 차림의 국방위원회 위원(박재경 대장 등 장성 6명)들에게 앞으로 나오라고 하더니, 대통령께 인사드리고 술을 따르라고 지시했다. 국방위원들이 줄을 서서 한 명씩 대통령께 나아가 경례를 한 다음 포도주를 조금 따르면, 대통령은 그들에게 포도주를 가득 따라 준 다음에 함께 마셨다.

특별수행원인 고은 시인이 나와서, 자신이 지은 "대동강 앞에서"라는 시를 낭송했다.

이미 시계는 밤 10시 30분을 가리키고 있었다. 나는 대통령께 시간이 너무 늦었으니 백화원 초내소로 돌아가서 공농선언에 서명을 하셔야 한다고 말씀드렸다. 임동원 국정원장도 김 위원장에게 이제 시간이 너무 늦었으니 일어서시자고 말했다. 그랬더니 김 위원장은 정면에 있는 해 뜨는 사진을 가리키면서 "해가 저렇게 떠 있으니 아직은 늦지 않았다"고 말하는 것이었다. 그러자 임 원장은 "저 해는 지는 해"라고 말했다. 김 위원장은 다시 "저 해가 아까부터 계속 저렇게 있는 것을 보니 지는 해가 아니라 뜨는 해가 틀림없다"고 했다. 모두들 유쾌하게 웃으면서 자리에서 일어났다.

대통령은 다시 김 위원장과 동승해서 백화원 초대소로 갔다.

** 역사적인 6 · 15 남북공동선언 서명

백화원 초대소에 도착하여 나는 대통령 지시에 따라 전희정 국장과 만나 함께 공동선언문 서명장을 돌아보고 서명 절차를 협의했다. 서명 테이블에는 대통령과 김정일 위원장이 앉되, 각 측에서 한 명의 배석자만 앉기로 하고, 우리 측에서는 임동원 국정원장, 북측에서는 김용순 대남담당 비서가 앉기로 했다. 나머지 우리 측의 공식수행원들은 전부 대통령 의자 뒤에 서 있기로 했다. 그리고 서명을 보조하는 사람은 북측에서 전희정 외사국장이, 우리 측에서는 필자가 하기로 했다.

밤 11시 30분 드디어 김 대통령과 김정일 위원장이 공동선언문에 서명을 했다. 그리고 서명한 공동선언문을 교환한 다음, 대통령과 위원장은 서로 손을 잡고 두 팔을 번쩍 치켜들었다.

2000.6.15 남북정상회담 후 6.15 공동선언 서명식
대통령의 서명을 보좌하는 필자

이어서 세 번의 사진 촬영을 했다. 한 번은 대통령과 김 위원장의 사진, 두 번째는 대통령과 김 위원장 옆에 각각 임동원 국정원장과 김용순 대남담당 비서가 선 사진, 마지막으로 대통령과 김 위원장이 양측 수행원 전원과 함께하는 사진이었다.

서명을 축하하는 샴페인이 들어왔다. 대통령과 김 위원장이 샴페인 잔을 부딪친 다음 마시는데, 김 위원장은 한 모금에 다 마셨지만 대통령은 4번 만에 샴페인 잔을 비웠다. 다른 참석자들에게도 샴페인 잔이 돌려지고 김 위원장은 우리 수행원들 한 사람 한 사람과 잔을 부딪치며 건배를 했다.

모든 일정이 끝나고 김 위원장이 백화원을 떠날 때 대통령과 우리 수행원들이 배웅했다. 시계는 밤 11시 50분을 가리키고 있었다.

공식수행원들은 전부 대통령 방으로 가서 다시 샴페인으로 축하를 했다. 그리고 대통령 방에서 나와서 한광옥 비서실장 방에 다시 모여 새벽 2시까지 서로를 축하하며 흥분을 달랬다.

﹡ 오찬 참석자 전원이 김 위원장과 사진을 찍다

이제 평양에서의 마지막 날인 6월 15일이 되었다. 우리는 아침 일찍부터 서울로 돌아갈 준비를 하고 있었다. 갑자기 북한의 전희정 외사국장이 연락을 해서 나하고 만나 오늘 오찬에 관한 의전 사항을 협의하자고 하는 것이었다. 우리는 백화원 초대소 안에 있는 방에서 만났다.

전 국장은 오늘 장군님이 대통령 내외분을 위해 오찬을 주최하는데 한국 측 참석자를 총 50명으로 해 달라고 요청하면서, 시간은 12시부터 오후 3시까지 하자고 말하는 것이었다. 이에 대해 나는 오찬 시간이 너무 오래 걸리니 30분 정도 줄이자고 말했다. 전 국장은 알겠다고 하면서, 그러면 2시 30분에 오찬을 끝내고 잠시 휴식을 취한 뒤, 3시 20분에 김 위원장이 김 대통령과 함께 자동차에 동승하여 공항으로 갈 것이며 공항에서 간단한 환송행사를 가진 다음, 4시 정각에 비행기가 이륙하게 될 것이라고 설명했다.

그런데 어제부터 오늘 김정일 위원장 주최 오찬에 참석하는 특별수행원들이 나에게 김 위원장과 사진을 찍게 도와 달라고 요청을 한 것이 생각났다. 나는 전 국장에게 한국 측 참석자들이 김 위원장과의 사진을 원하니 김 위원장께서 한국 측 참석자 전원을 개별적으로 접견하면서 악수를 해 달라고 요청했다. 그랬더니 전 국장은 북한에 그러한 관례가 없어 곤란하다고 대답하는 것이었다. 그래서 나는 아마 그동안 김 위원장께서 외국에 많이 나가지 않아 익숙하지 않아 그러는 것 같은데, 외국에서는 오찬이나 만찬을 할 때 주최자가 참석자들을 개별적으로 접견하며 악수를 하는 것이 관례이며, 앞으로 중국이나 러시아를 방문해도 다 그렇게 할 것이니, 이왕이면 미리 그렇게 해 보는 것도 좋을 것이라고 설명했다.

전 국장은 그렇다면 지금 말한 내용을 장군님께 보고 드리고 나올 테니 잠시 기다려 달라고 했다. 전 국장은 백화원 초대소 현관에서 오른쪽에 있는 방으로 들어가더니 (아마 그날 오찬 때문에 김 위원장이 미리 와 있던 것으로 보였음) 한참 있다가 나왔다. 그러면서 김 비서관 의견대로 하겠으니 그것을 어떻게 진행하면 되느냐고 물었다.

그래서 나는 전 국장과 현장에 가서 접견하기에 적절한 장소를 정한 다음, 우리 측 오찬 참석자들이 몇 시까지 어디에 대기하고 있을 것이니, 김 위원장께서 몇 시까지 나와서 대통령 내외분과 이곳에 서셔야 하며, 그때 우리 카메라들이 어느 쪽에서 사진을 찍을 것이라는 것 등을 상세히 설명해 주었다.

나는 의전 직원들에게 오찬에 참석하는 우리 측 수행원들이 백화원 초대소 어느 장소에 몇 시까지 대기하도록 연락하라고 지시했다. 그리고 그날 오찬에 참석했던 우리 측 참석자 50명은 전부 김정일 위원장과 악수를 하면서 사진을 찍었다.

＊ 오찬 헤드테이블 좌석 배치 문제

한편 전 국장은 오찬 헤드테이블 좌석 배치를 설명하면서 여사님을 가운데 앉으시도록 하고, 그 오른편에 김 위원장, 왼편에 대통령이 앉으시도록 좌석 배치를 했다고 설명했다. 이에 대해 나는 그와 같은 좌석 배치는 이상하며, 대통령이나 김 위원장 모두 국가의 정상인만큼 헤드테이블의 정 가운데 앉아야 하고, 이 경우 김 위원장께서 주최자이므로 대통령이 상석인 오른쪽에 앉고, 여사님을 왼쪽에 앉으시도록 좌석 배치를 해야 한다고 설명했다. 그러나 전 국장은 좌석 배치는 이미 장군님이 직접 명령하신 것이기 때문에 절대로 바꿀 수 없다고 강력히 주장했다.

이번에는 내가 전 국장에게 잠시만 기다리라고 하고 안으로 들어가 대통령에게 북한 측 주장을 보고했다. 대통령께서도 그러한 좌석 배치는 이상하니 다시 북한 측을 잘 설득하라고 지시를 했다. 나는 대통령 방에서 나와 전 국장에게 대통령께도 보고 드렸는데 안 되겠으니 좌석 배치를 우리가 원하는 대로 바꿔 달라고 요청했다.

전 국장은 난색을 표하다가 잠깐만 기다리라고 하고 다시 김 위원장 방으로 들어갔다 나오더니 나에게 말했다.

"하중 선생이 이겼소."

전 국장은 나보고 함께 오찬장으로 가자고 하더니 이미 놓여 있던 좌석표를 바꿨다.

❊ 답사 준비를 위해 시간을 끌다

나는 북한 측 의전 책임자에게 물었다.

"오늘 김 위원장께서 오찬사를 하실 건가요?"

북한 측 의전 책임자가 답했다. "안 하십니다."

나는 "그럼 우리 대통령님 답사도 안 하겠습니다"라고 했고, 그는 "네, 그렇게 하세요"라고 대답했다.

나는 대통령에게 가서 오늘 김 위원장의 오찬사가 없으니 대통령께서도 답사를 할 필요가 없다고 말씀드렸다. 대통령은 준비해 두었던 답사를 여비서에게 주었다.

조금 후에 청와대 의전 직원이 와서 보고를 하는데, 지금 오찬장에 가 보니 조명록 국방위원회 제1부위원장이 무언가를 읽고 있는데 아무래도 오찬사인 것 같다는 것이었다. 나는 얼른 오찬장으로 가 보았다. 문을 열고 살며시 들어가 보니 정말 조명록 위원장이 자기 자리에 앉아 열심히 오찬사를 연습하고 있었다.

나는 돌아와 대통령에게 상황을 보고하고 북측이 오찬사를 준비하고 있으니 우리도 누군가 답사를 해야 할 것 같으며, 북측 인사가 조명록 부위원장이라고 하니 아무래도 임동원 원장이 하는 게 좋겠다고 말씀드렸다. 대통령은 그렇게 하라고 말했다.

나는 임동원 원장에게 전화로 연락을 해서, 지금 조명록 부위원장이 오찬사를 준비하고 있으니, 아무래도 원장님이 답사를 해 주어야 하겠다고 말했다. 임 원장은 아무런 준비를 하지 않았는데 어떻게 갑자기 답사를 하느냐고 걱정을 했다. 그래서 내가 임 원장에게 대통령이 준비하신 답사를 드릴 테니 원장님이 적절히 수정하여 사용하라고 말하고 전화를 끊었다.

그리고 급히 직원을 보내 대통령 여비서에게 가서 답사를 가져오라고 했더니 하필 여비서가 지금 식당에 가 있다는 것이었다. 직원이 여비서에게 연락을 취하여 답사를 받아 가져오는 데 시간이 걸렸다. 이미 오찬장에 들어가 있는 임 원장에게 답사를 주면서 다 보고 준비가 되면 의전 직원에게 말씀하라고 말했다.

그렇게 바삐 움직이고 있는데 12시부터 시작된 한국 측 참석자들에 대한 개별 접견이 끝나 김 위원장과 대통령 내외가 잠시 환담장으로 들어갔다. 나는 대통령께 조용히 상황을 보고하면서, 임 원장이 답사 준비를 해야 하니 제가 말씀드릴 때까지는 김 위원장이 권하더라도 자리에서 일어서시지 말라고 말씀드렸다. 그런 다음 북한 측 의전 책임자에게, 우리에게 불가피한 일이 생겼으니 내가 동의하기 전까지는 김 위원장이 오찬장에 들어가시지 않도록 해 달라고 부탁했다.

환담장에 들어가서 5분 정도가 흘렀다. 김 위원장이 북한 측 의전 책임자를 보면서 "준비 다 됐나?" 하고 물었다. 북한 측 의전 책임자가 나를 보았다. 나는 머리를 흔들었고, 그는 김 위원장에게 "아직 안 됐습니다" 하고 대답했다.

다시 5분 정도가 흘렀다. 김 위원장이 다시 북한 측 의전 책임자를 보면서 물었다. "준비 다 안 됐나?" 그가 나를 보았고, 나는 다시 머리를 흔들었다. 그는 한 번 더 "아직 안 됐습니다" 하고 대답했다. 그랬더니 김 위원장이 "아니 무어가 준비 안 됐다는 거야?" 하면서 대통령에게 말했다. "그냥 들어가실까요?" 아마 대통령을 계속 기다리게 한 것이 미안해 일부러 그러는 것 같았다. 대통령은 "아닙니다. 무슨 일이 있나 보지요. 그냥 좀 더 기다리시지요" 하면서 화제를 돌렸다.

또 5분 정도가 흘렀다. 나는 더 이상 시간을 끄는 것은 무리라는 생각이 들어 북한 측 의전 책임자에게 들어가자는 눈짓을 보냈다. 그는 김 위원장에게 "이제 준비가 다 됐으니 들어가시지요"라고 보고했다. 김 위원장이 일어서면서 말했다. "참 이상하네. 도대체 무어가 준비가 안 됐다는 거야?" 그리고 대통령에게 말했다. "오래 기다리시게 해서 죄송합니다."

대통령이 대답했다. "아닙니다. 그러면서 쉬었지요."

드디어 김 위원장과 대통령 내외가 오찬장에 입장을 했다. 벌써 시간이 15분이나 지연되어 바로 오찬이 시작되었다.

먼저 조명록 부위원장이 일어나 오찬사를 하는데 요지는 아래와 같았다.

"우리 국방위원회는 김대중 대통령의 평양 방문과 더불어 마련된 통일 건설에 대해 만족한 생각을 갖고 높이 평가합니다. 북남 사이에는 형식적 장벽이 있고 군대가 대치하고 총포도 겨누고 있는 엄혹한 정세입니다. 그러나 모든 것을 천리혜안으로 민족 이익을 첫째로 해 민족 이익과 자주권을 생명으로 지켜 두 분이 도량으로 민족 앞에 역사적 결단을 내려 주었습니다. 이번에 국방위원회 김정일 위원장과 김 대통령이 뜻깊은 상봉을 하시고, 민족 앞에 북남 선언을 천명해 통일의 이정표를 세운 것은 온 겨레에 기쁨과 희망을 던져 주었습니다. 우리는 헤어져도 오늘을 잊지 말고 북남 선언을 성의 있게, 신의 있게 실천해야 합니다. 이 헤어짐은 7천만 겨레의 상봉을 위한 송별입니다."

그러자 임동원 원장이 테이블 위에 대통령용 답사를 펴놓고 자기 답사로 바꾸어 말을 시작했다. "김대중 대통령과 김정일 위원장이 처음 만나 활짝 웃는 가운데 손잡는 모습이 전파를 타고 온누리에 퍼졌습니다. 그 누가 감격하지 않을 수 있겠습니까? 7천만 민족의 염원에 평양도 울고 서울도 울었습니다. 기쁨의 눈물입니다." 임 원장은 평양에서의 열렬한 환영과 환대에 다시 한 번 감사를 표하고 "김 위원장이 적절한 시기에 꼭 서울을 방문하여 우리의 답례를 받아 주기 바란다"는 말로 끝을 맺었다(《피스메이커》 140쪽 참조).

* 당시 청와대에서도 중요한 외빈을 위한 만찬을 하는 경우에는 대통령과 귀빈이 참석자들을 접견한 다음, 참석자들이 만찬장에 입장하여 자기 자리에 앉는 시간을 주기 위해 잠시 환담장에 들어가 있는데, 그 시간은 일반적으로 5분 내외였다. 그러나 이날은 15분을 기다려야 했으니 북한 측이 조급하게 생각한 것도 무리는 아니었다.

✷ 오찬에 나온 상어지느러미 수프와 곰발바닥

드디어 오찬이 시작되고 음식이 나오기 시작했다. 조금 후 오찬장 문이 활짝 열리더니 남자 웨이터들이 양손에 야자열매를 들고 들어왔다. 나는 순간적으로 '북한에서 무슨 야자열매지?' 하는 생각을 했다. 웨이터들이 손에 든 야자열매를 각 테이블에 놓고 뚜껑을 열었다. 그런데 야자열매 속에 상어지느러미 수프가 들어 있는 것이었다. 나는 깜짝 놀랐다. '북한에 상어지느러미 수프라니?' 모두들 맛있게 수프를 먹었다.

조금 후 다시 웨이터들이 요리 접시를 갖다 놓는데 맛을 보니 너무 기름져 먹기가 불편했다. 무슨 요리인가 하고 메뉴판을 보았더니 '곰발통찜'이었다. 이른바 곰발바닥이었던 것이다. 전에 곰발바닥은 앞발만 먹고 뒷발은 먹지 못한다고 들었는데, 그 이야기가 사실이라면 그날 한국 측 참석자 50명과 북측 참석자가 40-50명 정도라고 가정할 때 최소한 40-50마리의 곰이 필요했을 것이었다. 나는 비위가 상해서 결국 그 곰발바닥 요리를 먹지 못했고 다른 사람이 가져가 먹었다.

동시에 프랑스 포도주가 나오는데 우리는 감히 생각하지도 못하는 최고급 포도주였다. 나는 그저 놀랄 뿐이었다.

그날 나온 음식 메뉴는 다음과 같았다. 찬 음식으로 게사니향료찜튀기, 산나물무침, 수정랭묵, 삼색찰떡, 배속김치가 나오고, 더운 음식으로는 록두지짐, 야자상어날개탕(상어지느러미탕), 곰발통찜, 깨쏘가리, 새우볶음밥, 은실맑은국, 후식으로 통수박, 복숭아아이스크림, 쵸콜레트케이크, 인삼차가 나왔다.

* 생각해 보면 그 전날 대통령이 주최하는 만찬에서 궁중요리를 맛본 북측의 일부 인사가 별다른 반응을 보이지 않았다. 내가 한국의 궁중요리가 어떠냐고 물었더니, 그 인사는 "괜찮네요"라고만 대답하는 것이었다. 나는 그 태도가 이상하게 느껴졌다. 서울 시내 최고급 호텔의 요리사 9명이 와서 직접 요리를 만들었는데 "왜 반응이 저럴까?" 하고 생각을 했다. 그런데 지금 북측 요리를 먹어 보니 그 인사의 반응이 이해가 되는 것이었다.

한국에서는 대통령 주최 연회에도 규정에 의한 단가가 있었다. 그래서 몇 사람을 위한 연회이면 모를까 대규모의 연회를 할 때는 반드시 단가를 지켜야 했다. 그 단가는 별로 높지 않기 때문에 음식의 질이 아주 좋을 수는 없었다. 우리가 평양에서 주최하는 만찬의 단가를 정할 때도 예외적으로 평소의 단가보다는 약간 높게 책정했지만 그것은 최고급이라고 할 수는 없었던 것이다.

그러나 평양에서는 단가라는 것이 없는 것 같았다. 한국에서는 청와대라도 그날 평양에서 먹은 상어지느러미 수프 같은 최고급 요리를 준비할 수 없었다.

* 장성택, 강석주와 한 테이블에 앉다

그날 내가 앉은 테이블에는 우리 쪽에서 특별수행원 자격으로 온 주요 기업인들이 앉아 있었다. 김재철 무역협회 회장, 정몽헌 현대아산 이사, 윤종용 삼성 부회장, 구본무 LG 회장, 손길승 SK 회장, 장치혁 남북경협위원장 등이었다. 그리고 북한의 장성택 조직부 부부장과 강석주 외교부 부부장이 자리를 함께했다. 내 왼쪽에 강석주 부부장이 앉았고 건너편에 장성택 부부장이 앉았는데, 장 부부장 왼쪽에 현대 정몽헌 이사가 앉아 있었다.

우리 측 인사들은 강석주 부부장은 언론에 많이 보도가 되었기 때문에 금방 알아보았지만 장성택 부부장에 대해서는 정몽헌 이사를 빼고 대부분이 알아보지를 못했다. 오찬이 무르익어 가자 건너편에 있던 장성택 부부장이 포도주 병을 들고 내 자리에 와서 말을 걸었다.

"김하중 선생은 해외에 많이 다니셨다면서요?"

그래서 내가 대답했다.

"장 부부장께서도 조직 업무 때문에 바쁘시지요?"

그랬더니 장 부부장이 깜짝 놀라면서 말했다.

"아니 나를 아세요?"

그래서 내가 또 말했다. "당연하지요. 한국에서 장 부부장을 모르는 사람이 어디 있겠습니까?"

장 부부장은 흐뭇한 표정으로 건배를 하고 자기 자리로 돌아갔다. 옆에서 이 광경을 보고 있던 우리 기업인들이 나에게 물었다.

"저 사람이 누구입니까?"

내가 말했다. "아니 장성택 부부장을 모르세요? 김정일 위원장 매제이지요. 북한의 최고 실력자 중의 한 사람입니다."

우리 기업인들이 깜짝 놀랐다. 한 사람씩 일어서더니 장 부부장에게로 가서 인사를 하고 건배를 하는 것이었다. 그러다가 몇몇 기업인들이 자신들도 헤드테이블에 가서 김정일 위원장하고 건배를 하고 싶다고 했다. 그러자 장 부부장은 김 위원장에게 미리 상의도 하지 않고 기업인들을 보고 "갑시다" 하고 가는 것이었다. 헤드테이블에 앉아 있던 김 위원장이 장 부부장을 쳐다보니까 장 부부장이 말했다.

"남조선 기업인들이 장군님하고 건배를 하고 싶답니다."

김 위원장이 "그러지" 하고 일어서서 헤드테이블로 온 우리 기업인들에게 포도주를 따라 주고 난 다음에 건배를 했다. 이때 박지원 장관이 "우리의 소원은 통일"을 부르자고 제의했다. 모두 일어나 손을 잡고 합창했다. 대통령과 김 위원장도 손을 잡아 앞뒤로 흔들었다. 나중에 언론에 보도된 사진에 대통령과 김 위원장을 비롯한 헤드테이블에 앉은 인사들은 물론 일부 기업인들의 모습이 보인 것은 그 때문이었다.

합창 후 김 위원장은 "여러분, 우리 구정치인들이 후회하도록 만듭시다"라고 말했다. 그리고 "김대중 대통령께서 남북 통일사에 있어 그 이름이 영원히 기억되도록 합시다"라고 소리를 쳤다.

조금 후 박지원 문화관광부장관이 나오더니 자신이 가장 좋아하는 노래라고 하면서 "내 곁에 있어 줘"를 불렀다. 그랬더니 김 위원장이 한 곡 더 부르라고 했다. 박 장관은 자신이 한국에서 국회의원에 한 번 당선되고 재선은 못했는데 노래는 앙코르를 부르겠다고 하고, 다시 "우린 너무 쉽게 헤어졌어요"를 불렀다.

오찬이 진행되는 동안 나는 옆에 앉은 강석주 부부장과 여러 가지 이야기를 나누었다.

* 그날 장성택 부부장은 자신이 북한의 실세임을 여실히 보여 주었다. 그 당시 김 위원장이 앉아 있는 헤드테이블에는 경호 때문에 아무나 쉽게 접근할 수 없었다. 그러나 장 부부장은 우리 기업인들이 김 위원장과 건배를 하고 싶다고 하자 사전에 김 위원장의 의사를 물어보지도 않고 아무 거리낌 없이 우리 기업인들을 데리고 헤드테이블로 갔다. 그것이 비록 순간적인 조그만 행동에 불과했지만 그 행동에는 자신감이 넘쳐 있었다.

✳ 김정일 위원장의 풍산개 선물 증서

오찬은 원래 예정보다 10분이 늦은 오후 2시 40분에 끝났다. 오찬장에서 나와 대통령 내외를 모시고 방으로 돌아가는데 김용순 대남담당 비서가 나에게 와서 김 위원장이 대통령 내외분에게 풍산개를 선물로 드리는데 자신이 선물 증서를 대통령께 드리고 싶다고 했다. 나는 선물 증서를 대통령에게 직접 드리기는 곤란하니까 나한테 달라고 했더니 그것은 곤란하며 자신이 대통령께 직접 드려야 한다는 것이었다. 나는 그것은 안 된다고 잘라서 말했다.

그런데 앞을 보니 대통령께서 앞에 가시고 여사님은 그 뒤에 약간 떨어져서 가시는 것이었다. 김용순 비서에게 물었다.

"정 그렇다면 여사님께 드리면 어떨까요?"

김용순 비서는 "좋습니다" 하고 대답했다.

나는 걸어가시는 여사님에게 가서 "지금 김용순 비서가 김정일 위원장의 풍산개 선물 증서를 대통령께 드리겠다고 해서 안 된다고 했는데, 여사님이 대신 받아 주시지요?" 하고 말씀드렸고, 여사님은 "그러세요"라고 말하면서 그 자리에 섰다.

나는 김용순 비서에게 가서 "여사님이 받겠다고 하시니 드리시지요" 하고 말했다. 김 비서는 여사님 앞으로 가더니, 별안간 부동자세로 서서 선물 증서를 들고 큰 소리로 읽기 시작했다. 그리고 다 읽은 다음에 여사님에게 정중하게 머리를 굽히면서 선물 증서를 드렸다. 여사님은 약간 당황한 모습으로 선물 증서를 받아서 나에게 주었다.

나중에 돌아와 보니 그 증서는 겉에 빨간 비단 천을 붙여 만든 아주 멋진 증서였다. 북한에서는 김정일 위원장의 선물 증서 하나도 그렇게 만든다는 것을 그때 처음 알았다. 나는 서울로 돌아와서 그 문서를 행정자치부로 보내 잘 보관토록 했다.

※ 도착할 때의 악수가, 작별할 때는 포옹으로

3시 20분 대통령과 김 위원장이 동승한 자동차가 백화원 초대소를 출발했다. 도로변에는 또 수많은(북측은 20여만 명이라고 설명) 평양 시민들이 나와서 꽃술을 흔들면서 전송을 했다. 도착할 때와 달리 이번에는 모두가 "만세"만을 부르면서 환호를 하는데 그중에는 눈물을 흘리는 시민들도 많이 보였다. 무엇인지 모를 뜨거운 감정이 가슴 속에서 솟구쳐 올랐다.

모터케이드는 4시 5분에 순안비행장에 도착했다. 수많은 인파가 도열해 있었다. 대통령은 김 위원장과 함께 의장대를 사열하고 화동 두 명으로부터 꽃다발을 받은 다음, 기다리고 있던 북한 측 인사들과 작별 인사를 했다.

김영남 상임위원장, 조명록 국방위 제1부위원장, 김국태 당 중앙위 비서, 최태복 인민최고회의 의장, 연형묵 국방위원, 김용순 대남담당 비서 등 모두가 대통령으로서는 지난 사흘 동안 몇 번을 만나면서 정들었던 사람들이었을 것이다. 이제 마지막 한 사람만 남았다. 김정일 위원장이었다.

나는 서울에서 대통령께 남북정상회담 시 의전에 관해서 북한의 주요 인사와 포옹을 할 경우에는 좌우로 세 번을 하는 것이 관례라는 보고를 했다. 첫날 도착할 때는 처음이라 그랬는지 악수만 나누었던 김 대통령은 작별을 하면서 김정일 위원장과 세 차례 포옹을 했다. 아마 헤어지는 것이 너무 아쉬워서 그랬을 것이다.

그리고 트랩을 올라왔다. 비행기 문이 닫히고 대통령 전용기가 순안비행장을 이륙했다. 밑을 내려다보니 김정일 위원장을 비롯한 조금 전 작별의 악수를 한 인사들이 계속 손을 흔들면서 서 있었다.

시계를 보니 오후 4시 15분이었다.

저녁 5시 25분 전용기는 서울공항에 도착했다. 청와대로 가는 연도에 수많은 군중들이 환호를 하면서 대통령 내외를 환영했다. 대통령은 서울공항 정문 앞, 양재역, 시청 앞, 교보문고와 청와대 분수대 앞에서 차를 세우고 환영하는 시민들과 악수를 했다. 그리고 청와대에 들어서는데 입구부터 관저까지 전 직원이 도열하여 대통령 내외를 환영했다.

나는 사무실에 들어가 서류만 간단히 정리한 후 집으로 돌아갔다. 내 머릿속에는 빨리 푹 자고 싶은 생각밖에 없었다.

* 남북정상회담 평가

다음 날인 6월 16일 아침 청와대에서 국무회의가 열렸다. 그 자리에서 대통령이 이번 남북정상회담을 아래 요지로 평가했다.

"이번 방북을 통해 북한에 대한 이해와 신뢰가 깊어졌으며, 앞으로 대화를 통해 해 나갈 수 있다는 확신을 갖게 되었습니다. 전쟁을 막자는 데는 북측도 우리와 똑같다는 것을 확인했습니다. 우리 측 주최 답례만찬 시 김정일 위원장의 지시에 따라, 북측의 국방위원회 소속 인사들이 본인에게 찾아와 인사를 하고 술도 함께 마셨는데, 이것은 상당히 상징성이 있는 행동이었습니다. 본인은 북한에 갈 때 '뜨거운 가슴과 차가운 머리로 하겠다'는 작심을 하고 갔습니다.

앞으로 북한과는 공동선언에 따라 하나하나 구체적으로 추진해 나가겠지만, 가장 중요한 것은 공동선언의 제2항으로서 우리가 생각하는 남북연합과 북한이 최근 주장하는 낮은 단계의 연방제 사이의 접점을 찾은 것입니다. 또한 이산가족 문제와 관련해서는, 떠나올 때 공항으로 오는 자동차 안에서 김정일 위원장과 이야기했지만 8·15 전에 실시키로 했으며, 이를 위해 곧 적십자회담이 개최될 예정입니다.

본인은 핵 및 미사일 문제에 대해서도 분명히 이야기했으며, 북측은 이를 경청했습니다. 또한 주한미군 문제에 관해서도 이야기를 나누었는데 좋은 방안이 있을 것 같습니다.

국가보안법 문제에 대해 심한 주장은 없었으며, 자신들도 법 체제를 수정할 것 같은 인상을 받았습니다. 그 밖에도 남북 간에 군사 직통전화를 설치키로 했으며, 또한 상호 비방을 중지키로 하고, 이를 위해 어제부터 비방을 중지하라고 지시했다고 김 위원장이 설명했습니다. 양측은 임진강 수해 문제 공동대처와 20킬로미터 정도에 달하는 남북 간 철도를 개설하는 문제도 합의했습니다.

본인은 김정일 위원장에게 미국과 잘 지내고 일본과도 잘 지내라고 하면서, 자주는 외세의 배격이 아니라, 주변 4강과 잘 지내는 것이 진짜 자주라고 설명해 주었습니다. 본인은 또한 관계 정상화를 희망하는 일본 모리 총리의 희망을 전달했는데, 김 위원장은 감사히 접수했다고 전해 달라고 했습니다. 이번 방북을 통해 최고지도자 간의 신뢰를 구축하고, 대부분의 큰일에 대한 접점을 찾았으며, 앞으로는 구체적인 실리를 손에 쥐기 위해 북측과 협상을 벌여나갈 것입니다."

그 후 대통령은 미국의 클린턴 대통령, 일본의 모리 총리 그리고 러시아의 푸틴 대통령에게 전화를 하여 남북정상회담 결과를 설명하고 계속적인 협조를 요청했다.

9.
의전비서실을
떠나다

　남북정상회담을 마치고 돌아온 이후, 나는 무척이나 바쁜 시간을 보냈다. 남북정상회담에 관한 후속조치들이 이루어짐으로써 관련된 행사가 줄을 이었고, 그 밖에도 각종 회의와 행사 등으로 늘 시간에 쫓겼다. 게다가 9월 초에 유엔에서 열리는 '유엔 밀레니엄 정상회의' 준비와 10월 20일부터 시작되는 제3차 ASEM 준비로 마음이 급했다.

　8월 초에 개각이 있었다. 8개 부처를 포함하여 장관급 11명이 교체되었다. 그리고 8월 26일 대통령 수석비서관 중 외교안보수석비서관, 교육문화수석비서관과 복지노동수석비서관 3명이 교체되었다. 황원탁 외교안보수석은 맡은 바 임무를 훌륭하게 수행하여 대통령의 신임도 두터웠는데 주독일대사로 내정되어 물러나게 되었던 것이다. 그 후임에 내가 임명이 되었다.

대통령께서는 나에게 임명을 통보하면서 의전비서관직도 중요한 자리이지만 외교안보수석으로 자리를 옮겨 계속 나라를 위해 일을 해 달라고 말씀했다. 물론 나로서는 더할 수 없는 기쁨이요 영광이었다.

의전비서관으로 꼭 2년 반을 지냈다. '국민의정부' 5년의 반을 의전비서실에서 보냈던 것이다. 그동안 많은 일이 있었다. 우선 대통령 내외를 모시고 국빈방문을 한 나라만 미국, 일본, 중국, 러시아, 이탈리아, 교황청, 프랑스, 독일, 캐나다, 호주, 뉴질랜드, 필리핀, 몽골 등 13개국이었다. 물론 한국을 방문한 각국의 귀빈들을 영접한 것도 상당히 많았으며, 그중 특히 역사적인 남북정상회담에 직접 참여하여 의전에 관련된 모든 문제를 책임을 지고 일할 수 있었다는 것은 큰 보람이었다.

그러나 정말 감사했던 것은 의전에 관한 일을 하는 중에도 대통령이 내게 끊임없이 외교에 관한 일을 시켰다는 것이었다. 해외를 나갈 때는 항상 현재의 상황과 문제점, 그리고 앞으로 어떻게 해야 할지에 관하여, 또한 해외에 순방하는 중에, 그리고 순방이 끝난 다음에는 나의 감상과 평가를 보고하도록 했다. 대통령은 외교관으로서 현장 경험을 가진 나로부터 생생한 의견을 듣고 싶어 했다. 그 때문에 나는 어느 자리에 들어가더라도 이것을 나중에 대통령에게 어떻게 보고를 해야 하며, 무슨 건의를 해야 할지를 생각하지 않으면 안 되었다. 지난 2년 반 동안의 이런 경험은 나에게 말할 수 없이 귀중한 자산이 되었고, 앞으로 항상 문제를 어떤 시각에서 어떻게 보아야 하는지에 대한 지혜도 얻게 되었다.

나는 또 의전비서관으로서 대통령의 공식 일정을 전적으로 책임지고 처리했으며, 대통령에게로 올라오는 수많은 문서들의 결재를 받기도 했다. 그로 인한 무거운 책임감 때문에 나는 공적인 자리가 아닌 한 가지 않았고, 어느 누구와도 사사롭게 만나지 않으려고 극력 노력했다. 대통령과 지근거리에서 일하는 사람으로서 내 말과 행동으로 인하여 조금이라도 대통령께 누가 되지 않을까 걱정했기 때문이었다. 그래서 행사가 없으면 항상 사무실에서 혼자 햄버거나 샌드위치로 식사를 때웠다.

지난 2년 반 동안 매일 살얼음판을 걷는 것 같은 곳에서 잘 버티었다. 그러나 앞을 보면 지금까지보다 더 중요하고 더 힘든 많은 일들이 기다리고 있었다. 보다 더 큰 각오와 노력과 헌신이 필요했다.

대통령은 의전비서관 후임을 걱정했다. 그래서 나에게 꼭 훌륭한 사람을 뽑아 놓고 가라고 말했다. 나는 깊이 생각한 다음, 이정빈 외통부장관과 협의하여 자타가 인정하는 훌륭한 외교관인 최정일 조약국장을 의전비서관 후임으로 비서실장과 대통령에게 보고했다. 나는 8월 28일 외교안보수석비서관 임명장을 받고 난 다음 의전비서관 업무를 최 비서관에게 인계했다.

2부

대통령
외교안보
수석비서관
시절

1장

남북 관계 발전과
미·북 관계 변화

1.
남북 장관급회담으로
첫 업무를
시작하다

8월 28일 오후, 나는 정순택 교육문화수석비서관과 최규학 복지노동수석비서관과 함께 대통령으로부터 외교안보수석비서관 임명장을 받았다. 아내도 수여식에 참석했다.

임명장 수여식이 끝난 다음, 대통령은 각 수석들에게 빨리 소관 업무를 파악하고 관련 부처와 긴밀한 협조 관계를 유지하며 비서실장을 중심으로 일사불란하게 일하라고 하면서, 앞으로 수석비서관 인사가 잘된 인사라는 평가가 나올 수 있도록 최선을 다하라고 말했다. 그리고 나에게는 특히 남북 관계 업무는 이제부터가 시작이니 최선을 다해 일하라고 지시했다.

2000.8.28 대통령으로부터 외교안보수석비서관 임명장을 수여받다

나는 다른 두 수석비서관들과 함께 춘추관으로 가서 청와대 출입 기자들에게 인사를 하면서, "한반도가 현재 격동기에 처해 있고, 앞으로 남북 관계가 어떻게 변화되느냐에 따라 한반도의 운명이 결정되는 매우 중요한 시기에 외교안보수석이라는 중책을 맡게 된 데 대해 무거운 책임감을 느끼며, 앞으로 대통령의 통치 철학을 받들어 남북 관계 개선이 이루어지도록 최선을 다하겠다"고 말했다.

✻ 15년 만에 재개된 이산가족 상봉

역사적인 남북정상회담이 끝난 이후, 남북 간에 뚜렷한 변화가 생기기 시작했다. 북한은 휴전선 확성기에 의한 비방 방송을 전면 중지한 데 이어, 일반 방송을 통한 대남 비난 방송도 중단했다. 7월 말 서울에서 제1차 남북 장관급회담이 열렸고, 8월 초에는 48명의 언론사 사장단이 북한을 방문하여 김정일 위원장과 오찬을 하기도 했다.

그리고 8월 15일에는 남북공동선언의 첫 결실인 남북 이산가족 상봉이 이루어졌다. 1985년 첫 이산가족 상봉 후 15년 만이었다. 남측 이산가족 102명이 평양으로 가서 북에 있는 가족 218명을 만났고, 북측 이산가족 101명은 서울로 와서 남에 있는 가족 750명을 상봉했다. 이들의 상봉 장면은 전파를 타고 전 세계로 퍼져 나갔으며, 수많은 사람들에게 감동을 안겨 주었다.

이산가족 교환 방문 후인 9월 2일 우리 정부는 북한에 돌아가기를 원하는 비전향장기수 63명 전원을 판문점을 통해 북한으로 돌려보냈다. 그들은 대부분 70세가 넘은 노인들로서 평균 30년 이상을 복역한 사람들이었다.

물론 국내에서 이에 대한 비판적인 여론도 있었지만 정부는 분단 피해자들의 인권을 존중한다는 의미에서 과감한 조치를 취한 것이었다.

또한 8·15 광복절에 즈음하여 평양의 조선국립교향악단이 서울로 와서 KBS 교향악단과 합동연주회를 가졌다. 8월 22일 대통령 내외는 KBS 방송국에 가서 합동연주회를 관람했다. 그리고 휴식 시간에 남북한 음악가들을 접견했다.

✱ 제2차 평양 남북 장관급회담 결과

내가 8월 28일 외교안보수석으로 임명되자마자 첫 번째 시작한 일이 8월 29일부터 평양에서 개최된 제2차 남북 장관급회담이었다. 그 회담에 우리 쪽에서는 박재규 통일부장관을 수석대표로 하는 대표단이 참석하고 있었다. 그런데 회의 과정에서 북측이 식량 100만 톤을 차관 형식으로 긴급히 제공해 달라고 요청했다. 그러면서도 북측은 우리가 원하는 민감한 문제들에 대한 협의를 피하려 하고 있었다. 서울에서는 강력히 대응하도록 지시를 했으며, 박 장관은 북측에 김정일 위원장과의 면담을 요청했다.

원래 그 당시 김정일 국방위원장은 지방에 체류 중이었기 때문에, 우리 대표단은 김영남 상임위원장을 면담키로 되어 있었다. 그러나 북측은 우리의 요청을 받아들였고, 박 장관은 밤새 열차를 타고 자강도의 강계까지 가서 김 위원장을 만나 조찬을 하며 협의를 한 다음, 다시 기차를 타고 평양으로 돌아왔다.

9월 1일 우리 대표단은 북측과 이산가족방문단 교환사업 연내 2차례 추가 실시, 긴장완화와 평화보장을 위한 노력(조속한 시일 내에 군사당국자회담 개최 문제 협의), 경제협력 확대 발전을 위한 제도적 장치 마련, 제3차 남북 장관급회담의 9월 27-30일 제주 개최 등에 관한 공동 보도문을 발표하고 서울로 돌아왔다.

✱ 남북 장관급회담 평가

양측은 두 번에 걸친 남북 장관급회담을 통해 6 · 15 남북공동선언에 대한 쌍방의 확고한 이행 의지를 확인할 수 있었다. 특히 양측이 조속한 시일 내에 군사당국자회담을 개최하여 긴장완화 조치에 협의하기로 함으로써 평화와 화해 협력을 병행하여 추진할 수 있는 계기가 마련되었다.

또한 경제 분야에서 투자보장협정과, 이중과세방지협정 및 청산협정 등을 체결하여 법적인 조치들을 취하기로 합의한 것은 중요한 의미를 갖는 것으로 평가되었다.

이제 장관급 회담이 서서히 자리를 잡아 가고 있으며, 동시에 남북 관계가 본격적으로 개선될 수 있다는 가능성을 보여 주었다. 그러나 제한된 기간 내에 많은 사업들이 추진됨에 따라 내부에서 속도조절론이 나오기 시작했다.

> * 이 과정에서 대통령은 처음부터 나에게 우리의 입장을 확고히 견지하면서 북측에 끌려 다니지 않도록 단단하게 챙기라고 지시했고, 나는 이 방침에 따라 임동원 국정원장, 그리고 박재규 통일부장관과 계속 긴밀히 협의했다.

2.
김영남 상임위원장의
유엔 밀레니엄 정상회의
참석 취소

9월 5일 오후 대통령 내외는 유엔 밀레니엄(새천년) 정상회의 참석을 위해 공식수행원(이정빈 외통부장관, 이기호 경제수석, 외교안보수석인 필자, 박준영 공보수석, 최정일 의전비서관)들과 함께 서울을 출발할 예정이었다. 새벽에 선준영 주유엔대사가 나에게 전화를 하여, 9월 6일 오후에 시작되는 밀레니엄 정상회의에서 한반도 성명을 낭독하기로 했다고 알려 주었다.

** 김영남 상임위원장과 독일 공항 해프닝

아침 일찍 관계기관에서 보고를 해 왔다. 내용은 "북한의 김영남 상임위원장 일행 15명이 어제 저녁 7시 30분 독일 프랑크푸르트공항에서 미국 아메리칸항공(AA)편에 미국으로 출국하려다, 공항에서 미국 안전담당관의 짐 검사에 따라 출발을 하지 못하고 호텔에 투숙 중이며, 동 건에 관련해서 주유엔 북한대표부 측이 미 국무성에 강력한 항의를 제기했지만, 국무성 측은 정확한 회답을 회피했다고 하면서, 결국 김영남 위원장 일행은 오늘 오후 루프트한자항공편으로 출국 예정이며, 그 경우 뉴욕에 오후에 도착 예정"이라는 내용이었다.

나는 일단 전화로 대통령에게 상황을 보고했으며, 대통령은 아주 민감한 시기에 그런 상황이 발생한 것에 대해 많이 걱정했다.

오전에 보스워스 주한 미국대사가 나를 찾아와 면담을 한 후, 내가 보스워스 대사에게 혹시 프랑크푸르트공항에서 발생한 김영남 위원장 일행에 관한 해프닝을 아느냐고 물었더니 대사는 전혀 모른다고 대답했다.

조금 후 나는 뉴욕 새천년 정상회의 참석차 출국하는 대통령 내외를 수행하여 서울공항으로 나갔다. 특별기에 탑승하기 전에 다시 관계기관에서 보고를 해 왔다. "당초 김영남 상임위원장이 뉴욕에 도착하여 가지려고 했던 모임이 취소되었다"는 것이었다. 김영남 위원장이 뉴욕으로 갈지는 좀 더 두고 보아야 할 것 같았다.

✽ 특별기 안에서 전화기를 붙잡고 뉴욕까지 가다

대통령 특별기는 오후 2시에 출발했다. 나는 대통령 지시에 따라서 비행기 안에서 서울과 뉴욕과 워싱턴에 연락을 계속했는데, 김영남 위원장 일행이 뉴욕으로 가지 않고 평양으로 돌아갈 가능성이 점점 높아졌다. 대통령은 이번에 김영남 상임위원장이 마음먹고 유엔에 와서 국제사회에 등장하려 했는데, 저렇게 되면 북한을 크게 자극하는 결과가 되고 이것이 앞으로 남북한 관계에도 부정적인 영향을 미치지 않을까 우려했다.

나는 주유엔대사에게 상황을 설명해 주면서 주유엔 북한대표부에 사실 여부를 확인하라고 요청하는 동시에 양성철 주미대사에게도 연락하여 미 국무부에 상세한 내용을 알아보라고 요청했다. 나는 특별기에 동승한 이정빈 외통부장관과 이 문제에 관해 계속 의견을 교환하면서 대책을 협의했다.

조금 후 선준영 주유엔대사가 전화를 해 왔다. 선 대사는 "양성철 주미대사가 국무부와 접촉한 결과에 의하면, 국무부는 프랑크푸르트공항에서의 해프닝이 항공사에 의해 발생한 사건으로서 미국 정부와는 아무런 관련이 없고, 미국 정부는 김영남 위원장을 클린턴 대통령 주최 리셉션에 초청하는 등 남북 관계 개선을 위해 노력해 왔다고 하면서, 북한 측이 미국 정부의 사과를 요구하는 것 같지만 전혀 관계가 없는 미국 정부가 사과를 할 수는 없으며, 국무부가 항공사 측과 접촉하여 설득할 예정이라고 말했다"고 설명했다.

그러면서 "선 대사 자신이 직접 이형철 유엔주재 북한대사와 접촉했더니, 이 대사는 평양에서 이미 김영남 위원장이 뉴욕을 가지 않는 것으로 결정했다고 말하더라"고 하는 것이었다. 이에 대해 나는 선 대사에게 그래도 계속 유엔주재 북한대사를 설득해 달라고 요청했다.

조금 후 선 대사가 다시 나에게 전화를 해서 "북한대사와 접촉을 했는데, 북한대사는 한국 측의 역할에 감사를 표하면서, 그러나 국가원수가 그런 일을 당한 데 대해 본국 정부가 분노하고 있으며, 이미 본국 정부가 김영남 위원장의 귀국을 결정한 만큼 뉴욕에 오기가 어려울 것 같다고 말하더라"고 알려 주었다.

잠시 후 양 대사는 나에게 전화를 해서 "현재 미 국무부에서 유엔주재 북한대표부 측과 접촉을 하면서, 아메리칸항공 측에는 사과 성명을 발표하도록 조치 중에 있으며, 조치가 끝나면 정오 브리핑에서 발표할 예정"이라고 설명했다. 그리고 조금 후 양 대사가 다시 전화를 해서 "미 국무부 측에서 주유엔 북한대표부 측에 전화로 이번 사건을 유감으로 생각하며, 이번 사건은 독일 땅에서 아메리칸항공사에 의해 일어난 일이고, 미국 정부로서는 북한에 도움을 주고 싶다는 세 가지를 전달했다고 하더라"고 설명했다.

나는 사건의 진행 상황을 시시각각 대통령에게 보고했다.

조금 후 주프랑크푸르트 총영사가 프랑크푸르트공항에서 있었던 북한의 최수현 외무부상의 기자회견 내용을 아래 요지로 보고해 왔다.

"프랑크푸르트공항에서 아메리칸항공 탑승 수속 중 미국의 항공안전 관리 요원이 김영남 위원장을 포함한 북한 대표단의 화물

개봉을 요구하고 신체의 민감한 부분까지 철저한 검색을 요구했으며, 북한 측의 항의에 대해 항공안전 관리요원은 북한이 불량국가로 분류되어 있어 검색할 수밖에 없다고 주장했다.

이는 미국의 계획된 부당한 책동으로서, 유엔 방문을 취소하고 북한으로 귀환하기로 했다. 김 위원장에 대한 무례한 행위는 유엔 회원국이며 주권국가인 북한에 대한 모독으로, 미국의 이중적 태도야말로 미국이 불량국가임을 증명하는 것이다. 미국 측에 무례한 행동을 강력 항의하며, 미국은 공식 사과해야 한다. 그러나 본 건은 미국과의 문제로서 남북 관계와는 무관하다."

그리고 다시 주프랑크푸르트 총영사가 김영남 위원장 일행이 현지시간 오후 5시 30분 베이징으로 출발했다고 보고해 왔다.

대통령은 이 사태는 직접 미국 정부가 관여한 것이 아니기 때문에 미·북 관계가 악화되지는 않겠지만, 김영남 위원장 일행이 기자회견까지 한 이상 당분간 미·북 관계가 경색될 가능성이 있고, 이것이 앞으로 남북 관계에 어떤 영향을 미치게 될지 잘 주시해야 할 것이라고 말했다.

그러면서 뉴욕에 도착하는 즉시 주유엔대사가 김영남 위원장과 관련된 사태에 관하여 지금까지의 상황과 미국 정부의 입장 및 우리의 대책 등을 보고할 수 있도록 준비토록 하라고 지시했다.

나는 박선숙 공보비서관에게 일단 기내에 있는 청와대 출입 기자들에게 김영남 위원장이 뉴욕에 오지 못하게 되었음을 설명해 주라고 요청했다.

이렇게 전화기를 붙잡고 계속 서울과 유엔과 워싱턴으로 통화를 하다 보니 특별기가 벌써 뉴욕 케네디공항에 도착했다. 현지 시간으로 오후 3시였으니 10여 시간 동안 전화 통화를 하면서 온 것이었다.

공항에서 숙소인 월도프아스토리아호텔로 가자마자, 주유엔대사는 이정빈 외통부장관 및 필자가 참석한 가운데 대통령에게 보고를 하고 앞으로의 대책을 협의했다.

보고가 끝난 다음, 나는 한국식당으로 가서 청와대 출입 기자단에게 김영남 위원장 사건과 관련한 상황과 앞으로의 전망에 대해 설명했다. 그리고 호텔로 돌아와 밤늦게까지 이번 사태에 관한 대사관과 대표부의 보고, 그리고 각종 정보들을 체크하고 정리하면서 앞으로의 대책을 생각했다.

⁂ 사건의 전말(미국의 조치와 북한 반응)

사건 발생 초기 미 국무부는 사건의 심각성을 잘 알지 못했다. 왜냐하면 현지 공관에서는 이 사건을 공항에서의 조그만 해프닝으로 생각하고, 국무부에 상세한 경위에 대해 보고를 하지 않았기 때문이었다.

미국 측 설명에 의하면 사건의 시작은 북한이 미국 측에 김 위원장의 정확한 여행 일정을 통보하지 않은 데서 비롯되었다(그러나 북측에서는 다 통보했다고 주장했다). 미국 정부는 북한이 루프트한자항공을 이용하여 여행한다는 것으로만 알고 있었고, 아메리칸항공편으로 변경했다는 것에 대해서는 아무런 통보도 받지 못했다는 것이었다. 특히 당시 절차로는 테러 국가의 국민들이 미국 국적기를 이용할 경우에는 엄격한 보안 검색을 받게 되어 있지만, 정부의 고위 관리 경우에는 사전에 요청 시 검색을 면제하는데, 북측이 이것을 인지하지 못했다는 것이었다.

사건 후 김영남 위원장 일행은 일단 검색을 받고 출국하려 했지만, 시간이 너무 촉박하여 탑승하지 못하고 다른 항공편을 예약하고 숙소로 돌아가 평양에 훈령을 요청한 것으로 보였다. 그래서 미국은 북한 측에 특별기를 제공하는 방안까지도 검토 중이었는데, 북한은 협조를 요청하지도 않았고 미국이 검토를 끝낼 시간도 주지 않고 귀환해 버렸다는 것이었다.

그러나 미국 정부는 사태의 심각성을 인식한 후 두 가지 조치를 취했는데, 첫째는 베이징을 경유하는 김영남 위원장과의 면담 시도였으며, 그것이 안 되자 북한대표단에 백남순 외상 앞으로 된 올브라이트 국무장관의 서한 내용을 전달하고, 동시에 주유엔 북한대표부를 통해 올브라이트 국무장관의 편지 원본을 전달한 것으로 알려졌다. 둘째는 사건 발생 직후 프랑크푸르트 주재 미국총영사가 북한대표단을 찾아가 유감을 표명하려 했지만 북한이 접촉 자체를 거절했기 때문에 미 국무부의 고위 관리가 유엔주재 북한대사와 접촉하여 미국의 입장을 진지하게 해명했다는 것이었다. 그리고 미 백악관 정례 브리핑 시 김영남 위원장 사건 발생에 대해 유감을 표명했다.

그럼에도 불구하고 유엔주재 북한대사는 기자회견을 열고, "금번 사건은 남북 간의 화해 분위기를 저해하려는 미국의 음모의 일부이며, 미국이 북한의 이미지를 손상시키려 하고 있고, 미국은 금번 사건으로 아주 비싼 대가를 치르게 될 것이며, 금번 사건은 남북 관계와는 무관하다"고 강조했다.

> * 사실 이 사건은 두고두고 아쉬움이 많았다. 만일 그때 북한의 김영남 위원장이 순간적인 감정을 억제하고 뉴욕에 와서 김대중 대통령과 함께 새천년 정상회의에 참석하여 다른 나라 정상들과 교류를 시작하고 또한 클린턴 대통령이 주최하는 리셉션에 참석했다면, 미국 정부나 국민들에게 북한의 이미지를 개선하는 데 큰 도움이 되었을 것이고, 이것이 미·북 관계를 발전시키는 중요한 계기가 될 수도 있었을 것이다. 그러나 프랑크푸르트공항에서 보안관의 과도한 검색에 자존심이 상해 북한으로 돌아가 버림으로써 북한에게 주어졌던 귀중한 기회를 상실한 것이 안타까웠다. 또한 유엔에서 남북 회동이 이루어졌을 경우, 남북 관계 개선에도 크게 도움이 되었을 것을 생각하면 우리로서도 아쉬움이 너무 많았다.

3.
유엔 밀레니엄(새천년)
정상회의 참석

9월 6일 오전 유엔에서 새천년 정상회의가 개막되었다. 새천년 정상회의는 새천년을 맞아 여전히 인류에게 직면한 문제, 즉 내전, 빈곤, 질병, 환경파괴, 테러, 마약 문제 등을 어떻게 해결해야 할지에 관해 세계 정상들이 모여 지혜를 모아 보자는 취지로 열린 것이었다. 역사상 가장 많은 국가원수와 정부대표가 모였는데, 189개 유엔회원국 중 164개국의 정상들이 모였다.

대통령은 그날 오후 5시 유엔에서 기조연설을 하면서, 남북정상회담의 의미를 되새기며 한국의 평화공존 의지를 알렸다. 그리고 제55차 유엔총회 공동의장국 명의로 남북정상회담을 환영하는 성명이 발표되었다.

* 중국 장쩌민 국가주석과의 정상회담

유엔에서의 기조연설이 끝난 다음, 대통령은 호텔로 돌아와 중국의 장쩌민 국가주석과 정상회담을 가졌다.

대통령은 먼저 지난 6 · 15 남북정상회담과 관련하여 그동안 도움을 준 장 주석과 중국 정부에 감사를 표하고, 앞으로 남북 간 긴장 완화, 경제 협력 및 사회 · 문화 교류 등 3개 분야에서 이루어질 대화에 중국 측의 계속적인 협조와 지지를 요청했다. 이에 대해 장 주석은 남북 간의 화해를 기쁘게 생각하며, 텔레비전에서 본 남북의 이산가족 상봉 장면은 매우 감동적이었다고 하면서 남북 관계 진전을 성공적으로 추진해 온 김 대통령의 기여가 크다고 평가했다.

대통령은 이번에 북한의 김영남 상임위원장이 사정이 생겨서 오지 못해 남북한 회담이 이루어지지 못했음을 유감스럽게 생각하며, 이번 일로 인해 남북 간의 협력관계에 지장이 초래되지 않기를 바란다고 말했다. 이에 대해 장 주석은 이번 일이 남북 간 화해와 교류에 나쁜 영향을 미치지 않기를 바란다고 말했다.

장 주석은 한 · 중 관계는 수교 후 몇 년 만에 크게 발전하고 있으며, 금년 10월 예정된 주룽지 총리의 방한은 양국 관계 발전의 좋은 계기가 될 것으로 기대하고 있다고 말했다. 이에 대해 대통령은 주룽지 총리의 방한을 우리 국민 모두가 환영하고 있으며 방한이 성공을 거둘 수 있도록 준비하고 있다고 말했다.

대통령은 우리 측의 10월 ASEM 회의 개최에 중국 측의 지지와 협력을 요청하고, 우리도 내년 상해에서의 APEC 회의 개최에 가능한 지원과 협조를 아끼지 않겠다고 말했다.

* 클린턴 대통령과의 정상회담

9월 7일 오전 클린턴 대통령 숙소에서 한·미 정상회담이 열렸다. 김 대통령은 먼저 남북정상회담의 성과 및 북·미 관계에 관한 김정일 위원장과의 협의 내용을 상세히 설명하고, 김 위원장이 모든 것을 결정하는 북한 체제의 속성에 비추어 미국도 김 위원장과 직접 대화하는 것이 필요하며, 이를 위해 미국이 과감한 대북 접근 방식을 취할 것을 권유했다. 이에 대해 클린턴 대통령은 김 대통령의 대북정책이 전적으로 올바른 것이며 이를 계속 지지한다고 한 다음, 한국의 대북관계 진전이 한국 국민뿐 아니라 지역 전체를 위해서도 긍정적인 것이라고 평가했다.

김 대통령은 김영남 위원장의 미국 방문 취소가 앞으로 예정된 미·북 간의 대화에 지장을 초래하지 않도록 미국의 주도적 노력을 희망한다고 말했다. 클린턴 대통령은 동 사건을 매우 유감스럽게 생각하며 결국 방문이 이루어지지 않아 아쉽게 생각한다고 말하고, 앞으로 최선을 다해 북측의 상한 감정을 회복시키기 위해 노력하고자 하며, 김 대통령께서도 미국의 이러한 노력을 지원해 줄 것을 요청했다(《김대중 자서전 2》330쪽 참조).

한편 클린턴 대통령은 최근의 미얀마 사태와 관련하여, 아웅산 수지 여사가 연금에서 해제되고, 여사에 대한 억압이 중지될 수 있도록 계속 노력할 필요가 있다고 말했다. 이에 대해 김 대통령은 한국 정부가 그동안 유엔 결의 참여 및 정부 성명을 발표해 왔음을 설명하고, 금일 원탁회의에서 동 건을 직접 거론할 계획임을 밝혔다.

* 김 대통령의 원탁회의 연설

한편 유엔에서는 새천년 정상회의에 참석한 50여 명 정상들의 비공식 원탁회의가 열렸다. 대통령은 한·미 정상회담을 마치고 바로 유엔 본부로 가서 원탁회의에 참석하여 다음 요지의 기조연설을 했다.

"과거 산업화 시대에는 생산 수단을 소유하는 사람들이 부를 창출하고 차지했으나, 오늘날 정보화 시대에는 정보와 지식이 부를 창출합니다. 이것은 사람들의 머릿속에 있는 것이기 때문에 제일 중요한 것은 교육입니다. 그러므로 국가적 차원에서는 사회 모든 계층이 정보화 시대에 참여하고 그 혜택을 누릴 수 있는 능력을 갖추도록 교육 정책을 추진해야 합니다(한국의 정책 소개). 또한 국제적 차원에서는 개도국들이 세계화 과정에서 더욱 뒤처지지 않도록 선진국들과 유엔, IMF 등 국제기구들이 지원을 아끼지 말아야 합니다.

유엔은 그간 미얀마 문제에 관해 결의를 했지만, 결의 내용이 아직 실천되지 않고 있는 바, 유엔은 동 결의가 실천으로 옮겨질 수 있도록 보다 적극적인 노력을 기울여야 합니다."

대통령이 연설을 끝내고 호텔로 돌아온 다음, 우리는 김 대통령이 오늘 원탁회의에서 기조연설을 통해 미얀마 문제를 거론했음을 미국 측에 알려 주었다.

* 영국 블레어 총리와의 약식 정상회담

대통령이 원탁회의에 참석하는 중간에 영국 대표단 중의 한 명이 나를 찾아와 블레어 총리가 김 대통령과 잠시 회의장 밖에서 만나 긴급한 문제를 협의하기를 희망한다고 말했다. 나는 대통령에게 보고를 드렸고, 양 정상은 휴식 시간을 이용하여 별도의 방에서 회동했다.

몇 가지 이야기를 나눈 다음, 블레어 총리는 금년 10월로 예정된 국회의원 선거 때문에 어쩌면 10월 서울 ASEM 회의 참석이 곤란할지도 모르며, 그럴 경우 내년에 공식으로 한국을 방문하겠다고 말했다. 이에 대해 대통령은 블레어 총리가 제2차 ASEM 정상회의 의장을 했으므로 전임 의장의 자격으로 꼭 서울 ASEM 회의에 참석해야 한다고 강조하면서 그 이유를 몇 가지 설명했다. 블레어 총리는 김 대통령의 강한 입장에 약간 당황한 것으로 보였으며, 두 정상은 앞으로 동 문제를 계속 협의해 나가기로 했다.

대통령은 그 밖에도 스웨덴 페르손 총리와 정상회담을 가졌으며, 저녁에는 미국 내 한반도 문제 전문가들과 만찬을 하면서 장시간의 질의응답 시간을 가졌다.

* 푸틴 대통령과의 정상회담

9월 8일 오전 대통령은 유엔 본부(안보리 회의실)에 가서 러시아 푸틴 대통령과 정상회담을 가졌다. 대통령은 먼저 푸틴 대통령이 지난번 북한을 방문하고 난 다음 직접 전화를 하여 방문 결과를 설명해 준 데 대해 감사를 표하고, 남북정상회담 이후의 남북 관계 발전 상황을 설명했다.

푸틴 대통령은 김 대통령의 용기로 남북정상회담이 이루어지게 되었으며, 김 대통령의 결단과 신념을 높이 평가한다고 말했다. 그리고 얼마 전 북한을 방문하여 김정일 위원장과 회담을 가졌는데, 북한이 남한과의 관계 발전에 열의를 갖고 있다는 인상을 받았다고 하면서 한반도 문제는 남북한 간에 한국인들이 해결해야 하는 문제로서 다른 나라들은 도움을 주는 것일 뿐이라고 말했다.

푸틴 대통령은 또한 북한 방문 중 김정일 위원장이 조만간 모스크바를 방문하는 데 합의했으며, 김정일 위원장과 모스크바에서 만나 한반도 문제 해결방안을 협의할 것이라고 하면서 러시아는 북한과의 경제 협력을 확대함으로써 궁극적으로 한반도 안정에 기여하려 한다고 말했다. 그리고 김 대통령께서 항상 강조하는 바와 같이, 북한을 고립시키지 않고 서로 협력할 수 있는 분야를 발견하여 전반적인 관계 발전으로 연결시킨다는 것은 옳은 정책이며, 북한을 고립시키기보다는 북한과의 관계를 발전시켜 북한으로 하여금 외부세계에 대한 두려움을 떨쳐 버릴 수 있도록 해야 하고, 외부세계는 북한과 상호 유익한 방향으로 협력할 준비가 되어 있다는 것을 북한에게 보여 주어야 한다고 말했다.

대통령은 푸틴 대통령의 설명에 감사를 표하고 푸틴 대통령이 한국을 방문하면 우리 국민들이 크게 환영할 것이라고 말했다. 이에 대해 푸틴 대통령은 감사를 표하고 한국을 꼭 방문토록 하겠다고 대답했다.

대통령은 오후에 미국의 주요 경제계 인사들과 오찬을 하고, 뉴욕 주재 특파원들을 접견한 다음, 미국의 한국전 참전용사들도 접견했다. 그리고 저녁에는 피에르호텔(Pierre Hotel)에서 열린 미국 코리아소사이어티(Korea Society)가 주최하는 만찬에 참석했다.

대통령은 9월 9일 귀국 차 뉴욕을 출발하기 전, 그동안 대통령의 유엔 새천년 정상회의 참석의 준비를 위해 수고한 선준영 주유엔대사의 노고를 치하하고, 대표부 직원들에게도 감사의 뜻을 전해 줄 것을 당부했다.

* 유엔 새천년 정상회의 참석 평가

대통령은 유엔 새천년 정상회의에 참석하여 많은 성과를 거두었다. 역사상 가장 많은 세계의 정상들이 모였기 때문에 여러 기회를 통하여 많은 정상들과 친분을 쌓을 수 있었다. 그런 가운데 제55차 유엔총회 공동의장국 명의로 남북정상회담을 환영하는 성명이 발표되었고, 대통령 자신이 유엔에서의 기조연설을 통하여 남북정상회담의 의미와 한국의 평화공존 의지를 알렸다.

그리고 미국의 클린턴 대통령, 중국 장쩌민 국가주석, 러시아의 푸틴 대통령과 만나 그들 국가와의 양국 관계 확대는 물론, 남북정상회담에 대한 지지와 우리의 대북정책에 대한 지지를 확보했다.

또한 원탁회의를 통해 미얀마 문제를 거론한 것도 의미가 있었다.

그러나 대통령이 가장 원했던 유엔에서 세계 정상들이 지켜보는 가운데 북한의 김영남 상임위원장과의 회동을 통해 남북 관계를 과시하려던 목적이 공항에서의 해프닝으로 인해 어처구니없이 무산된 것이 못내 아쉬웠다.

4.
북한의
김용순 대남담당 비서
방한

2000년 추석이 9월 12일인 관계로 9월 11-13일이 연휴였다. 9월 11일 나는 사무실에 출근하여 그동안 밀린 일들을 정리하고 있었다.

∗ 김정일 위원장이 보내는 송이버섯을 전달받다

오후에 별안간 임동원 국정원장이 나에게 전화를 하여 지금 당장 신라호텔로 왔으면 좋겠다고 하는 것이었다. 내가 왜 그러냐고 물었더니 임 원장은 김정일 위원장이 남측에 추석 선물로 보내는 송이버섯을 북한의 인민무력부 정치총국 부국장인 박재경 대장이 가져왔는데, 송이버섯을 꼭 김하중 외교안보수석비서관에게 전달해야 한다고 하니 빨리 와 달라고 했다. 나는 그날 연휴라 정장이 아닌 콤비를 입고 있어서 그런 자리에 나가기 곤란하다고 설명했지만, 임 원장은 북측이 반드시 김 수석에게 전달해야 한다고 주장하고 있으니 지금 그 복장으로라도 나와 달라고 요청했다. 나는 할 수 없이 신라호텔로 갔다.

신라호텔에 가 보니 북한의 박재경 대장이 수행원들과 기다리고 있었다. 그런데 옆에 김용순 대남담당 비서도 같이 있는 것이었다. 오늘부터 임동원 국정원장과 남북 장관급회담을 하기로 되어 있었기 때문에, 박재경 대장이 칠보산 송이버섯을 가지고 내려오는 비행기 편에 함께 온 것이었다.

박재경 대장은 먼저 김정일 위원장이 송이버섯을 보내는 전달서를 낭독한 다음에 내게 그중 한 상자를 전달하고 사진을 촬영했다. 그 옆에는 송이버섯을 담은 상자들이 쌓여 있었는데, 김대중 대통령을 비롯한 6·15 방북단과 8월에 방북했던 언론사 사장단 전원과 함께 전직 대통령과 3부요인, 그리고 각 정당 지도자들에게 보내는 것으로 10킬로그램 들이 상자 300개였다.

그날 평양방송과 다음 날 노동신문은 국방위원회 박재경 대장이 서울 신라호텔에서 김하중 외교안보수석비서관에게 김정일 위원장이 보낸 송이버섯을 전달했다고 보도했다.

같은 날 저녁 워커힐호텔에서 임동원 국정원장이 주최하는 김용순 대남담당 비서를 위한 만찬이 있었다. 그 자리에는 박재규 통일부장관, 박지원 문화관광부장관, 외교안보수석인 필자 등이, 그리고 북측에서는 임동옥 부부장이 참석했다.

사실 김용순 비서의 서울 방문과 관련하여, 그 전 주말까지 북측으로부터 아무런 연락이 없어 우리는 안 오는 것으로 생각하고 있었다. 그런데 갑자기 추석 연휴가 시작되자 연락이 와 처음에는 매우 당혹했지만, 그렇다고 북측의 제의를 거절할 수도 없어서 할 수 없이 접수하게 된 것이었다.

우리는 북측의 제의를 받자마자 바로 미국 측에 설명해 주었다. 그때 미국 측에서 우리가 김용순 비서의 서울 방문 사실을 늦게 알려 준 것이 아니냐는 말이 잠시 나왔지만 바로 해명이 되었다.

* 임동원 원장과 김용순 비서 회담 결과

임동원 국정원장과 김용순 비서는 3박 4일 동안 서울과 제주도에서 6차례의 회담을 갖고 정상회담 후속조치를 협의했다. 임 원장은 김 비서와 격렬한 협상을 벌였으며 양측은 9월 14일 7개 항의 합의사항을 남북 공동 보도문으로 발표했다.

이중 가장 중요한 것은 김정일 위원장의 서울 방문 문제였다. 우리 측은 김 위원장의 서울 방문 시기를 내년 봄 정도로라도 명문화하고 싶었지만 북측의 반대로 이루어지지 못하고 "김정일 국방위원장이 가까운 시기에 서울을 방문하고, 이에 앞서 김영남 최고인민회의 상임위원장이 금년 중 서울을 방문하기로 했다"는 내용에 만족해야 했다.

한편 국방장관 간 회담 문제가 논의 중에 있는 데 대해 환영을
표시한 것은 조만간 남북 국방장관회담이 개최될 것을 시사한 것으
로 의미가 있었다. 또한 이산가족 생사 및 주소확인 작업을 9월 중
에 시작하여 빠른 시일 내에 완료하며, 서신 교환을 추진하기로 합
의하고, 경제협력의 제도적 장치 마련을 위한 9월 말 실무접촉, 그
리고 남북 간 경의선 철도 및 도로 연결을 위해 빠른 시일 내에 기
공식을 하기로 합의한 것도 주요한 성과로 평가되었다.

* 김용순 대남담당 비서의 대통령 예방 및 오찬

9월 14일 오전 대통령은 김용순 비서 일행을 접견했다. 김 비서
는 김정일 위원장이 보내는 구두 메시지를 통해, "공동선언에 따라
북남 관계가 착실히 훌륭하게 발전되어 나가고 있는 것에 대단히
만족하고, 과거로 되돌아가서는 안 되며, 어떤 경우에도 공동선언
을 확실히 이행해야 하는 그런 마음으로 충만되어 있다"는 뜻을 전
했다.

이에 대해 대통령은 먼저 추석을 택해 좋은 선물을 보내 주어
감사하다는 뜻을 위원장에게 전해 달라고 하면서, 우리는 남북공
동선언을 충실히 이행해야 하는데 이것은 우리의 사명이라 말하고,
우리는 민족의 통일을 바라면서도 이것을 서둘러서는 안 되며, 그
기반을 확고히 닦는 것이 중요하다고 강조했다. 그리고 어려움이
많지만 합의한 것을 착실히 추진해 나갈 것이며, 국민을 설득하고

지지를 받아 가면서 하나하나 추진해 나갈 것이라고 말했다.

대통령은 또한 유엔 새천년 정상회의 시에 김영남 상임위원장이 참석하지 못해 안타까웠으며, 유엔 총회에서 남북공동선언을 지지했는데 모두가 기적 같은 일이라고 평가했다고 설명했다. 이에 대해 김 비서는 김 위원장은 김영남 위원장이 새천년 정상회의에 꼭 가서 김대중 대통령님을 만나라고 지시했지만, 프랑크푸르트공항 사건 때문에 가지 못하고 만나 뵙지 못하게 된 것을 섭섭하게 생각하고 있다고 말했다.

대통령은 이번 사건에 관해 미국 정부도 당황해 했고, 여러 가지 조치를 취했으며, 당초 김영남 위원장을 클린턴 대통령 주최 리셉션에 초청하는 등 분위기를 바꾸려고 노력했지만 그런 일이 생겨 당황한 것으로 보아, 상부 지시가 아닌 것은 틀림없는 것으로 생각한다고 말했다. 이에 대해 김 비서는 김영남 상임위원장은 국가를 대표하는 분인데 프랑크푸르트공항에서 몸수색을 당함으로써 자존심이 상하게 되었고, 그래서 대통령님을 만나는 것을 실현시키지 못한 것이 대단히 안타깝다고 말했다.

김용순 비서가 북한으로 돌아가고 4일 후인 9월 18일 김용순 비서 방한 시 합의에 따라, 임진각 '자유의 다리' 앞에서 전두환, 노태우 전직 대통령을 비롯한 각계 대표 천여 명이 참석한 가운데 경의선 철도 및 도로 연결 기공식이 거행되었다. 경의선 연결 착공기념 버튼이 발사되고 염원의 기차가 출발했다.

경의선 철도는 1906년 4월 개통되었지만 광복 직후인 1945년

9월에 운행이 중단된 이후 문산과 개성을 연결하는 24킬로미터가 단절된 상태에 있었다. 따라서 그날의 기공식은 반세기 동안 끊어졌던 철도와 육로를 다시 연결하는 민족의 동맥을 잇는 역사적인 행사였던 것이다.

* 김용순 비서는 이번에 방한하면서 그동안의 관례를 깨고 공개적으로 방한을 했다. 남북정상회담 이후 김정일 위원장이 "더 이상 비밀리에 다닐 필요가 없다"고 하면서 공개 방문을 지시했다는 것이었다. 그런데 김용순은 당의 대남사업 비서 겸 통일전선부장으로서 대남 사업을 총괄하는 책임자였다. 우리의 경우와 비교해 보면 국정원장과 통일부장관의 업무를 일부 관장하는 자리였던 것이다.

김용순 비서가 공개적으로 움직이다 보니 자연히 국정원장의 움직임도 공개가 될 수밖에 없었다. 그러나 우리나라에서는 관례적으로 정보기관의 장이 공개적인 활동을 하는 것에 대해 거부감이 있었다. 특히 상대가 북한의 정보와 공직과 심리전을 관장하는 김용순 비서였기 때문에 비판적인 시각으로 볼 수밖에 없었다. 그때 제주도에서 임동원 원장이 김 비서와 극비리에 회담을 했다면 별다른 문제가 없었을 텐데 임 원장의 동행이 공개되는 바람에 주목을 받게 되었다. 야당은 "북한의 대남 총책을 남한의 국정원장이 수행하는 것이 말이 되느냐"고 비난했다.

거기에 국정원이 전면에 등장하여 움직이다 보니 남북 문제를 관장하는 통일부의 입장이 어려워졌다. 국정원이 나서서 일일이 브리핑을 할 수도 없고, 그렇다고 통일부가 대신 나서서 브리핑을 할 수도

없는 애매한 상황이 발생했다. 결국 비난의 화살이 국정원으로 집
중되기 시작했다.

5.
일본 공식
실무방문

    지난 5월 말 일본의 모리 총리가 한국을 방문한 이후, 일본 측은 중의원 선거가 끝나고 정국이 안정된 다음인 가을경 적절한 시기에 김 대통령의 방일을 희망했다. 우리는 9월 초 유엔 새천년 정상회의가 끝나고 10월 20일부터 시작되는 서울 ASEM 정상회의 중간인 9월 말로 생각하고 일본 측과 협의를 시작하여 9월 22일부터 24일까지 방일하는 것으로 결정했다.

    다음은 장소였다. 우리는 일본 측과 협의하여 첫날은 도쿄에서 행사를 하되, 둘째 날은 도쿄 근처 온천 휴양지인 아타미(熱海)에서 하기로 합의했다. 그리고 방문 형식은 정상회담 이외에 경제 및 문화 관련 행사를 계획하고 있음을 고려하여, 국빈방문보다는 다소 간소화된 형태지만 실무방문보다는 격식을 갖춘 공식 실무방문으로 하기로 합의했다.

이에 따라 공식수행원도 이정빈 외통부장관을 비롯하여 신국환 산업자원부장관, 김한길 문화관광부장관, 이기호 경제수석, 외교안보수석인 필자, 박준영 공보수석, 최정일 의전비서관과 추규호 외통부 아태국장으로 결정했다.

9월 22일 아침 대통령 내외와 공식수행원들은 특별기편으로 서울을 출발하여 도쿄 하네다공항에 도착했다. 공항에는 고노 외상이 출영을 나왔다. 숙소인 뉴오타니호텔에 도착하여 간단한 점심 식사를 한 다음, 대통령은 바로 고노 외상을 접견했다.

** 고노 외상 접견

당시 대통령은 그동안 계속 일본 측에 요청해 온 재일한국인들의 지방 참정권 문제에 대해 깊은 관심을 가지고 있었다. 그래서 그런지 고노 외상은 이 문제에 대한 일본 측의 상황을 대통령에게 설명했다.

고노 외상은 대통령이 요청한 (재일한국인 지방) 참정권 문제와 관련하여, (자민)당 집행부에서는 이 문제를 반드시 성립시키기로 3당 합의 내용에도 포함되어 있지만, 당 내에서 이 문제를 신중하게 심의하자고 요구하는 사람들이 많으니 당분간 결과를 기다려 달라고 요청했다. 이에 대해 대통령은 그 문제는 이미 3당 합의까지 된 문제이므로 말씀드릴 것이 없으며, 다만 이 문제가 가능한 한 빨리 좋은 결말을 내기를 기대한다고 말했다.

고노 외상은 대통령과 일 · 북 관계 등에 관해 의견을 교환하고 돌아갔다.

* 한 · 일 문화인 간담회와 일본 경제인 초청만찬

오후에 대통령은 숙소 호텔에서 열린 한 · 일 문화인 간담회에 참석했는데, 그날 행사에는 양국 문화인 150여 명이 참석했다. 대통령은 "한국과 일본의 우호협력 관계를 증진시키기 위해서는 무엇보다도 문화 교류가 중요하다"고 강조하면서, 지금까지 세 차례에 걸쳐 한국 성부가 취한 일본 대중문화 개방 조치를 설명했다. 그리고 "이러한 문화 개방 이후 양국 간에 문화 교류의 새로운 시대가 열리고 있다"고 말했다.

대통령의 연설이 끝나고, 참석자들과 대통령의 질의응답이 있은 다음, 우리의 국악 연주가 있었다.

저녁에는 호텔에서 일본 경제인 초청 간담회 및 만찬이 있었는데, 대통령은 일본의 경단련(경제단체연합회), 일경련(일본경영자단체연맹), 경제동우회, 및 주요 경제단체 임원과 유력 경제인 등 일본 경제인 150여 명을 초청하여 간담회를 열고 한국에 대한 투자를 당부했다.

다음 날인 9월 25일 대통령은 아침에 잠시 주일 특파원들을 접견하고, 9시 40분에 자동차로 도쿄를 출발하여 11시 25분 아타미(熱海)로 갔다. 시내에 들어가니 비가 내리고 있음에도 불구하고 시민 수천 명이 연도에 나와 태극기와 일장기를 흔들었다. 호텔에 도착하니 미리 와 기다리던 모리 총리와 시즈오카(靜岡) 현 지사, 그리고 아타미 시장이 영접했다.

* 모리 총리와의 제1차 정상회담

오후에 호텔 내 회의장에서 정상회담이 시작되었다. 모리 총리는 최근 경의선 연결 기공식에 참석한 대통령의 모습을 뉴스를 통해 봤다고 말하고, 오늘 여러 가지 문제에 관해 대통령과의 의견 교환을 기대하고 있다고 말했다.

이에 대해 대통령은 한·일 양국 관계는 1998년 10월 한·일 신시대 선언 이후 만족할 만하게 발전하고 있는데, 여기에는 총리와 일본 정부의 노력과 배려가 크게 기여했다고 생각한다고 밝혔다. 그리고 그동안 한반도에 여러 문제가 있었지만, 한·일·미 3국의 굳건한 공조를 통해 이러한 문제를 극복했으며, 그 결과 남북 대화의 길이 열리고 어느 정도의 성과를 올렸는데, 그동안 총리의 성원과 지지에 감사한다고 말했다.

모리 총리는 대통령께서 1998년 10월 국빈으로 방일한 이후 양국 관계가 양호하게 발전해 문자 그대로 '가깝고도 가까운' 관계가 되고 있다고 말하면서, 앞으로 자신도 대통령과 손잡고 일·한 21세기 신시대를 구축해 나가고자 한다고 말했다. 대통령은 이러한 관계를 더한층 발전시키기 위해 경제·문화 분야에서의 협력을 강화하고 국민 교류와 문화 교류를 확대해 나가야 한다고 강조했다.

대통령은 재일한국인 지방참정권 문제에 대해 연립3당이 합의한 것으로 알고 이를 크게 환영하며 기다려 왔으며, 앞으로 이 문제가 모리 총리의 지도력으로 이루어졌을 때 한국 국민들의 일본에 대한 신뢰와 감사의 마음이 매우 깊어질 것이라고 말했다.

또한 지난번 남북정상회담 시 총리가 요청한 대로 김정일 국방위원장에게 "모리 총리가 일·북 국교정상화를 원한다는 의사를 전해 달라고 했다"고 했을 때, 김 위원장은 "모리 총리에게 그러한 말씀을 감사히 받아들였다고 말해 달라"고 했다고 말하고, 하루 빨리 일본과 북한이 관계 개선을 하기를 바라며, 남북 관계 개선이 일·북 관계 개선에 도움이 되고 또한 일·북 관계 개선이 남북 관계 개선에 도움이 되는 결과를 이루어야 한다고 강조했다.

모리 총리는 지방참정권 문제와 관련, 한국 측의 높은 관심은 충분히 이해하고 있으며, 어제부터 소집된 임시국회에서 취급될 예정인데 일본 정부 제도의 근간에 관련된 중요한 문제이므로 찬성부터 반대까지 여러 의견이 있어 현재 진지하게 논의 중이며, 앞으로 관심을 갖고 주의를 기울여 나가겠다고 말했다.

또한 대통령께 부탁한 김정일 위원장에 대한 메시지가 전달된 데 힘입어, 남북정상회담 이후 7월에 일·북 외상회담, 8월 말에 일·북 국교정상화교섭 제10차 본회의가 개최되어 국교정상화 교섭을 다시 궤도에 올릴 수 있게 되어 다시 한 번 감사드린다고 말했다. 그리고 제3차 ASEM의 성공을 위해 의장국인 한국에 최대한의 노력을 아끼지 않겠다고 말했다.

그런데 회담을 하면서 모리 총리가 계속 땀을 흘리는 것이었다. 회담이 끝나고 일본 측 참석자에게 물었더니 현재 모리 총리의 컨디션이 아주 나쁘기 때문에 땀을 흘렸다고 하면서 컨디션이 계속 나쁘면 혹시 만찬 시간을 단축해야 할지도 모르겠다고 말했다. 내가 방으로 돌아가 대통령께 모리 총리의 건강 상태를 보고하자, 대통령은 일본 측에 이야기해 만찬 시간을 단축하도록 하라고 지시했다.

잠시 후 모리 총리 내외가 주최하는 만찬이 시작되었다. 그리고 만찬이 진행되는 동안 호텔 앞 해변에서 불꽃놀이가 있었는데 그 규모가 크고 아주 화려했다. 나중에 일본 측 참석자의 설명에 의하면 그날 불꽃놀이에 들어간 비용이 3천만 엔(약 30만 미 달러) 정도 들었다고 했다.

* 모리 총리와의 제2차 정상회담

9월 24일 아침 대통령은 모리 총리와 조찬을 하면서 제2차 정상회담을 가졌다. 배석자는 양측에서 두 명씩으로 하고, 우리 쪽에서는 필자와 추규호 아태국장이, 그리고 일본 측에서는 외무성의 카토 료조(加藤良三) 외무심의관(우리의 차관보)과 마키다 구니히꼬 아주 국장이었다.

2000.9.24 모리 일본 총리와의 조찬 정상회담
오른쪽 맨 앞 필자

　모리 총리는 어제의 불꽃놀이는 대통령이 오신다고 아타미 시
장이 준비한 것인데 자신도 그동안 몇 번 보았지만 어제만큼 화려
한 것은 처음이라고 말했고, 대통령은 평생 잊지 못할 화려한 불꽃
놀이였다고 대답했다.

　모리 총리는 대통령에게 김정일 위원장이 어떤 사람인지, 그리
고 김용순 대남담당 비서의 한국 방문 결과를 물었으며, 대통령은
이에 대해 상세히 설명해 주었다.

　모리 총리는 북한의 식량사정이 정말 어떠한지 일본으로서는
잘 알 수가 없는바, 북한의 식량사정에 대한 대통령의 생각을 알려
달라고 말했다. 대통령은 자신도 정확히는 모르지만 세계식량계획
(WFP)이 발표한 바에 따르면 금년에 133만 톤이 부족하다고 하는

데, 북한은 100년 만의 가뭄으로 식량을 증산할 수가 없어서 명년
이 큰 문제라고 하더라고 말하고, 북한이 어려울 때 일본도 가능한
범위 내에서 식량을 지원해 준다면 북한이 일본에 대해 감사해 할
것이라고 말했다.

이에 대해 모리 총리는 북한의 미사일 문제로 인해 국민들이
'뭔가 해 주어야 한다'는 감정과 '끊임없이 불안하다'는 감정을 가
지고 있으며, 이것이 자민당과 국민들 사이에서 여러 의견이 나오
는 이유라고 설명했다.

모리 총리는 남북정상회담은 금세기 중 가장 큰 사건으로서 이
의 실현에 따라 당사자인 남북문제는 물론이고 일본에 대해서도 좋
은 영향을 주었다고 생각하며, 지금까지는 누가 북한을 움직이는가
가 분명치 않았으나, 남북정상회담 이후에는 김정일 위원장이 나라
의 선두에 서 있다는 것이 전 세계적으로 명확해졌다고 말했다.

한편 대통령은 마지막으로 한 가지 부탁드릴 것이 있다고 하면
서 미얀마 문제를 거론했다. 즉 10년 전 군사정권이 주도한 선거에
서 아웅산 수지 여사가 의석의 70퍼센트를 차지했지만 그들은 정
권을 물려주지 않고 있는데, 작년 필리핀에서 열린 아세안+3 정상
회의 때 자신이 미얀마 총리에게 이야기를 했지만 별다른 효과가
없었고, 이번 유엔 새천년 정상회의 기간 중 클린턴 대통령도 이 문
제를 거듭 언급했으며 자신도 원탁회의에서 거론했다고 말했다.

그리고 미얀마는 아시아 국가이며, 일본과 한국은 아시아에서
민주주의를 앞장서서 실천하고 있는 나라로 평가받고 있으므로, 유
엔 결의에 따라 미얀마 정부와 수지 여사 측이 대화를 통해 민주화

의 길로 나아가도록 일본이 대화를 권고하는 입장을 취해 준다면 큰 효과가 있지 않을까 하여 부탁을 드린다고 말했다.

모리 총리는 대통령 말씀에 전적으로 공감한다고 말하고, 지금 말씀하신대로 미얀마 정부와 수지 여사 측 간의 민주적인 대화가 중요하며, 이를 촉진하도록 일본도 충분히 노력해 나가겠다고 말했다.

그리고 모리 총리는 사실 대통령이 걱정하실까 봐 말씀을 안 드렸는데, 어제 열이 38.8℃까지 올라갔고, 회담 때 땀을 많이 흘린 것도 회담 전에 강한 주사를 맞았기 때문이라고 설명했다. 이에 대해 대통령은 나라 일을 책임지는 총리나 대통령은 아파도 쉴 자유가 없다고 말해 참석자들 모두가 웃었다.

정상회담을 끝내고 대통령 내외는 자동차로 90분을 달려 하네다공항으로 가서 특별기편으로 서울로 돌아왔다. 특별기에 탑승하기 전 대통령은 이번 대통령의 일본 방문을 준비하기 위해 수고한 최상룡 주일대사의 노고를 치하하고, 대사관 직원들에게도 감사 인사를 전해 줄 것을 당부했다.

* 일본 공식 실무방문 결산

일본 방문은 비록 2박 3일의 짧은 방문이었지만 매우 유익했다. 우선 양 정상은 형식에 구애받지 않고 편안하게 장시간 중요한 문제들에 대해 허심탄회하게 이야기를 나누었다.

특히 북한 문제와 향후 일·북 관계에 대해 마음속에 있는 이야기들을 털어놓았다. 또한 각 분야에서 양국 관계를 전면적으로 발전시킬 수 있는 각종 방안들에 관해 아주 구체적인 의견을 교환했다.

또한 미얀마 문제에 관해 의견의 일치를 본 것도 의미가 있었다.

* 우리가 일본에 체재하는 동안 일본 측은 아타미 시에 '김대중 공원'을 건립하는 문제에 대한 우리의 의견을 비공식적으로 타진해왔다. 그러나 우리는 이 아이디어를 정중히 사양했다. 왜냐하면 현직 대통령의 이름을 사용하는 공원이 일본 내 도시에 세워진다는 것이 양국 관계에 도움이 되기보다는 경우에 따라 이상한 구설수에 오를 수도 있다고 판단했기 때문이었다.

한편 제2차 정상회담 때 배석한 일본 관료 두 명은 나와 절친한 사이의 일본 외교관들이었다. 내가 1995-96년 아태국장으로 근무하는 동안 일본의 아주국장이 바로 카토 심의관이었는데, 그 당시 양국 간에 많은 문제가 있었지만 우리는 항상 서로를 신뢰하면서 대화로 어려움을 풀어나갔다. 카토 심의관은 그 후 주미 일본대사가 되어 일본의 외교에 큰 공헌을 했다.

한편 마키다 아주국장은 내가 1986년 동북아2과장(중국과장)으로 있을 당시 일본 외무성의 중국과장으로서 가깝게 지내다가, 그 후 중국에서 같이 대사관의 정무공사로 근무를 했으며, 나중에 내가 아태국장을 할 때 카토 국장을 보좌하며 심의관으로 근무하다 바로 아주국장이 된 외교관이었다. 이와 같이 나의 가장 가까운 친구이

며 동료들이 정상회담에서 마주 앉아 정상들을 보좌하게 되니 일하
기도 편했고, 매우 보람이 있었다.

6.
북한의
인민무력부장
방한

9월 24일 북한의 김일철 인민무력부장이 12명의 수행원과 함께 판문점을 넘어 한국으로 왔다. 북한군의 최고수뇌부가 군사 분계선을 넘은 것은 한국전쟁 이후 처음 있는 일이었다. 북측 대표단은 우리 군용기를 이용하여 제주도로 이동했다.

그리고 9월 24-26일 제주도에서 제1차 남북 국방장관회담이 개최되었다. 우리 쪽에서는 조성태 국방부장관이 수석대표로, 북측에서는 김일철 인민무력부장이 수석대표로 참석했다.

❋ 제1차 남북 국방장관회담

양측은 두 차례의 전체회의를 열고 실무대표 접촉을 통해 5개 항의 공동 보도문에 합의했다.

1. 쌍방은 남북 정상들이 합의한 6·15 남북공동선언의 이행을 위해 최선의 노력을 다하고, 민간인들의 왕래와 교류·협력을 보장하는 데 따르는 군사적 문제들을 해결하기 위하여 상호 적극 협력한다.

2. 쌍방은 군사적 긴장을 완화하며, 한반도에서 항구적이고 공고한 평화를 이룩하여 전쟁의 위험을 제거하는 것이 긴요한 문제라는 데 이해를 같이하고 공동으로 노력한다.

3. 쌍방은 당면 과제인 남과 북을 연결하는 철도와 도로공사를 위하여 각 측의 비무장지대 안에 인원과 차량, 기재들이 들어오는 것을 허가하고 안전을 보장하기로 했으며, 쌍방 실무급이 10월 초에 만나서 이와 관련한 구체적 세부 사항들을 추진한다.

4. 남과 북을 연결하는 철도와 도로 주변의 군사분계선과 비무장 지대를 개방하여 남북관할지역을 설정하는 문제는 정전협정에 기초하여 처리한다.

5. 쌍방은 2차 회담을 11월 중순에 북측 지역에서 개최한다.

⁂ 남북 국방장관회담 개최 과정과 의의

사실 우리로서는 6·15 공동선언의 이행을 위한 군사적 뒷받침이라는 점에서 남북 국방장관회담을 조기에 개최하기 위해 기회가 나는 대로 북측을 설득하려고 노력했다. 그러나 북측은 다른 것은 다 이야기를 하면서도 남북 국방장관회담만큼은 이야기를 하려 하지 않았다. 그래서 우리는 김용순 대남담당 비서가 한국을 방문하는 중에 이 문제에 대한 결말을 내기로 했다.

마침 김용순 비서가 서울에 오는 날, 그는 김정일 위원장의 송이버섯 선물을 갖고 오는 박재경 대장과 동행을 해서 왔다. 박재경은 김정일 위원장의 측근 인사로 인민무력부 총정치국의 부국장이었기 때문에 군부의 실세였다. 임동원 국정원장은 김용순 비서와 박재경 대장을 초청한 오찬 자리에 조성태 국방부장관을 동석시켰다. 그리고 조 장관은 나중에 별도로 박재경 대장을 만나 "김일철 인민무력부장에게 남북 국방장관회담을 갖자고 전해 달라"는 구두 메시지를 전했다. 그리고 임동원 원장이 김용순 비서와의 담판을 통해 9월 말 제주도에서 국방장관회담을 갖자는 답을 받아 낸 것이었다.

이렇게 어려운 과정을 통해 실현된 제1차 남북 국방장관회담은 분단 이후 남북 국방장관들이 처음으로 만나 6·15 공동선언 이행을 위한 군사적 뒷받침에 합의했다는 점에서 상징적이고도, 매우 중요한 의미를 갖는 것이었다. 또한 한반도에서의 군사적 긴장완화와 평화보장을 위한 공동 노력에 합의했다는 것도 중요한 의미를 가지고 있었다. 그리고 양측이 시종 우호적인 분위기 속에서 적극적인 자세로 협상에 임함으로써 앞으로 군사적인 긴장완화와 신뢰 구축을 논의할 수 있는 토대를 마련했다는 면에서도 성과를 거둔 것으로 평가되었다.

그러나 이번은 단지 첫 번째의 만남일 뿐 앞으로 남북 국방당국 간에 협의해야 할 문제들이 산적해 있었다. 다른 무엇보다도 제2차 국방장관회담을 여는 것이 급선무였다.

＊ 북한 인민무력부장의 대통령 예방

9월 26일 오후 김일철 인민무력부장이 청와대로 와서 대통령을 예방했다. 김 부장은 먼저 "김정일 위원장께서 대통령께 정중한 안부를 전하라는 말씀이 있으셨다"고 말했다. 대통령은 "남과 북의 군이 과거 50년 동안 적대적인 관계였는데 이렇게 서로 만나서 얘기하는 것을 우리가 상상이나 했겠는가"라고 말하면서 "앞으로 긴장완화를 위해서 두 국방장관이 협력을 잘하기 바란다"고 했다. 그러면서 다시는 총부리를 겨누고 싸우는 일이 있어서는 안 되며 남북이 다 평화롭게 살고 서로 만족하는 통일을 이루기 위해서는 신뢰구축이 중요하므로 쉬지 말고, 조급해 하지 말고 신뢰를 쌓아 가야 한다고 강조했다.

김 부장은 이번에 좋은 합의를 이루었으며, 일부 이견이 좁혀지지 않은 부분이 있었지만 두 분이 역사적인 위업을 이루셨으니 우리가 책임지고 철저히 이행하도록 보장하자고 다짐했다고 말했다. 그러자 대통령은 너무 욕심을 내서는 안 되며 차분히 하되, 중요한 것은 국민이니 국민의 신뢰를 받고 할 수 있도록 해야 한다고 말하고, 지금은 남북이 힘을 합해 좋은 점을 크게 보고, 가능하면 이견을 합치시켜 가고 서로 상대를 이해하려 해야 한다고 강조했다.

김 부장은 제주에서 회담을 하게 된 것은, 국방장관회담을 제3국에서 한다는 것이 조금 이상하다고 김정일 위원장에게 말씀드렸더니, 김 위원장이 바로 (남쪽으로) 가서 허심탄회하게 대화를 하라고 지시하여 이렇게 오게 되었다고 설명했다. 이에 대해 대통령은 김 위원장이 좋은 결단을 내렸다고 말했다.

놀라운 진전이었다. 6·15 공동선언 이후 8·15 이산가족 상봉, 비전향 장기수의 송환, 김용순 대남담당 비서의 방한, 9월 15일 시드니 올림픽에서의 남북선수단 공동입장, 그리고 북한 인민무력부장의 방한과 대통령 예방, 모든 것이 너무나 빨리 전개되었다. 따라서 이제는 남북 관계 개선의 속도를 적절히 조절할 필요가 있었다.

앞으로 정말 중요한 것은 미국과 북한의 관계 개선이었다. 미·북 관계가 발전한다면 남북 관계도 더욱 발전할 수 있겠지만, 만일 미·북 관계가 발전하지 못한다면 남북 관계는 더 이상 나아가기 어려울 것이기 때문이었다.

7.
조명록 특사 방미와
올브라이트
국무장관 방북

2000년 7월 말 방콕에서 열린 아시아지역안보포럼(ARF)에서 사상 최초로 미·북 외무장관회담이 열렸다. 이 자리에서 올브라이트 국무장관은 백남순 외교부장에게 페리 특사 방북에 대한 답방으로 북한 특사의 방미를 희망했고 북측도 이에 긍정적인 답변을 했다.

그리고 9월 27일 뉴욕에서 열린 미 국무부의 카트만 대사와 북한의 김계관 부상 간의 회담에서 북측은 "국방위원회 제1부위원장인 조명록 차수를 특사로 파견하겠다"고 미측에 제의했다. 미국은 당초 미·북 고위급회담의 북한 측 특사로 외교부 부부장 정도를 예상하고 있었는데 북측이 갑자기 조명록 부위원장을 특사로 제의

하여 깜짝 놀랐던 것 같았다. 그러나 북한의 태도에 진정성이 있다고 판단하여 북한 측 제의를 받아들이기로 하고 방미 기간을 10월 9-12일로 하기로 합의했다.

 * 10월 초 보스워스 주한 미국대사는 나를 만나, 미국은 당초 미·북 고위급회담의 북한 측 수석대표로 강석주 외교부 부부장을 예상하고 있었으나, 북측이 갑자기 조명록 부위원장의 미국 방문을 제기해 놀랐다고 하면서 북한이 사실상의 제2인자인 조명록 부위원장을 미국에 특사로 파견한 것은 미국과의 관계 개선을 진정으로 원하고 있다는 것을 나타낸 제스처이므로, 미국도 이에 맞추어 신중하면서도 정중하게 조명록을 환영코자 한다고 설명했다. 보스워스 대사는 또 미국과 북한이 지난 50년간 적대적인 관계를 유지해 왔음을 고려할 때, 이번 조명록의 방문은 놀라운 일로 얼마 전까지만 해도 북한과 여러 가지 문제를 둘러싸고 승강이를 했지만, 지금과 같은 상황에서는 그러한 것은 그다지 중요한 문제가 되지 않을 것 같다고 말했다.

* 조명록 특사의 방미와 미·북 공동성명

10월 6일 미 국무부는 '국제 테러에 관한 미·북 공동성명'을 발표했다. 그리고 10월 9일 조명록 특사는 강석주 외교부 부부장 등 10여 명의 수행원들과 함께 먼저 샌프란시스코에 도착하여 특사로 방북했던 페리 전 국방장관의 안내로 실리콘밸리 등을 돌아보았다.

    10월 10일 워싱턴에 도착한 조명록 특사는 도착 성명을 통해 "미국을 방문하는 동안 뿌리 깊고 오랜 불신을 제거하고, 양국 관계를 새로운 단계로 진전시키는 면에서 획기적인 변화를 이룩할 수 있도록 미국 지도부와 솔직한 논의를 갖기 위해 최선을 다할 것"이라고 발표했다.

    조명록 특사는 먼저 올브라이트 국무장관을 면담했다. 그런 다음 인민군복 차림으로 클린턴 대통령을 예방하고 김정일 위원장의 친서를 전달했다.

    그날 저녁 조명록 특사는 국무부에서 올브라이트 국무장관이 주최하는 만찬에 참석했는데, 그 자리에는 미국 내 각 분야의 한반도 전문가들을 비롯해 정치인, 외교관, 기업인 및 교민 등 180여 명이 참석했다. 올브라이트 장관은 만찬사를 통해, 오늘에 이르기까지 페리 조정관의 기여를 높이 평가하고, 오늘 모임이 남북 간 화해 분위기 증진에 기여하기를 기대하는 동시에 미·북 관계에 있어 새로운 장을 만들어 가기를 희망했다.

    이에 대해 조명록 부위원장은 답사를 통해 남북정상회담 이후 남북 화해가 전례 없이 고조되고 있고, 이러한 긍정적인 변화는 북·미 관계에도 동일한 변화가 가능하다는 것을 시사해 주고 있다고 하면서, 북한의 자주권과 안전에 대한 미국의 담보만 확인되면 대립과 적의의 북·미 관계를 평화와 친선 관계로 전환시킬 수 있는 중대 결단을 내릴 것이라고 말했다.

    11일 오전 조명록 특사는 올브라이트 국무장관을 면담하고, 오후에는 코언 국방장관을 면담한 다음, 저녁에는 자신이 답례만찬을 주최하고 12일 워싱턴을 떠났다.

그러는 가운데 북한이 먼저 북·미 공동코뮈니케(공동성명)를 발표했다. 공동성명에서는 "미국 대통령의 (가능성 있는) 방문을 준비하기 위해 올브라이트 국무장관이 가까운 시일에 북한을 방문하기로 합의했으며, 또 두 나라 사이의 쌍무 관계를 근본적으로 개선하는 조치들을 취하기로 결정했다. 한반도에서 긴장 상태를 완화하고, 1953년의 정전협정을 공고한 평화협정 체계로 바꾸어 한국전쟁을 공식 종식시키기 위해서 4자회담 등 여러 가지 방도들이 있다는 데 의견을 같이했다"고 발표했다. 공동성명에는 그 밖에도 상대방에 대해 적대적 의사를 갖지 않을 것이라는 선언, 자주권에 대한 상호 존중과 내정 불간섭, 미사일 문제 해결, 테러를 반대하는 국제적 노력 지지 등의 내용이 포함되어 있었다.

* 미·북 공동성명이 발표되기 전에 보스워스 미국대사는 나에게 "곧 올브라이트 국무장관이 방북 예정 사실을 발표할 예정인데 이는 클린턴 대통령의 방북을 준비하기 위한 것이며, 김정일 위원장이 미국과의 조속한 관계 개선을 희망하고 클린턴 대통령으로서도 대통령 임기 내에 북한과의 관계를 종결시키려는 생각이 있기 때문에 이번과 같은 급격한 변화가 이루어졌다"고 설명했다.

보스워스 대사는 또 "조명록 특사와의 협의에 실질적인 진전이 있어 미사일 및 남북 대화 등 문제에 있어서도 많은 진전이 이루어졌으며, 북한 측과의 공동성명은 현재 북한 측의 회신을 기다리고 있는 중"이라고 말했다.

* 조명록 특사의 방미 평가

사실 얼마 전까지만 해도 북한에 대해 비판적이던 미국에 북한의 조명록 특사가 방문하여 클린턴 대통령을 예방하고 김정일 위원장의 친서를 전달한다는 것은 상상도 못한 일이었다. 그리고 미국 대통령의 방북을 준비하기 위해서 미 국무장관이 북한을 방문한다는 것 또한 놀라운 일이었다.

결국 김정일 위원장은 클린턴 대통령 임기 내에 미국에서 얻을 수 있는 것을 받아 내고, 미·북 관계에 근본적인 변화를 추구하는 것이 낫겠다고 판단해 조명록 특사를 미국에 보냈고, 클린턴 대통령으로서는 집권을 끝내기 전에 북한의 미사일 문제를 해결하고 떠남으로써 중요한 업적을 남기려는 목적에서 자신의 방북을 적극적으로 추진하기로 결정한 것으로 보였다.

이 모든 변화는 다 남북정상회담으로 인한 것이었다. 과거 북한은 한국을 제쳐 놓고 미국과 관계를 개선하려고 계속 노력했지만 성공하지 못했다. 그러나 남북정상회담 이후 김대중 대통령의 적극적인 도움으로 드디어 미국과 관계 개선을 위한 협상이 시작된 것이었다. 이 때문에 미·북 공동성명에서도 '평화협정'이라는 표현 대신에 '평화보장체계'라는 표현을 쓰고 '4자회담 등 여러 방도들이 있다'고 표현한 것도 북한이 한국의 입장을 의식한 것으로 보였다.

드디어 미·북 관계가 변화의 조짐을 보이기 시작했다. 그러나 문제는 시간이었다. 만일 클린턴 대통령이 조기에 북한을 방문한다면 미·북 관계가 어느 정도 자리를 잡을 수 있지만, 그렇지 않는다면 또 어떻게 상황이 급변할지 모르는 일이었다. 거기에다 대통령 선거의 결과도 중요했다. 공화당은 북한에 혜택을 주면서까지 미사일 개발을 포기하게 하는 정책을 취하지 않을 것이기 때문이었다.

※ 올브라이트 국무장관의 북한 방문

올브라이트 국무장관이 10월 23일 북한에 들어갔다. 미국 대표단에는 웬디 셔먼 대북정책 조정관을 비롯한 한반도 관련 정책 입안자들과 전문가들이 망라되었다. 그리고 60여 명의 기자들이 동행했다. 그 전에 올브라이트 장관의 방북을 준비하기 위한 선발대(허바드 부차관보 등 30명)가 서울에 도착하여 판문점을 거쳐 평양으로 들어갔는데, 북한 측은 당초 미국 선발대의 판문점 경유를 반대했지만 결국에는 동의를 했다.

올브라이트 장관은 첫 공식 일정으로 김일성 주석의 시신이 안치된 금수산궁전을 찾았다. 남북정상회담 시 북측이 김 대통령의 금수산궁전 참배를 강력히 요청했을 때 우리는 국민들의 감정을 고려하여 끝내 거부했지만, 그러한 국민감정이 없는 미국으로서는 북한에 대한 호의를 전달하기 위한 제스처로 보였다.

올브라이트 장관은 김 대통령이 묵던 백화원 초대소에 묵었는데 김 위원장이 찾아와 회담을 가졌다. 그리고 김 위원장은 미국 대표단을 평양에 있는 '5·1 경기장'으로 안내하여 10만 명이 동원된 집단체조와 예술 공연을 관람했다. 그리고 그날 저녁 김 위원장이 주최한 만찬에 참석했다.

※ 올브라이트 국무장관의 대통령 예방

올브라이트 국무장관이 10월 23일부터 북한을 방문하고 25일 아침에 서울에 도착했다. 그리고 오전에 청와대로 와서 대통령을 예방했다.

올브라이트 장관은 "김 대통령께서 전에 말했듯이, 김정일 위원장은 과거 많은 사람들이 얘기하는 것처럼 이상한 사람이 아니었으며, 이틀 동안 김 위원장과 미·북 관계의 배경과 지역 문제에 대해 많은 얘기를 나눴는데 김 위원장은 공손하고 남의 의견을 잘 듣는 인상을 주었고, 많은 문제에 답변할 준비가 되어 있다는 인상을 받았다"고 말했다.

올브라이트 장관은 또 김정일 위원장이 경제가 매우 어렵다고 솔직히 인정했으며, 특히 전력과 식량이 부족하다고 하더라고 말했다. 또 김 위원장이 클린턴 대통령의 방북을 원하고 있으며, 자신이 설명한 주한미군의 긍정적인 역할에 대해서도 동감을 표시했다고 말했다. 그러면서 미사일 문제에 대한 미국의 입장과 북한의 반응을 설명하고, 앞으로 말레이시아 쿠알라룸푸르에서 미사일 문제에 관한 실무회담을 가질 예정이라고 밝혔다.

올브라이트 장관은 자신의 방북과, 앞으로 대통령의 방북 가능성에 대해 이미 많은 비판적인 의견이 나오고 있고, 대통령 선거는 바로 앞에 다가와 있기 때문에 상당히 어려운 입장이라고 설명하고, 이런 시기에 노벨평화상 수상자로 결정되신 김 대통령의 역할이 매우 중요하다고 말했다.

이에 대해 김 대통령은 올브라이트 장관의 방북은 매우 큰 소득을 거두었으며, 김 위원장과 직접적인 대화를 통해 서로를 이해하고, 서로 무슨 생각을 하고 있는지, 좋은 점이 무엇인지, 문제가 무엇인지 알게 된 것만으로도 큰 소득이라고 말했다. 그리고 미사일 문제에 대한 실무회담을 갖기로 함으로써 중요한 실마리를 얻어 냈고, 또한 김 위원장이 주한미군에 대해 직접 긍정적인 입장을 피력한 것은 장기적으로 매우 고무적인 일이라고 말했다. 그러면서 북한이 절실히 원하는 체제안전과 경제회복을 도와준다면 일괄타결이 이루어질 수 있을 것으로 본다고 말하고, 그런 과정에서도 한·미·일 3국 공조가 긴요하다고 강조했다.

올브라이트 국무장관은 김 대통령을 예방한 다음, 서울에서 열린 한·미·일 3국 외무장관회담에 참석하여 자신의 방북 결과를 설명하고 대북정책에서의 3국 공조를 과시하고 미국으로 돌아갔다.

✻ 지연되는 클린턴 대통령의 방북

올브라이트 국무장관의 방북 기간 중 김정일은 미·북 관계의 정상화를 위해 클린턴 대통령 재임 기간 중에 클린턴 대통령의 방북을 강력히 희망했는데, 이것은 정권에 대한 정통성 부여와 외교적 승인 효과를 노린 때문으로 보여졌다. 그리고 그것을 통해 미국으로부터 생존권의 보장(안보)과 전면적인 외교관계 수립(대사급)을 원하고 있는 것으로 보였다.

나중에 미국 측의 추가 설명에 의하면, 북측은 미국 대표단에게 먼저 수교부터 하자고 하면서 미국과 외교관계만 수립하면 주한미군 주둔을 공개적으로 지지하겠다고 했으며, 유엔사와 관련된 문제나 한·미 군사 훈련 문제도 나중에 이야기하자고 했다고 했다. 이 것은 그만큼 북한이 급하다는 증거였다.

그러나 당시 클린턴 정부로서는 시간적인 여유가 없었기 때문에 복잡하고 시간이 소요되는 문제들을 생각하기보다는 정권 임기 내에 어떻게 해서든지 미사일 문제를 해결하려 했다. 그리고 올브라이트 장관의 방북 기간 중에 미사일 문제의 해결을 위한 실마리를 잡은 것으로 보였다. 미국은 말레이시아에서 개최되는 미사일 회담의 결과를 보아 클린턴 대통령의 방북 여부를 결정하는데, 북한이 매우 서두르는 입장임을 레버리지로 이용한다는 측면에서 가능한 한 방북 결정을 늦추는 것으로 보였다.

당시 공화당에서는 클린턴 대통령의 방북을 반대하고 있었기 때문에 미사일 문제에 관해 북한의 양보를 받아 낼 수 없다면 방북은 하기가 어렵겠지만, 미사일 문제에 관해 북한의 양보를 얻어 낼 확신이 있으면 클린턴 대통령이 방북하는 것으로 생각하고 있었던 것으로 보였다. 그 경우 시기는 11월 중순 브루나이 APEC 정상회의 이후에서 12월 중순 사이를 고려하고 있는 것으로 보였다. 왜냐하면 그 당시 내부적으로는 클린턴 대통령이 방북할 경우 당일로 돌아올지, 아니면 평양에서 하루를 잘지를 검토하고 있었기 때문이었다.

✱ 클린턴 대통령의 북한 방문 포기

11월 7일 미국에서 대통령 선거가 실시되었다. 그러나 개표 과정은 혼미를 거듭했고 법정 투쟁으로까지 이어지는 등 미국 대선은 큰 혼란을 겪었다. 35일간의 법정 공방 끝에 연방대법원이 조지 W. 부시 후보의 손을 들어 주었다.

이런 상황에서 클린턴 대통령은 북한 방문을 결정하지 못했다.

김 대통령이 노벨평화상을 수상하기 위해 노르웨이에 체류 중인 12월 11일 클린턴 대통령이 메시지를 보내 왔다. 내용은 "노벨상 수상을 축하하며, 김 대통령의 북한 방문 요청에 따라서 방북을 추진하고 있으나, 최종 결정은 대통령 선거 결과가 나온 이후에 하는 것이 바람직해서 대선 결과를 기다리다 보니 늦어지게 되었다"고 하면서, "대선 결과가 확정되는 대로 대통령 당선자와 협의하여 방북 문제를 최종 결정하고, 그 결과를 대통령께 알려 드리겠다"는 내용이었다. 그 정도로 클린턴 대통령도 북한 방문에 관심을 가지고 있었던 것이다.

12월 21일 아침 일찍 주한 미국대사관의 대사대리(그 당시 보스워스 대사는 휴가 중)가 내게 연락을 해서, 클린턴 대통령이 급히 김 대통령과 통화를 희망한다고 전했다. 잠시 후 클린턴 대통령이 김 대통령에게 전화를 해 왔다. 클린턴 대통령은 "본인의 퇴임 전에 성공의 기회를 잡고 싶은데 북한 방문은 거의 불가능하기 때문에, 내년 1월에 김정일 위원장을 워싱턴에 초청할까 생각하는데 김 대통령의 의견을 알고 싶다"고 말했다. 이에 대해 김 대통령은 "김정일 위원장이 워싱턴에 가서 소득 없이 돌아가는 것은 곤란하므로 사전에 성공을 보장할 필요가 있고, 클린턴 대통령 후임자도 이것을 보장해야 할 것"이라고 말했다. 클린턴 대통령은 "전적으로 동의하며 말씀대로 하겠다"고 대답했다(《김대중 자서전 2》378-379쪽 참조).

12월 28일 주한 미국대사관의 대사대리가 나를 찾아와 본국 정부의 훈령을 전달했다. 내용은 "클린턴 대통령이 시간적인 제약 때문에 방북이 불가능하게 되었으며, 백악관은 앞으로 수 시간 이내에 이 사실을 공표할 예정이고, 그때까지 한국 측이 보안을 유지해 주기를 희망한다"는 내용이었다.

대사대리는 나에게 추가로 "지난주 금요일(12월 22일) 국무부가 유엔주재 북한대표부를 통해 클린턴 대통령이 김정일 위원장에게 보내는 친서를 전달했는데, 친서의 내용은 자신의 방북이 곤란하게 되었으며 이 건의 중요성에 비추어 김정일 위원장과 둘이 만나면 해결이 가능하므로 김 위원장이 워싱턴을 방문해 주기를 희망한다는 내용이었다. 이에 12월 24일 북측 인사가 미국 측 인사에게 워싱턴 방문에는 관심이 없다는 내용의 서한을 보내면서, 이 서한을 김 위원장의 클린턴 대통령 앞 답신으로 간주하면 된다고 말했다"고 설명해 주었다.

　* 앞에서 말했듯이 클린턴 대통령은 마지막 순간까지 미·북 관계를 어느 정도라도 궤도에 올려놓고 퇴임을 하고 싶어 했던 것으로 보였다. 그러나 클린턴 대통령의 방북은 미국 내의 복잡한 정치 상황과, 예상치 않은 대통령 선거 결과 확정의 지연 등으로 결정이 미루어지다가 마지막에는 시간적인 제약으로 실현되지 못했던 것이

다. 그래서 마지막으로 내놓은 것이 김정일 위원장의 워싱턴 초청이었지만, 김 위원장이 이것을 거부함으로써 모든 것은 원점으로 돌아가고 말았다. 그때 만일 김 위원장이 모험을 하고 워싱턴에 갔다면 어떤 일이 벌어졌을까?

김 대통령은 그때 김정일 위원장이 워싱턴에 갔어야 했다고 말했다. 그랬다면 미국과 관계 정상화가 이루어졌을 것이고, 그런 상태에서는 차기 부시 정권도 이를 인정할 수밖에 없었을 것이라 하면서 안타까워했다.

2장

ASEM
정상회의와
노벨평화상 수상

1.
제3차
서울 ASEM
정상회의

제3차 ASEM 정상회의가 10월 20-21일 서울에서 개최되었다. 유럽과 아시아의 26개국 정상들이 참석하는, 건국 이래 최대 규모의 국제회의였다.

ASEM 정상회의는 물론이고 14개국 정상들과의 개별 정상회담이 예정되어 있었기 때문에, 내가 필요한 자료를 작성하여 대통령에게 드리면 대통령은 그 자료들을 검토한 후 내게 다시 지시를 내렸다. 회의 개막 전 마지막 주말에는 아침부터 대통령과 둘이 앉아 회의 일정과 주요 행사와 개별 정상회담을 하나씩 점검하면서 거기에 필요한 자료들을 검토하고 마지막 지시를 받아 정리를 했다. 그리고 대통령을 모시고 잠시 점심 식사를 한 다음, 다시 오후 내내 앉아서 작업을 계속했다.

놀라운 것은 대통령이 그 모든 자료를 다 보고 수정해서 내게 일일이 지시했다는 것이었다. 나중에 작업이 끝나고 사무실로 돌아와 관계비서관이나 행정관들에게 대통령의 지시를 하나씩 전달하는데 모두가 대통령의 지식의 깊이와 정확함에 깜짝 놀랐다.

예를 들어 정상회의 공식만찬사 내용 중에 동양과 서양의 상호영향을 언급하면서 서양의 영향으로 플라톤의 철학과 루소를 예로 든 부분이 있었다. 대통령은 서양의 영향으로 플라톤의 철학을 예로 드는 것은 적절치 못하며, 루소의 예 역시 동인의 사상이 민주주의와 사회주의 어느 편에서도 주장할 수 있는 양날의 칼과 같은 것이기 때문에 적절하지 못하다고 지적하고 내용을 수정하라고 지시했다.

* 중국 주룽지 총리의 공식방문
*

중국의 주룽지 총리가 ASEM 정상회의 참석차 한국을 방문했다. 우리는 그 기회를 이용하여 아예 주 총리를 공식방문의 형식으로 초청했다.

10월 18일 아침 청와대 정원에서 주 총리를 위한 공식 환영식이 거행된 다음, 양 정상은 자리를 옮겨 정상회담(단독과 확대)을 시작했다. 대통령은 존경하는 '좋은 친구' 주룽지 총리를 한국에서 맞이하게 되어 기쁘며, 우리 국민은 마음으로부터 총리를 환영하고 있다고 말했다. 이에 대해 주 총리는 대통령께 노벨평화상 수상을 축하하고, 제3차 ASEM 회의가 성공을 거두기를 기원한다고 말했다.

대통령은 지난 1998년 10월 방중 시 '한·중 협력동반자관계'를 설정한 이래, 중국이 일관되게 우리의 대북정책인 햇볕정책을 지지해 왔는데, 이것이 6·15 남북정상회담 개최에 큰 도움이 되었다고 말하고 남북정상회담 결과를 상세히 설명했다. 이에 대해 주 총리는 남북정상회담 이후 한반도 정세가 화해 분위기로 변하고 있으며, 이러한 남북 간 긴장완화가 이 지역 및 세계 평화에 유리하게 작용할 것을 확신한다고 말했다.

대통령은 한반도에서 평화체제를 구축하는 데에는 남북한과 전쟁에 관여한 중국 및 미국 등 4자가 책임지고 해결하는 것이 가장 바람직하다고 생각한다고 말했다. 이에 대해 주 총리는 중국은 한반도의 평화체제 수립을 위해 4자회담에 참여할 수 있으며, 남북이 한반도 평화체제를 구축하고 민족 단결을 실현하는 것을 열렬히 지지한다고 말했다. 그러면서 김 대통령 방중 시 제의한 5대 분야 협력 중 CDMA 이동통신 분야 협력은 당시 과연 CDMA를 도입할지 말아야 할지 검토 단계에 있었으나, 최근에 CDMA 기술을 도입키로 결정했다고 말했다.

주 총리는 1998년 김 대통령 중국 방문 시 한·중 양국은 '협력 동반자관계'를 수립하기로 발표했는데 이는 양국 관계의 이정표였으며, 이후 각 분야에서 많은 발전이 있었고, 양국 관계가 새로운 차원으로 도달했다고 보기 때문에 협력동반자관계를 가일층 발전시켜 양국 관계를 전면적 관계로 발전시키는 계기가 되기를 희망한다고 말했다.

대통령은 '협력동반자관계'를 '전면적인 협력관계'로 발전시키 자는 주 총리의 적극적인 제안을 환영하며, 이번 주 총리의 방한을 통해 한·중 관계가 한 차원 높은 단계로 격상되고 양국 간 전면적 협력시대가 열린다는 점에서 주 총리의 방한 의의가 대단히 크다고 말했다.

그리고 양 정상은 각 분야 별로 아주 구체적으로 의견을 교환했 다. 마지막으로 대통령이 말했다.

"이번 총리의 방한으로 우리는 커다란 선물을 기대했는데, 총리 께서 철저히 계산적으로 말씀하시므로 경제 문제는 역시 경제로 풀 어야 되겠다고 생각하게 되었습니다."

그랬더니 주 총리가 대답을 했다.

"대통령께서 하시는 것을 보고 배운 것입니다."

정상회담이 끝난 다음, 범죄인 인도협정 서명식이 있었다. 그리 고 저녁에는 영빈관에서 대통령 내외가 주최하는 주룽지 총리 내외 를 위한 공식 환영만찬이 열렸다.

＊ 프랑스 시라크 대통령의 공식방문

다음 날인 19일 아침 청와대에서 시라크 프랑스 대통령을 위한 공식 환영행사가 열렸다. 시라크 대통령도 중국의 주룽지 총리와 같이 공식방문의 형식으로 초청했기 때문에 청와대에서 공식 환영 행사를 가진 것이었다. 공식 환영행사 후 양 정상은 자리를 옮겨 정상회담을 시작했다.

김 대통령은 먼저 시라크 대통령의 방한을 환영하며, 지난 3월 프랑스를 방문했을 때 시라크 대통령과 프랑스 국민이 보여 준 환대에 감사의 마음을 전하고 싶다고 말했다. 시라크 대통령은 따뜻한 영접에 감사하며, 프랑스 대통령과 EU 의장국의 자격으로 대통령의 노벨평화상 수상을 축하드린다고 하면서 이는 그간 대통령의 역경에 대한 보답으로 생각한다고 말했다.

김 대통령은 남북정상회담 결과를 설명한 다음, 프랑스를 비롯한 EU 국가들도 미국과 북한, 일본과 북한 간의 관계 개선 동향과 추이를 보아 북한과의 관계 개선을 검토한다면 북한의 변화를 이끌어내는 데 큰 도움이 될 것이라고 말했다. 시라크 대통령은 김 대통령의 대북정책을 전직으로 지지한다고 말하고, 프랑스 정부는 현재 북한에 대해 지원을 제공하고 있으며 앞으로 이를 확대해 나갈 예정이라고 말했다.

양 정상은 그 밖에도 EU의 KEDO 지원, 중국과 대만 관계, 중국과 미국 관계 중에서 NMD(National Missile Defense; 국가미사일방어체제) 문제, 일ㆍ북한 관계 개선 및 외규장각도서 문제와 관련해서도 의견을 교환했다.

정상회담을 끝내고 양 정상은 영빈관으로 자리를 옮겨 시라크 대통령을 위한 공식 환영오찬에 참석했으며, 오찬에서는 주로 양국 간 경제 현안에 대해 의견을 교환했다.

오후에 대통령은 컨벤션센터로 가서 정상회의에 참석하는 정상중 양국 간에 합의된 일부 정상들과 개별 정상회담을 가졌다.

＊ 덴마크 라스무센 총리와의 정상회담

대통령은 먼저 서울 ASEM 정상회의의 계기에 첫 번째로 라스무센 총리와 개별 정상회담을 갖게 된 것을 기쁘게 생각하며, 노벨평화상 수상 관련 축하 서한을 보내 준 데 대해 감사한다고 말했다. 총리는 새천년을 맞이해 첫 번째 노벨평화상을 수상한 데 대해 축하를 드리며, 이는 민주주의와 인권 신장에 공로가 큰 대통령에 대한 전 세계의 존경의 표시로 생각한다고 말했다.

총리는 서울 ASEM 회의가 김 대통령의 지도력 하에 정치적 논의에 진전이 있기를 바라며, 다음번 덴마크에서 개최 예정인 제4차 ASEM 정상회의도 아시아 · 유럽 간 협력 강화에 기여할 수 있기를 바란다고 말했다. 이에 대해 대통령은 지난번 런던 회의에서는 아시아 경제위기 극복을 위해 유럽 국가들이 큰 도움을 주었다고 평가하며, 이번 서울 회의에서는 정치, 경제, 사회, 문화 협력관계를 함께 논의하는 총괄적 협력 체제가 구축되었다고 생각한다고 말하고, 덴마크에서 개최될 제4차 회의에서도 이러한 협력체제가 지속되길 기대한다고 말했다.

총리는 ASEM 체제 강화와 관련하여 정상회의 외에도 정상회의 회기 간 협력(inter-sessional cooperation)을 다지는 방안을 강구할 필요가 있다고 생각한다고 말했으며, 대통령은 이번 회의 의장국으로서 개별 정상회담의 유효성에 대해 지적하고자 하며, 가능하면 유럽과 아시아 정상 간 개별 대화가 촉진되어 상호 이해에 도움이 되길 희망한다고 말했다.

대통령은 덴마크 총리와의 정상회담 후 아시아 지역 정상회의에 참석한 다음, 이한동 국무총리가 주최하는 ASEM 정상회의 참석자를 위한 리셉션에 잠시 참석하고, 핀란드 대통령과 정상회담을 가졌다.

＊ 핀란드 할로넨 대통령(여)과의 정상회담

김 대통령은 지난번 유엔 새천년 총회 공동의장직 수행 시 남북정상회담과 남북 관계 진전을 환영하는 성명이 발표되도록 협조해 준 데 대해 감사를 드린다고 말했다. 이에 대해 할로넨 대통령은 두 가지를 축하드리고자 하는데, 첫째 대통령의 노벨평화상 수상을 축하드리고 핀란드를 포함한 전 유럽이 대통령의 노벨상 수상을 환영하고 대통령께 존경심을 갖고 있으며, 둘째 유엔 새천년 총회 계기에 남북 관계 진전을 환영하는 공동성명이 발표된 데 대해 축하를 드린다고 말했다.

할로넨 대통령은 서울과 헬싱키 간 거리는 멀지만 상호 협력할 분야가 많다고 생각하며 대통령께서 헬싱키를 방문해 주시기 바란다고 했으며, 김 대통령도 언젠가는 꼭 가고 싶다고 말했다.

배석했던 핀란드의 외무장관은 11년 전인 1989년 대통령과 조찬을 함께한 적이 있었는데, 그 당시 대통령께서는 대통령이 아니었으며 자신 또한 외무장관이 아니었다고 말했다. 이에 김 대통령은 그 조찬으로 운세가 좋아졌다고 생각하는데, 본인은 대통령이 되었고 귀하는 외무장관이 되었기 때문이라고 말했다. 마지막으로 할로넨 대통령은 이번 회의의 성공을 기원하면서 양국 간에 많은 협력이 이루어지길 희망했다.

핀란드 대통령과의 정상회담 후 대통령은 ASEM 회의 참석 정상들을 위한 비공식만찬에 참석했다. 그리고 만찬이 끝난 다음, 영국의 블레어 총리와 정상회담을 가졌다.

* 영국 블레어 총리와의 정상회담

대통령은 총리가 바쁜 가운데서도 ASEM 정상회의 참석을 결정하고 방한해 주어 영광으로 생각하며, 총리의 참석으로 서울 ASEM 정상회의가 성공적으로 될 것으로 확신하며 훌륭한 연설을 기대한다고 말했다.

이에 대해 블레어 총리는 한·영 양국 우호관계 증진에서뿐 아니라 개인적으로 김 대통령의 업적을 경하하는 마음을 갖고 방한을 결정했다고 하면서, 노벨평화상 수상을 진심으로 환영하며 대통령의 업적에 상응하는 영광으로 생각한다고 말했다. 그러면서 오늘 쿡(Cook) 외상이 영·북 관계의 정상화 결정을 발표했다고 말했다.

대통령은 최근의 남북 관계를 설명하고, 북한이 변화되고 있는 지금 영국의 북한과의 외교관계 수립을 시의적절한 것으로 생각하며 그 영향은 클 것으로 생각한다고 말했다. 블레어 총리는 대통령의 대북정책은 북한을 현실적으로 변화시켜 국제사회에 공헌하게 했으며, 이런 상황에서 북한이 변화를 원하고 영국의 도움을 필요로 한다면 이를 제공할 용의가 있다고 말했다. 이에 대해 대통령은 북한에 대한 도움 제공이 단지 순진하게만 이루어져서는 안 될 것이며, 말하자면 북한을 국제사회의 책임 있는 일원으로 행동하게끔 영국을 포함한 EU의 각 국가들이 강하게 설득해야 한다고 말했다.

대통령은 엘리자베스 여왕의 한국 방문은 양국 관계를 더욱 증진시키는 계기가 되었다고 말하고, 블레어 총리가 바쁜 일정 가운데도 ASEM 정상회의 참석을 위해 시간을 내준 데 대해 다시 한 번 감사를 표했다.

* 말레이시아 마하티르 총리와의 정상회담

대통령은 마하티르 총리의 참석에 감사를 표했으며, 마하티르 총리는 대통령께서 한반도의 긴장완화를 위해 중대한 이니셔티브를 취했는데, 이는 아시아 전체의 평화를 위한 중요한 일이며 노벨평화상을 받아 마땅하다고 말했다.

대통령이 동아시아의 개념을 주장한 데 대해, 마하티르 총리는 유럽은 이미 전체가 하나가 되어 있고, 북미에도 NAFTA가 결성되어 있는데, 이들을 상대하는 데 동아시아 각국이 개별적으로 협상하는 것은 한계가 있고 공정하지 않으며, 현재 유럽이나 미국에 대응할 수 있는 지역은 동아시아밖에 없고, 아프리카나 서아시아가 이를 담당할 수 없다고 말했다.

또한 세계화가 진행되는 과정이 동아시아의 목소리가 반영됨이 없이 진전된다면 약한 나라들은 어떤 변화도 할 수 없고, 유럽과 아메리카의 아이디어에 대응해야 하는 바, 인류 모두에게 공평한 결과를 가져다주는 역사의 흐름이 중요하며, 동아시아는 그런 균형자의 역할을 할 수 있다고 강조했다.

☀ 제3차 서울 ASEM 정상회의 개회식

10월 20일 아침 9시 30분 서울 ASEM 정상회의 개막식이 시작되었다. 이번 정상회의에는 한국을 포함해서 22개국 정상이 참석했고, 벨기에와 베트남은 부총리, 필리핀과 그리스는 외무장관이 참석했다.

개회 선언 후, 영상 및 음향 공연(21세기 ASEM의 꿈)과 공식 휘장이 선을 보였다.

다음은 정상 연설로 의장국인 한국의 김대중 대통령과 프랑스 대통령, 태국 총리, EU 집행위원장(조정국) 순으로 진행되었다. 마지막으로 전 의장국인 영국의 블레어 총리가 다음 요지로 연설을 했다.

"김대중 대통령이 노벨평화상을 받은 것은 민주주의, 인권, 평화를 위해 생애를 바쳐 노력해 온 결과이며, 그는 아시아의 진정한 리더로서 우리 모두에게 진한 영감을 주고 있습니다. 저는 지난 밤 김대통령의《옥중서신》을 읽었습니다. 거기서 김 대통령은 '비록 세상이 악해 보이더라도 그럼에도 희망이 있는 것은 진실과 정의에 대한 열망이 의식적이든 무의식적이든 모든 사람 마음속에 있기 때문이며, 이는 하늘의 뜻이기도 하고, 그러한 내적인 열망이 기회와 시기를 맞아 대중적인 염원으로 승화될 때 악의 지배는 무너지게 되어 있다'고 밝히셨는데, 오늘 회의를 하는 데 있어 이보다 더 좋은 표현은 있을 수 없습니다."

2000.10.20 제3차 서울 ASEM 정상회의
필자는 대통령 뒤에 착석

개회식은 기념 촬영으로 마쳤다.

* 오전, 제1차 정상회의(정치와 안보)

개회식이 끝나자마자 제1차 정상회의가 시작되었고, 나는 외통부의 최영진 외정실장(후에 주미대사)과 함께 배석하여 대통령을 보좌했다. 회의에서는 정치와 안보 분야에 대한 토의를 한 다음, '한반도 평화에 관한 서울선언'을 채택했다.

서울선언은 ASEM 출범 이후 특정 국가의 문제를 논의하지 않았던 관행을 깨고 한 지역의 정치·안보 문제를 별도로 채택한 최초의 문서로서 ASEM의 영역을 넓혔다는 평가를 받았다. 서울선언은 "한반도의 평화와 안정이 아시아·태평양 지역과 나아가 전 세계의 평화와 안정에 밀접하게 연계돼 있다"는 인식을 같이 했다(《김대중 자서전 2》 360쪽 참조).

1차 정상회의가 끝난 다음, 정상들은 인터컨티넨탈호텔로 자리를 옮겨 오찬을 했다.

* 오후, 제2차 정상회의(경제와 재무)

오찬이 끝나고 다시 경제와 재무 분야에 관한 2차 정상회의가 열렸다. 이번에는 이기호 경제수석이 들어가 배석을 하면서 대통령을 보좌했다.

2차 정상회의가 끝난 다음 독일 슈뢰더 총리와의 정상회담이 시작되었다.

* 독일 슈뢰더 총리와의 정상회담

대통령은 지난 3월 독일 국빈방문 시 환대해 준 것에 감사하며, 베를린자유대학의 연설이 남북정상회담으로까지 실현되게 했으니 결과적으로 독일 방문이 값지게 되었다고 말했다.

슈뢰더 총리는 감사를 표하고, 이 시점에서 독일이 북한과 공식 수교하려는 입장인데, 이에 대한 대통령의 견해를 듣고 싶다고 말했다. 대통령은 독일의 대북 수교를 지지하며, 독일이 북한과 수교하는 것은 한반도의 평화와 북한을 국제사회의 일원으로 유도하는 데 도움이 될 것이라는 점에서 이를 환영한다고 말했다. 그러면서 최근 북한의 변화는 독일이 주장해 왔던 방향으로 변화하고 있는데, 이러한 변화가 독일이 북한과 수교하는 데 충분한 이유라고 생각된다고 말했다.

슈뢰더 총리는 그렇게 하겠으며, 핵 비확산 문제 등 전반적인 정책에 있어서 앞으로 긍정적인 변화가 일어나도록 시도하겠다고 말했고, 대통령은 그런 입장을 분명히 북한 측에 이야기하는 것이 중요하다고 강조했다.

슈뢰더 총리는 사실 한·독 양자 관계는 너무나 긍정적으로 진전되고 있어 더 이상 말씀드릴 필요가 없다고 하면서, 다만 대통령께 직접 말씀을 드리고 싶은 문제가 있다고 말했다(필자와 독일 총리의 안보보좌관만 남기고 나머지 배석자는 전부 퇴장).

* 슈뢰더 총리는 독일이 관심을 가진 문제에 관해 김 대통령과 의견을 교환했으며, 양 정상은 앞으로 이 문제와 관련하여 대통령의 외

교안보수석과 총리의 안보보좌관이 수시로 연락을 취하면서 서로의 입장을 조율하기로 합의했다. 그 후 나는 슈뢰더 총리 안보보좌관과 수시로 전화를 하면서 긴밀한 관계를 유지했다.

＊ 스페인 아스나르 총리와의 정상회담

아스나르 총리는 성공적인 회의 개최를 위한 대통령의 노력에 격려를 보내며 노벨평화상을 수상한 데 대해 다시 한 번 축하를 드린다고 말하고 이번 정상회의가 원만하고 성공적으로 진행되고 있음에 감명을 받았다고 말했다. 그러면서 스페인은 어떻게 하면 한반도의 평화에 기여할 수 있을까 생각하고 있으며, 북한과 외교관계 수립 의향을 가지고 있는바, 이에 대해 대통령의 의견을 듣고 싶다고 말했다.

대통령은 북한과의 수교는 잘 결정한 것이며 환영한다고 말하고, 북한으로 하여금 국제사회의 일원으로 나오게 하고 남북한 간 화해·협력을 더욱 촉진할 수 있기 때문이라고 그 이유를 설명했다. 아스나르 총리는 대통령의 설명에 감사드리며 즉각적으로 시행하고자 한다고 하면서, 오늘 저녁 대북 수교 결정을 발표할 예정이며 대북정책 추진에 있어 한국 측에 사전에 알리도록 하겠다고 말했다.

아스나르 총리는 스페인에 진출한 한국 기업의 규모에 만족하는바, 한국 기업들이 계속 스페인에 진출하여 투자를 증대해 주기를 기대하며, 한국이 10억 달러 이상 무역흑자를 기록하고 있는데 이런 상황이 개선되어야 한다는 점을 지적하고자 한다고 말했다. 이에 대해 대통령은 한국도 많은 국가와 무역역조 현상이 있지만, 무역은 확대 균형 방향으로 나아가야 한다고 생각한다고 말했다.

아스나르 총리는 청와대 만찬 후 공연이 있지만, 대북 수교 발표로 인해 공연에는 참석하지 못할 수도 있음을 양해 바란다고 말했다.

그날 저녁에는 청와대 영빈관에서 대통령 내외의 주최로 ASEM 정상회의 참석 정상들을 위한 공식 환영만찬이 개최되었고, 만찬 후에는 민속공연으로 체임버 오케스트라의 연주와 소프라노 신영옥의 독창, 그리고 궁중무용, 가야금 합주, 삼고무 등의 국악 공연도 있었다.

다음 날인 10월 21일 아침 일찍 인터컨티넨탈호텔에서 네덜란드 콕 총리와의 정상회담이 열렸다.

* 네덜란드 콕 총리와의 정상회담

콕 총리는 먼저 ASEM의 발전을 위한 대통령의 지도력과 한반도 문제 해결을 위한 대통령의 용기에 경의를 표한다고 말했다. 이에 대해 대통령은 총리의 협력 덕분에 이번 ASEM 정상회의에서 앞으로 10년간 ASEM 발전 계획을 수립한 것을 기쁘게 생각하며, 또한 유럽과 아시아 국가들이 한반도의 남북 대화와 평화를 지지한 것은 유럽·아시아 간 하나의 협력체로서 좋은 선례를 구축한 것으로 생각한다고 말했다.

콕 총리는 남북 화해 과정이 잘 진전되고 있고, 이러한 대통령의 용기와 비전에 대한 당연한 평가로 노벨평화상을 수상하셨다고 생각되며 축하를 드린다고 말했다. 대통령은 남북 관계에 대해 자세히 설명을 했다. 콕 총리는 남북한 간에 위대한 역사의 과정이 시작되었으며, EU 회원국인 네덜란드는 그 과정에서 전폭적인 지지와 연대감을 보내고자 한다고 말했다.

＊ 오전, 제3차 정상회의(사회와 문화)

네덜란드 총리와의 정상회담이 끝난 다음 대통령은 사회와 문화를 다루는 제3차 정상회의에 참석했으며, 나는 다시 외통부의 최영진 외정실장과 함께 대통령을 보좌했다.

＊ 폐회식과 의장 기자회견

폐회식이 끝난 다음, 대통령은 의장으로서 기자회견을 했는데, 프랑스 시라크 대통령(EU 의장국), EU 집행위원장(조정국), 태국 총리(아시아 조정국)가 동석을 했다.

오찬 후 대통령은 브루나이 볼키아 국왕과 정상회담을 가진 다음, 프로디 EU 집행위원장과 정상회담을 가졌다. 프로디 위원장은 과거 총리를 지냈기 때문인지 다른 정상들과 달리 상당히 자신만만

한 태도를 보였다.

* 포르투갈 구테레스 총리와의 정상회담

대통령은 총리가 먼 곳에서 오셔서 정상회의의 원활한 진행에 도움을 준 데 감사를 표했다. 구테레스 총리는 서울 ASEM 정상회의에 만족하며 이번 회의가 한반도 긴장이 완화되는 시기에 서울에서 개최되었다는 점에서 올바른 장소에서 개최된 역사적인 회의였다고 생각한다고 말했다.

총리는 또한 북한은 국제사회의 위협이 되어 왔으나, 북한이 국제사회에 편입된다면 국제사회의 안전과 평화에 기여할 수 있을 것으로 생각한다고 말했다. 대통령은 동감을 표시하고 반드시 낙관적인 것은 아니지만, 미·북 관계 개선의 조짐으로 핵 및 테러 문제에 있어 해결의 희망이 보이고 있다고 말했다.

구테레스 총리는 한·포르투갈 양국 관계는 매우 좋은 상태이며 내년 양국 수교 40주년을 맞아 특히 경제·문화 방면의 교류 활성화를 희망한다고 말했고, 대통령도 양국 간 교역이 더욱 증진되기를 바란다고 화답했다.

총리는 대통령께서 런던 ASEM 정상회의에서 민주주의에 관해 역설하신 것이 퍽 인상적이었으며, 때로는 독재자가 평계로써 민주주의가 되고 안 되고를 이야기하나 대통령의 민주주의에 대한 헌신을 높이 평가한다고 말했다.

* 룩셈부르크 융커 총리와의 정상회담

대통령은 먼저 총리에게 이번 ASEM 정상회의에 참석해 준 것에 감사를 표하고 지난 10월 초 앙리 대공께서 즉위한 것에 대해 축하 인사를 전하고자 한다고 말했다. 융커 총리는 대통령과 개별 회담을 갖게 된 것을 영광으로 생각하며, 지금까지 한국은 외국인들에게 위험의 소지가 남아 있는 나라로 인식되어 왔던 것이 사실인데, 이제 한국이 그러한 인식에서 완전히 벗어나고 있는 것에 대해 대통령께 경의를 표하고자 한다고 말했다.

대통령은 그것은 평화를 염원하는 우리 한국 국민의 의지의 결과이며, 50년 전 한국전쟁이 발발했을 때 룩셈부르크가 우리 국민을 돕기 위해 군대를 파병했고 우리와 함께 싸워 준 것에 대해 이 자리를 빌려 룩셈부르크 국민들의 은혜에 감사를 드리고자 한다고 말했다.

융커 총리는 자신이 1954년생이라고 밝히며 어릴 때 한국전 이야기를 들었고, 또 한국이 위험 속에서 많은 어려움을 겪었다는 사실을 알고 있었는데, 오늘 오후에 판문점을 방문하여 휴전선을 보면서 깊은 감명을 받았으며, 남북을 갈라놓은 휴전선이라는 이 어처구니없는 국경은 절대 존재해서는 안 된다는 생각이 들었다고 말했다.

총리는 자신이 이 분단된 국경을 보는 것이 오늘이 처음이자 마지막이 되기를 고대하며, 또 반드시 그렇게 될 것이라는 확신이 들었는데, 그 이유는 대통령께서 용기와 소신을 가지고 추진하는 대북정책에 힘입어 이 국경이 사라질 것이 분명하기 때문이라고 말했다. 그리고 바로 그러한 이유에서 대통령께서 노벨평화상을 수상하게 된 것이라고 생각하며, 최근 10여 년에 걸친 노벨평화상 심사과정에서 아무런 반대 의사가 없이 수상자가 결정된 것은 이번이 처음인 것으로 들었다고 말했다.

대통령은 총리의 찬사가 본인에게 과분한 것이나, 그렇게 생각해 주신다면 더없이 기쁘고 또 큰 영광으로 생각한다고 말하고, 본인이 지금까지 크게 인정받을 일을 한 것은 별로 없으며, 과거 40여 년 동안 고난과 역경의 길을 걸어왔다고 말했다.

융커 총리는 바로 그것이 대통령의 가장 큰 힘이라고 생각한다면서, 대통령께서는 가장 어려운 시기에 불의의 유혹을 이기고 불의에 대해 "싫다"라고 단호히 거절할 수 있는 용기를 가졌는데, 그와 똑같은 신념으로 지금 대통령께서는 한국 국민들에게 "좋다. 할 수 있다"라는 용기와 희망을 주고 있으며, 이와 같은 대통령의 소신과 확고한 정책은 전 세계인들에게 희망의 빛이 되고 있고, 대통령의 용기와 신념에 전 세계가 두 손을 모아 큰 박수를 보내는 바라고 말했다.

융커 총리는 또한 한 인간의 삶에서 여러 번의 운명을 가지게 된다는 것은 극히 드문 일인데, 대통령께서는 자기 소신과 조화를 이루는 삶을 살아서 불의에 굴하지 않을 수 있었고, 이제는 국민들 각자가 자신의 소신과 조화를 이루는 삶을 살 수 있는 정책을 펴고 있다고 말했다. 총리는 또한 이번 ASEM 정상회의를 지켜보면서 대통령께서 세계 평화의 중재자로서 그리고 위대한 지도자로서 큰 역할을 하고 계심을 알 수 있었으며, 그러한 의미에서 오늘 대통령과의 만남을 더없는 영광으로 생각하고, 전 세계인들에게 큰 희망을 심어 준 대통령의 노력과 용기는 세계 역사에 길이 남을 것이라고 말했다.

융커 총리는 이 면담이 끝나기 전에 대통령께 꼭 한 가지 말씀을 더 드리고 싶은데 ASEM 회의에 참석한 손님을 맞는 한국 국민은 매우 친절하고 다정한 느낌을 주었으며, 이러한 영접을 받으면서 정말 많은 선물을 받는 느낌이었다고 말하고, 앞으로 용기를 잃지 마시고 훌륭한 지도자로서 많은 일을 하시기를 기원한다고 말했다. 그리고 이희호 여사님께도 경의를 표하고자 하며 여사님께서 대통령님의 고난과 역경의 인생 속에 늘 곁에서 함께하셨다는 것을 잘 알고 있다고 말했다.

* 룩셈부르크 총리의 말은 감동적이었다. 비록 룩셈부르크라는 조그만 나라의 46세 된 총리였지만 그는 사람의 마음을 움직이는 말을 했다. 그리고 그 말은 한국인도 아닌, 또 지금까지 대통령과 한번도 이야기를 나눈 적이 없는 유럽의 지도자의 말로써, 단순히 형식적으로나 외교적으로 하는 말이 아니라 가슴 깊은 곳에서 우러나오는 말이었다. 지난 3일 동안 심신이 지친 대통령에게 큰 위로가되었을 것이 틀림없었다. 대통령을 보좌하는 사람으로서 나는 융커 총리에게 마음으로 깊은 감사를 보냈다.

** 아일랜드 아헌 총리와의 정상회담

대통령은 먼저 아헌 총리에게 서울 ASEM 정상회의의 성공적 개최를 위한 협력에 감사를 표하면서 이번에 참석한 각국 정상들이 너무 열심히 일을 하여 자신은 열심히 보조하는 역할을 한 것밖에 없다고 말했다.

아헌 총리는 자신뿐만 아니라 아일랜드 국민 모두가 노벨평화상 수상을 축하드린다고 말하고, 1998년 흄과 트림블이 북아일랜드 평화협정 타결에 기여한 공으로 노벨평화상을 수상한 적이 있기 때문에, 아일랜드 인들은 노벨평화상에 대해 더욱 관심을 갖고 있다고 말했다. 총리는 또한 이번 서울 ASEM 정상회의는 잘 조직된 회의로서, 김 대통령의 의장으로서의 원활한 사회 등 최고의 회의로 평가한다고 말했다.

이에 대해 대통령은 이번 서울 ASEM 정상회의를 계기로 유럽과 아시아의 공조 관계를 튼튼하게 했다고 생각하며, 2년 후 코펜하겐 ASEM 정상회의에는 보다 더 자신감을 가지고 임할 수 있을 것으로 생각한다고 말했다.

아헌 총리는 양국 간 교역은 그 어느 때보다도 높은 규모를 기록하고 있으며, 금년 상반기만 해도 전년 대비 3배 증가를 기록하는 등 날로 증가 추세에 있다고 하면서 양국 경제 관계에 만족을 표했다.

드디어 열네 번째의 개별 정상회담이 끝났다. 지난 3일 동안 정상회의를 전후하여 시간이 나는 대로 계속 정상회담을 했으니 대통령의 심신이 얼마나 피곤할지 상상이 갔다.

대통령께서 컨벤션센터를 떠날 때, 기획단 직원들과 자원봉사 요원들이 문 앞에 도열하여 박수를 치면서 전송했다. 시간은 벌써 저녁 6시를 가리키고 있었다.

✱ 서울 ASEM 정상회의 평가

숨가쁜 2박 3일이었다. 10월 21일 오후 서울 ASEM 정상회의는 의장성명을 채택하고 끝을 맺었다. 정상회의에서는 모두 80여 회에 달하는 양자 회담이 열렸는데, 그중 3분의 1에 달하는 26회를 김 대통령이 주관했다. 그리고 대통령은 그와 별도로 14번의 개별 정상회담을 가졌다. 그런 가운데 자신의 리더십을 유감없이 발휘했다. 거기에다 정상회의 개막 일주일 전에 대통령이 노벨평화상 수상자로 선정됨으로써 회의에 참석한 정상들로부터 축하와 아울러 깊은 존경을 받았다. 대통령의 위신이 높아지면 그 나라의 위상도 자연히 높아질 수밖에 없다. 그런 의미에서 서울 ASEM 정상회의는 대한민국의 위상을 한 단계 높인 매우 의미 있는 회의였다.

거기에다 이번 정상회의는 아시아와 유럽의 협력 관계가 격상되고 탄탄한 파트너 관계를 맺는 출발점이 되었다. 그것은 첫째 정상들이 '2000 아시아 · 유럽 협력체제'를 채택함으로써 새천년을 맞은 ASEM의 새로운 발전 방향을 제시했는데, 이것은 아시아와 유럽의 중장기 협력과 ASEM 발전 방향을 제시하고 있는 기본 문서였다. 둘째는 '한반도 평화에 관한 서울선언'을 채택함으로써 한반도

화해 협력에 대한 ASEM 차원의 지지 기반을 구축했다는 점이다. 셋째는 지식정보화 시대에 부응하기 위해 유라시아 초고속 정보통신망을 구축하기로 합의했는데, 이것은 우리나라가 제안한 것이었다. 넷째로는 사회 · 문화 분야에서 협력과 문화 교류가 증대되어야 한다는 데 인식을 같이 했다. 다섯째는 다양한 분야의 새로운 사업을 채택했는데 이른바 전염병 퇴치, 부패의 방지, 환경 보호와 삼림 보존, 불법 이민규제, 지속 개발을 위한 신규 사업 등을 합의한 것이었다(《김대중 자서전 2》 362-363쪽 참조).

2.
브루나이
APEC 정상회의 참석과
국빈방문

대통령 내외는 11월 13일 아침 브루나이 국빈방문과 APEC 정상회의 참석차 공식수행원(이정빈 외교통상부장관, 신국환 산업자원부장관, 이기호 경제수석, 외교안보수석인 필자, 박준영 공보수석, 최정일 의전비서관, 추규호 외통부 아태국장)들과 함께 특별기편으로 서울을 출발하여, 이른 오후 브루나이 수도인 반다르세리베가완에 도착했다. 대통령은 숙소인 쉐라톤호텔에 가서 짐을 풀고 잠시 후 왕궁으로 갔다.

브루나이 국빈방문

대통령은 하사날 볼키아(Hassanal Bolkiah) 국왕과 공식 환영식에 참석하고 국왕과 잠시 환담을 가졌으며 그 자리에서 국왕은 대통령에게 일등급 훈장을 수여했다. 국왕 접견실의 가구와 천정 등은 전부 금으로 칠을 했고 카펫 위에도 금가루가 뿌려져 있었다.

2000.11.13 공식 환영식 후 볼키아 국왕과 인사하는 필자

** 볼키아 국왕과의 정상회담

곧이어 왕궁 회의실에서 정상회담이 열렸다. 대통령이 먼저 국왕이 APEC 정상회의 준비로 바쁘실 텐데도 특별히 국빈으로 초청해 준 데 대해 감사를 표했다. 국왕은 대통령의 브루나이 방문을 환

영하며 최근 서울 ASEM 정상회의 계기로 방한했을 때 한국 정부로부터 받은 환대에 감사한다고 말했다.

대통령은 국왕께서도 빠른 시기에 방한해 주기 바란다고 말했고, 국왕은 초청에 감사하며 상호 편리한 시기에 방한할 것을 적극 고려하겠다고 말했다.

대통령은 지난 6 · 15 남북정상회담 이후 남북 관계를 설명하며, 국왕 주재 하의 이번 APEC 정상회의에서 북한이 정식으로 가입하는 것은 아니지만 최소한 실무 작업반에 참석할 수 있도록 합의가 되었으면 좋겠다고 말했고, 국왕은 동의를 표시했다.

대통령은 그동안 양국 간의 경제협력이 긴밀하게 유지되어 왔음을 평가하면서 한국이 브루나이로부터 석유와 액화천연가스(LNG)를 수입하고 있기 때문에 안정적 에너지 자원 확보를 위해 브루나이와의 경제협력을 중시하고 있으며 이에 대한 특별한 배려를 기대한다고 말했고, 이에 대해 국왕은 브루나이가 한국에 원유와 LNG를 공급하는 것을 매우 기쁘게 생각하며 이러한 협력이 더욱 확대되도록 최선을 다하겠다고 약속했다.

대통령은 또한 이번에 양국 간 투자보장 협정이 체결되었으므로 국왕께서 브루나이 기업들의 대한국 투자 증대를 위해 각별한 관심을 가져 줄 것을 당부 드린다고 말했으며, 이에 대해 국왕은 이번에 투자보장 협정이 서명되어 기쁘게 생각하며, 양국 경제관계 확대에 중요한 이정표가 될 것으로 생각한다고 말했다.

한편 국왕은 대통령께서 이번 APEC 정상회의의 주제인 '세계화 관리' 등에 관한 토의에 있어 크게 기여해 주실 것으로 기대하며,

WTO 등 국제무역 체제에 초점을 맞춘 공동선언문을 낭독할 예정이니, 이에 대한 대통령의 변함없는 지지를 기대한다고 말했다. 대통령은 이번 APEC 정상회의의 모든 준비가 훌륭하며 회의의 성공을 위해 적극 협력하겠다고 말했다.

대통령은 마지막으로 브루나이에 거주하는 70여 명의 한국 교민에 대해 국왕의 특별한 배려를 기대한다고 말했다.

정상회담은 아주 성공적으로 진행되었다. 대통령은 나중에 어느 한국 기업의 미수금 문제를 거론했고, 국왕은 그 문제를 조기에 해결하도록 내각에 지시하기도 했다. 볼키아 국왕은 최근에 서울에서 열린 ASEM 정상회의에 다녀와서 그런지 대통령의 요청을 흔쾌히 들어주었다.

그날 저녁 왕궁에서 국왕 내외가 김 대통령 내외를 위해 주최한 리셉션과 만찬이 거행되었다.

APEC 정상회의 참석

대통령은 오후에 이번 정상회의에 참석하는 각국 정상들 중 칠레 대통령, 뉴질랜드 총리, 멕시코 대통령과 개별 정상회담을 가진 뒤, 다음 날인 11월 15일에 4강 정상들과 개별 정상회담을 가졌다.

* 일본 모리 총리와의 정상회담

오전에 대통령은 호텔에서 일본의 모리 총리와 정상회담을 가졌다. 지난 9월 말 아타미에서 이미 장시간의 정상회담을 가졌기 때문에 양 정상은 남북 관계와 일 · 북 관계에 관해 집중적으로 의견을 교환했다. 모리 총리는 최근 일 · 북 국교정상화 회담에서 북한이 과거의 입장을 고수하여 별다른 성과는 없다고 말하고, 앞으로도 인내심을 갖고 나가겠다고 말했다. 이에 김 대통령은 현재 북한이 미국과의 관계 개선에 집중하다 보니 그런 측면이 있기는 하지만 앞으로도 계속 끈질기게 추진해 나갈 것을 권유했다.

* 중국 장쩌민 주석과의 정상회담

모리 총리와 정상회담을 끝내고 대통령은 오키드가든(Orchid Garden)호텔로 가서 장쩌민 주석과 정상회담을 가졌다. 장 주석도 이미 9월 초 유엔 새천년 정상회의 당시 회담을 가졌기 때문에 두 달 만에 만나는 것이었다.

대통령은 먼저 지난 ASEM 정상회의 계기에 주룽지 총리가 방한하여 양국 간 협력을 위한 많은 합의가 이루어졌다고 말하고, 최근 남북 관계가 긴장 완화를 통한 평화정착과 이산가족 상봉 및 경제 교류 활성화를 통한 남북 교류 협력 증진이라는 두 가지 방향에서 병행 추진되고 있다고 설명하고, 이 과정에서 장 주석의 지지에 감사한다고 말했다. 이에 대해 장 주석은 남북 관계 진전을 위한 대통령의 안목과 결단에 경의를 표하며, 한반도의 평화와 안정을 지지하는 것이 중국의 기본 입장임을 다시 한 번 강조했다.

대통령은 유엔 새천년 정상회의와 유엔 총회, 그리고 지난 서울 ASEM 정상회의에서 6·15 공동선언에 대한 지지를 받았으며, 이번 APEC 정상회의에서도 동 선언의 지지를 요청할 것이니, 이에 대한 장 주석의 성원을 기대한다고 말했다. 이에 대해 장 주석은 북한의 APEC 참여를 유도키 위한 한국 측의 노력을 지지하며, 북한은 원래 APEC에 당연히 참석해야 하는 것이지만 역사적 요인에 의해 참석하지 못하고 있다고 말했다.

장 주석은 내년 APEC 정상회의가 상하이에서 개최될 예정이므로 이미 APEC 회의를 치른 한국 측의 제반 협조와 지원을 요청한다고 말했다. 대통령은 명년도 APEC 정상회의의 장소로 급속한 경제 발전상을 보이고 있는 상하이가 선정된 것은 잘된 일로서 중국 측의 준비 과정에 적극 지원하겠다고 약속했다.

＊ 러시아 푸틴 대통령과의 정상회담

장쩌민 주석과의 정상회담이 끝난 다음, 대통령은 바로 아싸라 (Assara) 영빈관에서 러시아 푸틴 대통령과 정상회담을 가졌다. 푸틴 대통령도 유엔 새천년 정상회의 시 정상회담을 가졌기 때문에 두 달 만의 만남이었다.

푸틴 대통령은 뉴욕에서 만나 뵌 후 오늘 다시 만나게 되어 반갑다고 하면서, 김 대통령의 노벨평화상 수상을 축하하고 양국 관계가 성공적으로 발전되고 있다고 평가했다.

대통령은 노벨평화상 수상을 축하하는 서한을 보내 준 데 대해 감사를 표하고, 최근 남북 관계 발전 상황을 설명하면서 남북한은 현 단계에서 교류와 협력을 확대함으로써 한반도 안정을 기하는 것이 중요하며, 미·일·중·러 등 한반도 주변 4강은 남북한의 평화 공존을 계속 지지하는 것이 중요하다고 말했다.

이에 대해 푸틴 대통령은 러시아가 앞으로도 김 대통령께서 언급한 방향으로 노력할 것이며, 러시아는 그동안 북한에 미국, 캐나다 등 서방 국가들과 관계를 개선하도록 촉구했고, 최근 북한이 서방 국가들과 관계를 개선한 것은 한국과 러시아 간의 긴밀한 공조 결과로 평가한다고 말했다. 그러면서 러시아는 앞으로도 한국과 긴밀히 협조해 한반도 평화정착을 위해 노력하겠다고 말했다.

푸틴 대통령은 대통령께서 자신을 초청해 주신 것을 아직 기억하고 있으며 내년 봄 정도에 한국을 방문할 수 있을 것으로 생각된다고 말했다.

※ 미국 클린턴 대통령과의 정상회담

대통령은 저녁에 에든버러 궁으로 가서 클린턴 대통령과 정상회담을 가졌다. 지난 9월 중순 유엔 새천년 정상회의에서 정상회담을 가졌으니 두 달 만의 만남이자, 벌써 일곱 번째 만남이었다.

클린턴 대통령은 김 대통령에게 다시 노벨평화상 수상을 축하했고, 김 대통령은 부인 힐러리 여사의 상원의원 당선을 축하했다. 그리고 북한에 가라고 권유했다. 그러나 클린턴 대통령은 검토 중인데 아직 결론을 내지 못하고 있다고 말했다.

양 정상은 그동안의 일을 생각하면서 서로 덕담을 나누었다. 김 대통령은 클린턴 대통령에게 그동안 대북 관계에 관한 미국의 협조에 감사를 표하고, 클린턴 대통령이 한국에 기여한 공로는 트루먼 대통령과 쌍벽을 이루는 것으로서, 트루먼 대통령은 공산주의 침략을 저지함으로써 한반도의 평화를 위해 기여했고, 클린턴 대통령은 북한이 과거로 되돌아갈 수 없는 상황을 만드는 데 기여했다고 평가했다.

* 사실 그날 양 정상의 만남은 클린턴 대통령이 대통령으로서 만나는 마지막 만남이었다. 그래서 그런지 김 대통령이 떠나는데 클린턴 대통령은 긴 복도를 따라 나와 차 타는 곳까지 와서 작별 인사를 했다. 클린턴 대통령은 정이 많은 사람이었다. 그리고 그는 김대중 대통령을 너무나 좋아하고 존경했다. 김 대통령이 재임하는 동안 클린턴이라는 사람이 미국의 대통령이었다는 것은 김 대통령에게도, 한국에도 행운이었다.

∷ APEC 정상회의 참석과 정상선언문

다음 날인 11월 16일 대통령은 아침 9시부터 저녁 5시 30분까지 정상회의에 참석했으며, 정상회의에는 21개 회원국의 정상 또는 대표들이 참석했다.

대통령은 정상회의에서 'APEC 공동 번영을 위한 3대 과제, 7개

협력 사업'을 통해 헤지펀드에 대한 국제적 감시 채널 확보가 시급함을 호소했다. 그리고 정보화와 세계화가 진행되면 될수록 심해지는 빈부 격차와 정보화 격차를 막는 APEC 차원의 공동 노력을 강조했다. 두 제안은 정상선언문과 정상 지시사항에 모두 반영됐다.

그날 오후 정상선언문이 발표되었다. 정상선언문은 정상선언 37개 항, 정상지시사항 27개 항, 신경제행동계획 23개 항 등으로 이루어졌다. 핵심은 2001년부터 '세계무역기구(WTO) 뉴라운드 협상을 개시한다'는 것이었다. 또한 김 대통령이 강조해 온 정보화 격차 해소, 금융위기 방지와 국제 금융체제 강화, 시장 원리에 입각한 개혁이라는 3대 과제도 포함되었다.

또한 2005년 APEC 정상회의를 서울에서 개최하기로 하고, 6·15 남북정상회담 이후 한반도에서 진전되고 있는 남북한의 화해 협력 과정과 북한이 APEC 실무 작업반에 초청회원으로 참가할 것을 지지하는 내용의 의장 성명도 발표했다. 이것은 김 대통령이 "북한이 국제사회 일원으로 세계화, 정보화 혜택을 향유할 수 있도록 기회를 주어야 한다"고 설득한 결과였다.

그리고 정상선언이 발표되는 그 자리에서 김 대통령은 참석한 정상들로부터 축하 박수를 받았다.

* 브루나이 APEC 정상회의 참석 평가

김 대통령은 이번 APEC 정상회의에서도 많은 활약을 해 세계 정상들에게 깊은 인상을 남겼다. 정상회의에서의 주도적 발언과 정상들과의 친분을 통해 정상선언문을 작성하는 데 중요한 역할을 담당했다.

특히 서울 ASEM 정상회의에서도 그랬듯이 한국의 대통령이 다른 나라 정상들에게 북한과의 수교나 지원을 권유하고, 심지어는 북한에게 APEC의 초청 회원 자격을 주도록 다른 정상들을 설득하는 모습은 지금까지 역대 어느 한국 대통령에게서도 볼 수 없었던 대범하고 포용적인 행동이었다.

또한 11월 15일 하루에 연속으로 미국, 중국, 러시아, 일본의 정상들을 만났다는 것은 한국 외교사상 그 유례를 찾아볼 수 없는 일이었을 것이다. 그만큼 국제사회와 세계의 정상들이 김 대통령을 존경하고 있다는 증거였다.

대통령 내외는 그 다음 날인 11월 17일 아침 일찍 특별기편으로 서울로 돌아왔다. 브루나이를 출발하기 전 대통령은 그동안 대통령의 방문을 준비하느라 수고한 김호태 주브루나이대사를 불러 격려하고 대사관 직원들에게도 감사의 뜻을 전하도록 당부했다.

3.
싱가포르
아세안+3 정상회의 참석과
국빈방문

　11월 23일 오전 대통령 내외는 공식수행원(이정빈 외교통상부장관, 한덕수 통상교섭본부장, 이기호 경제수석, 외교안보수석인 필자, 박준영 공보수석, 최정일 의전비서관, 추규호 외교통상부 아태국장)들과 함께 특별기편으로 싱가포르에서 개최되는 아세안+3 정상회의 참석과 싱가포르 국빈방문차 서울을 출발했다. 오후에 싱가포르 창이공항에 도착한 대통령 내외는 숙소인 샹그리라호텔로 가서 여장을 풀었다.

아세안+3 정상회의 관련

도착 당일 대통령은 베트남 카이 총리와 정상회담을 가졌다. 그리고 다음 날인 11월 24일 아침 대통령은 중국의 주룽지 총리와 일본의 모리 총리와 함께 작년(1999년) 필리핀에서의 첫 번째 3국 정상회담에 이어 두 번째 3국 정상회담 겸 조찬을 갖게 되었다.

* 한 · 중 · 일 3국 정상회담

호텔의 동시통역 시설이 작동을 하지 않아 거의 30분간을 허비하다 간신히 수리하여 회담을 진행하게 되었다. 이에 따라 당초 1시간으로 예정되었던 회담이 90분으로 연장되었다.

이날 3국 정상들은 회담을 마친 다음, 정상회담의 정례화, 경제협력 증진을 위한 공동연구 작업의 2001년 1월 공식 출범, 2002년을 한 · 중 · 일 국민 교류의 해로 정하고 3국 수도에서 문화와 인적교류에 관한 프로그램을 추진, 정보통신(IT) 분야 협력을 위한 국장급 전문가그룹 설치, 3국 간 환경정보 네트워크 구성 등 5가지 합의사항을 담은 공동 발표문을 발표했다.

** 주룽지 총리의 4자회담 지지 약속

그날 오후에는 3시 30분부터 아세안+3 정상회의가 예정되어 있었다. 대통령은 나에게 주룽지 총리를 만나 4자회담 문제를 거론하여 지지를 받아서 가능한 한 조속히 4자회담을 재가동시켜야 하며, 앞으로 시간이 지나면서 이를 6자회담으로 발전시켜 나가야 한다고 말했다. 그러면서 아세안+3 정상회의가 시작하기 전 주 총리를 만나 4자회담에 관해 이야기를 할 테니 김 수석이 중국어로 통역을 하라고 지시했다.

나는 대통령을 수행하여 정상회의가 열리는 회담장으로 갔다. 그리고 대통령과 함께 주룽지 총리가 앉아 있는 곳으로 갔다. 주 총리는 김 대통령이 자기 자리로 오는 것을 보고 얼른 일어났다. 대통령은 주 총리에게 한국이 앞으로 4자회담을 추진코자 하니 중국이 이를 지지해 달라고 요청하면서 몇 가지를 설명했다. 이야기를 들은 주 총리는 김 대통령의 말씀을 잘 알겠으며 중국은 한국의 입장을 적극 지지하겠다고 대답했다.

2000.11.24 대통령과 주룽지 총리와의 이야기를 통역하는 필자

나는 대통령을 모시고 우리 대표단 석으로 돌아와 이정빈 외통부장관에게 조금 전에 있었던 이야기를 설명해 주었다. 그리고 나중에 탕자쉬안(唐家璇) 외교부장을 만났을 때 대통령과 주룽지 총리 간의 대화를 설명해 주었더니, 탕 부장은 한국이 4자회담을 추진하면 중국은 이것을 적극 지지하겠다고 대답했다. 나는 다시 중국 외교부의 왕이(王毅) 부장조리(현 외교부장)를 만나 4자회담에 관한 김 대통령과 주 총리와의 대화를 발표해도 좋은지를 문의했으며, 왕 부장조리는 좋다고 대답했다.

나는 며칠 후 수행기자단에게 상기 내용을 설명해 주었다.

❊ 아세안+3 정상회의와 동아시아 연구그룹 구성

아세안+3 정상회의가 시작되었고, 의장인 고촉동 싱가포르 총리의 개회사에 이어, 중국, 일본, 한국의 정상들이 개회사를 했다.

그리고 이어진 회의에서 김 대통령은 동아시아의 발전을 위한 3개안을 제안했다. 먼저 세계화 추세에 비추어 볼 때 동남아와 동북아를 구분하지 말고 하나로 묶어야 북미, 유럽과 함께 세계 3대 경제 축의 하나로 성장할 수 있을 것이라는 점을 강조하면서 '동아시아경제협력체의 구성'을 추진하고 그 구체적인 실천 방안을 논의하기 위한 '동아시아 연구그룹'을 내년 상반기 중 구성할 것을 제안했다. 김 대통령은 또한 역내 국가 간 정보화 격차를 해소하기 위한 '동아시아 특별기금'을 설치할 것과, 외환위기 방지를 위한 동아시아 국가의 중앙은행들 간의 '통화 교환(swap)협정'의 조속한 체결도 제안했다. 김 대통령의 제안은 의장인 고촉동 싱가포르 총리의 의장성명으로 채택되어 구체적으로 추진하게 되었다.

그날 저녁 호텔에서 싱가포르의 고촉동 총리 내외가 주최하는 정상회의 대표단을 위한 만찬이 열렸다.

＊ 한 · 아세안 정상회의

25일 오후에 한국과 아세안 10개국 정상들과의 정상회의가 개최되었다. 김 대통령은 이 회의에서 한국과 아세안 회원국들과의 관계를 강화하기 위한 각종 방안에 관해 의견을 교환했다. 그리고 메콩강 유역 개발 등 아세안 지역의 사회간접자본 건설 사업에 한국 기업들이 적극 진출할 수 있도록 지원해 줄 것을 요청했다.

싱가포르 국빈방문

25일 오후부터 싱가포르 국빈방문 일정이 시작되었다. 대통령은 먼저 이스타나 대통령궁에 가서 국빈방문 공식 환영행사에 참석한 다음, 셀라판 라마 나탄(Sellapan Rama Nathan) 대통령과 환담했다. 이 자리에서 양 정상은 한국과 싱가포르 관계 발전에 대해 만족을 표시했으며, 김 대통령은 남북정상회담 이후 남북 관계와 우리의 대북정책을 설명했고, 이에 대해 라마 나탄 대통령은 적극적인 지지를 약속했다.

* 그날 공식 환영행사에 싱가포르 주재 북한대사관의 홍원준 참사가 대리대사 자격으로 참석했다. 그는 대통령과 악수를 하면서 "북조선 싱가포르 대리대사 홍원준입니다"라고 인사했고 대통령도 홍 참사의 손을 잡은 채 "반갑습니다"라고 인사를 했다. 해외에 주재하는 북한 공관원 직원이 국빈 환영행사에 참석한 것은 그때가 처음이었다.

대통령은 숙소로 돌아와 리콴유 싱가포르 선임장관을 접견하고 한반도 정세와 동아시아 협력 증진 방안에 관해 의견을 교환했다.

* 라마 나탄 싱가포르 대통령 내외 주최 국빈만찬

그날 저녁 대통령 내외는 이스타나 대통령궁에 가서 라마 나탄 대통령 내외가 주최하는 국빈만찬에 참석했다. 그리고 만찬에서 대통령은 라마 나탄 대통령 그리고 고촉동 총리와 여러 가지 문제에 관해 많은 이야기들을 나누었다. 그리고 그 이야기들은 나중에 동남아 국가들과의 관계를 유지해 나가는 데 있어 매우 유익하게 활용되었다.

* 고촉동(吳作棟) 총리와의 정상회담 및 오찬

26일 오전 대통령은 이스타나 대통령궁으로 가서 고촉동 총리와 정상회담을 가졌다. 대통령은 먼저 이번 아세안+3 정상회의가 많은 성과를 거두었으며, 그중 가장 큰 성과는 동북아와 동남아의 구분 없이 동아시아라는 큰 틀 속에서 새로운 협력체의 필요성에 대한 합의가 이루어진 것인데 이는 총리의 확고한 리더십 덕분이었다고 말했다.

이에 대해 고 총리는 자신은 의장으로서 과실을 따는 농부가 된 기분이며 정상들의 아이디어가 없으면 과실을 딸 수가 없는데, 대통령께서 많은 과실 즉 아이디어를 내 주어 감사하다고 말했다.

대통령은 한국과 싱가포르는 대국이 아니라 중요한 중견국가로서 동북아와 동남아시아에서 상당히 주목할 만한 역할을 하고 있으며, 21세기 지식 기반 시대에 두 지역의 허브(hub) 역할을 할 수 있다고 생각하며, 항공이나 IT 등 구체적 분야에서 허브가 필요한데 허브는 서로 협력함으로써 시너지 효과를 발휘해 동아시아 번영에 도움이 될 것이라고 말했다.

고 총리는 대통령의 견해에 동감을 표시하고 앞으로 양국이 무역, 투자, 중소기업, IT 분야 등에서 실질적인 협력 관계를 지속해 나가기 바라며, 또한 정부와 민간이 함께 참가하는 심포지엄 형식의 정기 대화(장관급 인사가 대표, 1-2년에 한 번 개최)를 제의하면서 앞으로 적절한 시기에 한국과 FTA 문제를 협의하기 바란다고 말했다. 이에 대해 대통령은 장관급 정기대화에 찬성하며, 다만 FTA 문제는 이미 진행 중인 다른 나라와의 협상 결과를 지켜본 다음에 결정하자고 말했다.

고 총리는 동아시아 협력과 동아시아 공동체 문제에 관해서 대통령의 계속적인 지도적 역할을 기대한다면서, 아세안 국가들이 다른 큰 나라들은 불편하게 생각하기 때문에 그런 역할은 김 대통령께서만 가능하다고 말했다.

정상회담이 끝난 다음, 대통령 내외는 고촉동 총리 내외 주최 오찬에 참석하여 이야기를 계속했다.

그날 저녁 대통령은 싱가포르 상공회의소장 등 30여 명의 싱가포르 경제인들이 참석한 가운데 간담회를 갖고 싱가포르의 한국에 대한 투자 확대를 요청했다. 대통령은 또한 북한 경제가 문제도 많지만 우수하고 저렴한 인력, 풍부한 지하자원 등 장점도 많다고 하면서 대북투자를 권유하기도 했다.

다음 날인 11월 27일 오전 대통령은 싱가포르 동남아 연구소(ISAS)가 주최하는 '싱가포르 렉처'에 초청을 받아 '한반도 평화와 동아시아'라는 제하의 연설을 한 다음 질의응답을 했다. '싱가포르 렉처'는 1980년부터 세계 저명인사들을 초청하여 연설을 듣는 자리로, 그동안 코피 아난 유엔 사무총장, 만델라 전 남아공 대통령 등이 연사로 나섰고 김 대통령은 열아홉 번째 연사였다.

대통령 내외는 오후에 다음 목적지인 인도네시아로 떠났다. 싱가포르를 출발하기 전 대통령은 대통령 방문을 준비하기 위해 수고한 함명철 주싱가포르대사를 불러 그동안의 노고를 치하하고 대사관 직원들에게도 감사의 뜻을 전해 줄 것을 당부했다.

✽ 아세안+3 정상회의 참석 및 싱가포르 국빈방문 평가

김 대통령은 이번 아세안+3 정상회의에서도 주도적으로 참여했다. 대통령은 아세안 정상들에게 계속 세계화의 추세 속에서 동남아와 동북아를 구분하는 것은 의미가 없으니 동남아와 동북아를 하나로 묶는 동아시아 경제협력체를 구성해야 한다고 강조했다.

사실 전에도 말레이시아의 마하티르 총리가 비슷한 주장을 한적이 있었지만, 그 당시는 또 다른 지역경제 협력체의 등장을 달가워하지 않는 미국의 반대로 추진되지 못했는데 이번에 김 대통령이 다시 들고 나온 것이었다. 그런데 의장성명에서 '동아시아 연구그룹'의 구상이 채택되었다. 아세안 정상들이 그 제안을 긍정적으로 생각한다는 의미였다.

김 대통령은 또한 중국의 주룽지 총리, 일본의 모리 총리와의 3자 정상회담 시 이번이 두 번째인 3국 정상회담의 정례화를 제의하여 그렇게 하기로 합의했다. 일본의 과거사 문제로 인해 중국과 일본이 양자 간 직접적인 접촉을 하기 불편한 상황에서 3국 정상회담은 중국과 일본이 체면을 손상시키지 않으면서 서로의 이익을 지킬 수 있는 방법이 되었으며, 한국은 그 사이에서 중간자로서 중요한 역할을 할 수 있는 공간이 생긴 것이었다.

한편 싱가포르는 아세안 국가이면서도 다른 아세안 국가와 달리 사고방식이 서구적인 면이 많았다. 그렇기 때문에 싱가포르가 아세안 국가들을 보는 관점과 분석은 우리가 앞으로 아세안 국가들을 어떻게 보아야 하며 어떻게 대해야 하는지에 대해 시사하는 점이 많았다.

4.
인도네시아
국빈방문

대통령 내외를 태운 특별기는 싱가포르를 출발한 지 한 시간 만에 인도네시아 수도인 자카르타에 도착했다. 공항에는 압두라만 와히드(Abdurrahman Wahid) 대통령 내외가 출영을 했다. 도착해서 들으니 하루 전에 예행연습까지 했다고 했다. 실내에서 간단한 환영행사를 한 다음 대통령 내외는 바로 이스타나 궁(대통령궁)으로 갔다. 자카르타 시내 곳곳에는 대통령 초상화와 와히드 대통령 초상화가 걸려 있었다.

대통령 내외는 이스타나 궁에서 와히드 대통령 내외를 예방했다. 대통령은 국빈방문 초청에 감사를 표했고, 와히드 대통령은 지난 2월 국빈방한 시, 그리고 지난 10월 서울 ASEM 정상회담 시 받은 환대에 사의를 표하고, 금년도 노벨평화상 수상자인 김 대통령의 인도네시아 방문을 영광으로 생각한다고 말했다.

예방이 끝나고 대통령 내외는 숙소인 샹그리라호텔로 가서 여장을 풀었다. 잠시 후 대통령은 숙소에서 인도네시아 메가와티 부통령을 접견했는데, 부통령은 내년 중에 북한을 방문할 예정이라고 설명했다.

그리고 그날 저녁 대통령 내외는 이스타나 궁으로 가서 와히드 대통령 내외가 주최하는 국빈만찬에 참석했다. 만찬 도중 인도네시아 가수들이 많은 한국 노래들을 부르는 등 인도네시아 측은 세심한 준비를 했다.

✲ 와히드 대통령과의 정상회담

다음 날인 11월 28일 아침 대통령은 공식수행원들과 함께 이스타나 궁으로 갔다. 그리고 10시부터 단독 정상회담이 시작되었다.

와히드 대통령은 먼저 인도네시아 국민과 정부를 대표해 대통령의 노벨평화상 수상을 축하드린다고 말했다. 이에 대해 대통령은 노벨상 수상은 한국 국민과 와히드 대통령을 비롯한 세계 민주 인사들의 성원 덕분이라고 말하고, 개인적으로는 큰 영광이지만 무거운 짐도 된다고 말했다.

대통령은 와히드 대통령 취임 후 동티모르 문제를 원만히 마무리한 것을 축하했으며, 와히드 대통령은 김 대통령이 동티모르 사태 해결에 적극적인 도움을 준 데 대해 감사를 표하고 인도네시아의 국내 상황을 자세히 설명했다.

대통령은 남북 관계 상황에 대해 상세히 설명했고, 와히드 대통령은 김 대통령께서는 진정한 평화의 설계자이며, 과거 한반도에는 잘못된 국제화가 있었으나 이제는 김 대통령의 영도 하에 미·중·일의 도움으로 진정한 국제화가 이루어지기 바란다고 말했다.

* 확대 정상회담에서 생긴 일

단독회담이 끝나고 확대 정상회담이 시작되었다. 와히드 대통령이 말했다.

"김대중 대통령과 한국의 공식수행원 여러분을 환영합니다. 김 대통령에 대한 존경의 말씀을 여러 번 드린 적이 있듯이 김 대통령은 저의 스승이십니다. 스승을 환영하기 위해 오늘 회의에 전례 없이 많은 장관들이 배석했습니다. 이 많은 장관들이 자리를 같이 한 것은 각료회의에서나 볼 수 있는 일입니다. 다시 한 번 환영합니다. 오늘 회담이 양국 관계 증진에 중요한 기회가 되기를 기대합니다. 한국은 정치·경제적으로 우리에게 많은 것을 시사하고 있는 국가입니다. 저의 짧은 모두 발언을 마치고 우리 측에서 배석한 각료들이 각자의 현안을 말씀드리겠습니다."

인도네시아 내각에 18명의 장관이 있는데 그 자리에는 8명이 참석하고 있었다. 그날 참석한 인도네시아 장관들은 정치·안보 조정장관, 재정·경제 조정장관, 외교부장관, 통상산업장관, 광업에너지장관, 해수부장관, 농수산부장관, 교통통신부장관이었으며, 그 밖에도 차관급 2명, 차관보급 4명과 국장 1명이 배석했다.

먼저 인도네시아 정치·안보 조정장관이 영어로 한국 경찰의 협력을 요청했고, 재정·경제 조정장관도 영어로 한국에 대한 수출 확대와 에너지 분야 협력 그리고 사회보장제도와 제2금융권 개혁에 관한 협력을 요청했다.

이에 대해 대통령은 인도네시아 장관들의 질문에 대해 기본적인 답변을 한 다음, 미리 준비해 온 인도네시아 정부에 대한 각종 요청 사항을 전부 설명했다. 그리고 통상교섭본부장과 경제수석에게 인도네시아 측의 질문 사항에 대한 구체적인 답변을 하도록 했으며, 우리 측도 영어로 답변을 했다.

이어서 인도네시아 외무장관, 농수산부장관, 통상산업부장관, 해수부장관, 교통통신부장관, 광업에너지장관들이 한국과 협력을 희망하는 문제에 대해 영어로 발언했다. 마지막으로 와히드 대통령이 한국으로부터 많은 것을 배우고 싶으며, 2010년 한국의 세계박람회 유치 노력을 지지한다고 말했다.

이에 대해 김 대통령은 오늘의 회담이 유익하고 성과 있는 회담이었으며, 회의의 기본 정신은 양국이 민주주의와 시장경제의 공통 가치를 바탕으로 양국 사이의 이견은 대화를 통해 해결할 수 있다는 것이라고 말했다. 그러면서 개혁 과정에서 손해를 보는 세력들이 저항하기 때문에 민주주의에서 개혁은 어렵지만 흔들림 없이 추진해 나가야 하며, 개혁의 중심에 서 있는 것이 와히드 대통령과 자신의 역할이라고 생각한다고 말했다.

대통령은 또한 한국이 현재 경제 개혁이 지체되고 있어 제2차 개혁을 추진할 예정이라고 말하고, 인도네시아가 와히드 대통령의 영도 하에 개혁을 흔들림 없이 추진하고 투명성을 제고한다면 우리보다 앞서가는 경제대국으로 부상이 가능할 것이라고 하면서, 세계화 시대에는 인도네시아가 잘되면 우리도 잘되고 우리가 잘되면 인도네시아도 잘되는 것인 만큼, 그러한 비전을 갖고 자신과 와히드 대통령이 잘 협력하여 동아시아의 좋은 파트너로서 양국의 번영과 동아시아의 번영을 위해 노력하기를 희망한다고 말했다.

와히드 대통령은 김 대통령의 깊이 있는 말씀에 감사드리며, 어느 현자가 한국인은 근면한 민족이고 인도네시아 사람들은 부드러운 민족이라고 얘기한 것을 들은 적이 있는데 상호 보완적인 양 국민이 조화롭게 협력한다면 결과가 좋을 것이라고 말했다.

정상회담이 끝나고 양 정상은 조약 서명식과 기자회견에 참석한 다음, 대통령은 호텔로 돌아왔다.

대통령은 저녁에 인도네시아 상공회의소 초청으로 인도네시아 경제인과 정부 인사 등 250여 명과 만찬을 함께하고 '21세기 한 · 인도네시아 경제협력 강화'를 주제로 연설을 했다.

다음 날인 11월 29일 아침 대통령 내외는 인도네시아 국빈방문을 마치고 서울로 돌아왔다. 자카르타를 떠나기 전, 대통령은 대통령의 국빈방문을 준비하느라 많은 수고를 한 김재섭 주인도네시아

대사를 불러 그동안의 노고를 치하하고 대사관 직원들에게 감사의 뜻을 전해 달라고 당부했다.

* 인도네시아 국빈방문 평가

인도네시아 방문은 처음부터 파격이었다. 김 대통령 내외가 자카르타공항에 도착할 때 와히드 대통령 내외가 직접 공항까지 출영했다.

그리고 정상회담을 하는데 대통령이 8명이나 되는 각료들을 참석시켜서 마치 양국이 각료 회담을 하는 것 같은 생각이 들 정도였다. 그리고 더 놀라운 것은 인구가 2억 2천만 명이 넘는 큰 나라의 국가원수가 자신의 각료들 앞에서 김 대통령을 계속 자신의 스승이라고 불렀다는 점이다. 그러면서 대통령이 요청한 것은 가능한 한 들어주려고 했다. 원유와 천연가스를 안정적으로 공급하겠다고 약속했고, 인도네시아 아파트 건설 사업에 한국 업체의 참여를 일정 부분 보장하겠다고 했다.

이런 대통령이 재임하는 한 인도네시아와의 관계는 문제될 것이 없었다. 그리고 이러한 대통령 간의 관계가 양국 정부 인사는 물론 민간인들에게도 지대한 영향을 미칠 것이라는 점을 생각하면 그저 감사할 따름이었다.

5.
노벨평화상
수상식 참석

10월 13일 오후 6시, 노르웨이 노벨평화위원회에서 김대중 대통령을 2000년도 노벨평화상 수상자로 발표했다. 노벨평화상 100년 역사상 83번째의 수상자이며, 국가원수로는 열 번째 수상자였다.

** 노벨위원회의 2000년 노벨평화상 수여 발표문(요지)

"노르웨이 노벨위원회는 김대중 대통령이 일반적으로는 한국과 동아시아에서의 인권, 특별히 지적하자면 북한과의 평화와 화해를 위해 노력한 점을 인정해 2000년 노벨평화상을 수여하기로 했다.

김대중 대통령은 한국에서 수십 년간 독재통치가 계속되는 동안 여러 차례 생명의 위협을 받고, 오랜 기간 국외 망명 생활을 해야 했음에도 불구하고 민주주의를 위한 한국의 지도적인 대변자로 점차 부상했다. 한국은 1997년 김대중 씨의 당선으로 세계 민주국가의 대열에 결정적으로 합류했다.

　　김대중 대통령은 동아시아의 보편적 인권의 지도적인 수호자로서 강력한 도덕적 힘으로 아시아에서 인권을 제한하려는 시도에 맞서 왔다. 미얀마의 민주주의 발전과 동티모르에서의 탄압 반대를 위한 그의 헌신은 상당한 것이었다. 김 대통령은 햇볕정책을 통해 남북한 간 50년 이상 지속된 전쟁과 적대감 극복을 위해 노력해 왔다. 김 대통령의 북한 방문은 두 지역 간 긴장 완화의 과정을 촉진시켰고, 이제 한국에서도 냉전이 해소될 수 있을 것이라는 희망이 생겨났다. 김 대통령은 한국과 특히 일본 등 이웃 국가와의 화해를 위해서도 노력했다. - 2000년 10월 13일 오슬로"

　　수상이 발표된 이후 세계의 많은 지도자들이 대통령에게 축하를 전해 왔다. 수상 발표 일주일 만에 서울에서 열린 ASEM 정상회의에서 대통령은 26명의 아시아와 유럽 정상들로부터 축하를 받았고, 11월 16일 브루나이에서 개최된 APEC 정상회의에서는 21개국 정상들이 박수로 축하해 주었으며, 11월 25일 싱가포르에서 개최된 아세안+3 정상회의에서도 아세안 10개국 정상들이 마음으로부터 축하해 주었다.

∗∗ 노벨평화상 수상식 참석 특별수행원

대통령은 비록 자신이 노벨평화상을 받는다고 하더라도 오랫동안 한국의 인권과 민주주의를 지키기 위해 헌신해 온 분들과 기쁨을 함께하기 위해서 수상식에 참석하는 인사들을 선정할 때 각계에서 골고루 공평하게 선정하기를 원했다. 그러기 위해서는 각계의 의견을 잘 수렴해야 했다. 또한 노벨평화상은 워낙 세계적인 권위를 가진 상이기 때문에 노벨평화상 수상을 계기로 우리나라의 이미지를 제고시키는 노력도 필요했다.

이러한 사항들을 준비하기 위해 청와대 내에 외교안보수석(필자)을 위원장으로 하는 노벨평화상 수상 실무위원회가 구성되었고, 실무위원들은 각 부처의 국장급으로 구성했다. 그리고 자문위원에 교수나 전문가 및 전직 대사들을 활용하여 눈에 띄지 않게 조용히 준비를 해 나갔다.

최종적으로 수상식에 참석하는 특별수행원은 54명으로 결정되었다. 민주화운동 관련 인사 8명, 종교계 인사 10명, 시민·사회 단체 인사 8명, 정당인 2명, 경제계 인사 2명, 문화·언론·예술·학술계 인사 8명, 그리고 대통령의 아들과 며느리들, 또 손자와 손녀들도 포함되었다. 외국인으로는 토머스 포글리에타 주이탈리아 미국대사, 호세 라모스 오르타 동티모르저항협의회 부의장도 초청되었다.

12월 8일 오전 11시 대통령 내외는 54명의 특별수행원들과 함께 특별기편으로 서울을 출발했다. 비행기가 11시간 30분을 날아

현지 시간 오후 2시 30분에 오슬로공항에 도착했다. 오후 2시였지만 밖은 컴컴하고 비가 내리고 있었다. 대통령 내외는 공항에서 바로 숙소인 그랜드호텔로 갔다. 그랜드호텔은 125년의 역사를 가진 고급 호텔이었다.

잠시 후 대통령은 영국 'BBC 월드'와 인터뷰를 했다. 인터뷰가 끝난 다음, 대통령은 서울에서 함께 온 인사(42명)들과 만찬을 하면서 말했다.

"결코 겸손의 말이 아니라 수상이 결정되고 나니까 민주주의를 위해 희생하신 분들, 혹은 통일을 위해서 애쓰신 분들을 제치고 저 혼자 영광을 차지한 것 같은 생각이 들어서 죄송한 마음을 금할 수 없는 그런 생각을 여러 번 했습니다. 바라건대 저의 이번 평화상 수상이 우리 국가의 위신과 이미지를 고양시켜서 세계 속에서 우리 국민들이 더욱 존경받고 자랑스럽게 사는 조그만 계기라도 마련되면 좋겠습니다"(《김대중 자서전 2》 384쪽 참조).

∗ 노벨위원회 엘리베이터가 중간에 서다

다음 날인 9일도 하루 종일 비가 내리고 어두컴컴했다. 대통령은 CNN 앵커를 접견하고, 노르웨이 라프토(Rafto)인권재단의 이사장을 비롯한 재단 관계자들을 접견했다.

오후에 대통령은 노벨연구소에 가서 노벨위원회가 주최하는 노벨평화상 수상 기자회견에 참석하여 수상 소감을 밝힌 다음 기자들과 질의응답을 했으며, 군나르 베르게(Gunnar Berge) 노르웨이 노벨위원회 위원장을 비롯한 노벨위원들과 환담을 했다. 그러고 나서 호텔로 돌아가려고 엘리베이터를 타는데 승강기가 너무 작아 대통령 내외, 노벨위원회 사무국장, 경호 등 5명만 타고, 나머지 사람들은 계단을 걸어 내려갔다.

나는 엘리베이터가 내려가는 것을 보고 계단을 내려갔는데, 갑자기 대통령이 탄 엘리베이터가 중간에 서서 움직이지 않는 것이었다. 노벨위원회 직원들이 당황해서 이리 뛰고 저리 뛰었다. 다들 깜짝 놀랐다. 10분 정도 지났을까 엘리베이터가 다시 작동을 하면서 내려왔다.

나중에 들으니 노벨위원회 측은 이 일이 있고 나서 엘리베이터를 아예 신형으로 교체했다고 했다.

대통령은 숙소로 돌아와 노르웨이의 분데빅 전 총리와 동티모르 국가재건회의 부의장인 호세 라모스 오르타를 각각 접견한 다음, 저녁에는 베르게 노벨위원회 위원장 및 노벨위원들과 비공식만찬을 가졌다.

❊ 경건하고 격조 높은 노벨평화상 수상식

수상식이 있는 10일의 날씨도 하루 종일 어두웠으며, 때때로 비가 내렸다. 오후 1시 대통령이 노벨위원회 부위원장의 안내를 받으며 시청 중앙 홀 시상식장에 들어서자 팡파르가 울렸다. 그러자 엔스 스톨텐베르그(Jens Stoltenberg) 총리를 비롯한 노르웨이 인사들과 각국 대사, 한국에서 온 초청 인사 등 1,100여 명이 모두 일어나 박수를 쳤다. 대통령이 입장하고 바로 하랄드 5세(Harald V) 국왕이 식장에 들어왔다.

기악 연주가 끝나고 노벨위원회 베르게 위원장이 등단하여 선언을 했다. "왕림하신 폐하, 전하, 각하 그리고 신사숙녀 여러분! 노벨상위원회는 2000년 노벨평화상을 김대중 대통령에게 수여하기로 결정했습니다."

식장에서 박수와 환호가 터져 나왔다. 베르게 위원장은 경과보고를 하면서 노벨평화상 선정 이유를 밝혔는데 요지는 아래와 같았다.

"김 대통령은 동아시아에서의 민주주의와 인권을 위해 기울인 평생의 노력, 특히 북한과의 평화와 화해를 위한 노력으로 수상하게 된 것입니다. 평화상은 지금까지 이룩해 온 조처에 대해 수여되는 것입니다. 그러나 노벨평화상의 역사에서 자주 봐 온 것처럼 올해도 역시 평화와 화해를 위한 머나먼 길에 더욱 진척이 있기를 격려하는 뜻이 담겨 있는 것입니다. 이는 넓은 범위에서 용기의 문제입니다. 김대중 대통령은 고착화된 50년의 적대관계를 청산하고 아마 세계에서 가장 중무장된 전선 너머로 협조의 손길을 뻗으려는 의지를 지녀 왔습니다. 그의 의지는 개인적, 정치적 용기이며 유감스럽게도 다른 분쟁지역에서는 너무 자주 결여되어 있는 것이기도 합니다.

일반적인 삶에서 적용되는 똑같은 이치가 평화를 위한 노력에도 적용됩니다. 가장 높은 산을 등정하려 할 때의 이치가 그것입니다. 첫걸음이 가장 어렵습니다. 노르웨이 스타번게르의 작가 군나르 롤드크밤은 그가 쓴 시 '마지막 한 방울'에서 다음과 같이 명료하면서도 적절하게 표현했습니다.

옛날 옛적에 물 두 방울이 있었다네.
하나는 첫 방울이고 다른 것은 마지막 방울.
첫 방울은 가장 용감했네.
나는 마지막 방울이 되도록 꿈꿀 수 있었네.
만사를 뛰어넘어서 우리가 우리의
자유를 되찾는 그 방울이라네.
그렇다면 누가 첫 방울이기를 바라겠는가?

현재 김대중 씨는 민주 한국의 대통령입니다. 김 대통령의 집권까지의 노정은 멀고도 먼 길이었습니다. 수십 년 동안 그는 권위주의 독재 체제와 승산이 없어 보이는 싸움을 했습니다. 김대중 씨의 얘기는 몇몇 다른 평화상 수상자, 특히 넬슨 만델라와 안드레이 사하로프의 경험과 공통되는 점이 많이 있습니다. 그리고 상을 받지는 않았지만 수상할 자격이 있었던 마하트마 간디와도 많은 공통점이 있습니다. 김대중 씨가 간직한 불굴의 정신은 거의 초인적인 것처럼 보일지 모릅니다. 이런 점에서 이번 수상은 보다 진지한 면이 있습니다.

1997년 김대중 씨는 새로운 기회를 보았습니다. 놀랍게도, 그의 정적들이 서로 분열된 가운데 군사정권의 주요 적수가 대통령에 당선되었습니다. 정말 드디어 한국이 세계 민주주의 국가 대열에 오르게 되었음을 확실히 입증한 것입니다. 새 대통령은 틀림없이 보복할 것이라는 생각을 가졌을 것입니다. 그러나 넬슨 만델라의 경우처럼 용서와 화해가 김대중 씨의 주요 정강 정책들이 되어 그를 그 방향으로 나아가게 했습니다. '김대중 씨는 용서할 수 없는 것까지 포함해서 모든 것을 용서했습니다.'

금년도 평화상 시상의 근거로 노벨상위원회는 똑같은 생각을 갖고, 동아시아의 인권상황 진전에 김대중 씨가 맡은 중요한 역할에 특별한 관심을 갖게 된 것입니다. 1996년의 수상자인 호세 라모스 오르타 씨와 마찬가지로 김대중 씨는 동티모르의 대의를 위해 온 힘을 기울였습니다. 김대중 씨는 또한 1991년도 수상자인 아웅산 수지 여사가 미얀마의 독재에 항거, 영웅적인 투쟁을 벌이는 것을 적극 지원했습니다.

김대중 씨가 현재 진행 중인 해빙과 화해의 주창자라는 점은 의심할 여지가 없습니다. 아마 그의 역할은 동서독 간의 관계 정상화에 아주 중요한 동방정책(ostpolitik)을 추진하여 노벨평화상을 탄 빌리 브란트에 비교될 수 있습니다. 브란트의 동방정책만으로는 통독이 불가능했지만 1989-90년의 독일통일에 필수 불가결했습니다. 지난 6월 김 대통령과 김정일 지도자 간의 대화는 보다 느슨한 선언과 경쾌한 수사(修辭)로 발전되었습니다. 남북 이산가족 상봉 장면은 전 세계에 깊은 인상을 주었습니다.

세계 대부분의 지역에서 냉전의 빙하시대는 끝났습니다. 세계는 햇볕정책이 한반도의 마지막 냉전 잔재를 녹이는 것을 보게 될 것입니다. 시간이 걸릴 것입니다. 그러나 이제 그 과정은 시작되었으며 오늘 상을 받는 김대중 씨보다 더 많은 기여를 한 분은 없습니다. 시인의 말처럼, '첫 번째 떨어지는 물방울이 가장 용감했노라.'"

베르게 위원장의 경과보고가 끝나고 대통령에게 메달과 노벨증서가 수여되었다. 그리고 성악가 조수미 씨의 노래가 있었다.
대통령의 수상 연설이 시작되었다.
"노르웨이는 인권과 평화의 성지입니다. 노벨평화상은 세계 모든 인류에게 평화를 위해 헌신하도록 격려하는 숭고한 메시지입니다. 저에게 오늘 내려 주신 영예에 대해서 다시없는 영광으로 생각하고 감사를 드립니다. 그러나 저는 한국에서 민주주의와 인권, 그리고 민족의 통일을 위해 기꺼이 희생한 수많은 동지들과 국민들을 생각할 때, 오늘의 영광은 제가 차지할 것이 아니라 그분들에게 바쳐져야 마땅하다고 생각합니다. 또한 우리 국민의 민주화와 남북화해를 위한 노력을 아낌없이 지원해 주신 세계의 모든 나라와 벗들에게도 진심으로 감사드립니다."

대통령은 연설에서 남북정상회담과 그 이후의 과정, 아시아의 인권 사상, 민주주의와 시장경제, 개혁의 필요성 등에 대해 설명했다. 그리고 아래와 같이 말했다.

"마지막으로 제 개인에 대해서 잠시 말씀드릴 것을 허락해 주시기 바랍니다. 저는 독재자들에 의해서 일생에 다섯 번에 걸쳐서 죽을 고비를 겪어야 했습니다. 6년의 감옥살이를 했고, 40년을 연금과 망명과 감시 속에서 살았습니다. 제가 이러한 시련을 이겨 내는 데에는 우리 국민과 세계 민주인사들의 성원의 힘이 컸다는 것은 이미 말씀드렸습니다. 동시에 제 개인적인 이유도 있습니다.

첫째 저는 하느님이 언제나 저와 함께 계신다는 믿음 속에 살아오고 있으며, 저는 이를 실제로 체험했습니다. 1973년 8월 일본 도쿄에서 망명생활을 하고 있을 당시 저는 한국 군사정부의 정보기관에 의해 납치되었습니다. 전 세계가 이 긴급뉴스에 경악했습니다. 한국의 정보기관원들은 저를 일본 해안에 정박해 있던 그들의 공작선으로 끌고 가서 전신을 결박하고 눈과 입을 막았습니다. 그리고 저를 바다에 던져 수장하려 했던 것입니다.

그때 저의 머릿속에 예수님이 선명하게 나타나셨습니다. 저는 예수님을 붙잡고 살려 줄 것을 호소했습니다. 바로 그 순간 저를 구원하는 비행기가 와서 저는 죽음의 찰나에서 구출되었던 것입니다.

또 하나, 저는 역사에 대한 믿음으로 죽음의 위협을 이겨 왔습니다. 1980년 군사정권에 의해서 사형언도를 받고 감옥에서 6개월 동안 그 집행을 기다리고 있을 때, 저는 죽음의 공포에 떨 때가 자주 있었습니다. 그러나 이를 극복하고 마음을 안정을 얻는 데는 '정의는 반드시 승리한다'라는 역사적 사실에 대한 저의 확신이 크게 도움을 주었습니다.

모든 나라, 모든 시대에 있어서 국민과 세상을 위해 정의롭게 살고 헌신한 사람은 비록 당대에는 성공하지 못하고 비참하게 최후를 맞이하더라도 역사 속에서 반드시 승자가 되어 다시 부활한다는 것을 저는 수많은 역사적 사실 속에서 보았습니다. 그러나 불의한 승자들은 비록 당대에는 성공을 하더라도 후세 역사의 준엄한 심판 속에서 부끄러운 패자가 되고 말았다는 것도 읽을 수 있었습니다. 거기에는 예외가 없었습니다.

노벨상은 영광인 동시에 무한한 책임의 시작입니다. 저는 역사상의 위대한 승자들이 가르치고 '알프레드 노벨' 경이 우리에게 바라는 대로 나머지 인생을 바쳐 한국과 세계의 인권과 평화, 그리고 민족의 화해 협력을 위해 노력할 것을 맹세합니다. 여러분과 세계 모든 민주인사들의 성원과 편달을 바라 마지않습니다. 감사합니다."

대통령이 연설을 마치자 청중들이 모두 일어나 박수를 쳤다. 청중들은 대통령 연설에 다섯 차례나 박수를 쳤다. 특히 대통령이 자신의 고난의 삶을 이야기할 때는 박수 소리가 더욱 크고 더욱 길었다. 수상식은 말 그대로 경건하고 격조가 높게 진행되었다. 말할 수 없는 감동이 밀려왔다.

조금 후 대통령 내외는 왕궁으로 가서 하랄드 5세 국왕 내외가 주최하는 오찬에 참석했다. 이런 일은 이전 수상자들에게는 한 번도 없었던 일이라고 했다. 나온 음식은 생각했던 것보다 간단하고 검소했다. 그래도 국왕 내외와 자리를 함께한 스웨덴 노벨재단과 노르웨이 노벨위원들과 대통령이 나누는 대화를 들으면서 기분이 좋았다.

오찬이 끝나 잠시 휴식을 취한 다음, 대통령은 오슬로 시청에 갔다. 그곳에서 생방송으로 진행하는 'CNN 토크쇼'에 출연해 천여 명의 방청객이 보는 가운데, 한 시간에 걸쳐 유명한 앵커인 조너선 맨(Janathan Mann)과 인터뷰를 했다.

* 오슬로 시민들의 촛불 행진

오슬로는 오후 3시가 넘으면 해가 졌다. 그리고 너무 추웠다. 그런데 그 추위를 뚫고 오슬로 시민들과 일부 교민들이 횃불을 들고 행진을 했다. 시민들이 받쳐 든 횃불이 오슬로 시가지를 수놓았다. 횃불 행진은 대통령의 숙소인 그랜드호텔 앞에서 멈췄다. 환호성과 꽹과리 소리가 들려왔다. 김 대통령 내외가 발코니에 나가 시민들에게 손을 흔들었다. 그러자 수많은 횃불들이 흔들리면서 환호가 터져 나왔다. 교민들은 계속 "만세"를 외쳤고 어떤 교민들은 애국가를 불렀다.

한국의 대통령이 와서 노벨평화상을 받았다고 이 추운 겨울에 횃불을 들고 축하해 주는 노르웨이 사람들의 순박하고 아름다운 마음이 감사했다. 그러면서 한편으로 아직도 한국에서 대통령의 노벨평화상 수상을 폄하하는 사람들이 있다는 것을 생각하니 마음이 아팠다.

저녁에는 숙소인 호텔에서 노르웨이 노벨위원회가 주최하는 공식만찬이 열렸다. 남자들은 전부 블랙타이를 매고 여성들은 전부 드레스를 입고 아주 즐겁게 식사를 했다.

다음 날인 11일 아침에 클린턴 대통령의 노벨평화상 수상 축하 메시지가 도착했다. 세계 초강대국인 미국의 대통령이 이렇게까지 김대중 대통령을 배려하고 존경한다는 것이 놀라웠다. 그리고 또 감사했다.

** 노르웨이 총리와의 정상회담

대통령은 아침 일찍 총리실로 가서 스톨텐베르그 총리와 정상회담을 했다. 그는 41세의 젊은 총리였다. 총리는 대통령의 노르웨이 방문을 환영하며 노벨평화상 수상을 다시 한 번 축하드린다고 말했다.

대통령은 총리가 젊으셔서 어떤 분인가 호기심을 갖고 있었는데 직접 만나 보니 반갑다고 말하고, 소수당임에도 인내심을 가지고 탁월한 정치수완을 발휘하며 국정을 잘 운영하고 계신 것으로 알고 있으며, 내년에 한국을 방문해 달라고 요청했다. 이에 대해 총리는 내년에 꼭 한국에 가서 남북 대화 및 양자 관계 등에 관해 논의하길 희망한다고 말했다.

대통령은 본인의 노벨평화상 수상을 계기로 노르웨이가 한반도 문제에 보다 깊이 개입하여 역할을 해 주길 바라며, 노르웨이가 평양에 상주대사관을 설치해 남북한에 공히 상주대사관을 가지고 한반도 문제에 기여해 주기 바란다고 말했다.

이에 대해 총리는 노르웨이는 한반도 평화과정을 전폭적으로 지지하며 국제적인 공동 지지도 확신한다고 말하고, 다만 4백만의 적은 인구 규모를 가진 국가로서 세계 각국에 대사관을 설치할 수가 없음을 이해해 달라고 말했다.

양 정상은 남북 관계와 향후 전망, 그리고 선거법, 인권법, 부정부패방지법 등 다양한 문제에 관해서도 의견을 교환했다.

대통령은 총리와의 정상회담이 끝난 다음, 국회로 가서 그뢴달 국회의장의 영접을 받고 스텐스나스 외무위원장을 비롯한 외무위원들과 만나 한반도 정세와 인권 및 민주주의 등에 관해 의견을 교환했다.

대통령은 호텔에 돌아온 다음, 박경태 주노르웨이대사가 주최하는 오찬에 참석했는데, 이 오찬은 노벨평화상 수상자가 속한 나라의 대사가 노르웨이 노벨위원 등을 초청하는 관례에 따른 것으로, 오찬에는 노벨위원회 위원장을 비롯해 각계 인사 100여 명이 참석했다.

대통령은 오후에 다시 오슬로 시청으로 가서 시장의 안내로 오슬로 학생들의 '평화'를 주제로 한 글짓기 대회와 그림 경시대회 입상작들을 감상한 다음, 11개 초·중등학교 학생들이 각 5분씩 보여 주는 음악과 무용을 참관했다.

☀ 노벨평화상 수상 축하 음악회

그날도 하루 종일 흐리고 비가 내렸다. 낮부터 밖은 캄캄하고 비는 계속 추적추적 내리니, 날씨 탓인지 마음도 울적했다.

저녁에 대통령 내외는 노벨평화상 수상을 기념하는 마지막 행사인 축하 음악회에 참석하기 위해 노르웨이 최대 공연장인 오슬로 스펙트럼으로 갔다. 나는 대통령 내외를 모시고 공연장에 들어서는 순간 5,500석의 공연장에 사람들이 꽉 들어차 있는 것을 보고 깜짝 놀랐다. 대부분이 중년층 이상이었는데 남자들은 대부분 정장을 했고, 여자들도 드레스를 입거나 아니면 정장을 하고 있었다. 그 큰 공연장이 그런 사람들로 꽉 차 있으니 무언지 모를 무게감이 느껴졌다. 대통령 내외가 입장을 하니 사람들은 전부 기립 박수를 치기 시작했다. 그들은 진심으로 김 대통령의 노벨평화상 수상을 축하하고 최대의 경의를 표하고자 하는 것 같았다.

무대에서 밴드와 드럼이 열광적인 연주를 하기 시작했다. 그리고 관중들은 그 음악에 맞춰 박수를 치고 몸을 흔드는 것이었다. 처음에는 좀 이상하게 느껴졌지만, 곧 왜 그런지 이해가 되었다. 노르웨이의 겨울은 너무나 춥고 어두웠다. 그러니 그런 상태에서 매일을 지내다가는 정신적으로도 어려움이 많을 것 같았다. 그래서 노르웨이 사람들은 이런 기회를 이용해 정장을 입고 왔어도 격렬한 음악에 맞추어 자신의 울적한 마음을 마음껏 발산하려는 것 같았다.

드디어 음악회가 시작되었다. 사회는 1970년대 유행했던 영화 '007 제임스 본드 시리즈'에 출연해 각광을 받았던 영국 출신의 여배우 제인 세이모어(Jane Seymour)가 맡았다. 음악은 팝과 고전음악이 혼합된 축제 형식으로 진행이 되었다. 맨 먼저 노르웨이 여자 가수가 나와 노래를 부른 다음, 대통령의 인생 역정과 남북정상회담을 담은 다큐멘터리가 방영됐다. 다음 차례로 성악가 조수미 씨가 노래를 부른 뒤, 대통령이 무대에 올라가 연설을 했다. 다시 세계 각지의 유명 가수들이 나와 노래를 불렀다. 그리고 그 중간중간에 클린턴 대통령, 푸틴 대통령과 슈뢰더 독일 총리의 수상 축하 영상 메시지가 방영됐다.

클린턴 대통령의 메시지의 요지는 다음과 같았다.

"이러한 영광을 얻기까지 오랜 세월에 걸쳐 매우 어려운 난관에 맞서서 그렇게 많은 일을 한 지도자는 많지 않으며, 노벨평화상은 자유를 위해 투쟁해 온 삶에 대해 매우 적절한 경의의 표시입니다. 김 대통령은 결코 폭력과 거짓에 대해 같은 방식으로 한 번도 대응함이 없이 자신의 길을 갔으며, 그의 인내와 의지와 용기는 마침내 보상을 받았습니다.

노벨평화상은 김 대통령이 도덕적 지도자에서 정치적 지도자, 그리고 야당에서 여당으로의 여정을 겪으면서 행한 것에 대한 적절한 보답이며, 무엇보다도 북한과의 평화와 화해를 추구하는 데 있어, 그의 비범한 용기와 비전에 대한 경의의 표시입니다. 비록 앞에 놓인 여정이 여전히 불확실하기는 하지만, 김 대통령의 결심과 비전은 다시 한 번 보답을 받을 것으로 확신합니다.

이번 노벨평화상은 단순히 김 대통령이 이룬 것을 인정하는 차원이 아니라, 우리 모두가 김 대통령의 비전을 실현하도록 도와줄 것을 촉구하고 있는 것입니다. 김 대통령이 하신 일에 대해 우리는 당신에게 경의를 표한다고 말씀드리고자 합니다. 그러나 무엇보다도 중요한 것은 평화와 자유의 햇볕이 한반도에 영원히 비추어질 때까지, 우리 모두가 김 대통령과 그리고 한국 국민과 함께한다는 것입니다.”

푸틴 러시아 대통령 메시지의 요지는 다음과 같았다.

“김 대통령의 전 생애가 오늘과 같은 영광된 날로 이끌었습니다. 김 대통령이 오랜 세월 동안 민주주의와 자유를 위해 타협하지 않고 투쟁해 온 것은 경탄할 만합니다. 정의의 이상에 대한 대통령의 사심 없는 헌신도 마찬가지입니다. 아시아뿐만 아니라 세계의 많은 사람들에게 굴복하지 않는 의지와 용기, 존엄의 표상이 되었습니다. 노벨평화상은 신뢰와 대화를 기초로 새로운 관계를 구축하기 위해 모든 것을 다해 노력함으로써 남북한이 미래에 반영하기를 바라는 국제사회의 분명한 호소가 담겨 있습니다. 진심으로 축하하며 대통령의 숭고한 활동의 성공을 기원합니다.”

축하 음악회는 감동 그 자체였다. 노르웨이는 물론이고 세계의 수많은 사람들이 한국 대통령의 노벨평화상 수상을 진심으로 축하했다. 한국인으로서 뿌듯한 자부심이 생겨났다.

12월 12일 대통령 내외는 아침 일찍 오슬로를 출발해 스웨덴으로 갔다. 대통령은 오슬로를 떠나기 전에 대통령의 노벨평화상 수상식 참석을 준비하기 위해 수고를 많이 한 박경태 주노르웨이대사를 불러 그동안의 노고를 치하하고 대사관 직원들에게도 감사 인사를 전해 줄 것을 당부했다.

6.
스웨덴
공식방문

대통령 내외를 태운 특별기는 오슬로를 출발한 지 1시간 10분 만에 스웨덴의 수도 스톡홀름에 도착했다. 대한민국 대통령으로서는 최초의 스웨덴 방문이었다. 공항에는 칼손 전 총리가 영접을 나왔다.

﹡ 스웨덴 국회에서의 연설과 국회의장 주최 오찬

대통령 내외는 공항에서 바로 스웨덴 국회로 갔다. 대통령은 비르기타 달(Birgitta Dahl) 국회의장(여)의 요청에 따라 300여 명의 국회의원들에게 '한반도 평화와 스웨덴'이라는 제하의 연설을 통해, "스웨덴은 서방국가로서 북한에 대한 경험과 지식을 풍부하게 가지고 있는 만큼 어느 나라보다도 한반도 평화에 기여할 수 있을 것이며, 내년 EU의 의장국이 될 스웨덴이 북한의 개방과 국제사회 참여에 보다 긍정적인 발전이 있도록 이니셔티브를 취해 달라"고 말했다.

대통령 내외는 연설 후 달 국회의장이 주최하는 오찬에 참석한 다음, 숙소인 그랜드호텔(Grand Hotel)로 갔다. 그곳은 우리가 머물렀던 노르웨이의 그랜드호텔과 같은 1874년에 건축되었지만 훨씬 더 크고 호화스러웠다.

：페르손 스웨덴 총리와의 정상회담

잠시 후 대통령은 총리실로 가서 예란 페르손(Goran Persson) 총리와 정상회담을 가졌다.

페르손 총리는 먼저 대통령의 스웨덴 방문을 환영하고 노벨평화상 수상을 축하한다고 하면서, 스웨덴 국민들은 대통령의 수상을 높이 평가하고 있으며, 이는 대통령께서 평생 동안 신념을 굽히지 않고 노력한 결과로 생각한다고 말했다. 총리는 또한 스웨덴은 한반도에 3개의 공식대표를 두고 있는데, 남한과 북한의 상주공관과 판문점의 중립국감독위원회가 그것이며, 스웨덴은 작은 나라이기는 하지만 평화를 지지하는 역할을 하고 있기 때문에 도움이 필요하다면 언제든지 요청하기 바란다고 말했다.

대통령은 먼저 이 기회를 빌려 스웨덴이 한국전쟁 때 한국에 병원단을 파견해 주었을 뿐만 아니라 중립국 감독위원회의 일원으로 한반도 평화를 위해 노력하고 있는 데 대해 감사의 마음을 전한다고 말하고, 지난번 ASEM 정상회의의 성공적 개최를 위한 적극적 노력에도 감사를 표했다. 그리고 인구 규모로 보아 큰 나라는 아니지만, 평화대국이고 복지대국이며 세계 10대 IT 강국의 하나인 스웨덴과 협력 기회를 가지게 되어 기쁘다고 말했다.

대통령은 또한 남북 관계와 김정일 위원장에 대해 상세히 설명하면서, 이 모든 것이 스웨덴을 비롯한 EU 국가들이 햇볕정책을 적극 지지하고 남북 대화를 촉구한 데 힘입은 것이 컸으며, 스웨덴이 내년도 상반기에 EU 의장국이 되면 남북 관계가 잘 진전되도록 큰 역할을 해 주기 바란다고 말했다.

페르손 총리는 스웨덴도 이미 북한과 시장경제 훈련 등 협력 프로젝트를 진행하고 있다고 말하고, 남북 관계에 대한 중국의 반응이 어떤 것인지, 그리고 스웨덴이 내년 상반기에 EU 의장직을 수임하게 되면 한국과 공동위원회를 개최하고자 하는데 이에 대해 어떻게 생각하는지 물었다.

대통령은 북한이 배우고 싶어 하는 나라가 스웨덴인 만큼 북한을 돕는 일에는 스웨덴이 가장 적합하다고 말했다. 그리고 중국은 남북 관계 개선을 적극 지지하며 우리의 햇볕정책을 지지하고 있다고 말하고, 말씀하신 한·EU 공동위원회를 내년 상반기에 개최하는 것에 찬성한다고 말했다.

총리는 스웨덴이 한국의 햇볕정책을 전적으로 지지하며 EU 의장국으로서 남북한 간의 관계 개선을 위해 가능한 한 할 수 있는 일을 다 할 것이며 자신도 언제 어디선가 김정일 위원장과 만나 양국

의 신뢰를 다지는 기회로 삼고자 한다고 말했다. 이에 대해 대통령
은 내년도 상반기 EU 의장국으로서 북한-EU 협력관계에 발전이
있기 바라며, 의장국으로서 북한을 방문하고 귀로에 서울도 들르기
바란다고 말했다.

정상회담이 끝난 다음, 양 정상은 공동 기자회견을 가졌다. 그리
고 대통령 내외는 스웨덴 외무부로 가서 페르손 총리 내외가 주최
하는 환영만찬에 참석했다.

다음 날인 12월 13일 오전 대통령은 노벨평화상 수상자 자격으
로 노벨재단을 방문하여 문학, 의학, 경제 등 노벨상 4개 부문 수상
자 13명과 만나 환담을 한 다음 기념 촬영을 했다.

대통령은 호텔로 돌아와, 마이클 솔맨 노벨재단 사무총장에게
노벨재단이 추진하는 '노벨상 시상 100주년 기념 전시회'에 전시될
자신의 《옥중서신》 원본인 엽서, 수의, 털 겉옷, 털 덧버선, 옥중에
서 읽던 성경책, 1970년대 말 서울대학병원에 연금되었을 당시 못
으로 눌러 쓴 편지 등을 전달했다. 이 물품들은 700여 명의 역대 노
벨상 수상자 중 대표적인 30여 명의 물품과 함께 2001년 4월부터
4년간 스톡홀름에서 전시하기로 되어 있었다.

대통령은 또한 고(故) 올로프 팔메(Olof Palme) 총리의 부인 리스
벳 팔메 여사와 두 아들을 접견했다. 팔메 총리는 1973년 '도쿄 납
치 사건'이 발생하자 일본 총리에게 김 대통령의 신변안전 문제를
맨 처음 거론했으며, 그 후 유럽에서 '김대중 구명운동'을 주도했

고, 1980년 김 대통령이 사형선고를 받았을 때는 각종 국제회의에서 문제를 제기했던 사람이었다.

* 스웨덴 총리의 요청과 스웨덴 외무부 방문

오후에 대통령 내외는 왕궁으로 가서 구스타프 16세 국왕 내외가 주최하는 오찬에 참석했는데, 그 자리에는 공주, 페르손 총리, 국왕과 왕비의 시종장, 그리고 주한 스웨덴대사 등이 참석했다.

그 자리에서 환담을 할 때 페르손 총리는 나에게 어제 김 대통령께서 자기에게 북한에 가라고 했는데 자신이 북한에 간다면 북한이 어떤 태도를 보일 것인지, 또 김정일 위원장을 만날 수 있을지 등에 관해 질문을 하면서, 가능하다면 오찬 후 외무부에 가서 자기 보좌관과 아태국장에게 참고가 될 만한 이야기를 해 달라고 요청을 했다.

국왕 주최 오찬이 끝난 다음, 나는 대통령을 호텔까지 모셔다 드리고, 김원수 국제안보비서관(현재 유엔사무총장 특별보좌관)과 함께 스웨덴 외무부로 가서 홀하그(Halhag) 총리 정무보좌관과 융그렌(Ljunggren) 외무부 아태국장을 만나 페르손 총리의 방북 문제에 관해 의견을 교환했다.

오후 늦게 대통령 내외는 스웨덴 거주 동포들을 초청하여 리셉션을 열고 동포들을 위로한 다음, 바로 공항으로 가서 특별기를 타고 서울로 돌아왔다. 대통령은 호텔을 떠나기 전에 대통령의 스웨덴 방문을 준비하기 위해 수고한 손명원 주스웨덴대사를 불러, 그 동안의 노고를 치하하고 대사관 직원들에게도 감사의 뜻을 전해 달라고 당부했다.

스톡홀름을 출발해 9시간 30분 만에 대통령 내외를 태운 특별기는 서울공항에 도착했다. 낮 12시 30분이었다. 공항에는 대통령의 노벨평화상 수상을 축하하는 환영행사가 준비되어 있었다.

＊ 스웨덴 방문 평가

스웨덴은 김 대통령이 가장 어려웠을 때 도와준 고마운 나라였다. 그래서 그런지 어디를 가든지 김 대통령을 따뜻하게 맞았다. 그리고 스웨덴은 북한의 김정일 위원장이 가장 닮고 싶어 하는 나라였기 때문에 앞으로 남북한 사이에서 무언가 역할을 할 수 있을 것 같았다.

페르손 총리는 젊기도 했지만 북한과의 대화에 관심이 많았다. 내년에 스웨덴이 EU 의장국이 되면 자신이 직접 북한에 가서 김정일 위원장을 만나 무언가 돌파구를 열고 싶어 했다. 만나서 이야기만 하면 북한에 관한 이야기뿐이었다.

페르손 총리는 정말 대통령이 기대한 대로 다음 해인 2001년 5월 북한에 가서 김정일 위원장을 만나 김 위원장이 김 대통령에게 보내는 메시지를 전달해 주기도 했다.

7.
미 · 북 관계 변화와
남북 관계

9월 중 남북 관계에는 굵직굵직한 일들이 많았다. 김용순 대남 담당 비서가 방한을 하고, 시드니 올림픽에서 남북 선수단이 공동 입장을 했으며, 경의선 철도 · 도로 연결 기공식이 거행되었고, 남북 국방장관회담이 개최되었다. 그리고 9월 27-30일 제주도에서 제3차 남북 장관급회담이 개최되었다.

＊ 제3차 제주 남북 장관급회담 결과

장관급회담에서 양측은 이산가족 문제에 관해 이미 합의한 2, 3차 방문단 교환을 실시하고, 금년 말부터 생사확인, 서신 교환, 면회소

설치 등에 관해 조속한 조치를 하기로 합의했다. 또한 분쟁해결절차 · 청산결제제도를 마련하고, 남북 경제협력 추진위원회를 구성하며, 서울 · 평양 왕래 정기 축구경기대회를 개최(경평축구 부활)하고, 교수 · 대학생 · 문화계 인사의 시범적 상호 교환을 하기로 합의했다. 그 밖에도 지원 식량 분배의 투명성을 보장하기 위한 조치를 취할 것이며, 해외 동포들의 고향 방문 문제는 긍정적으로 연구하여 4차 장관급회담에서 논의한다는 합의도 했다.

그러나 김영남 상임위원장의 서울 방문 문제를 비롯하여 우리가 깊은 관심을 가지고 있는 문제들에 관해서는 협의하려 하지 않았다. 물론 통상적으로 북한 대표단이 가지고 있는 협상권이 워낙 협소하기 때문에 그런 태도를 취하는 것은 이해할 수 있지만, 그것보다는 한국과 지속적으로 어떤 가시적인 성과를 끌어내는 것에 대해 상당한 부담감을 가지고 있는 것으로 보였다.

* 미 · 북 관계 변화에 따른 남북 관계 조정

9월 27일 제주도에서 제3차 남북 장관급회담이 열리고 있을 때, 뉴욕에서는 북한의 김계관 부부장이 미 국무부의 카트만 대사에게 조명록 특사의 방미를 제의하고 있었다. 그리고 10월 10일부터 조명록 특사가 미국을 방문하여 미 · 북 공동성명을 발표하고, 이어서 10월 23일부터 올브라이트 미 국무장관이 북한을 방문하여 김정일 위원장과 면담했다. 이때 북한은 이 기회를 통해 클린턴 대통령의 북한 방문을 성사시킴으로써 미 · 북 관계에 결정적인 전기를 만들려고 했다.

그런데 북한은 미·북 관계를 획기적으로 발전시키기 위해서는 동시에 남북 관계를 계속 발전시키는 것이 중요하다는 것을 알아야 했다. 그러나 북한은 그것을 인식하지 못했다. 북한은 남북 관계를 더 이상 발전시키지 않고 적당히 속도를 조절하면서 오히려 북·미 관계 발전에만 전력투구를 했다.

그래서 김용순 방한 시 금년 중에 올 것이라고 약속한 김영남 상임위원장의 방한 문제나, 11월 중에 열겠다고 약속한 제2차 국방장관회담에 대해서는 아예 언급을 피하고, 금년 하반기에 실시하기로 합의한 사업들도 슬그머니 내년 봄으로 미루려는 태도를 보였다. 그러면서 엉뚱한 문제를 가지고 우리를 당혹하게 만들었는데 놀이켜 보면 다 우리의 관심을 돌리려는 방법의 하나였던 것으로 보였다.

✳ 제2차 남북 이산가족방문단 교환

11월 30일-12월 2일간 남측 방문단 100명이 평양에서 북한에 있는 가족 254명과 상봉을 했고, 북측 방문단 100명은 서울에서 남측 가족 770여 명과 상봉을 하여 서울과 평양에서 총 1,200여 명의 상봉이 이루어졌다.

2차 이산가족방문단 교환은 국내외의 높은 관심 속에 치러졌던 지난 1차 방문단 교환 때에 비해 비교적 조용하고 차분한 분위기 속에서 진행되었다. 또한 국군포로와 납북자 가족을 방북단에 포함, 상봉시킴으로써 넓은 의미의 이산가족 문제의 진전을 이루기도 했다.

그러나 북측의 대한적십자사 총재 인터뷰에 대한 시비로 인해 행사가 시작되기 전부터 많은 문제가 발생했고, 또한 행사 기간 중 북측의 과도한 대응으로 인해 이산가족 상봉의 의미가 감소되면서 국내 여론이 악화되기도 했다.

결국 이번 교환으로, 앞으로 이산가족 생사확인과 상봉기회 확대와 제도화를 통해, 시범적 생사확인 및 서신 교환을 추진하는 동시에 빠른 시일 내에 이산가족 면회소를 설치해야 할 필요성이 높아졌다.

❋ 제4차 평양 남북 장관급회담 결과

12월 14일 평양에서 남북 장관급회담이 열렸다. 그 당시 국내에서는 남북정상회담 이후 남북 관계가 빠른 속도로 발전하는 가운데, 북한에 대한 불신과 경제적인 부담 때문에 '끌려다닌다'거나 '퍼 준다'는 말이 나오고 남북 관계의 속도를 조절해야 한다는 의견도 나오고 있었다.

그러나 남북 관계의 정체는 우리의 대북정책 추진력을 약화시키고 국제적으로도 부정적인 영향을 줄 가능성이 있기 때문에 남북 관계의 모멘텀(momentum)을 유지하면서 합의된 사업을 차분히 추진해 가는 것이 매우 중요했다. 그런데 남북 관계 진전의 모멘텀을 유지하기 위해서는 경제협력이 중요했으며, 이에 대한 국민적 지지를 확보하기 위해 북한의 성의 있는 조치들이 필요했다.

이에 따라 4차 장관급회담에서는 '6·15 남북공동선언'의 차질 없는 이행이라는 틀에서, 새로운 협력 사업은 논의하지 않고 이미 합의된 군사실무접촉, 경협실무접촉, 이산가족 방문단 등의 일정이 더 이상 지연되지 않도록 하는 동시에 경제시찰단이나 한라산 관광단 같은 일정도 가능한 한 확정이 되도록 노력하기로 했다.

그러나 회담이 시작되자마자 북측은 우리의 주적 개념에 대한 사과와 한·미 군사 합동훈련의 중지 등을 들고 나왔다. 그러한 문제들은 장관급회담에서 다룰 수 있는 문제들이 아니었다. 그러한 문제에 대한 승강이를 하다가 많은 시간이 흘렀다. 그리고 양측이 적절한 방법으로 타협을 했다. 이번에는 북측이 상당한 양의 전력 공급을 요청하면서 우선 내년 초부터라도 일부를 공급해 줄 것을 요청했다. 그러나 그것은 더더욱 대표단이 합의할 수 있는 문제가 아니었다. 대표단은 서울의 방침에 따라 회담의 결렬까지도 감수하고 강력히 대응했으며, 결국 새해에 남북 경제협력 추진위원회를 구성하여 1차 회의에서 전력 협력 문제를 비롯한 여러 가지 문제들을 협의하는 형식으로 합의했다.

양측은 그 밖에 이산가족 방문 교환과 생사 및 주소 확인, 한라산 관광단 및 경제시찰단 방한, 남북 태권도 시범단을 교환하기로 하고 북측은 남측에 동해어장의 일부를 일정 기간 제공하는 것에 합의했다. 그러나 모든 사업들은 다음 해로 미뤄지게 되었다.

* 북한이 요구한 전력 공급 문제는 절대로 간단한 문제가 아니었다. 설사 발전소를 건설한다고 하더라도 몇 년이 걸리고 또 무연탄을 공급한다고 하더라도 엄청난 예산이 소요되기 때문이었다. 그리고 여기에는 반드시 초당적인 협조와 국민들의 지지가 있어야 하는데, 그러기 위해서는 북한이 군사적 긴장완화나 평화정착 등을 위해서 무언가 성의 있는 행동을 보여 주어야 했다. 그러나 지금까지 북한이 보이고 있는 행태로는 필요한 협조와 지지를 받을 수 없다는 데 문제가 있었다.

사실 우리가 그동안 북측과 합의한 사업들은 대부분 북한을 위한 것이었다. 그럼에도 불구하고 그러한 사업들의 추진을 계속 연기시키는 북한의 속내가 궁금했다. 어쩌면 속 타게 기다리고 있는 클린턴 대통령의 방북 때문인지도 몰랐다. 아니면 아예 미국 대통령이 누가 되든지 내년 1월 20일 취임한 다음에 어떻게 나오는지를 보고 결정하려고 하는지도 몰랐다.

3장

부시 행정부의 등장과 남북 관계

1.
러시아
푸틴 대통령 방한과
한 · 러 공동성명

2000년 11월 중순 브루나이 APEC 정상회의 기간 중 김 대통령과 푸틴 대통령의 정상회담 시 푸틴 대통령은 2001년 봄에 한국을 방문하고 싶다고 말했고, 그 이후 실무적인 교섭을 거쳐 방한 날짜가 2월 26-28일로 확정되었다.

* 한국과 러시아 공동성명 교섭과 ABM 문제

2월 중순 어느 날 외통부에서 청와대에 파견 나와 있는 김원수 국제안보비서관이 나에게 공동성명에 관한 한 · 러 간 교섭 상황을 보고했다. 러시아 측이 공동성명에 미국이 추진하는 NMD(National

Missile Defense; 국가미사일방어체제)에 대한 우려를 표명하고, 또한 ABM(Anti-Ballistic Missile Treaty; 탄도탄요격미사일조약) 개정에도 반대하는 내용을 포함하는 문안을 외통부에 전달해 왔는데, 이에 대해 외통부에서는 NMD 관련 문안은 삭제하고 ABM 조약과 관련해서는 "ABM 조약의 보존·강화"라는 국제적으로 통용되는 문안을 러시아 측에 제시하려 한다는 것이었다.

> * ABM 조약은 1972년 미국과 구소련이 체결한 군비통제 조약으로서 양국 간 군비경쟁을 완화하는 데 중요한 역할을 했다. 이 조약은 100기 이상의 요격 미사일 배치를 금지하고 영토 전역을 방어하는 요격시스템을 구축하는 것을 금지했다. 그러나 클린턴 행정부가 추진한 지상 NMD 체제는 미국의 본토를 향해 발사되는 대륙간 탄도 미사일을 공중에서 미사일로 요격한다는 개념으로, 250기의 요격 미사일을 배치하고 또한 알래스카 등 두 곳에 시스템을 구축하여 미국 본토 방어용 등을 추진했다. 이후 부시 행정부는 클린턴 행정부보다 훨씬 강력하고 대규모인 미사일 방어망 구축을 구상하고 있었기 때문에 그렇게 될 경우 ABM 조약 폐기가 불가피한 상황이었다.

나는 김 비서관에게 "그동안 부시 대통령이 작년 대통령 선거운동 때부터 당선되면 미국과 러시아 간의 ABM 조약을 폐기하겠다는 입장을 강조해 왔는데, 무슨 소리를 하는 거냐"고 화를 내고,

외통부에 안 된다고 전달할 것을 지시했다.

며칠 후 김 비서관이 다시 와서 외통부 간부 및 직원들과의 접촉 결과를 보고하면서 외통부의 주장을 다음과 같이 설명했다.

"그동안 미국과 러시아는 미국의 NMD 추진과 관련해 계속 대립을 해 왔는데, 2000년 5월 핵무기 확산조약(NPT) 평가회의를 계기로 양측의 타협 문안으로서 'ABM 조약을 보존하고 강화키로 한다'는 데 합의했고, 그 이후부터 대다수의 국가들과 주요 국제회의에서 이 문안을 그대로 원용하고 있다"는 것이었다.

그러나 나는 동의하지 않았다. 나는 김 비서관에게 "설사 그렇다고 하더라도 미국의 행정부가 바뀌었을 뿐 아니라 이 문제는 미국과 러시아 간의 문제인데, 한국이 무엇 때문에 이런 민감한 문제에 끼어들 필요가 있느냐"고 말하고, 다시 외통부에 하지 말도록 하라고 지시했다.

며칠 후 김 비서관은 외통부에서 보내 온 자료들을 가지고 와서, 외통부는 2000년 7월 일본 오키나와 G8 정상회의에서 미국이 동일한 입장을 발표했고, 2000년 9월 6일 푸틴 대통령 일본 방문 시 발표된 러·일 공동성명에 "쌍방은 전략적 안정의 초석으로서, 또 전략공격무기의 삭감의 기반으로서 ABM 조약의 유지 및 강화를 지지하고…"라는 문구가 포함되어 있으며, 2000년 12월 18일 러시아·캐나다 정상회담 후 발표된 공동성명에서도 "ABM 조약이 전략적 안정의 초석이자 핵 군축 및 비확산을 위한 국제적 노력의 중요한 기초임을 확인하며…"라는 문구가 들어가 있으니 아무런 문제가 없다고 계속 주장한다는 것이었다.

나는 김 비서관에게 "물론 외통부 주장도 일리가 있지만, 러시아가 공동성명에 구태여 ABM 문구를 포함시키려 하는 것은 미국의 NMD에 대한 반대를 의미하려는 것이니 조심해야 하고, 특히 일본과 캐나다가 러시아와 발표한 공동성명은 러시아와 ABM 문구를 타협한 클린턴 대통령 행정부 시절에 있었던 일이고, 지금은 이미 NMD를 강력히 추진하려는 부시 행정부가 들어섰는데 왜 구태여 그 문구를 포함시키려 하느냐"고 말했다. 그리고 김 비서관에게 다시 외통부 간부와 실무자들에게 내 이야기를 전해 주고 진행하지 말라고 할 것을 한 번 더 지시했다.

그러나 다음 날도 김 비서관은 "수석님 견해를 외통부 간부와 직원들에게 전했는데, 외통부에서는 아무 걱정하지 말라"고 하더라고 보고를 했다.

내가 그렇게까지 이야기를 했음에도 불구하고 외통부 간부들과 직원들이 자신들의 계획대로 일을 추진한다니 더 이상은 말하지 않았다. 그리고 앞으로 외통부에서 안보회의 상임위(NSC)에 이 건을 토의 안건으로 상정하면 다른 장관들과 함께 그 문제를 다뤄야겠다고 생각했다.

사실 당시 외교·안보 부처에서는 조금이라도 민감하게 생각되는 안건이 있으면 안보회의 상임위에 토의 안건으로 올렸기 때문에 상임위에서는 수시로 외교·안보 부처에서 올라온 각종 안건을 다루고 있었다. 그렇게 하는 것이 정책의 혼선을 방지하는 데 가장 효과적이었고, 일단 심의 과정에서 거르기 때문에 뒷말이 없었다.

나는 외통부가 푸틴 대통령 방한 시 발표할 공동성명에 관한 안건을 당연히 올릴 것으로 생각했다. 그런데 이 건은 끝내 안건으로 올라오지 않았다.

그런 상황에서 푸틴 대통령이 2월 26일 밤에 서울에 도착했다. 그리고 27일 오전에 국립묘지에 가서 현충탑에 헌화를 하는 등 여러 가지 일정을 소화하고, 오후에 청와대로 들어왔다. 환영행사를 마친 다음, 김 대통령과 정상회담에 들어갔다.

* 푸틴 러시아 대통령과의 정상회담

양 정상은 1년도 안 되는 기간에 벌써 세 번째 정상회담을 한다는 건 그만큼 양국 관계가 중요함을 의미한다는 데 의견의 일치를 보았다. 또한 한반도 문제에 관해 많은 의견을 교환했는데, 푸틴 대통령은 한반도 문제는 전적으로 한국인들이 해결할 문제로서 간섭할 생각이 없으며 러시아는 긍정적인 역할을 하고자 한다면서, 김정일 위원장이 얼마 후 모스크바를 방문할 예정인데 러시아는 북한의 내정에 간섭할 계획이 없으며 한반도 평화·안정을 위해 노력하겠다는 입장을 밝혔다.

김 대통령은 한반도 평화를 위해서는 남북 관계 개선, 미·북 관계 개선과 미·일·중·러 4국의 지원도 매우 중요하며, 푸틴 대통령이 취임한 이후 동북아, 특히 한반도에 적절한 관심을 보여 주고 있는 것을 좋게 평가한다고 말했다.

이에 대해 푸틴 대통령은 김정일 위원장이 모스크바를 방문하면 북한이 세계무대에 더욱 진출하도록 조언할 것이고, 김 대통령께서 말한 바와 같이 북한은 미국을 포함한 다른 나라와의 관계 개선을 희망하고 있다고 말했다.

이에 대해 김 대통령은 김정일 위원장의 러시아 방문은 매우 중요하며, 앞으로 김정일 위원장의 서울 방문 시 한반도의 냉전 종식과 공고한 교류 협력의 토대가 구축되고 북한이 경제적으로 회생하여 어려움에서 벗어나는 계기가 되도록 러시아의 협력을 기대한다고 말했다.

양 정상은 또한 남북 관계의 진전을 활용해 한반도 종단철도(TKR)와 시베리아 횡단철도(TSR)의 연결, 이르쿠츠크 가스전 개발 사업 등 한·러 양국과 북한의 3각 경제협력을 적극 모색하고 사할린 등의 석유·가스 개발 사업에 한국이 참여하는 문제를 계속 협의해 나가기로 했다. 양국은 또한 한·러 극동시베리아 개발위원회를 설치, 나호드카 한국 전용공단을 조속히 조성하고 동북아 지역에서의 물동량 증대에 대비해 '교통협력위원회'를 설치하기로 합의했다.

정상회담이 끝나고 7개 항의 공동성명이 발표되었다. 그리고 공동성명 중에 ABM과 관련해 다음과 같은 문구가 포함되었다.

"대한민국과 러시아연방은 1972년 체결된 '탄도탄요격미사일제한조약'(ABM 조약)이 전략적 안정의 초석이며 핵무기 감축 및 비확산에 대한 국제적 노력의 중요한 기반이라는 데 동의했다."

그날 저녁 청와대 영빈관에서 푸틴 대통령의 방한을 환영하는
김대중 대통령 주최 국빈만찬이 열렸다.

2001.2.27 국빈만찬 입장 전 푸틴 대통령과 인사하는 필자

2.
ABM 문제의
발생과 수습

2월 27일 오후 한·러 정상회담이 끝나고 공동성명이 발표되자, 국내 기자들이 ABM 관련 문구가 NMD를 우회적으로 반대함으로써 한국은 러시아를 지지한 것이 아니냐는 질문을 하기 시작했고, 〈뉴욕 타임스〉가 서울발로 "한국 대통령이 NMD에 관해 러시아 편을 들었다"(South Korean President sides with Russia on Missile Defence)라는 제하의 기사를 보도함에 따라 내·외신들이 비슷한 취지의 기사를 보도하기 시작했다.

﹡ ABM 문구에 대한 언론 보도와 외통부 대응

사태의 심각성을 인식한 외통부는 기자들에게 우리가 NMD에 반대하는 입장이 아니며, ABM 관련 문구는 국제적으로 통용되는 문구라는 요지로 설명을 하고 2월 28일에는 보도자료를 만들어 배포했다. 동시에 주한 미국대사관 측에 우리 측 조치 내용을 설명하고 이를 본국 정부에 보고해 줄 것을 요청하는 한편, 주미대사관에는 우리의 노력을 미국 측에 설명하고 미 국무부 정례 브리핑 시 우리 입장을 감안하여 대응해 달라고 협조를 요청토록 지시했다.

나는 관련 내용을 대통령에게 보고하고, 이정빈 외교통상부장관, 임동원 국정원장 등과 협의하여 3월 2일 아침에 예정되어 있는 안보회의 상임위원회에서 이 문제를 심의하기로 결정했다.

그러는 가운데 이 장관이 나에게 "그동안 외통부장관으로서 훌륭하신 외교대통령을 보좌하여 잘해 보려고 노력을 해 왔는데, 부덕의 소치로 부하들을 잘 관리하지 못해 이번에 이와 같은 일이 벌어져 대통령님을 뵐 면목이 없다. 이번 일의 잘못을 자신이 전부 책임을 지고 방미 전에 장관직을 그만두고 싶은데 김 수석은 어떻게 생각하느냐"고 하면서, "방미가 한 달만 남았어도 바로 총리에게 가서 사표를 제출하고 싶지만 방미를 코앞에 둔 시점에 사표를 내는 것이 오히려 대통령께 누가 되는 것 같아 주저가 된다"고 말하는 것이었다.

나는 "지금 상황에서 가장 중요한 것은 사태를 수습하는 것이 대통령에 대한 도리니 다른 것을 생각하지 말라"고 했고, 이에 대해 이 장관은 미국에 다녀와서 이번 사태에 관련된 간부 2-3명을 문책하겠다고 말했다.

* 부시 행정부 NMD 추진에 관한 각국의 반응

당시 부시 행정부는 최단 기간 내 가능한 모든 기술력을 동원, 국가미사일방어체제(NMD)를 구축하겠다는 구상을 가지고 있었다. 클린턴 행정부의 국지적인 미사일 방어 개념을 대폭 확대해 우방국들과 해외주둔 미군까지도 보호할 수 있도록 미사일 방어망을 확충하며, 필요하다면 러시아와의 ABM 조약에서 일방적으로 탈퇴를 하고 나아가 일반적 군축 노력을 희생하더라도 NMD 개발을 적극적으로 추진할 생각을 가지고 있었던 것이다.

이 때문에 부시 대통령은 2월 23일 열린 영국과의 정상회담에서 NMD의 구체적 계획은 아직 결정되지 않은 상태지만, 앞으로 러시아와 중국 그리고 영국을 비롯한 동맹국들과 긴밀히 협의해 나갈 예정이라고 말하기도 했다.

그때까지 미국의 입장을 이해하거나 긍정적인 자세를 보이고 있는 나라는 영국, 일본, 호주뿐이었고, 독일과 캐나다는 관망, 프랑스는 우려, 러시아, 중국, 북한, 인도, 파키스탄은 반대를 표명하고 있었다. 그런 상황이었기 때문에 당시 부시 행정부는 NMD 문제에 관한 각국의 지지를 확보하기 위해 집중적인 노력을 하고 있는 중이었다.

* 라이스 미 대통령 안보보좌관과의 통화

3월 1일 아침 일찍 외통부에서 청와대에 파견 나와 있는 심윤조 외교통상비서관(현 새누리당 국회의원)이 나에게 전화를 하여 미국 측이 급히 연락을 해 왔는데, 콘돌리자 라이스 미 대통령 안보보좌관이 서울 시간 오전 9시와 10시 사이에 나와 통화를 희망한다고 하는 것이었다. 당시 청와대 외교안보수석비서관과 미 대통령 안보보좌관 사이에는 핫라인이 있었다. 나는 얼른 청와대 사무실로 가서 먼저 이정빈 외통부장관과 통화를 하고 대책을 협의했다.

10시 정각에 라이스 보좌관이 나에게 전화를 해 왔다. 우리로서는 첫 번째 통화였기 때문에 먼저 서로 인사를 나눈 후, 내가 이번에 한·러 공동성명에 대한 잘못된 해석 때문에 NMD에 관한 우리의 입장에 오해와 혼란이 생긴 것을 유감스럽게 생각한다고 말하고, 한·러 공동성명에 포함된 부분은 NMD와는 전혀 관계가 없다고 설명했다.

이에 대해 라이스 보좌관은 한국 측의 입장은 이해하나, 부시 대통령은 현재 NMD 문제를 추진함에 있어 많은 어려움을 겪고 있으며, 영국과 독일에 대해서도 동 문제에 관한 성급한 결론을 내리지 말고 부시 행정부의 입장을 지켜볼 것을 요청했고 이들 국가들이 이를 수용한 상태라고 설명하고, 이런 상황에서 비록 한·러 공동성명에 NMD를 반대하는 부분은 없었지만 ABM에 관한 구절이 포함된 것은 이해하기 곤란하다고 말했다.

라이스 보좌관은 그러면서 이 문제를 정상회담 이전에 해결할 필요가 있으며, 이를 위해 한국 정부가 NMD에 관해 이해를 표명하고 부시 대통령의 역할을 평가함으로써 부시 대통령이 앞으로 동건을 추진해 나갈 수 있도록 도와주기 바란다고 설명했다.

나는 마침 다음 날 안보회의 상임위를 개최해 NMD 문제를 심의할 예정이기 때문에 그 자리에서 최종 결정을 할 예정임을 설명하면서, 심의 결과를 발표하는 시기와 방법에 관해서는 검토를 해 보겠다고 말했다. 이에 대해 라이스 보좌관은 어떻게 발표할지는 한국 측 판단에 맡기겠지만, 가능한 한 조속히 한국 측 입장을 발표함으로써 여론의 관심을 NMD로부터 한국이 원하는 방향으로 옮기는 것이 바람직하다고 설명했다.

나는 라이스 보좌관에게 관계 장관들과 협의를 가진 다음 결과를 알려 주겠다고 말하고 전화를 끊었다.

※ 안보회의 상임위원회 결과와 한·미 협의 발표

나는 라이스 안보보좌관과의 통화 결과를 대통령에게 보고한 다음, 관계 장관들과 연락을 하는 한편, 청와대 관계 비서관들과 NMD 관련 대책을 협의했다.

다음 날 아침 일찍 조찬을 겸한 안보회의 상임위원회가 열렸다. 참석자는 박재규 통일부장관, 이정빈 외교통상부장관, 조성태 국방부장관, 임동원 국정원장, 안병우 국무조정실장, 그리고 필자였다. 상임위가 열리자마자 참석자들이 외통부장관에게 강력한 항의를 제기했다. 모두가 어떻게 그렇게 중요한 문제를 외통부가 상임위 심의를 거치지 않고 마음대로 결정하여 나라에 이런 일이 생기도록 했느냐고 하면서 이 장관을 공박했다. 이 장관은 자신의 부덕의 소치로 이런 일이 발생하여 죄송하다고 계속 사과를 했다. 상임위는 미국의 NMD에 관한 우리 입장을 심의하고 그 결과를 대통령에게 보고 드리기로 결정했다. 그리고 이번 사건에 관한 우리 입장을 담은 발표문을 만들어 주한 미국대사관을 통해 미국 측에 전달하기로 했다.

잠시 후 미국 측이 우리 안에 대한 부분 수정안을 보내 왔고, 우리는 그 안을 다시 수정해 보냈으며, 미국 측이 우리 안에 동의한 다음에 아래와 같은 내용을 발표했다.

"오늘날의 세계 안보상황은 냉전시대와는 다르기 때문에 이에 대한 접근도 새로운 변화를 필요로 함. 우리는 이러한 새로운 접근 방법을 추구하고 발전시키는 데 있어 부시 대통령의 지도력을 신뢰하는 바임. 우리는 미국 정부가 국제 평화와 안전을 증진하는 방향으로 동맹국 및 관련국들과 충분한 협의를 통해 이 문제를 대처해 나가기를 바람."

한국 정부의 발표가 있고 몇 시간이 지난 다음 미국 측에서 연락이 왔다. ABM 문제를 둘러싼 미국 내 분위기가 진정되기 시작했다는 것이었다.

＊ 사태의 진정과 라이스 안보보좌관의 전화

나는 대통령에게 가서 그동안의 상황과 상임위 심의 결과, 그리고 한 · 미 협의 결과를 상세히 보고했다. 그리고 외통부장관이 나에게 말한 '사임 의사 표명'도 보고를 했다. 보고를 들은 대통령은 탄식을 하면서 말했다.

"국가의 중요한 문제를 다루는 외통부는 다른 어느 부서보다도 뛰어나야 함에도 불구하고 이렇게 수준이 낮아서 어떻게 하겠어요? 이번에 외교부는 너무나 어처구니없는 실수를 한 거예요. 외통부의 고위 간부들은 이번 사건이 실무자들의 실수라고 하지만 국가의 중요한 문제를 그렇게 실무자들이 마음대로 처리할 수 있는 우리 외통부를 보면 미국이 우리를 어떻게 평가하겠어요."

나는 그 말을 들으면서 전에는 외통부에서 근무를 했고 지금은 대통령의 외교와 안보를 보좌하는 수석비서관으로서 대통령을 잘 보좌하지 못했다는 생각에 너무 죄송스러웠다.

그날 밤늦게 퇴근해 집에 들어가는데 심윤조 비서관에게서 연락이 왔다. 미국 측에서 연락이 왔는데 라이스 안보보좌관이 나와 다시 통화하기를 원한다는 것이었다. 나는 사무실로 다시 돌아갔다. 조금 후 밤 11시가 넘어 라이스 안보보좌관에게서 전화가 왔다.

라이스 안보보좌관은 이번 한국 정부의 신속한 조치에 감사하며 사태를 수습하는 데 많은 도움이 되었다고 하면서, 앞으로 김 수석과 계속 전화를 하면서 긴밀한 협의를 해 나가자고 제의했다. 그러면서 라이스 안보보좌관은 한 · 미 정상회담의 성공을 위해서는 아직 몇 가지 더 조율할 문제가 있으므로, 김 수석이 3월 6일 워싱턴에 도착하는 대로 저녁에라도 백악관에 들어와 자신과 만나 협의하자고 제의를 하는 것이었다. 나는 그렇게 하자고 대답했다.

ABM 문제를 둘러싼 문제들은 일단 진정이 되었다. 그러나 앞으로 정말 어려운 문제들이 많이 남아 있었다. 미국으로 가기 전에 철저한 준비와 대책이 필요했다.

3.
라이스
안보보좌관과의
사전 협의

3월 7일로 예정되어 있는 한·미 정상회담이 다가옴에 따라, 한·미 양측은 정상회담 공동발표문에 대한 교섭을 시작했다.

∗∗ 난항에 빠진 NMD 부분 관련 교섭

그런데 미국 측은 공동발표문 중 4항의 NMD 관련 부분에 "미사일 방어"(missile defenses)라는 표현이 포함되어야 한다고 주장했다. 미국 측은 한·러 공동성명에 ABM 문구가 포함됨으로써 한국 정부의 입장이 부시 행정부가 추구하는 기본적인 NMD 정책 방향과 다를지 모른다는 오해를 불러일으킬 수 있으므로, 이번 언론 공동발표문에 미사일 방어 표현을 명기함으로써 ABM 관련 내용에 대해 대응하는 것이 필요하다고 주장했다.

미국 측은 그러면서도 아직 NMD에 관한 행정부의 입장이 확정되지 않았으므로, 이번 방미 시 NMD에 관한 미국 입장을 한국 측이 무조건 지지하고 인정해 달라는 것이 아니며, 적어도 공동언론발표문을 통해 ABM 조항을 대체하고 바로잡는 노력이 필요하다는 입장이라고 설명했다.

그러나 우리로서는 그 당시 미국 행정부 자체가 NMD에 관한 입장을 확정하지 않았는데 확정되지 않은 방침에 대해 언급을 하는 것 자체가 이상했고, 더욱이 세계 어느 나라도 이 문제에 대한 공식적인 입장을 발표하지 않았는데 한국이 앞서서 발표하는 것도 적절하지 않았기 때문에, 어떤 식으로 표현을 할지에 관해 한·미 간에 힘겨운 협상이 계속되었다.

그러나 이 문제로 인해 공동발표문의 다른 부분들이 타결되지 않음으로써 어떤 형식으로든지 이 문제를 해결하는 것이 필요했다. 그런데 미국의 협상은 전부 백악관의 지시를 받고 움직이고 있었다. 그렇다면 그것은 외교당국 차원에서 실무적으로 해결할 수 있는 문제가 아니었다. 대통령은 나에게 이 문제를 직접 라이스 안보보좌관과 만나 교섭해서 우리의 입장을 관철하라고 지시했다. 마침 워싱턴에 도착하면 바로 백악관으로 가서 라이스 안보보좌관을 만나도록 되어 있었기 때문에, 나는 그 기회를 이용해 이 문제를 타결하기로 마음먹었다.

이런 경우에는 서로의 입장이 확고해서 일방적으로 양보하는 것은 불가능하기 때문에 서로가 이기는 윈윈(Win-Win) 접근이 필요했다. 그러기 위해서는 NMD 표현을 포함시키되 서로의 입장을 수용할 수 있는 중립적인 표현이 중요했다. 마침 서울을 떠나기 전에 미국 측에서 자신들의 안(案)을 보내 왔다. 나는 그 안에 대해 아무 말도 하지 않고 미국으로 가는 비행기 안에서 생각하기로 했다.

* 대통령의 말씀과 나의 결심

3월 6일 오후 4시 대통령 내외는 특별기편으로 서울공항을 출발했다. 비행기가 이륙하자마자 대통령은 나를 불러 미국과의 공동 발표문안, 특히 NMD 문제에 관한 교섭 진행 상황을 묻고 난 다음 이렇게 말했다.

"이번에 우리는 담대한 마음을 가지고 가야 합니다. 설사 아무 결과가 없다고 하더라도 의연하고 당당하게 행동해야 해요. 이번에는 어차피 큰 기대는 하지 말고 우리가 하고 싶은 이야기를 하러 간다고 생각하고, 금년 가을경 미국의 대북정책이 결정될 때까지 기다려야 해요. 미국의 한반도 전문가들도 벌써 지금까지와 달리 우리의 대북정책에 대해 비판적인 자세를 보이고 있잖아요. 그동안 나는 어떠한 상황 하에서도 오직 국가와 민족만을 생각하고 또한 누구보다도 미국을 사랑하면서, 오랫동안 대북정책에 관해 일관성을 유지해 왔어요. 그러니까 김 수석도 어떤 상황에서도 흔들리지 말고 당당하게 행동해야 해요."

대통령의 말에는 비장함이 묻어나왔다. 나는 자리로 돌아와 생각했다. '내가 어떻게 하는 것이 의연하고 당당한 걸까?' 그렇게 곰곰이 생각하다가 이렇게 결심을 했다.

'만일 이번에 미국 측과 끝내 문안에 합의하지 못하면 공동발표문을 발표하지 말자. 이미 지난번 미국 국빈방문 때 와서 공동발표문을 발표했는데, 매번 올 때마다 꼭 해야 하는 것도 아니고, 없으면 없는 대로 하자. 그리고 모든 것은 언론과 국민들에게 맡기자.'

❋ NMD 부분에 대한 최종안

워싱턴에 도착한 현지 시간은 오후 3시 40분이었다. 그곳에는 강풍에 진눈깨비가 날리고 있었다. 대통령 내외는 숙소인 블레어하우스로 가고, 나는 메디슨호텔로 갔다. 그리고 잠시 이정빈 외통부장관, 그리고 양성철 주미대사와 의견을 교환했다. 그런 다음 나는 방으로 가서 심윤조 비서관과 최종안을 준비했다. 그리고 그 안을 심 비서관에게 주면서, 내가 라이스 안보보좌관을 만나기 전에 심 비서관이 먼저 백악관으로 가서 평소 친분이 있는 타이게(Tighe) 보좌관에게 이 안을 주고, 이것이 내가 준비한 최종안이니 라이스 안보보좌관에게 보고를 드려 달라고 하라고 지시했다. 그때 심 비서관이 가지고 간 안은 아래와 같았다.

"양 정상은 세계 평화와 안보를 강화하기 위해 미사일 방어를 포함한 이러한 조치들에 관해 동맹국과 기타 이해 당자들 간에 협의하는 것이 중요하다는 데에 의견을 같이 했다"(They concurred on the importance of consultations among allies and other interested parties on these measures, including missile defenses, with a view to strengthening global peace and security).

얼마 후 심 비서관이 백악관에서 나에게 전화를 했다. 미국 측이 우리가 제시한 최종안을 받아들이기로 했다는 것이었다.

✲ 라이스 안보보좌관과의 면담 결과

잠시 후 나는 심 비서관과 함께 백악관으로 갔다. 시간은 저녁 6시 30분이라 벌써 어두웠다. 라이스 안보보좌관 방 옆에 있는 응접실로 들어가니 라이스 보좌관이 자기 방에서 나왔다. 그 자리에는 미국 측에서 해들리(Hadley) 안보부보좌관(후에 안보보좌관이 됨)과 패터슨 보좌관이, 우리 측에서는 심윤조 비서관이 배석했다.

먼저 나는 최근 한·러 공동성명에서 ABM 조항이 포함됨으로써 야기된 혼란을 유감스럽게 생각하며, 이번 해프닝은 절대로 한국 정부의 고의가 아니었으며 실무진의 단순한 간과(oversight)였다고 설명하고, 이번 해프닝으로 우리는 자존심에 손상을 받았으며 특히 우리의 가장 친한 맹방인 미국과의 신뢰 관계에 영향을 준 것 같아 안타깝게 생각한다고 말했다. 이에 대해 라이스 안보보좌관은 그와 같은 상황은 있을 수 있는 일로 이해하며, 이번 한국 측의 조속한 수습 노력을 평가하고 특히 공동언론발표문의 합의 내용을 긍정적으로 평가한다고 말했다.

라이스 안보보좌관은 또한 NMD 관련 미국의 구체적인 복안이 결정되지 않은 상황에서 이에 대한 지지를 요청하는 것은 아니며,

1972년(ABM이 체결된 해) 이후 변화된 국제안보 상황을 인정해 달라는 것이라고 설명했다.

　나와 라이스 안보보좌관은 정상회담이 시작된 다음, 먼저 김 대통령이 NMD 문제에 관한 한국 측의 입장을 설명하고, 바로 북한 문제에 대한 협의로 들어가기로 하고, 경제 및 통상 문제는 오찬회담에서 진행하되, 필요하다면 김 대통령이 일본 및 중국 등 동아시아 정세에 관해 설명하기로 합의했다.

　나는 다음 날 정상회담에서 김대중 대통령이 북한 문제와 관련해 아주 솔직하게 자신의 견해를 전달할 것이며, 북한에 대해 환상을 가지고 있지 않다는 것을 분명히 설명할 것이라고 말하고, 현재 한국 국내에서 대북포용정책에 대해 비판적인 견해가 많기는 하지만, 현실적으로 볼 때 다른 대안이 없으며 결국 역사적으로 평가받을 것으로 믿는다고 말했다.

　이에 대해 라이스 안보보좌관은 명일 정상회담에서 부시 대통령이 한국의 대북포용정책에 대한 지지를 표명하고, 한국의 주도적인 역할을 지지할 것이며, 이산가족 재회 등 인도주의적인 성과를 평가할 예정이라고 말했다. 그러면서 이와 함께 미국의 대북정책이 검토 중에 있다는 점과 제네바 합의를 지속하지 않겠다는 것이 아니라 이행 상황을 점검할 필요가 있다는 점, 클린턴 행정부 시대의 미·북 미사일 협상 결과에 대한 검토와 검증 문제 및 북한의 군사적 신뢰 구축 조치 전망 등에 관해 거론할 것으로 생각한다고 하면서, 전반적으로 김 대통령의 대북정책에 대한 확고한 지지를 표명할 것이라고 설명했다.

한편 라이스 안보보좌관은 정상회담 도중 부시 대통령이 4-5회에 걸쳐 자신의 의견을 아주 솔직하게 개진할 것이므로, 김 대통령께서도 아주 솔직하게 자신의 의견을 설명해 주시기 바란다고 요청했다.

라이스 안보보좌관은 솔직하게 내 견해를 들어 보고 싶다고 하면서 김대중 대통령이 북한에 대해 정말 어떤 인식을 갖고 있느냐고 물었다. 이에 대해 나는 김 대통령을 모시는 사람으로서 솔직히 말하면, 김 대통령은 대한민국의 일반적인 사람들이 가지고 있는 것과 동일한 인식을 가지고 있지만, 다만 대통령으로서 남북 관계를 발전시켜야 할 책무가 있기 때문에 자신의 생각을 솔직하게 이야기하지 못할 뿐이라고 말했다. 따라서 한국과 아무런 상관이 없는 다른 나라의 지도자들은 자신의 생각을 그대로 이야기할 수 있지만, 만일 한국 대통령이 그렇게 말하면 그날로 남북 관계는 파탄이 날 것이기 때문에 그렇게 할 수가 없는 것이라고 말했다. 그러자 라이스 안보보좌관의 얼굴이 환해지면서, 지금 김 수석의 말을 들으니 무슨 말인지 확실히 알겠다고 말하는 것이었다.

한편 라이스 안보보좌관은 북한이 자신들의 책임과 의무 이행 조치는 취하지 않고 이득만 취하려 하는 것을 허용하지 말아야 하고, 그들을 도와주더라도 상응한 조치를 취하도록 할 필요가 있으며, 북한에 대한 요구가 북한과의 협상의 일부가 되어야 한다고 강조했다. 이에 대해 나는 북한의 예측 곤란성과 호전성 등을 고려해 고립이 아닌 대화로써 개방을 유도해 나가야 한다고 강조했다.

라이스 안보보좌관은 제2차 남북정상회담 시 평화선언의 채택

여부와 내용에 관해 문의하면서, 평화선언을 채택할 경우 주한미군의 주둔을 재확인해 줄 것을 희망했다. 이에 대해 나는 평화선언 등에 관해 상세히 설명하고, 김정일 위원장의 서울 답방과 관련해 사전에 미국 측과 충분한 협의를 가질 것이며, 미국 측의 희망을 유념하겠다고 대답했다. 이에 대해 라이스 안보보좌관은 자신이 보기에 북한은 앞으로 신뢰구축 조치에 더욱 느린 자세를 보일 것으로 생각한다고 말했다.

나는 김대중 대통령이 지난 40년간 수많은 역경을 거치는 도중 미국이 두 번이나 생명을 구해 주었으며, 이에 대해 미국에 대해 항상 감사히 생각하고 있다고 말하고, 이제 2년만 있으면 거의 80세가 되는 김대중 대통령께서 나머지 임기 2년 동안 자신의 뜻을 펼 수 있도록 미국이 최대한 지원해 주는 것이 필요하다고 말했다. 그러면서 현재 김대중 대통령이 필요로 하는 것을 도와줄 수 있는 사람은 부시 대통령밖에 없으며, 또한 부시 대통령에게 가장 큰 영향력을 미칠 수 있는 사람은 라이스 안보보좌관이므로 라이스 보좌관이 최선을 다해 도와달라고 요청했다. 그리고 김 대통령은 하나님이 사랑하시는 분이므로 하나님을 믿는 부시 대통령과 라이스 안보보좌관이 김 대통령이 어려울 때 도와주면 하나님께서도 기뻐하실 것이며, 특히 라이스 보좌관이 앞으로 일생을 두고 자랑스럽게 생각할 것이라고 말했다.

라이스 안보보좌관은 자신도 하나님을 믿는 사람으로서 김 대통령에 대해 깊은 존경심과 경외심을 갖고 있기 때문에 앞으로 자신이 할 수 있는 최선을 다해 도움이 되도록 노력하겠다고 대답했다.

둘이서 쉬지 않고 이야기를 나누다 보니 시간은 벌써 저녁 7시 30분이었다. 라이스 보좌관과 인사를 하고 백악관을 나오면서 이 시간에 라이스 보좌관은 어떻게 저녁 식사를 할까 궁금했다.

* 라이스 안보보좌관과의 면담은 성공이었다. 그 당시 부시 대통령의 최측근인 라이스 보좌관은 ABM 문제와 관련된 우리의 조속한 수습 노력과 NMD에 관련된 우리의 최종안을 긍정적으로 평가했으며, 부시 대통령이 정상회담에서 한국의 대북포용정책에 대한 지지를 표명하고, 한국의 주도적인 역할을 지지하는 등 전반적으로 김 대통령의 대북정책에 대한 확고한 지지를 표명할 것이라고 알려 주었다. 또한 자신은 김 대통령에 대해 깊은 존경심과 경외심을 갖고 있기 때문에 앞으로 자신이 할 수 있는 최선을 다해 도움이 되도록 노력하겠다고 밝혔다. 그 이야기를 들으며 다음 날의 정상회담이 성공적으로 끝날 것을 확신할 수 있었다.

라이스 보좌관은 인상이 아주 부드럽고 말하는 것도 유연했지만, 말에 조리가 있고 힘이 있어 강인한 카리스마를 느끼게 했다. 앞으로 그녀가 미국 행정부에서 매우 중요한 역할을 할 것이라는 확신이 들었다.

나는 호텔로 돌아와, 우선 블레어 하우스에 계신 김 대통령께 전화로 간단히 결과를 보고하고, 모나크호텔에 가서 청와대 수행기자단에게 정상회담에 관해 사전 브리핑을 했다.

그리고 밤 10시가 넘어 블레어 하우스로 갔다. 그리고 대통령께 미국 측과 합의한 공동언론발표문 최종안과 라이스 안보보좌관과의 면담 결과를 보고했다. 대통령은 그동안 정상회담을 준비하느라 고생이 많았지만 특히 이번 일로 더욱 수고가 많았다고 하면서 나를 치하해 주셨다.

4.
부시 대통령과의
첫 번째
정상회담

　김 대통령 내외는 3월 6일 오후 워싱턴에 도착해 미국 측이 준비한 블레어 하우스에서 다음 날로 예정된 부시 대통령과의 정상회담을 준비하고 있었다. 부시 대통령과는 아직 만나지는 않았지만 이미 두 번의 통화를 통해 친숙한 감정을 가지고 있었다.

＊ 김 대통령과 부시 대통령의 통화

　2000년 12월 14일 부시 대통령의 당선이 확정되었고, 12월 16일 부시 대통령 당선자가 김 대통령에게 전화를 걸어 왔다. 부시 대통령은 김 대통령이 축전을 보내 준 데 대해 감사하며, 다음 날 파월 전 합참의장을 국무장관으로 임명할 예정이라고 하면서, 조속한 시일 내에 대통령님과 만나기를 기대한다고 말했다.

해가 바뀌어 1월 25일, 부시 대통령이 대통령으로 취임한 다음 김 대통령에게 다시 전화를 걸어 왔다. 김 대통령은 먼저 대통령 취임을 축하하며, 위대한 미국 건설과 세계평화와 번영 증진을 위한 부시 대통령의 탁월한 역량을 기대한다고 말했다. 부시 대통령은 노벨평화상 수상자인 대통령과 친구로서 일하게 되어 영광이라고 하면서, 자신은 한·미 관계가 얼마나 중요한지, 극동에서 평화를 유지하는 것이 얼마나 중요한지 잘 알고 있으며, 또한 미국의 한반도 정책은 한국과 긴밀한 협의 하에 이루어지고 있음도 잘 알고 있다고 말했다. 그러면서 김 대통령이 대북 관계에서 이룩한 성과를 잘 알고 있으며, 새 행정부에 대한 염려가 있다는 것도 잘 알고 있다고 말했다.

이에 대해 김 대통령은 한·미 관계에 대해 만족을 표시하고, 남북 관계에 진전이 있었던 배경에는 한·미 간의 굳건한 공동방위 태세와 협력, 그리고 한·미·일 3국 공조가 긴요했다고 설명했다. 또 북한에 대한 협력 체제를 강화하기 위해 부시 대통령을 조속히 만나 충분한 협의를 하는 것이 중요하다고 말했고, 부시 대통령은 그렇게 하자고 말하고 통화를 마쳤다.

✳ 파월 국무장관과의 조찬

다음 날 아침 파월 국무장관이 국무부 간부들과 함께 블레어 하우스로 와서 대통령과 조찬을 같이했다. 그런데 그날 아침 〈워싱턴 포스트〉에 파월 장관의 인터뷰 기사가 났는데, 부시 행정부가 클린턴 행정부의 대북정책을 그대로 이어받을 것이라고 한국 정부에 공식 통보한다는 기사였다.

파월 장관은 대통령의 방미를 환영하며 부시 대통령이 정상회담을 고대하고 있다고 하면서, 부시 대통령은 양국 간의 협력 관계를 재확인할 것이며 지금도 강력한 한·미 관계가 앞으로 더욱 강력해질 것으로 기대하고 있다고 말했다. 그리고 개인적으로 대통령의 노벨평화상 수상을 축하드리고 작년 한반도 상황을 근본적으로 변화시킨 성과를 축하드린다고 말했다.

이에 대해 대통령은 한국에 있어 미국은 무엇과도 바꿀 수 없는 동맹이며, 우리가 남북정상회담 실현 등 남북 관계에서 어느 정도 성과를 올린 것도 모두 한·미 동맹관계와 한·미·일 공조 덕분으로 본다고 하면서, 앞으로도 서로 숨김없이 양국의 동맹관계를 유지하고 서로 이해·협조하면서 일본과의 3국 공조도 잘 유지해야 할 것이라고 말했다.

파월 장관은 한·미 간의 공조는 가장 중요한 일이며 우리 모두에게 이익이 되어 온 바, 양자 및 3자 공조 모두 앞으로도 계속되기를 기대한다고 말했다. 이에 대해 대통령은 남북 관계와 미·북 관계는 어느 정도 서로 보조를 맞추어야 하고 어느 한쪽만 나아가는 것은 바람직하지 않으며, 미·북 관계 진전 없이 남북 관계만 나아가는 것은 성공하기 어려운 바, 미국과의 긴밀한 협조와 협의 하에 추진하면 성공할 수 있을 것이라고 말했다.

파월 장관은 클린턴 행정부가 북한과의 협상에 상당한 진전이 있었다고 인계했으나, 검증체계 등이 불확실하기 때문에 북한 측과의 협의를 서두르지는 않을 것이라고 말했다. 그러면서 부시 대통령이 북한 정권의 성격과 김정일 위원장의 인물됨 등에 관해 김 대통령의 생각을 듣고 싶어 한다고 말했다.

그 밖에도 파월 장관은 대통령과 북한 문제에 관해 광범위한 이야기를 나눈 다음 돌아갔다.

파월 장관과의 조찬이 끝난 다음, 나는 그날 예정되어 있는 부시 대통령과의 정상회담에 대해 보고를 했다. 그러면서 어제 라이스 안보보좌관이 오늘 정상회담 시 부시 대통령이 4-5차례 자신의 생각을 아주 솔직하게 이야기한다고 했고, 조금 전 파월 국무장관도 부시 장관이 대통령으로부터 듣고 싶어 하는 주제를 몇 가지 이야기했으니 아무래도 회담 중 그 문제가 집중적으로 다루어질 것 같다고 보고했다.

나는 "대통령님, 아무래도 클린턴 행정부와 전혀 다른 행정부의 대통령을 처음 만나시니 틀림없이 서로에게 맞지 않는 부분이 있을 겁니다. 그러나 처음 만나시는 것이니 참으셔야 합니다"라고 하면서 미리 준비해 간 세미나 또는 회의 때 테이블 위에 놓는 이름표만한 크기의 딱딱한 종이를 대통령에게 드렸다. 그 종이에는 내가 큰 글씨로 "대통령님, 참으십시오"라고 써 놓았다. 대통령은 웃으면서

"알았어요. 그렇게 할게요" 하고 답했다.

* 부시 대통령과의 정상회담 결과

오전 11시 조금 전에 우리는 대통령을 모시고 백악관으로 갔다. 오벌 오피스로 들어가기 전에 환담을 하기 위해 방에 들어가는데 부시 대통령이 김 대통령을 맞았다. 잠시 환담을 나눈 다음 우리가 오벌 오피스로 들어갈 때 다시 부시 대통령과 체니 부통령, 파월 국무장관, 럼스펠드 국방장관 등이 일렬로 서서 우리 배석자들과 악수를 했다. 그리고 의자에 앉았다.

2001.3.7 김 대통령과 부시 대통령의 첫 번째 정상회담
          왼쪽 맨 앞 필자

그런데 우리 맞은편 소파에 체니 부통령, 럼스펠드 국방장관, 라이스 보좌관이 앉고, 파월 국무장관과 비서실장, 패터슨 보좌관은 각자 개별 의자에 착석을 하는 것이었다. 파월 장관이 소파에 앉지 않고 개별 의자에 앉는 것이 좀 이상했다. 의자에 앉고 나서 부시 대통령은 김 대통령은 물론 우리 측 배석자 전원(이정빈 외통부장관, 양성철 주미대사, 필자, 김성환 북미국장)에게 무엇을 마실지 일일이 물어본 다음, 마실 것을 가져오라고 지시했다.

부시 대통령은 먼저 이렇게 찾아 주신 것에 감사드린다고 했으며, 김 대통령은 부시 대통령께서 취임한 후 빠른 시일 내 만나 뵐 수 있어 감사한다고 말했다. 그리고 최근 한·러 정상회담 공동성명에 ABM 관련 조항이 뜻하지 않게 포함되어 여러 가지 불편한 점이 야기되어 유감스럽게 생각하며, 동 조항은 NMD에 관한 우리의 입장과 관계가 없다는 것을 말씀드린다고 말했다. 그러면서 자신이 NMD 문제에 대해 외통부장관에게 해명토록 했기 때문에 이제는 우리 입장을 잘 알고 계시리라 믿으며, 이번 공동발표문에 잘 나타나 있듯이 우리는 새로운 안보 구축을 위한 대통령의 지도력에 대해 신뢰를 표명한다고 말했다.

이에 대해 부시 대통령은 김 대통령 말씀에 감사드리며, 자신의 취임 후 아시아국 지도자와는 처음으로 한·미 정상회담을 갖는다는 것은 미국이 한국과의 관계를 중요시함을 잘 보여 주는 것이라고 말했다. 그리고 최근의 ABM 언론 보도를 보고 놀랐던 게 사실이지만, 오늘 모두(冒頭)에 그렇게 말씀해 주신 것을 감사히 생각한다고 했다. 그러면서 자유를 위해 투쟁해 오시고 노벨평화상을 수상한 대통령님과 이렇게 만나게 된 것을 우리 모두 영광으로 생각한다고 말했다. 부시 대통령은 또한 신행정부의 외교·안보 팀은 최고의 팀이고, 대통령의 친구로서 믿으셔도 되며, 자신들은 있는 그대로 보고, 정치적 이해에 영향을 받지 않으며, 동맹국과의 안보관계 등을 고려해 대외정책을 결정할 것이라고 말했다.

이어 김 대통령이 북한의 상황에 대해 소상히 설명한 다음, 자신은 북한의 변화에 대해 환상을 가지고 있지 않으며, 북한 변화의 범위나 속도의 문제는 그들의 대미 관계 개선에 달려 있다고 본다고 말했다.

이에 대해 부시 대통령은 대통령의 비전과 남북 간의 화해 진전 노력을 높이 평가하며 대통령에 대한 지지를 표명한다고 말했다. 그러면서 자신의 견해를 설명한 다음, 김정일 위원장이 긍정적인 행동을 보이기 전까지는 자신의 의구심은 해소되지 않을 것이지만, 대통령의 비전을 지지하며 이는 공동발표문에도 잘 나타나 있다고 말했다.

김 대통령은 다시 북한과의 대화 필요성에 관해 설명을 했고, 이에 대해 부시 대통령은 대통령의 설명에 동의를 표하면서도 북한이 이제는 과거와 다른 사람들을 상대해야 된다는 것을 분명히 알아야 하며, 미국의 신뢰를 얻을 수 있도록 스스로 증명해야 할 것이라고 말하면서 또다시 김정일 위원장에 대한 의구심을 드러냈다. 김 대통령은 다시 여러 가지 예를 들어가면서 자신의 입장을 설명했다. 부시 대통령은 김 대통령의 지도력과 비전을 높이 평가한다고 하면서 지금 기자들이 기다리고 있으니 기자회견을 하자고 제의했다.

그런데 그 전인 11시 40분경에 부시 대통령이 갑자기 말을 멈추고 파월 장관에게 눈짓을 하니까 파월 장관이 일어서서 밖으로 나갔다. 부시 대통령은 김 대통령에게 파월 장관이 잠깐 일이 있어 나간다고 하면서 곧 오찬에 합류할 것이라고 설명했다. 그런데 정상회담 중에 국무장관이 일이 있다고 밖으로 나가는 상황이 이상할뿐더러, 이해되지도 않았다.

　　하여튼 부시 대통령이 손짓을 하고 오벌 오피스 문을 열자 기자들이 방으로 밀려 들어왔다. 그리고 두 정상에게 질문을 쏟아 냈고 신문에 보도되었던 것과 같은 장면들이 벌어졌다. 미국 기자들이 상당히 흥분된 태도를 보였는데 왜 그러는지 잘 이해가 되지 않았다. 부시 대통령은 기자들 질문에 "자신은 북한 지도자에 대해 어느 정도의 의구심을 가지고 있다"고 말했고, 또 "북한이 모든 합의를 준수하고 있는지 확신이 없다"고도 말했다. 그러자 미국 언론들이 한·미 간에 이견이 있는 것처럼 대대적으로 보도하기 시작했다.

　　* 당시 우리는 미국의 내부 상황을 정확히 몰랐다. 그런데 나중에 라이스 국무장관이 쓴 회고록을 보면, 한·미 정상회담이 있던 그날 새벽 5시에 부시 대통령이 라이스 안보보좌관에게 전화를 해서, "파월 국무장관이 부시 정부가 클린턴 정부의 대북정책을 그대로 이어받을 것이라고 한국에 공식 통보한다"라는 〈워싱턴 포스트〉 기사에 화를 냈고, 이에 라이스 안보보좌관이 파월 장관에게 전화해서 상황을 설명했더니 파월 장관이 자신에게 맡겨 달라고 했으며,

나중에 파월 장관은 언론사에 연락을 해서 "내가 조금 앞서 간 것 같다"고 말한 것으로 기록하고 있다.

결국 파월 장관은 한·미 정상회담 중에 일어나서 나가 미국 기자들에게 어제 자신이 말한 것에 대해 해명했을 것이고, 이것을 들은 기자들은 정상회담 중에 국무장관이 밖으로 나와 해명을 하니 한·미 정상회담에 문제가 생긴 것으로 생각할 수밖에 없었을 것이다.

우리들은 오벌 오피스에서 나와 오찬 참석자들과 합류해 칵테일을 하면서 환담을 했다. 라이스 안보보좌관은 어제 나와 사전에 조율한 대로 정상회담이 진행되어 성공적이었으며, 특히 양 정상들이 솔직하게 자신들의 마음에 있는 이야기를 할 수 있어 좋았다고 말했다. 우리는 상호 간에 핫라인이 있으니 앞으로 중요한 일이 있을 때마다 긴밀히 연락을 하자고 하면서 둘이서 기념 촬영을 했다.

2001.3.7 한 · 미 정상회담 후 라이스 안보보좌관과 함께

✲ 부시 대통령 주최 오찬

　잠시 후 전에 클린턴 대통령과 오찬을 했던 '올드 패밀리 다이
닝 룸'(Old Family Dining Room)에서 부시 대통령이 주최하는 오찬이 시
작되었다. 부시 대통령은 김 대통령과 자신 둘 다 결혼에 성공한 것
같은데 그것은 둘 다 감리교 교인을 부인으로 맞이했기 때문이라고
농담을 하면서 양국 우호관계를 위해 건배했다.

　양 정상은 먼저 미국의 경제 상황에 관해 이야기를 시작했다. 그
리고 배석해 있던 미국의 재무장관은 세계은행, IMF 등 모든 사람
들이 한국을 단기간에 경제발전을 이룬 모델로 거론하며 높이 평가

하고 있다고 하면서, 최근 일부 국가들의 사태를 보면 금융체제가 제대로 작동하지 않을 때 얼마나 큰 어려움이 닥칠 수 있는지 잘 보여 주고 있는데, 금융체제의 강화를 위해 한국 정부가 취한 조치들이 매우 중요하다고 말했다. 또한 양 정상은 러시아의 푸틴 대통령과 상해 APEC 정상회의에 관해 의견을 교환했다.

부시 대통령은 또 김정일 위원장이 언제 한국에 올지를 문의하고 김정일 위원장 방한 후 전화로 이야기할 수 있으면 좋겠다고 하면서, 본인을 지렛대로 사용하기 바라며 김 대통령은 선한 역을 맡고 자신이 악역을 맡으면 될 것으로 본다고도 말했다.

마지막으로 김 대통령은 부시 대통령에게 한국 대통령이 시장경제에 대한 신념이 투철하니 미국 기업인들에게 한국에 대한 투자를 권해 달라고 부탁했다. 부시 대통령은 오늘 토의가 즐거웠고 이렇게 와 주셔서 영광으로 생각하며 앞으로도 긴밀한 협의가 계속되기를 기대한다고 말했다.

* 이날 정상회담은 물론 오찬 내내 체니 부통령, 파월 국무장관, 럼스펠드 국방장관 등은 한마디도 하지 않았다. 그들은 계속 부시 대통령이 뭔가 말하면 그저 따라 웃고 계속 대통령 얼굴만 쳐다보고 있었다.
전에 클린턴 대통령 때 옆에 앉아 있는 참모들이 자유롭게 자신들의 이야기를 하고 농담하던 것과는 전혀 다른 분위기였다. 미국도 대통령이 바뀌니 참모들부터 모든 것이 다 바뀌었다.

∗ 수행기자단에 대한 언론 브리핑

부시 대통령 주최 오찬이 끝난 다음, 나는 김성환 북미국장(후에 외교부장관), 심윤조 비서관과 함께 모나크호텔에 가서 수행기자단에 게 정상회담 결과를 설명했다.

나는 기자단에게 "이번 한·미 정상회담은 우리가 미국으로부 터 기대할 수 있는 모든 협조를 다 얻었기 때문에 결론적으로 성공 한 것으로 평가한다"고 설명했다. 그러면서 이번 정상회담을 앞두 고 우리 정부가 세웠던 6가지 주요 목표들, 즉 1) 대북정책에 대한 미국의 지지, 2) 남북문제에 대한 한국의 주도적 역할 재확인, 3) 2 차 남북정상회담 개최에 대한 지지, 4) 한·미·일 공조 재확인, 5) 제네바 합의에 대한 미국 측의 이행의지 확인, 6) 우리의 경제 개혁 에 대한 미국의 이해와 지지가 모두 달성되었다고 말했다.

기자들은 정상회담이 성공적으로 끝난 것은 인정하면서도 공동 기자회견에서 부시 대통령이 북한에 대한 의구심을 표명한 것과 이 로 인한 한·미 간의 인식 차에 대해 집중적으로 질문했다. 이에 대 해 나는 "부시 대통령이 김정일 위원장에 대해 약간의 의구심을 가 지고 있다고 했는데, 미국의 공화당 정부는 항상 북한에 대해 강경 한 자세를 유지해 왔기 때문에 부시 대통령이 의구심을 언급하는 것은 놀랄 일이 아니며, 그렇다고 해서 한 시간 회담을 하고 인식을 바꾸게 하는 것은 불가능하기 때문에 오늘 회담에서 한·미 간의 인식 차를 좁히지 못했다고 말하는 것은 무리"라고 설명했다.

또한 "미국 측이 북한 정권에 대해 의구심을 가지고 있다고 해 서 한·미 간에 대북정책을 추진해 나가는 데 이견이 있다고 말해서는 곤란하며, 부시 대통령의 의구심은 북한 정권을 어떻게 보느냐 하는 인식의 차이일 뿐이지 정책의 차이가 아니다"라고 강조했다. 또 부시 대통령이 "북한과 협상하고 합의하더라도 반드시 검증해야 한다"고 발언한 것을 어떻게 생각하느냐는 기자들의 질문에 나는 "검증은 우리도 필요하다는 입장인데 이런 것까지 '한 · 미의 견해 차이'라고 하지 말아 달라"고 주문하기도 했다.

내가 수행기자단에 대해 설명한 상기 내용들은 3월 9일과 10일자 일간지에 대부분 보도되었다.

* 한반도 전문가들과의 만찬 간담회

그날 오후 대통령은 럼스펠드 국방장관을 접견하고, 저녁에는 한반도 전문가들 25명과 만찬을 하는 동시에 질의응답을 하면서 의견을 교환했다. 그때 참석한 전문가들은 도널드 그레그(Donald Gregg, 코리아소사이어티 회장, 전 주한대사), 제임스 레이니(James Laney, 에모리대학 명예교수, 전 주한대사), 제임스 릴리(James Lilley, 연구원, 전 주한대사), 윌리엄 글라이스틴(William Gleysteen, 전 주한대사), 마이클 아마코스트(Michael Armacost, Brookings 연구소장, 전 주일대사), 크리스토퍼 데무스(Christopher DeMuth, AEI 회장), 리차드 솔로몬(Richard Solomon, 미 평화연구소장), 리 해밀튼(Lee Hamilton, Woodrow Wilson Center 소장), 존 햄리(John Hamre, CSIS 소장), 해리 하딩(Harry Harding, 조지워싱턴대학 국제대학장), 루이스 굿맨(Louis Goodman, 아메리칸대학 외교대학장), 아놀드 캔터(Arnold Kanter, Forum for International Policy 선임연구원), 돈 오버도퍼(Don

Oberdorfer, SAIS 선임연구원), 에드워드 베이커(Edward Baker, 하버드대학 엔 칭연구소 부소장), 제롬 코헨(Jerome Cohen, CFR 선임연구원, 뉴욕대 법학교수), 커트 캠벨(Kurt Campbell, CSIS 수석 부소장), 모튼 아브라모위츠(Morton Abramowitz, Century Foundation 선임연구원), 니콜라스 에버스타트(Nicholas Ebers-tadt, AEI 선임연구원), 크리스토퍼 매킨스(Christopher Makins, Atlantic Council 회장), 더글라스 팔(Douglas Paal, Asia Pacific Policy Center 소장) 등 저명한 전문가들이었다.

대통령은 만찬 내내 식사도 하지 않으면서 열과 성을 다해 답변 했고, 만찬이 끝난 다음 참석자들은 이구동성으로 대통령에게 깊은 경의를 표했다.

전문가들과의 만찬이 끝난 다음 나는 대통령을 모시고 블레어 하우스로 돌아가 오늘 정상회담에 관해 이야기를 나누었다.

대통령은 "오늘 정상회담에서 우리가 하고 싶은 이야기를 하고, 양 정상 간에 이해를 증진시켰다는 점에서 성공이라고 할 수 있으 며 다만 부시 대통령의 김정일에 대한 불신이 예상보다 깊어 놀랐 다"고 말했다. 그러면서 "오늘 아침 김 수석이 나에게 참으라고 충 고했는데, 만일 김 수석의 그런 충고가 없었으면 논쟁을 할 수도 있 었겠지만 참았다"면서, "아직은 시간이 필요하니 당분간 미국 측의 자세를 관망하면서 기다려야겠다"고 했다.

다음 날인 8일 아침 일찍 대통령이 나를 찾았다. 나는 곧 블레어 하우스로 가서 대통령께 오늘 미국기업연구소(AEI)와 대외관계협회

(CFR) 공동주최 오찬과 늦은 오후로 예정된 미국 상하원 지도자들과의 간담회에 관해 보고를 했다. 보고를 마치고 나오는데, 대통령은 "이번에 우리는 최선을 다해서 노력했고 우리의 방미 목적을 충분히 달성했으므로, 더 이상 언론 보도에 연연하지 말고 의연하게 대처하라"고 말했다.

대통령은 점심시간에 미국기업연구소에 가서, 대외관계협회와 공동으로 주최하는 오찬에 참석해 연설을 한 다음 질의응답을 가졌다. 미국 언론들은 전날 한·미 정상회담의 결과를 "충돌", "갈등"이라는 제목을 달아 부정적으로 보도했다. 그 때문인지 참석자들이 예리한 질문을 많이 했지만 대통령은 차분하고 솔직하게 답변했다. 질의응답이 끝나자 200여 명의 참석자들이 모두 일어나 박수를 쳤다.

대통령은 오후 늦게 국회의사당으로 가서 제시 헬름스(Jesse Helms) 상원 외교위원장 등을 비롯한 바이든(Biden), 루가(Lugar), 카나한(Carnahan), 닉클스(Nickles) 의원 등과 거의 한 시간에 걸쳐 한·미 관계와 북한 문제에 관해 유익한 대담을 하고 돌아왔다.

﹡ 올브라이트 전 국무장관 접견

다음 날인 9일 아침 대통령은 블레어 하우스로 찾아온 올브라이트 전 국무장관을 접견(웬디 셔먼 전 대북조정관 동행)했다.

대통령은 어제 부시 대통령과의 회담에서 부시 대통령은 우리의 대북화해협력정책을 지지했으며, 남북문제 해결에 있어 한국이 주도적인 역할을 하는 데에는 합의를 보았으나, 부시 신행정부는 북한에 대해 어떻게 해야 하는지를 이제 막 연구하기 시작한 것 같으며 아직 결정은 안 된 것 같다고 했다. 그리고 남북 관계 진전의 중요성에는 합의를 보기는 했지만 미·북 관계가 잘 안되면 남북 관계도 잘될 수 없는 것이며, 반대의 경우도 마찬가지라고 말하고 남북 관계와 미·북 관계는 상호 함수관계에 있어 둘이 같이 잘 되어야 하기 때문에 부시 행정부의 대북정책을 주의 깊게 지켜보고 있다고 말했다.

이에 대해 올브라이트 전 장관은 자신이 남북 간의 협력과 미·북 간의 관계 개선이 조화될 수 있도록 지원할 것이며, 부시 외교팀에게도 계속 자신들의 의견을 얘기할 것이라고 말했다.

대통령은 클린턴 행정부가 남북한 관계 진전에 있어서 중요한 초석을 놓았기 때문에 앞으로 남북문제와 미·북 관계가 해결되면 이는 클린턴 행정부의 업적으로 평가될 것이며, 그렇게 되었을 때 올브라이트 장관과 셔먼 대사가 북한을 방문한 것이 보람 있고 역사에도 기록될 것이라고 말했다. 이에 대해 올브라이트 전 장관은 클린턴 대통령이나 페리 장관 등 모두는 김 대통령께서 자신들에게 비전을 보여 주신 분이라고 느끼고 있으며, 김 대통령을 지지하는 것을 영광스럽게 생각하고 있다고 말했다.

올브라이트 전 장관은 "지금 부시 행정부가 김 대통령에게 보이는 태도는 클린턴 행정부에 몸담았던 우리들에게 모욕을 주고자 하는 것으로(They are trying to insult us), 그들은 우리들이 순진하다(naive)고 비판해 왔다"라고 말했다. 그러면서 자신들은 앞으로도 계속 김 대통령을 지지하겠다고 말하고 돌아갔다.

그날 오전 대통령 내외는 워싱턴을 떠나 시카고로 이동해 저녁에는 데일리 시카고 시장이 주최하는 만찬에 참석했고, 저녁 늦게 부시 대통령의 아버지 조지 H. W. 부시 전 대통령과 통화를 했다.

3월 10일 아침 클린턴 대통령과의 통화가 이루어졌다. 김 대통령은 클린턴 대통령에게 재임 중 베풀어 준 우정과 협력에 감사를 표하고, 클린턴 대통령이 미국 경제의 발전과 세계 평화를 위해 지대한 공헌을 했지만, 북한 미사일 문제 해결에 많은 진전을 이루어 놓고 마무리를 하지 못한 것이 애석하다고 했다. 그러면서 부시 대통령과는 한반도 문제에 관해서 우리의 대북화해협력정책이 지속되어야 한다는 점에는 완전히 의견이 일치했으며, 앞으로 계속 긴밀히 협의해 나가기로 했다고 말했다. 또 지금 신행정부가 대북정책을 검토하는 잠정적인 단계에 있지만 결국 클린턴 대통령이 생각한 대로 한반도의 발전이 이루어질 것으로 기대하며, 대통령께서는 북한에 대해 이루고자 했던 것을 완성하지는 못했지만 큰 길을 연 것은 틀림없다고 말했다.

그날 아침 대통령 내외는 특별기편으로 시카고를 출발해 11일 오후에 서울공항에 도착했다.

❋ 한 · 미 정상회담 평가

내가 수행기자단에게도 설명한 것처럼 한 · 미 정상회담은 공동발표문의 내용으로만 본다면 성공적이고 만족스러운 것이었다. 그것은 정상회담 후 발표된 공동발표문의 주요 내용을 보면 쉽게 알수가 있다.

1. 금일 김대중 대통령과 조지 W. 부시 대통령은 지난 50여 년동안 한반도에서의 전쟁을 방지하고, 안정 · 번영 및 민주주의를 증진해 온 한 · 미 안보동맹이 근본적으로 중요하고 강력하다는 점을 재확인했다. 양 정상은 안보 · 정치 · 경제 및 문화 분야에서의 협력 강화를 통해 한 · 미 간 포괄적 동반자관계를 더욱 심화시켜 나갈 것을 다짐했다.

2. 양 정상은 남북한 간 화해 · 협력이 한반도의 평화와 동북아시아의 지속적 안정에 기여하고 있다는 데에 의견을 같이했다. 부시 대통령은 한국 정부의 대북포용정책에 대한 지지와함께, 남북문제 해결에 있어서 김 대통령의 주도적인 역할에 대한 지지를 표명했다. 양 정상은 제2차 남북정상회담이 남북 관계 및 동북아시아의 안보에 긍정적으로 기여하게 될 것이라고 기대했다.

3. 양 정상은 1994년 미 · 북 제네바 합의를 계속 유지한다는 공약을 재확인하고, 동 합의의 성공적 이행을 위해 필요한 제반 조치를 취하는 데 있어 북한이 동참할 것을 촉구했다. 양정상은 북한이 국제사회의 우려를 해소하기 위한 조치를 취

하도록 권장하기로 했으며, 대북정책에 있어서 한·미 양국 간, 그리고 한·미·일 3국 간 긴밀한 협의와 공조 유지의 중요성에 동의했다.

4. 양 정상은 세계평화와 안보를 강화하기 위해 미사일 방어를 포함한 이러한 조치들에 관해 동맹국과 기타 이해 당사자들 간에 협의하는 것이 중요하다는 데에 의견을 같이했다.

5. 양 정상은 한국의 경제개혁 노력을 지지하고 양자 통상현안 들을 협의하여 나가기 위해 긴밀히 협력하기로 합의했다. 또 한 양 정상은 WTO(세계무역기구) 뉴라운드 조기 출범을 지지 했다.

공동발표문의 내용은 클린턴 전 대통령 시절과 별다른 차이가 없었다. 다만 부시 대통령은 정상회담에서 김정일 위원장에 대한 의구심을 나타냈고 그것은 공화당 출신의 대통령으로서, 또한 남북 관계의 민감성을 잘 모르는 사람으로서 가질 수 있는 생각이었다. 그런 면에서 김 대통령과 인식의 차이가 나는 것은 당연한 일이었 다. 사실 그러한 일은 어느 정상회담에서든지 흔히 있을 수 있는 일 이었다. 그러나 정상들의 인식에 차이가 있다는 것이 한·미 정상 회담의 성공을 저해하는 요인은 될 수 없었다. 왜냐하면 부시 대통 령은 비록 김정일 위원장에 대한 의구심은 가지고 있었지만 공동발 표문에도 나타났듯이 김 대통령과 한국 정부의 입장을 적극 지지해 주었기 때문이었다.

문제는 회담에서만 나타났다면 넘어갈 수 있었던 김정일 위원장에 대한 부시 대통령의 인식이 공교롭게도 기자회견장에서 표출됐고, 그것이 바로 전에 있었던 파월 국무장관의 발언과 맞물려 이상한 방향으로 전개되었는데, 그렇게 된 근본적인 원인은 미국의 신행정부 내부에서 외교정책에 대한 입장이 확정되지 않았기 때문이었다.

그 때문에 한·미 정상회담 이후 미국 언론들은 대부분 부시 대통령의 대북태도에 우려를 표명했다. 〈뉴욕 타임스〉는 "모멘텀을 잃어버리다"라는 제목의 기사에서 "부시가 김 대통령의 말에 귀를 기울이지 않고 타이밍이 중요한데도 강경파의 손을 들어 주었다"고 보도했다. 또 시사주간지 〈타임〉은 "한반도 정책, 매파가 장악"이라는 기사에서 "부시는 김 대통령의 제의를 퉁명스럽게 거절해 호기를 놓쳐 버리게 됐다. 신정부 내에서 외교정책에 균열이 생기는 등 부시의 외교적 미숙을 드러냈다. 부시는 직설적 어법이 국제관계에서 큰 재앙을 초래할 수 있다는 사실을 배우게 될 것이다"라고 지적했다.

한편 당시 국내 언론들도 대부분 정상회담의 결과를 긍정적인 것으로 인정하면서도, 김정일 위원장에 대한 부시 대통령의 의구심과 검증 문제를 들어 한국과 미국이 정상회담에서 인식의 차이를 극복하지 못했다든지, 또는 앞으로 남북 관계의 속도를 조절해야 하지 않겠느냐고 보도했지만, 한·미 정상회담이 실패했다고는 쓰지 않았다. 그럼에도 불구하고 시간이 지남에 따라 이상하게도 그당시 한·미 정상회담이 실패했다고 주장하는 사람들이 있는데 그것은 당시의 상황에 대한 이해가 부족하기 때문이라고 생각한다.

* 몇 년이 지난 다음 부시 대통령은 2001년 정상회담 때의 일을 사과했다. 그것을 《김대중 자서전 2》에서는 이렇게 기록하고 있다.

"지난 2001년 첫 정상회담에서 부시 대통령은 무례했다. 합의한 내용들을 뒤집고 기자회견에서 김정일 위원장에 대한 험담을 쏟아 냈다. 그런데 그 후 나의 진지하고도 집요한 설득에 자신의 생각을 바꿨다. 그리고 나에게 함부로 대하지 않았다. 부시 대통령은 마침내 사과했다. 2004년 김대중 도서관을 방문한 반기문 외교부장관이 말했다. '부시 대통령은 2001년 정상회담 때의 일을 매우 미안하게 생각하고 있습니다. 이를 김대중 대통령께 전해 달라고 했습니다.'"

5.
미국에 대한
설득과
북한의 거부

부시 대통령과의 정상회담을 마치고 귀국한 다음, 대통령은 관계 장관들에게 남북 관계와 미·북 관계의 상관성에 대해 이렇게 말했다.

* 남북 관계와 미·북 관계의 상관성

"지난번 부시 대통령과 회담했을 때 미국 측은 남북 관계에 대해 적극적인 지지를 표시하고, 지금까지의 성과를 긍정적으로 평가하며, 또 한국이 주도권을 갖고 추진하도록 격려하고, 김정일 위원장의 서울 방문을 기대한다는 합의를 해서 발표를 했습니다. 그런데 결과는 미·북 관계가 발전이 안 되면 그런 일이 다 공허한 말이 되고 만다는 겁니다.

'국민의정부' 출범 이후 지난 3년 동안 남북 관계 발전이 없는데 미·북 관계만 잘된다든지, 미·북 관계가 잘되는데 남북 관계가 안 되는 일은 있을 수 없고, 있어서도 안 된다는 것을 이번에 깊이 느꼈습니다. 따라서 우리는 남북 관계를 발전시키려면 미·북 관계도 발전하도록 노력을 해야 합니다. 그런 맥락에서 우리는 미국에 대해 미·북 관계 협상을 시작하도록 주장해야 합니다. 우리가 이번에 부시 대통령하고 회담할 때 미국이 한반도 문제는 한국의 주도권을 인정했다고 하더라도, 한국이 북한하고 대화를 하는데 미국은 북한과 대화를 하지 않으면서 한국의 주도권을 인정한다는 것은 공허한 이야기입니다."

대통령은 과거 미국과 중국의 수교 당시 이야기를 예로 들었다.

"미국에서 흔히 말할 때 '북한은 믿을 수 없다' 혹은 '회의적이다'라고 말하는데 과거에 미국이 소련과 '데땅트'(detente)를 할 때 소련을 믿어서 한 것이 아니고 이해가 일치하니까 했던 것입니다.

과거 닉슨이 중국의 마오쩌둥을 찾아갈 때 마오쩌둥을 믿어서 찾아간 것이 아닙니다. 중국을 유엔으로 끌어내고 미국과 국교를 수립하는 것이 미국에 대한 위협을 감소시킬 뿐만 아니라, 소련에 대한 견제가 되기 때문이었습니다. 그리고 극도의 냉전체제 속에서 소련도 적, 중국도 적이 되는 것이 미국에 큰 부담이 된다는 냉정한 판단에 기초했던 것입니다. 중국도 뒤에는 소련, 앞에는 미국을 적으로 두는 것이 국가적으로 너무도 부담이 되기 때문에 미국과 손잡은 것입니다. 그래서 말하자면 서로 협력이 시작되었던 것이지, 상대방을 믿어서 한 것이 아닙니다.

그렇게 해서 하다 보면 결국에 가서 나중에는 서로 일이 하나하나 되어 가고 약속이 지켜짐으로써 그때야 비로소 믿음이 생겨난 것이고, 신뢰가 생겨나는 것입니다. 이해가 일치하니까 협상을 하고, 협상을 해서 서로 주고받고, 주고받아 가지고 그 결과를 검증하고, 이렇게 하면서 비로소 신뢰심이 생기는 것입니다.

미국이 북한을 믿을 수 없다고 하는데 믿을 수 없는 것이 당연합니다. 미국이 북한 같은 공산국가를 어떻게 쉽게 믿을 수 있겠습니까? 그러나 이해가 일치할 수는 있는 겁니다. 북한은 말하자면 미국으로부터 자기들의 안전과 경제적 회생을 위해서 협력을 받을 수 있고, 미국은 북한으로 하여금 핵이나 미사일이나 위험한 대량 살상 무기를 포기하고 한반도 평화에 협력케 할 수 있고, 그래서 주고받는 거래가 되는 겁니다. 그 거래가 돼서 협상이 돼서 착실히 서로 지키는가에 대해 검증도 하고, 이렇게 해서 하게 되면 하나하나 믿음이 가게 되는 것입니다."

나중에 대통령은 나에게 다시 이렇게 말했다.

"지금 우리나라에 무조건 미국이 하라는 대로 하려고 하는 사람들이 있는데, 우리는 남북 문제에 관한 한 힘이 들더라도 미국에 대해 우리가 원하는 것이 무엇인지, 그리고 미국이 어떻게 하는 것이 좋은지, 분명히 말하고 설득해야 합니다. 그것이 진정으로 나라와 민족을 위하고, 또한 한·미 관계를 중시하는 거예요." 그러면서 대통령은 앞으로 EU 국가들을 통한 북한에 대한 설득 노력도 더욱 강화하라고 지시했다.

＊ 미국에 대한 적극적인 설득 노력

대통령이 말한 대로 남북 관계가 발전되기 위해서는 반드시 미·북 관계가 발전되어야 했다. 그러나 아직 북한과 대화를 할지 말지 여부를 결정하지 못한 부시 행정부에서 미·북 관계가 발전되기 위해서는, 그 전에 먼저 우리가 한·미 동맹관계를 더욱 굳건히 하면서 한·미 간의 북한에 대한 시각차를 불식시키는 것이 중요했다.

이를 위해 우리는 기회가 나는 대로 미국 측에 남북 관계의 정체 현황(경의선 건설 사업 지연, 북한의 남북 장관급회담 불참)과 김정일 위원장 답방 문제, 대북 전력지원 검토를 위한 조사 상황 등을 설명하기로 했다.

동시에 북한이 현재 미·북 대화 재개를 기다리고 있으며, 대화 재개가 지연될수록 상황이 악화될 수 있기 때문에 모멘텀을 유지하기 위해서는 미국이 북한과의 대화를 조기에 재개하는 것이 중요하며, 특히 남북 관계와 미·북 관계가 병행하여 발전하는 것이 중요함을 설득해 나가기로 했다. 동시에 북한과의 대화를 위해서는 북한을 공개적으로 비난하거나 자극하지 않는 것이 바람직하다는 점도 미국 측에 설명하기로 했다.

＊ 3자 대북정책 조정감독그룹(TCOG) 회의 내 한·미 협의

3월 말 서울에서 TCOG(Trilateral Coordination and Oversight Group) 회의가 열렸다. TCOG는 1999년 페리보고서의 작성과 이에 따른 대북 포괄적 접근방안을 논의하는 과정에서 한·미·일 3자 공조 문제가 3자 대북정책 조정감독그룹으로 체계화된 것이었다. 1999년 5월 도쿄에서 처음 개최된 이후 주요 사안이 있을 때마다 개최되어 왔는데, 이번에 부시 행정부가 들어서면서 처음으로 열리게 되었고, 수석대표는 한국에서 외통부 차관보, 미국은 국무부 동아태차관보대리, 일본은 외무성 아주국장이 참석했다.

동 회의에서 우리 대표단은 미국 측에 대하여, 북한이 금년 초부터 취한 각종 조치를 보아 경제 문제 해결을 위해서는 개혁과 개방이 불가피하다는 인식이 엿보이므로, 북한에 대해 계속 강경한 태도를 보일 경우 이러한 개방 의지가 저하될 가능성이 있기 때문에 미국의 대북정책 검토가 조속히 완료되어 미·북 대화가 재개되기를 희망했다.

이에 대해 미국 측은 한국의 대북화해협력정책과 김 대통령의 남북 문제 해결을 위한 주도적 역할에 대해서는 확고한 지지를 재확인하면서도, 현재 북한의 부정적 행동에 대해 보상하기보다는 긍정적인 행동을 유도하는 방안에 초점을 두는 새로운 패러다임을 찾고 있다고 말하고, 원칙적으로 미·북 대화에 반대하는 것은 아니지만 본격적인 미·북 대화 재개는 정책 검토가 끝난 다음에 추진하겠다는 입장을 표명했다.

결국 미국은 한·미 간 긴밀한 공조를 강조하고 남북 간의 화해

협력과 긴장완화 노력에 대해서는 확고한 지지 입장을 표명하면서
도, 미·북 간의 대화 재개에는 계속 소극적인 태도를 견지했다.

∗ 부시 대통령과의 통화

5월 1일 밤 리비어 주한 미국대사대리(그 당시까지 아직 주한 미국대
사 미정)가 나에게 급히 연락을 해 왔다. 부시 대통령이 내일 아침에
김 대통령과 통화를 하고 싶어 한다는 것이었다. 나는 관저에 계신
대통령에게 전화로 보고하고, 다음 날 아침에 통화를 하기로 결정
한 다음 리비어 대사대리에게 연락을 했다. 그리고 관계 비서관에
게 외교통상부와 주미대사관에도 알려 주라고 지시를 했다.

5월 2일 아침 부시 대통령이 김 대통령에게 전화를 걸어 왔다.
부시 대통령은 몇 시간 전에 국방대학에서 MD 구상에 관해 연설했
으며, 한국은 미국의 가장 친하고 가까운 우방이자 친구이기 때문
에, 아미티지 국무부 부장관이 곧 한국을 방문해 미국의 MD 구상
과 계획에 대해 김 대통령과 여타 한국의 고위관리들에게 브리핑을
할 예정이라고 하면서, 이에 대한 한국 측의 생각을 청취하고자 한
다고 말했다.

김 대통령은 미국 정부가 새로운 구상을 추진하는 과정에서 동
맹국과 여타 이해 당사국들과 긴밀히 협의하고 있는 것을 높이 평
가하며, 이러한 과정을 통해 국제평화와 안정증진에 기여해 나갈
것을 기대한다고 말했다. 그러면서 김 대통령은 아미티지 부장관
방한 기회에 한·미 양국 간 대북정책에 관한 긴밀한 공조도 이루

어지기를 바라며, 지난 3월 정상회담에서 부시 대통령이 적극 지지한 우리의 대북정책이 소기의 성과를 거두기 위해서는 미·북 관계와 남북 관계가 상호 보완적으로 진전되어 나가는 것이 절대 필요하다고 강조하고, 미국의 대북정책 검토 완료 후 조속히 미·북 대화가 전개될 것을 바란다고 말했다. 김 대통령은 지금 남북 대화도 중단 상태에 있다고 덧붙였다.

이에 대해 부시 대통령은 이해한다고 하면서, 이미 참모들에게 대통령과 한국 국민들을 도와주기 위해서 검토 작업을 철저히 하되 빨리 끝내라고 지시했다고 말하고, 김 대통령의 지도력과 한반도 평화를 위한 대통령의 생각에 찬사와 경의를 표한다고 답했다.

> * 대통령은 부시 대통령이 전화를 해 온 기회에 대북정책에 관한 우리 입장을 다시 한 번 간결하지만 명확하게 전달했다. 그런데 부시 대통령의 반응은 옆에서 대통령의 전화를 기록하고 있던 내가 듣기에도 매우 우호적이었다. 부시 대통령이 이렇게 이야기했으니 앞으로 대화하는 방향으로 나갈 것이라는 생각이 들었다.

✽ 스웨덴 페르손 총리의 방북 후 방한

김 대통령이 부시 대통령과 전화 통화를 한 다음 날인 5월 3일 오후 스웨덴의 페르손 총리가 북한 방문을 마치고 서울로 왔다. 작년(2000년) 12월 대통령이 노벨평화상을 수상한 다음 스웨덴을 방문했을 때, 페르손 총리에게 2001년도 상반기에 스웨덴이 EU 의장국을 맡으면 북한을 방문하도록 강력히 권유하면서 북한을 방문하고 난 다음에는 꼭 한국을 방문해 달라고 요청했는데, 페르손 총리가 정말로 북한을 방문한 다음에 서울에 온 것이었다.

우리는 그동안 북한과 별다른 접촉이 없었기 때문에 김정일 위원장과 회담을 하고 온 페르손 총리의 이야기가 궁금했다. 그날 저녁 청와대에서는 대통령 주최 페르손 총리를 위한 환영만찬이 열렸다. 나도 만찬에 참석해 페르손 총리를 수행하여 북한에 다녀온 스웨덴 외교부의 융그렌 아태국장, 그리고 홀하그 총리보좌관과 같은 테이블에서 이야기를 나누었는데, 그들은 작년 12월에 내가 스웨덴 외교부까지 찾아가 설명해 준 것에 감사하면서 상세한 방북 결과를 설명해 주었다.

* 한 · EU 정상회담 결과

5월 4일 아침 청와대에서 한 · EU 정상회담이 열렸다. EU 측에서는 의장인 페르손 스웨덴 총리와 솔라나 EU 이사회 사무총장 겸 공동외교안보정책 고위대표 등을 비롯한 EU와 스웨덴 정부의 고위 인사들이 배석했다.

대통령은 먼저 페르손 총리가 금번 남북한 방문을 통해 역사적인 공헌을 했고, 한국인에게 평화에 대한 희망을 제공했으며, 페르손 총리와 EU 대표단이 훌륭한 사명을 다해 준 것에 감사를 드린다고 말했다.

페르손 총리는 EU가 1년 전 김 대통령이 용단을 내려 시작한 남북 화해과정에 기꺼이 지원을 하고자 노력해 왔으며, 이러한 취지에서 평양을 방문하여 북한 지도자와 이야기를 나누게 된 것이라고 하면서 방북 결과를 설명했다.

"어제 아침 9시부터 회담과 이어 오찬까지 김정일 위원장과 5시간에 걸친 대화를 가졌는데, 김 위원장은 솔직하고 개방적이었고, 모든 문제에 대해 잘 이해하고 있다는 인상을 받았습니다. 김 위원장은 남북공동선언의 이행에 대한 확고한 의지가 있음을 확인했으며, 지난해 6월 제1차 남북정상회담 이후 남북 관계에 많은 진전이 있었다고 평가했습니다. 그는 남북공동선언의 이행과 제2차 정상회담의 개최 의지를 가지고 있다고 하면서, 그러나 제2차 정상회담은 모든 것이 잘 준비되어야 하며, 미국 신행정부의 정책에 비추어 아직 그러한 상황이 아니라고 말했습니다.

김 위원장은 미국이 북한을 여전히 테러 지원국으로 보고 있고, 북한에 대해 의구심을 표시하고 있는 데 대해 많은 우려를 표시하면서 북한은 미국을 적으로 보지 않고 있음을 여러 차례 강조했습니다. 본인이 미국 정부가 북한과의 대화 조건으로 제시하고 있는 제네바 합의를 준수할 것과, 미사일 시험이 재개되어서는 안 된다는 점을 제기한 데 대해 김 위원장은 자제를 약속했습니다. 또한 미사일 시험발사에 대해 김 위원장은 2003년까지 자제력을 발휘해 모라토리움(moratorium)을 유지하겠다고 언급하면서, 미국의 대북정책 검토가 완료되는 대로 북측도 이를 검토하게 될 것이라고 말했습니다. 금번 방북을 통해 북한은 대화를 필요로 하고 또한 원하고 있음이 분명했으며, 김 위원장은 경제 문제는 잘 알지 못하는 것으로 보였습니다."

대통령은 페르손 총리가 EU의 의장으로서 남북한을 왕래하면서 한반도 평화를 위해 노력한 데 대해 감사를 표하고, 페르손 총리를 비롯한 EU 대표단의 방북을 이렇게 평가했다.

"우선 미사일 시험발사를 2003년까지 유예하겠다는 것은 매우 긍정적인 결과이며, 이미 미국도 이를 환영하고 있는 것으로 알고 있습니다.

또한 김정일 위원장이 분명한 답방 시기를 밝히지 않았지만 2차 정상회담 실현에 대한 강한 의지를 보여 준 것은 미래의 남북한 관계에 긍정적인 것으로 평가하며, 미·북 대화와 남북 대화는 함께 진전되어야 바람직합니다.

북·EU 간 경제협력은 북한에게 매우 절실한 문제이며, 본인은 EU가 북한의 시장경제에 대한 훈련과 대북 경제협력에 적극 나서면 좋겠다는 생각입니다.

결론적으로 앞으로도 EU가 지금까지 해 온 노력을 계속해 나가기를 희망하며, 이번 성과로 보아 한반도 평화를 위해 EU가 기여할 수 있다는 것을 증명한 것으로 생각합니다. 이번 방북 결과를 미국에게도 설명하고, 북한이 미국과 관계 개선을 희망하고 있음을 설명해 주어 한반도에서 갈등이 해소되고 교류와 협력의 방향으로 나가도록 협조해 주기 바랍니다."

이에 대해 페르손 총리는 북한을 외부세계로 개방하는 데 김 대통령의 공헌이 지대하다고 하면서, EU는 한반도에서 적극적인 역할을 모색하고 있는 것은 아니며, 대통령께서 요청하면 적극 지원하겠으나 화해와 협력 과정은 남북한 간에 주도되어야 하며, 이러한 협력은 세계화 시대 추세에 비추어 매우 자연스러운 것이라고 말했다. 그러면서 이번 방북 결과를 곧 미국, 일본, EU 각국에 설명할 예정이라고 말했다.

대통령은 다시 금번 페르손 총리와 EU 대표단의 방북은 우리 역사에 기록될 것이고, 유럽 역사에도 기록될 것이라고 말했다. 그리고 우리는 앞으로 험난한 길을 계속 걸어가야 하며, 자신의 햇볕 정책에 대해 EU를 비롯한 국제사회가 전폭적인 지지를 보여 준 데 대해 감사한다고 말했다.

회담을 끝내면서 마지막으로 솔라나 EU 이사회 사무총장 겸 공동외교안보정책 고위대표는 "모든 것이 김대중 대통령의 탁월한 리더십을 통한 것"이라는 말씀만 드리고자 한다고 말하고 일어섰다.

페르손 총리가 돌아간 다음 5월 31일 EU 의회는 아래 내용의 한반도 결의안을 채택했다.

"남북한 화해 및 한반도에서 평화를 증진하고 안정을 유지하기 위한 EU 및 국제사회의 노력을 지지하고, 김대중 대통령의 역할과 노력을 환영한다. 2003년까지 중거리 미사일 시험을 중지하겠다는 김정일 위원장의 확인을 주목하나, 실제 행동을 보아가면서 북한 정부를 판단할 필요가 있다. 북한과 외교관계를 수립하기로 한 집행위의 결정을 환영하는 동시에, 대북한 인도적 지원을 계속할 것을 희망한다."

* 페르손 총리를 비롯한 EU 대표단의 방북은 매우 시의적절했고 유익한 방문이었다. 우리는 페르손 총리를 통해 남북 관계와 북·미 관계에 대한 김정일 위원장의 생각의 일부를 확인할 수 있었다. 특히 김 위원장이 남북공동선언의 이행에 대한 확고한 의지가 있고 제2차 정상회담의 개최 의지를 가지고 있다는 것을 확인한 것은 중요한 의미를 가지고 있었다.

우리는 EU 대표단의 방북 결과가 미국의 북한에 대한 인식을 어느 정도라도 바꾸고 대북정책 검토를 앞당기는 데 도움이 되기를 바랐다.

페르손 총리는 이번 북한 방문을 통해 세계 각국에 한반도의 평화 정착 문제에 대한 유럽지역 국가들의 역할의 중요성을 보여 줌으로써 EU 의장으로서의 역할을 훌륭히 수행함과 동시에 스웨덴과 한반도가 얼마나 깊은 관계를 가지고 있는지를 보여 주었다.

* 아미티지 미 국무부 부장관의 대통령 예방

5월 9일 오후 아미티지 국무부 부장관이 한반도 정책의 실무 책임자인 켈리 동아태차관보와 함께 청와대로 와서 대통령을 예방했다. 사실 격으로 보면 대통령이 접견을 할 인사는 아니었지만 부시 대통령이 직접 대통령에게 전화로 요청을 했기 때문에 특별히 접견을 하게 되었던 것이다.

아미티지 부장관은 먼저 대통령에게 부시 대통령의 친서를 전달하고, 내일 한국 측에 MD 문제에 관해 상세히 설명하겠다고 하면서 MD의 필요성을 설명했다. 이에 대해 대통령은 냉전이 종식되고 안보상황이 변화하여 미국이 대처방안을 재검토하고 있는 입장을 이해하며, 미국이 이 문제에 관해 동맹국 및 관계국과도 대화를 진행하고 있는 것은 매우 바람직하다고 보며, 그렇게 해서 세계평화와 안정에 도움이 되는 방향으로 진행되기를 희망한다고 말했다.

아미티지 부장관은 부시 대통령이 대북정책 검토를 종료하기 전에 김 대통령의 최근 생각을 듣고 싶어 하며, 파월 국무장관에게 김 대통령의 의견을 들은 후 최종적으로 대북정책을 건의토록 지시했다고 말했다.

대통령은 미국은 우리에게 최고의 맹방이고, 우리의 생존과 국익을 위해 절대적으로 필요한 나라이며, 우리의 모든 대북정책과 대동북아정책은 한·미의 굳건한 동맹관계에 기초해서 형성되고 있고, 한·미·일 3국 공조도 한·미 동맹관계를 빼놓고는 생각할 수 없다는 전제 하에 말을 하겠다고 하면서 아래 요지로 말했다.

"본인이 보기에 북한은 진심으로 미국과 관계 개선을 희망하고 있으며 이는 선택의 문제가 아니라, 생존의 문제입니다. 김정일 위원장은 자신의 살 길은 미국과의 대화를 통해 경제회복과 안보를 보장받는 것이라고 생각하고 있습니다. 북한이 미국과 대화를 원하는 것은 미국이 좋아서가 아니라 미국과 대화를 해야 살아남을 수 있다는 것을 알기 때문입니다.

미국은 햇볕정책 및 남북 간 화해협력을 지지한다고 표명해 왔고, 이는 정상회담 공동발표문에도 나와 있습니다. 그러나 지난 3월 본인의 방미 이후 남북 간에 일체의 대화·교류가 끊어지고 있는

데, 이것은 북한의 입장을 볼 때 당연한 결과입니다. 북한의 목표는 남한과 잘 지내는 것이 아니라, 그렇게 하면 미국과 잘 지낼 수 있을 것이라고 생각하기 때문입니다. 본인은 이에 대해 전혀 환상이 없습니다. 이러한 입장에서 볼 때 미·북 관계가 안 좋아지는 상황에서 아무리 미국이 우리의 대북정책을 지지해도 북한은 대화에 응하지 않을 것입니다. 결국 남북 문제는 미·북 문제 개선 없이는 무의미하며 실질적 개선이 불가능합니다. 남북 관계와 미·북 관계는 함께 나가야 하는 것입니다.

결론적으로 한국은 미국을 가장 중요한 맹방으로 생각하고 있고, 본인의 잔여 임기 동안에도 과거와 같이 일관되게 미국과 긴밀히 협의할 것이며, 북한을 국제사회의 책임 있는 일원으로 나오도록 하기 위해 노력할 것입니다. 부시 대통령의 대북정책이 우리와의 긴밀한 공조 하에 성공하길 바랍니다."

아미티지 부장관은 지금 대통령께서 말한 내용을 부시 대통령에게 잘 보고드릴 것이라 말하고, 5월 말쯤 대북정책 검토 완료 후 북한과 어떻게 대화할 것인지에 대해 한국 측과 협의할 계획이라고 말하고 돌아갔다.

아미티지 부장관은 다음 날 김동신 국방부장관을 만나 미 국방정책 재검토 보고서에 포함된 4가지 원칙을 설명했는데, 4가지 원칙은 1) 미 국방정책의 전략 중심축을 아시아로 옮기고, 2) 해외기지를 포함한 전방배치 전력의 의존도를 낮추는 대신 전력신속배치 능력을 강화하며, 3) 정보 시스템의 절대적 우위를 유지하고, 4) 과

학기술의 급속한 발전에 따라 전력의 기동성을 높이고 경량화 하는 것 등이라고 밝혔다.

아미티지 부장관은 오후에 임동원 통일부장관을 면담한 후 인도로 떠났다.

> * 당시 아미티지 부장관은 방한 기간 중 계속 미국의 신국방정책에 의한 새로운 전략적 틀과 미사일 방위체계에 대해 이야기를 했기 때문에 언론에서는 거기에 초점을 맞춤에 따라 양국 정부 간에 대북정책에 관해서 물밑대화가 진행되는 것을 인식하지 못했으며, 그와 관련된 기사도 없었다.
> 그러나 5월 말이면 호놀룰루에서 한 · 미 · 일 3국의 대북정책조정그룹(TCOG) 회의가 열릴 예정이고, 거기서 미 행정부의 고위실무급에서 일차적 검토가 끝난 부시 행정부의 대북정책에 관해서 상세한 협의를 하게 되어 있었다.
> 우리는 TCOG 회의 결과를 기다렸다.

켈리 국무부 동아태차관보와의 조찬

한편 5월 10일 나는 아미티지 부장관을 수행하고 온 국무부 켈리 동아태차관보와 조찬을 했다. 그 자리에는 주한 미국대사관의 리비어 대사대리와 스트로브 참사관, 그리고 우리 측에서 심윤조 비서관이 배석했다.

켈리 차관보는 3월 정상회담에 관해서 나에게 이렇게 설명했다.

"지난 3월 한·미 정상회담은 매우 훌륭하고 유익한 회담이었습니다. 부시 대통령은 항상 자신의 생각을 이해하기 쉽도록 분명하게 얘기하는 스타일인데, 언론이 회담의 일부 내용에 관해 왜곡된 보도를 하고 마치 양국 간에 무슨 일이 있었던 것처럼 묘사한 것은 유감스러운 일이었습니다. 사실 그 당시 한·미 정상회담 직전 파월 장관의 발언이 문제가 되었지만, 진짜 문제는 신문 기사의 헤드라인이었습니다. 발언 자체는 전혀 문제점이 없었는데, 신문의 제목이 '클린턴 정책 답습'으로 된 데에 문제가 있었던 겁니다. 당시 정부 인사들은 클린턴 정부의 대북정책이 무슨 내용인지도 모르면서 전 정권의 정책을 그대로 답습한다는 데 대해 거부감을 나타냈던 겁니다."

그러면서 켈리 차관보는 미국 정부의 대북정책 검토에 관해, 가능한 한 조속히 완료해 미국의 분명한 입장을 표명할 수 있도록 노력하고 있으며, 이 문제는 5월 하순 개최될 TCOG 회의에서 주요 의제로 논의될 것으로 기대한다고 말했다. 그리고 앞으로 미·북 대화에서 미국이 취할 태도는 북한이 어떠한 행동을 보이느냐에 달려 있다고 하면서, 한반도 문제에 대한 한국의 관심은 미국의 관심보다 훨씬 크기 때문에 한반도 문제의 해결은 한국이 주도적인 역할을 해나가야 하며, 미·북 대화도 결국 한국이 희망하므로 추진하려는 것이라고 설명했다.

켈리 차관보는 또한 김 대통령의 대북포용정책은 광범위한 지지를 받고 있으며, 의회 인준 청문회에서도 자신이 언급했듯이 동 정책보다 나은 대안을 가질 수 없다고 생각하지만, 워싱턴에는 이러한 점을 충분히 이해하지 못하는 인사들이 있기 때문에 대북정책 검토에 있어 논란이 발생하기도 한다고 설명했다.

** 호놀룰루 TCOG 회의 결과

5월 말 호놀룰루에서 TCOG 회의가 열렸다. 우리 대표단은 미국 측에 미국의 대화 재개 방침을 적극 지지하고 미·북 대화에서 의미 있는 진전이 있기를 희망하면서 미·북 대화에서 논의될 내용에 관한 우리 입장을 전달했다. 이에 대해 미국 측은 북한이 남북 관계를 도외시하면서 미·북 대화를 추진한다면 이를 수용하지 않겠으며, 그렇다고 해서 북한이 남북 대화 중단의 책임을 미국 측에 전가하고 있는 것도 수용할 수 없음을 분명히 했다.

그리고 앞으로 북한과 대화를 재개하겠지만, 미·북 대화가 반드시 미·북 간 현안 문제를 해결하기 위한 협상으로 연계되는 것은 아니라는 입장을 나타냈다. 미국 측은 앞으로 미·북 대화 진전은 전적으로 북한의 태도에 달려 있으며, 만일 미·북 대화가 진전이 안 되더라도 미국이 북한에 먼저 유인책을 제공하지는 않을 것이라고 밝혔다.

특히 미국의 대북 협상은 검증을 전제로 하고 있고, 미국이 고려 중인 검증 방안은 매우 엄격한 것이었기 때문에 앞으로 이에 대한 북한 측의 대응이 미·북 대화의 향방에 영향을 미칠 것으로 전망되었다.

* TCOG 회의를 통해 나타난 미국의 입장은 예상보다 강경했다. 그렇지만 그것이 대북정책의 검토의 결과로 나타난 미국 정부의 입장인지, 아니면 아직도 검토 중인데 종래의 입장을 주장하는 것인지 분명하지 않았다.

이제 6월 초에 워싱턴에서 한·미 외무장관회담이 예정되어 있었기 때문에 그 기회에 미국 측이 공식적인 입장을 전달할 것으로 기대하면서 기다리는 수밖에 없었다. 그러나 현재까지 나타난 상황은 그리 밝지만은 않아 보였다.

* 대북정책에 관한 부시 대통령의 성명 발표

6월 6일 백악관이 대북정책에 관한 부시 대통령의 성명을 발표했다. 성명의 요지는, "대북정책 검토를 완료해 안보팀에게 북한과 진지한 논의에 착수하도록 지시했다.

첫째, 의제는 북한의 핵 활동 관련 '제네바 합의' 이행을 개선하는 문제, 북한의 미사일 개발 계획의 검증 가능한 규제 및 미사일 수출 금지 문제, 재래식 군사위협의 감소 방안 등이며, 둘째 북한과의 논의는 남북 화해, 한반도 평화, 미국과의 건설적 관계 및 지역 내 안정 증진을 목표로 포괄적 접근의 맥락에서 추진하는데, 이러한 목표는 지난 3월 한·미 정상회담에서 논의된 것으로 목표 달성을 위한 김 대통령과의 공동 노력을 기대하며, 셋째는 북한이 긍정적 반응을 보이고 필요한 조치를 취할 경우 북한 주민을 돕기 위한 노력을 확대할 것이고, 제재를 완화할 것이며, 기타 정치적인 조치를 취할 용의가 있다"는 내용이었다.

　부시 대통령의 성명이 발표된 다음, 미국 측에서는 우리에게 다음과 같은 설명을 해 왔다. 미국은 그동안 한국 측이 갖고 있는 우려와 견해를 주의 깊게 경청했고, 한국 측 의견을 충분히 반영해 재조정하라는 부시 대통령의 지시에 따라 지난 호놀룰루 TCOG 회의 시 제시했던 설명과는 다소 다르게 미국의 대북정책 방향을 조정했는데, 앞으로 미국은 광범위한 문제에 대해 포괄적인 접근법을 추진할 것이며, 이는 전향적이고 대담하고 긍정적인 접근법으로써, 한국의 대북정책과 부합하고 지지하는 내용이 될 거라는 것이었다.

　우선 미국은 일련의 조치들을 쉬운 것부터 단계석으로 추진해 나가고, 이러한 과정에서 종착지가 매우 긍정적인 것임을 북한에 대해 직선적이고 명확하게 알리고자 하는데, 종착지는 상당한 경제적, 재정적 원조, 정치적 관계 정상화 및 군사적 위협 감소 등이 포함될 것이라고 했다. 또한 미국은 필요한 조치를 취할 준비가 되어 있으며, 북한에 대해 현실적이고 진지하게 미국의 대북정책 방향을 제시할 것이지만 앞으로의 방향은 북한의 선택에 달려 있다고 알려주었다.

　＊ 부시 행정부의 대북정책 분석
　결국 부시 행정부는 미사일과 핵 문제에만 중점을 두었던 클린턴 행정부와는 달리, 재래식 군사력 문제와 인도적 문제까지 포함한 "새로운 접근 방안"의 대북정책을 채택했다. 그리고 북한의 위협과 도발에 굴하지 않고 나쁜 행동에는 보상하지 않으며, 북한 정권의 의도와 성실성이 회의적이므로 검증이 필요하다는 것이 원칙임이 드러났다.

물론 북한이 미국의 요구를 수용한다면 다방면에서 북한이 원하는 것들을 지원하겠지만, 북한이 호응을 하지 않는다면 미국은 북한과 '적당한 대화' 수준으로 되돌아갈 것이고, 이 경우 미·북 대화의 의미 있는 결과는 기대하기 어려우며, 그 실패의 책임은 북한에게 귀속된다는 것이었다.

과연 북한이 미국의 제안에 어떻게 반응할지 궁금했다.

** 북한의 미국 제의 거부

북한은 6월 18일 외무성 대변인 담화를 발표했다. 북한은 발표문에서 "미 행정부의 협상 재개 제안은 우리를 무장해제 시키려는 목적을 추구하는, 도저히 받아들일 수 없는 조건(의제)들을 내세운 것으로 성격에 있어서 일방적이고, 전제 조건적이며, 의도에 있어서 적대적인 것"이라고 평가하고, "우리의 상용무력(재래식 무기)은 남조선에서 미군이 물러가기 전에는 논의 대상조차 될 수 없는 문제"라고 밝혔다. 또한 "미국이 적대시 정책을 그만두고 우리와 진정으로 대화를 할 의지가 있다면 쌍방이 이미 공약한 '조·미 기본합의'(1994)와 '조·미 공동코뮈니케'(2000)의 합의사항을 이행하기 위한 실천적인 문제들을 의제로 삼아야 한다"고 주장했다.

✳ 북한 반응에 대한 미국 측 평가

그러나 미국 측은 북한이 외무성 대변인 담화를 통해 조속한 반응을 보인 것을 오히려 긍정적인 것으로 평가했다. 그 이유의 하나로 북측이 미 국무부 특사의 접촉 제의에 바로 응하면서 미·북 대화의 시기와 장소에 관해 관심을 표명한 것을 예로 들면서, 조기 대화 재개를 위한 긍정적인 신호로 해석할 수 있다는 것이었다.

미측은 미·북 대화 전망에 대해 환상을 갖고 있지는 않지만 조심스럽게 낙관하고 있는데, 그것은 북한으로서는 생존을 위해 대화 이외에는 대안이 없고, 과거와 같이 북한이 핵이나 군사적 도발과 같은 카드를 쓰지는 못할 것이며, 유일하게 남은 카드가 재래식 군사력이기 때문에 외무성 대변인 담화에서 재래식 군사력 문제에 대해 강한 부정적 반응을 보인 것이라고 판단했다.

미측은 또한 페리 방북 이후 미·북 관계가 개선되는 분위기였으나 1999년 가을부터 2000년 가을까지 1년간 북한의 잘못된 계산으로 별다른 진전을 이루지 못했는데, 이는 당시 북한이 자신이 취해야 할 조치에 대해서는 분명한 입장 표시를 회피하면서도 미국으로부터 얻어낼 혜택에만 열중함에 따라 협상이 진전되지 못했고, 클린턴 정부 임기 말이 되서야 시간이 없음을 깨닫고 서둘렀지만 조명록 차수의 방미와 올브라이트 국무장관 방북에도 불구하고 결국 시간 부족으로 협상 타결을 볼 수 없었다고 평가했다.

그리고 북한이 지금도 그때와 유사한 계산을 하고 있는 것 같은데, 작년 6월 이후 남북 관계가 극적으로 진전되었으나 북한이 대화 진전보다는 한국으로부터 무언가 얻어내고자 하는 데에만 집착하고 있는 것으로 보이며, 만일 김 대통령의 임기 말기까지 지금처럼 별다른 진전 없이 끌고 간다면 이는 결국 북한에게 자멸적인 접근 방법이 될 것이라고 전망했다.

** 파월 미 국무장관 방한

미국의 파월 국무장관이 베트남에서 열린 아시아지역포럼(ARF)에 참석한 다음 한국을 방문해 7월 27일 오후 청와대로 김 대통령을 예방했다.

대통령과 인사를 교환한 다음, 파월 장관은 지난 3월 한·미 정상회담 이후 미국은 대북정책 검토를 완료해 북한과의 대화 재개 방침을 정하고 이를 북측에 통보했다고 말하고, 그동안 북측과의 접촉에서 미국은 북한과의 대화 재개를 바라고 있고, 이에 아무런 전제 조건이 없다는 점을 전했지만 북측으로부터 대답이 없어 북측의 공식적인 반응을 기다리고 있다고 말했다. 파월 장관은 또한 금번 ARF 외무장관회의에서 자신이 미국은 북한과 대화할 준비를 하고 있고, 북한이 원하는 장소와 시기에 만날 것임을 분명히 밝혔기 때문에 북한으로부터 긍정적인 답변을 기대하고 있다고 하면서, ARF에서 미국 대표가 북측 대표에게 미국은 적을 원치도, 필요로 하지도 않으며, 작년 10월 미·북 공동성명에 표명된 바와 같이 북한에 대해 적대적 의사가 없음을 다시 알려 주었다고 말했다. 그러면서 ARF 의장성명에서 제2차 남북정상회담의 조기 개최에 대한 희망이 표명되었는데, 미국은 동 회담이 가급적 연내 개최되기를 희망하며, 자신은 햇볕정책이 성공해 남북 대화가 재개될 것으로 확신한다고 말했다.

대통령은 북한이 중국에도 가고 러시아에도 가고 있지만, 북한의 궁극적인 목표는 미국과의 관계 개선이며 이를 통해 북한의 안전 보장과 경제 지원을 얻고자 하는 것이라고 말했다. 그러면서 우리가 알아야 할 점은 북한이 다루기 힘든 존재이며, 상대방을 힘들게 하는 태도를 취한다는 것으로 이는 중국과 러시아에 대해서도 마찬가지라고 말하고, 북한의 태도는 한국과 미국에서 북한과의 관계 개선을 바라는 사람들의 입장을 어렵게 만들고 있으며, 자신도 국내적으로 곤란을 겪고 있다고 말했다.

대통령은 또한 북한이 미국과의 관계 개선을 원하는 것은 분명하므로, 미국이 자신감을 가지고 대화 일자나 장소도 제시하고, 북한이 국제통화기금(IMF)과 국제부흥개발은행(IBRD)에 옵서버(observer)로 참석할 수 있도록 해 주고, 유엔세계식량계획(WFP)을 통해 북한에 식량지원도 해 주면서 적극적 태도를 취하는 게 좋지 않겠나 생각하며, 우리가 북한을 최소한 적극적인 적으로 만들지 않고, 유연한 관계를 갖도록 만드는 것은 한국 국민과 주한미군의 안전을 위해 필요할 뿐 아니라, 북한이 우리와 적대적 관계를 벗어나 관계가 개선된 상태로 만드는 것이 미국의 동북아 지역에서의 이익을 위해서도 필요하다고 강조했다.

파월 장관은 많은 문제에 관해 대통령과 솔직한 의견을 교환하고 돌아갔다.

* 파월 장관은 역시 미국의 국무장관답게 유연하면서도 여유가 있는 태도를 보여 주었다. 그는 대통령의 견해에 전적인 동감을 표시하면서, 북한에 대한 불신감이나 강경한 태도를 전혀 보이지 않았다. 지금과 같이 민감한 시기에 파월과 같은 사람이 미국의 국무장관을 하고 있다는 것이 자신들에게 얼마나 중요한지를 인식하지 못하는 북한이 답답했다.

** 미국의 대화 노력과 북한의 판단 착오

미국 측은 6월 6일 부시 대통령의 대북정책에 관한 성명이 발표된 이후, 뉴욕 채널(주유엔 북한대표부)을 중심으로 계속 북한에 대해 조건 없이 진지한 대화에 응할 것을 제의하면서 미·북 대화 재개를 촉구하는 서한을 보내기도 했다. 그러면서 WFP를 통해 북한에 식량도 지원했다. 그러나 북측은 미국 측의 대화 재개 제의에 대해 원칙적으로 동의를 표하면서도 미·북 대화 재개의 조건으로 적대시 정책의 중지와 대등한 입장에서의 대화 보장을 계속 요구했다.

미국 측은 북한의 이와 같은 태도가 앞으로 경수로 공사 지연에 따른 전력 손실 보상 문제를 거론할 수 있는 입지를 확보하고, 나아가 작년 10월 미·북 공동성명에서 언급된 적대 관계 해소에 대한 미국의 약속을 확보하려는 것으로 판단하고, 북측에 대해 아무런 전제 조건 없이 모든 문제에 대해 논의하기를 희망하며, 대등한 입장에서 대화할 것을 보장하겠다는 입장을 전달했지만 북한 측은 계속 똑같은 입장만 되풀이했다.

8월에 들어가 미측은 다시 대화 제의에 대한 북측의 회답을 촉구했다. 그러나 북측은 자신들은 이미 회답을 했다고 하면서, 미국은 조명록 방미 시 발표된 미·북 공동성명을 재확인해야 한다는 등 기존 입장만을 반복했다. 미국 측은 북한이 미국과의 관계에서는 일단 휴지기를 갖고, 대신 중국이나 러시아 및 유럽 국가들과 접촉을 강화하려는 것으로 분석했다. 그리고 이런 상황에서 북한에 작은 신호를 보낸다고 하더라도 북측이 별다른 반응을 보이지 않을 것으로 판단했다.

그 후 북측의 요청으로 다시 미·북 접촉이 이루어졌지만, 북한 측은 또 경수로 원자로 안전 문제를 거론하면서 미국 측의 관심을 촉구했고, 이에 대해 미국 측은 지금까지 그런 문제를 다루어 오지 않았음을 지적하고 필요하다면 미·북 대화를 재개해 협의하자고 대응했다. 그러나 북측은 또다시 접촉에 응하지 않았다. 미국 측도 처음에는 북한과의 대화에 어느 정도 기대를 했지만 시간이 지나면서 점점 북측의 태도에 실망을 해 가고 있었다.

사실 부시 행정부는 출범 초기 북한에 대한 표현이나 태도가 다소 강경했지만, 시간이 지남에 따라 점점 유연한 입장을 취하고 있었다. 그러나 북한은 그러한 미국의 태도의 변화를 인식하지 못하고 사소한 책략에 몰두해 전반적인 미·북 관계를 개선할 수 있는 귀중한 시간을 허비하고 있었다. 북한의 판단 착오였던 것이었다.

* 9 · 11 사태와 닫혀진 대화의 문

얼마 지나지 않아 미국에서 9 · 11 사태가 발생했다. 그 이후 미국은 전보다 훨씬 더 강경해졌다. 그리고 더 이상 북한과 대화를 할 생각도, 여유도 없어졌다. 북한의 결정적인 실책으로 인해 미국과의 대화의 문이 닫힌 것이었다.

부시 행정부에는 기본적으로 북한을 싫어하고 대화하는 것조차 거부감을 느끼는 사람들이 많았다. 그러나 미국의 동맹국인 한국이, 그것도 노벨평화상 수상자인 김 대통령이 하도 강력하게 원하니까 한국을 지원해야 한다는 의무감에서 억지로 대화에 나선 측면이 많았다. 그런 까닭에 처음에는 상당히 소극적이던 미국도 출범 4개월여 만에 내부적인 진통을 겪으면서 어려운 결정을 했던 것이었다.

그 당시 부시 행정부 내에는 대북정책과 관련해 다양한 의견을 가진 두 개의 그룹이 있었다. 그중에서 보다 영향력이 있는 그룹은 바로 북한과의 대화를 지속해야 된다고 주장하는 그룹이었다. 물론 그들 역시 북한과의 대화는 지속하되, 상호주의를 바탕으로 대화를 해 나가면서도 북한이 도저히 받아들이기 어려운 조건들은 되도록 제시하지 않도록 신중하게 대해야 된다는 그룹이었다. 두 번째 그룹은 이들보다 더 경직되고 원칙적인, 어떻게 보면 더 이념적인 그룹이었는데, 그들은 북한을 보다 더 강하게(tough) 밀어붙여야 한다고 주장했다.

그런데 과거 레이건 행정부 초기에도 행정부 내에 현실과 이념 간에 대립이 있었지만, 결국은 전자 쪽으로 정책이 기울었기 때문에, 부시 행정부에서도 끝에 가서는 실용주의적이고 현실적인 그룹의 주장이 관철될 가능성이 높았다. 왜냐하면 한국은 미군이 주둔하고 있는 맹방이기 때문에 가능한 한 한국의 요청을 들어 주는 것이 좋다는 생각을 워싱턴에 있는 대부분의 사람들이 가지고 있었기 때문이었다.

이러한 점을 고려할 때 북한은 무조건 미국과의 대화에 응했어야 했다. 그리고 부시 행정부 내 대화를 지지하는 그룹의 입지를 강화시켜 주었어야 했다. 그러나 북한은 오히려 반대의 길을 택했다. 아마 북한의 대화 거부를 보면서 부시 행정부 내 많은 대화 반대론자들은 쾌재를 불렀을지도 몰랐다. 결국 북한은 자신들을 도와주었던 그룹을 실망시키고, 자신들을 싫어한 그룹에게 기쁨을 가져다준 결과가 되었다.

그러한 실수로 인해 북한은 미국과의 대화를 위하여 긴 시간을 기다려야 했다.

6.

급변하는 상황과
흔들리는
남북 관계

2001년 북한의 신년공동사설이 발표되었다. 사설은 '신사고'(新思考)에 기초한 강성대국 건설을 촉구했다.

✴ 신사고에 의한 강성대국 건설

북한의 신년공동사설은 김정일 시대의 출범에 따라 새 세기의 요구에 맞게 사고방식이나 투쟁 기풍에서 근본적인 혁신을 이루어 강력한 국가 경제력을 확보하기 위한 '신사고론'을 강조했다.

그러면서 "강력한 국가 경제력은 선군혁명의 새 시대 요구에 맞는 것이고, 국가 경제력은 사회주의 강성부국의 기초이며, 군사력

과 사상적 위력은 강력한 경제력에 안받침 되어야 한다"고 역설함
으로써 강력한 경제력의 필요성을 강조했다.

또한 대남 분야에서는 6·15 남북공동선언 이행의 필요성과 남
북화해 협력에 대한 의지를 표명하는 원칙적 입장만을 제시했다.
다만 대외관계에 있어서는 적극적인 대외관계 의지를 표명했는데,
특히 북한의 자주권을 존중해 줄 경우 관계 개선과 '평화 위업'에
기여(미사일 문제 해결에 호응)하겠다고 했다. 이것은 미국 부시 행정부
에 대한 메시지인 것으로 보였다.

결국 북한은 2001년 한 해에 대내적으로는 김정일 체제 안정과
경제회생에 주력하고, 대남·대외 관계에 있어서는 원칙적 입장을
견지하면서 상대측의 태도와 주변상황 추이에 따라 대응해 나가겠
다는 것으로 분석되었다.

* 김정일 위원장의 2차 방중

김정일 위원장이 2001년 1월 15-20일 다시 중국을 방문했다.
김 위원장은 당초 2000년 말 방중을 생각했지만, 클린턴 대통령의
방북 가능성 때문에 상황을 보다가 클린턴 대통령의 방북이 무산됨
에 따라 급히 1월에 중국을 방문한 것으로 보였다.

사실 북한은 클린턴 행정부 시절에는 1994년 10월 제네바 합의
이후 미국과 어느 정도의 관계를 유지해 왔기 때문에, 중국과의 관
계 개선에 별다른 필요성을 느끼지 못했을 가능성이 많았다. 그러
나 2001년 1월 미국에서 북한에 대해 강경한 부시 행정부가 출범

함에 따라 김 위원장은 급히 중국과의 관계를 개선할 필요성을 절감했던 것으로 보였다.

2차 방중 당시 김 위원장은 먼저 4일간 상하이를 방문했다. 이때 주룽지 총리가 직접 상하이에 내려가 김 위원장의 일정에 동행했고 김 위원장을 위한 연회를 개최하기도 했다.

상하이 방문을 마친 김 위원장은 베이징으로 가서 장쩌민 주석과 회담을 가졌다. 김 위원장은 상하이의 개혁개방으로 발생한 천지개벽의 거대한 변화는 중국공산당이 실행한 개혁개방 정책이 정확한 것임을 충분히 증명해 준 것이라고 강조했다. 그러면서 앞으로 한국과의 관계 개선 노력을 지속하겠으며, 남북공동성명에 기초하여 쌍무 관계를 계속 늘려 나가기를 바라고 있다고도 말했다.

이와 같은 김 위원장의 방중이 남북 관계 개선에 도움이 될지, 아니면 단순히 중국과의 관계를 향후 미ㆍ북 관계에서 지렛대로 이용하려는 것인지는 아직 불명확했다.

* 남북 관계의 모멘텀을 유지하기 위한 노력

북한은 우리와 6ㆍ15 공동선언을 했다고 하더라도 자신들이 주도적으로 남북 관계를 끌고 갈 명확한 비전이 없었으므로 결국 남북 관계는 우리가 주도적으로 이끌 수밖에 없었다. 그래야만 남북 관계의 모멘텀이 유지될 수 있기 때문이었다.

우선 남북 간의 화해협력을 증진하는 데 가장 중요한 것은 김정일 위원장의 서울 방문이었다. 또한 국방장관회담을 개최하여 서로의 신뢰를 쌓으면서 경협관련 4개 합의서를 비준하고, 북한 시찰단의 한국 방문도 추진하며, 특히 이산가족 문제를 획기적으로 발전시킬 수 있는 근본적인 해결책을 마련하는 것이 시급했다. 그리고 사회, 문화, 스포츠 등의 교류도 적극적으로 추진해 나가는 것이 필요했다.

한편 한반도 평화를 위해서는 국제적으로 한 · 미 · 일 공조를 굳건히 유지해 나가는 것이 중요했다. 왜냐하면 이것은 지금까지 한반도에서 전쟁을 억제하고 평화를 유지하는 한편, 우리가 대북관계를 이끌어 오는 데 도움을 주었기 때문이었다. 특히 새로 출범한 부시 행정부와의 협력에 있어서도 차질이 없도록 하는 것이 중요했다. 또한 북한이 국제사회에 진출해서 활발하게 국세사회의 책임 있는 일원으로 역할을 다하도록 하는 것도 필요했다.

우리는 2001년 연초부터 지난 2000년 9월 말 대북식량차관 제공과 함께 WFP(World Food Programme)를 통한 옥수수 10만 톤을 무상으로 지원하기로 한 방침과 관련하여 WFP와의 협의를 진행하면서, 제2차 적십자회담과 제4차 장관급회담에서의 합의 사항을 차질 없이 이행하기 위한 제3차 남북적십자회담을 추진했다.

또한 2월 초에는 남북 철도 및 도로 연결 관련해서 제5차 남북 군사실무회담을 개최하여 남북 관리구역 설정과 남과 북을 연결하는 철도와 도로 작업의 군사적 보장을 위한 합의서를 타결했다. 또, 북측과 3월 13-15일 서울에서 제5차 남북 장관급회담을 개최하기로 합의하고 회담을 위한 준비를 하고 있었다.

＊ 북한의 제5차 남북 장관급회담 불참

그런데 3월 7일 열린 한·미 정상회담 후 가진 기자회견에서 부시 대통령이 김정일 위원장을 "독재자", "버릇없는 아이"(spoiled child)로 표현한 발언이 북한을 자극했다.

북측은 3월 13일 아침 전금진 단장 명의의 전화 통지문을 통해 서울에서 개최 예정인 제5차 남북 장관급회담 불참을 통보해 왔다. 북측은 불참사유는 구체적으로 언급하지 않은 채 "여러 가지를 고려하여"라고만 말했다. 우리 정부는 바로 '통일부장관 대북 전통문'을 통해 유감을 표명하고 조속히 회의를 개최할 것을 촉구했다.

북측이 별안간 이런 태도를 취한 요인으로는 다른 무엇보다도 한·미 정상회담 결과에 대한 불만 때문이라고 생각할 수 있었다. 물론 금강산 관광사업이나 전력 협력 문제에 대한 불만도 가정할 수 있지만, 그러기에는 북한의 태도가 너무 돌발적이었다.

그런데 남북 장관급회담은 6·15 남북공동선언의 이행을 위한 중심 협의체였기 때문에 개최가 계속 지연될 경우, 남북 관계에 심각한 영향을 미칠 수밖에 없었다. 우선 이산가족 문제 등 남북 간의 현안들의 해결이 지연될 것이고, 제2차 남북정상회담 개최 등 우리 측이 구상하고 있는 금년도 남북 관계의 기본 구도에도 차질이 올 수밖에 없었다. 그렇게 될 경우 결국 국내에서 비판적인 여론이 고조될 것이 분명했다.

남북 장관급회담의 개최 지연은 북한에게도 좋을 것이 없었다. 대외적으로 북한에 대한 의혹과 불신을 증폭시키고, 특히 부시 행정부의 대북 강경책을 부추길 가능성이 더욱 높아지기 때문이었다.

그러나 우리 정부로서는 다른 방법이 없었다. 지금까지와 같이 대북정책의 기조와 원칙을 일관성 있게 견지하면서 북한의 반응을 기다리는 것 외에는 다른 방법이 없었다.

> * 북한이 부시 대통령의 태도에 분개하여 남북 간 대화를 중단하고 남북 관계를 경색시킨 것은 큰 실책이었다. 북한은 남북 관계를 경색시킴으로써 부시 신행정부의 강경파들이 원하는 상황을 만들어 줄 것이 아니라, 오히려 남북 관계를 더욱 발전시킴으로써 그들의 입지를 축소시켰어야 옳았다. 북한의 이러한 실책으로 인해 6·15 공동선언 이후 '속도조절론'이 나올 정도로 발전되어 온 남북 관계가 서서히 동력을 잃어 가기 시작했다.

** 외교·안보 장관들의 전면 교체

3월 13일 북한이 남북 장관급회담의 불참을 통보한 이후 김 대통령은 3월 26일 국정쇄신 차원에서 19명의 각료 중 10명을 교체하는 대대적인 개각을 단행했다.

그중에서도 외교·안보 장관들은 전부 교체되어 통일부장관에 임동원 국정원장, 외교통상부장관에 한승수 의원, 국방부장관에 김동신 전 육군참모총장, 국정원장에 신건 전 국정원 2차장이 임명되었다.

이 중에서 임동원 통일부장관은 6·15 공동선언을 본격적으로 추진해야 할 시점에 국정원장의 신분으로는 제약이 많기 때문에 대통령이 다시 통일부장관에 임명한 것이었다.

＊ 남북 관계 타개를 위한 노력

우리는 점차 동력을 잃어 가고 있는 남북 관계를 타개하기 위해 경의선 철도 및 도로 연결 공사와 관련해서 비무장지대 남방경계선 이남 공사는 예정대로 조속히 완료하는 동시에 비무장지대 내 공사는 철도를 우선으로 추진하기로 했다. 그리고 경제협력에 관한 4개 합의서의 발효를 추진하고, 남북합의서 처리 등 남북 간 협의를 법적으로 뒷받침할 방안을 강구해 나가기로 했다.

또한 북한 적십자사가 대한적십자사를 통해 요청해 온 '요소비료 20만 톤의 조기 지원'을 검토한 결과, 비료는 시비(施肥) 적기에 맞추어 지원하는 것이 효과적이라는 점과, 인도적 차원을 고려하여 요소 및 복합비료 중심으로 20만 톤을 지원하기로 결정했다.

한편 침체된 금강산 관광사업의 활성화를 위해서 현대와 북측이 6개월간의 협상 끝에 관광공사가 사업에 참여하여 컨소시엄(consortium)으로 발전시켜 나갈 수 있게 되었고, 이에 따라 관광 대가 조정, 육로관광 및 관광특구 지정으로 수익성을 확보할 수 있을 것으로 전망되었다.

＊＊ 하노이 ARF(아시아지역포럼)에서의 북한의 태도

7월 말 베트남 하노이에서 열린 아시아지역포럼(ARF) 회의에서 북한 대표단은 "역사적인 남북정상회담 이후 한반도의 화해·협력을 위한 모멘텀이 마련되었고, 남북 간에 다양한 수준의 대화와 협력이 진행되는 등 한반도에서 긍정적인 발전이 있었지만, 최근 미국 신행정부가 북한에 대해 강경 정책을 취하면서 대북정책 검토를 이유로 한반도 상황을 되돌려 놓고자 하고 있다. 그러나 중요한 것은 6·15 남북공동선언의 이행이며, 이를 위해서는 미국 등 관련국들의 지원이 필수적이다. 미·북 대화는 대등하고 공정한 바탕 위에서 진행되어야 하며, 전제조건을 내세워서는 긍정적 결과가 나올 수 없다"고 주장했다.

한편 ARF 회의에서 북한 대표단은 우리 대표단에게 예의를 지키면서도 발언을 극도로 자제했다. 북한 대표단의 고위 대표는 우리 고위 대표에게 김정일 위원장의 답방은 김 위원장이 김 대통령에게 한 약속인 만큼 실현될 것이지만 시기가 문제이며, 북한에 대한 미국의 적대적인 태도가 해소되어야 북·미 대화가 가능하다고 말했다. 그러면서 남북 대화는 지난 3월 이후 미국의 압력으로 영향을 받게 되었기 때문에 먼저 북·미 간의 대화로 풀어야 한다고 강조했다.

∗ 김정일 위원장의 러시아 방문

김정일 위원장이 7월 26일부터 8월 18일까지 24일간 열차로 러시아를 방문했다. 러시아 측에서는, "금년 4월부터 김정일 위원장이 러시아를 방문하겠다고 하면서 계속 방문을 연기하는 것에 대해 러시아가 강력한 불만을 제기했으며, 북한도 더 이상 방문을 미루다 가는 러시아와의 관계에 문제가 생길 것을 우려하여 급작스럽게 결정된 것"이라고 설명했다.

김 위원장은 8월 4일 푸틴 대통령과 정상회담을 가졌으며, 이 회담에서 푸틴 대통령은 지난 2월 자신의 한국 방문 결과를 설명하면서 남북 대화의 중요성을 강조하고, 특히 남북한 간에 중요한 회담이 성사되기를 희망한다고 설명했다. 이에 대해 김정일 위원장은 고개를 끄덕이면서 동의를 표했지만 별다른 언급은 하지 않았다고 한다. 또한 김 위원장은 러시아를 방문하는 기간 중 한국에 관해 한 번도 부정적인 언급을 한 적이 없었고 특히 김대중 대통령에 대해 깊은 친밀감과 존경의 뜻을 표명했다고 한다.

한편 푸틴 대통령은 김정일 위원장에게 외교 강화를 위해 다른 나라들과의 적극적인 대화의 필요성을 강조하고, 특히 미국과의 대화 재개를 권유했다. 그러자 김 위원장은 이에 대해 동감을 표시하면서도 미국이 북한을 불신하고 있다고 비난하면서, 북한이 비록 가난하지만 다른 나라들이 북한의 국가 존엄을 짓밟고 북한을 우스꽝스럽게 만들려고 한다면 절대로 가만있지 않을 것이라고 강조했다고 한다.

러시아 측은 김 위원장이 러시아 방문 기간 중 시장경제의 운영 방안, 산업 및 농업 발전 방안 및 사회제도 운영방안 등에 관해 많은 질문을 했다고 밝히고, 김정일이 러시아의 변화된 실상을 직접 확인한 것을 가장 큰 성과로 평가했다.

김 위원장이 평양으로 돌아간 다음, 북한 매체들은 중대 방송을 통해 러시아 방문 결과를 발표하면서, 김 위원장이 20여 일간 5만 여 리에 달하는 먼 길을 오가며 정력적으로 활동하여 북·러 관계에 불멸의 공헌을 했다고 보도했다.

* 임동원 통일부장관의 해임결의안 통과

8월 15일 평양에서 열린 '2001년 민족통일대축전' 행사에 남측 민간대표 300여 명이 참가했다. 그런데 우리 대표단의 방북을 심사 하는 과정에서 북측이 동 행사 장소를 '조국통일3대헌장기념탑'에 서 하기로 한 데 대해 정부는 방북을 허가할 수 없으니 장소를 바꾸 라고 남측 추진본부에 권고했다. 며칠 후 북측이 3대헌장기념탑 앞 에서는 북측만 단독으로 하겠으니 남측 대표단은 참관만 하라고 제 의해 왔지만, 정부는 이것을 속임수로 판단하고 방북을 허가하지 않았다. 그중에서도 임동원 통일부장관이 가장 강력하게 반대했다.

그러자 남측 추진본부에 소속된 민화협과 7대 종단 대표들은 자 신들이 북한에 가면 첫째 북한의 조국통일3대헌장기념탑 앞에서는 행사를 하지 않고 다른 장소에서 할 것이고, 둘째 출국 전 기자회견 을 통해 방북 기간 중 절대로 북한에 정치적으로 이용당하지 않을 것이라는 점을 분명히 천명할 것이며, 셋째 방북하는 사람들을 대 신해 각 단체의 대표들이 방북 중 정치 활동을 하는 경우에는 귀국 한 다음 법적 책임을 묻더라도 이를 수용하겠다는 각서를 제출하겠 다고 약속했다.

결국 남측 대표단은 북한을 방문했으며, 방문 기간 중 정부가 예상했던 대로 개인들에 의한 여러 가지 돌출 행동들이 나타났다. 일부 언론들이 이것을 대대적으로 보도하기 시작했으며, 야당은 9월 3일 이에 대한 책임을 물어 임동원 통일부장관에 대한 해임안을 제출했다.

9월 3일 국회에서 해임안이 통과되었다. 민주당과 함께 '국민의 정부'를 받치고 있던 자민련이 야당에 동조한 것이었다. 이로써 민주당과 자민련의 공동정부는 끝이 났고, 'DJP' 공조는 붕괴했다.

그러나 임동원 장관은 담담하고 의연했다. 내가 위로의 말을 했을 때 임 장관은 "너무나 잘되었으며, 모든 것은 앞으로 역사가 평가할 것"이라고 대답했다. 나는 옆에서 모든 과정을 직접 목격한 사람으로서 임 장관이 모든 책임을 지고 물러나는 것이 안타까웠다.

이틀 후인 9월 5일 오전 국회에서 2001년도 예산 결산 심의를 위한 국방위원회가 열려 나도 참석했다. 질의 도중 야당 의원들이 내게 임동원 통일부장관의 해임 결의에 대해 어떻게 생각하느냐고 물었다. 이에 대해 나는 이렇게 대답했다.

"임동원 장관이 철학과 소신을 갖고 잘해 왔는데 이번에 국회에서 해임 결의안이 통과된 것은 국가적인 불행이라고 생각합니다. 훗날, 오늘을 돌이켜 보면 틀림없이 불행했던 사건으로 평가할 것입니다."

그러자 야당 의원들이 지금 무슨 소리를 하는 거냐고 소리를 지르면서 나에게 발언을 사과하거나, 취소하라고 요구했다. 그러나 나는 다시 "그동안 햇볕정책을 열심히 추진해 오던 통일부장관이 국회에서 해임 결의된 것은 어쨌든 불행한 일이며, 그러한 개인적인 감정을 표현한 것일 뿐"이라고 답변했다.

9월 7일 홍순영 주중대사가 통일부장관으로 임명되었다. 그리고 후임 주중대사로 내가 내정되었다. 대통령은 9월 11일 임동원 전 장관을 대통령 외교안보특보로 임명했다.

* 북한의 남북 당국 간 대화 제의

9월 2일 오후 북한의 평양방송은 남북 당국 간 대화의 조속한 재개를 제의하는 방송 통지문을 발표했다. 이것은 우리가 예상하지 못한 것이었다. 그런데 9월 3일 중국의 장쩌민 국가주석이 평양에 도착하기로 되어 있었다. 우리는 이미 장 주석이 북한에 가서 김 위원장을 만나면 남북 관계에 대해 이야기해 달라고 중국 측에 요청해 놓은 상황이었다. 그것을 알고 있는 김 위원장이 나중에 혹시 남북 대화를 하게 되더라도 중국 측 요청에 의해서 하게 되었다는 말을 듣기 싫어 장 주석 평양 도착 하루 전에 전격적으로 우리에게 대화 재개를 요청한 것이 분명했다. 어쨌든 중국으로서는 맥이 빠졌을 가능성이 컸다.

* 남북 장관급회담 북측 수석대표의 대통령 예방

제5차 남북 장관급회담이 9월 16일부터 서울에서 개최되었다.

제4차 회담이 2000년 12월 중순에 개최되었으니 9개월 만에 열리는 회담이었다. 우리 측 수석대표는 홍순영 장관이었고, 북측 대표는 김영성 단장이었다. 회담이 진행 중인 9월 17일 오후 김영성 북측 단장이 청와대로 대통령을 예방했다.

대통령이 북측 단장에게 이번 회담에 만족하는지 묻자 북측 단장은 회담에서 우리가 독자적, 주도적으로 겨레에게 신심을 주자는 입장에서 여러 안건을 제기했으며, 적지 않은 부분에서 합의를 이룰 수 있을 것으로 본다고 대답했다.

대통령은 미국 테러 사건으로 세계가 떠들썩한데 남북이 회담을 잘해서 평화 정착으로 나아가는 모습을 보여 주는 것이 중요하며, 이번에는 좋은 결실을 맺어야 한다고 말했다. 이에 대해 북측 단장은 우리가 6·15 공동선언을 중시하여 남과 힘을 합쳐 기초를 닦아 놓았기 때문에 복잡한 정세에서도 회담을 성사시킨 것이라고 했다.

대통령은 다시 북·미 관계와 남북 관계는 서로 잘되어야 하며, 지난 3월 미국 방문 시 채택한 한·미 공동선언에 남북 문제는 한국이 주도하고 미국은 한국의 대북 화해협력을 지지한다는 내용이 들어있는데, 북에서도 우리를 도와주어야 하고 서로 대화를 통해 관계를 발전시켜야 한다고 말했다. 그러면서 이번 당국 간 회담이 열려 미국의 테러 사건으로 국제정세가 긴장된 속에서도 평화의 길을 모색하는 것이 다행이며, 이런 때일수록 6·15 공동선언을 철저히 이행해 나가야 하는데, 중요한 것은 세계가 김 위원장의 서울 방문을 주시하고 있다는 것이고, 남북 관계 발전의 기틀을 확고히 완성해 놓아야 한다고 강조했다. 이에 대해 북측 수석대표는 대통령님의 뜻을 잘 알겠으며 돌아가면 상부에 보고하겠다고 대답했다.

대통령은 끝까지 6·15 공동선언의 원칙을 지켜 나갈 것이며 그래야 역사 속에서 김 위원장도 성공하고 자신도 성공할 수 있다고 강조했다.

∗ 제5차 서울 남북 장관급회담 개최 결과

9월 18일 오후 제5차 남북 장관급회담이 끝나고 13개 항의 공동발표문이 발표되었다. 우선 남북은 4차 이산가족 방문단을 10월 16일부터 18일까지 서로 교환하기로 했으며, 또한 민족경제의 균형적 발전과 경협 확대를 위해 서울-신의주 철도, 문산-개성 도로와 개성공단을 연결하기 위한 군사적 보장합의서가 서명·발효되는 대로 연결공사에 착수하고 가급적 빠른 시일 내에 개통하기로 합의했다.

또한 개성공단 사업을 적극 추진하기 위해서 빠른 시일 내에 실무접촉을 가지며, 10월 4일 당국회담을 열어 금강산 관광사업 활성화 문제를 협의하는 동시에 이미 서명 교환한 투자보호, 이중과세방지, 상사분쟁해결절차, 청산결제 등 4가지 합의서들을 각기 내부절차를 거쳐 빠른 시일 내 발효시키기로 했다. 한편 제2차 경협추진위원회를 10월 23일부터 26일까지 개최하기로 하고, 태권도 시범단을 교환하기로 했으며, 제6차 남북 장관급회담을 10월 28일부터 31일까지 개최하기로 했다는 내용이었다.

그러나 북측은 김정일 위원장 답방 문제에 대해서는 '6·15 공동선언'에 따라 '적절한 시기'에 방문할 것이라고 하면서 "김 위원장이 직접 결정할 것"이라고만 설명했다.

이번 회담을 통해 양측은 그동안 이행이 지연되고 있는 합의사항에 대한 추진 방향과 일정에 합의함으로써 남북 대화의 정례화와 확대 발전의 계기를 마련했다. 북한 대표단은 공동선언의 이행 의지를 거듭 강조하면서 남북 관계 개선에 대한 적극적인 자세를 표명했다. 남북 대표단 모두 이산가족 문제 해결 제도화, 경의선과 금강산 도로, 국방장관회담 등 미흡한 사항은 추가적 협의를 할 수 있는 계기를 마련하는 선에서 마무리했고, 북측도 전력 제공, 식량 지원 등에 관해 전처럼 억지를 쓰는 태도를 보이지 않았다.

결국 이번 회담의 가장 중요한 성과는 9·11이라고 하는 긴박한 국제 정세 하에 남북 장관급회담이 열림으로써 한반도의 평화 진전에 기여했고, 국민들에게 안도감을 주었으며 국제 사회의 신뢰를 형성하는 데 중요한 계기를 마련했다는 것이다.

* 그러나 제5차 남북 장관급회담이 이루어진 것은 북한이 진정으로 남북 관계를 발전시키기 위해서 취한 결정은 아닌 것으로 보였다. 북한으로서는 9·11 사태 이후 미국의 태도가 급변하여 당분간은 미·북 대화를 기대하기가 어려워졌고, 또한 중국의 장쩌민 주석 방북을 계기로 식량과 에너지 원조에 큰 기대를 걸었지만 중국이 예상 밖으로 적은 원조를 약속함으로써 크게 실망했음에 틀림없었다. 그래서 북한으로서는 다시 당분간 한국과 적당한 관계를 유지하는

것이 필요했을 것으로 보였다. 이와 같이 급변하는 상황 속에서도 자신들의 주장만을 고집하는 북한 때문에 남북 관계는 계속 흔들리고 있었다.

7.
9 · 11 사태의
발생과
고조되는 긴장

8월 중순 주한 미국대사관 측에서는 부시 대통령이 10월 중 2박 3일간의 일정으로 한국을 방문하는 것을 검토 중이라고 하면서, 방한 기간 중 김 대통령과의 정상회담과 만찬 이외에, 자유의 집을 방문하고 미군부대를 방문하여 오찬을 하는 일정을 검토하고 있다고 알려 왔다. 그 당시 일본 언론에서 부시 대통령이 10월 16-18일 일본을 방문할 예정이라는 보도가 이미 나왔기 때문에 한국 방문은 그 전후가 될 것으로 예상되었다.

8월 말 미국 측은 다시 9월 유엔 총회 계기에 김대중 대통령과 부시 대통령 간의 회동을 고려 중이며, 동 회동을 통해 양국의 동맹 관계를 과시하고 특히 부시 대통령이 김 대통령에게 미국이 북한과의 대화에 진지한 의지를 갖고 있음을 직접 설명할 예정이라고 알려 왔다.

유엔 특총(아동특별총회)에서 부시 대통령과의 회동, 그리고 부시 대통령의 방한은 모두 중요한 일정이었다. 그래서 나는 부시 대통령 관련 일정과 더불어 대통령의 유엔 특총 참석 일정, 그리고 중남미 2개국 순방을 준비하느라 매우 바쁜 시간을 보내고 있었다.

9월 10일 한광옥 비서실장이 민주당의 대표로 돌아가고, 11일에는 청와대 정무수석, 민정수석, 교육문화수석, 공보수석이 교체되었고 외교안보수석은 후임이 내정된 것으로 발표가 났다. 그리고 그날 저녁 대통령 관저에서 한광옥 전 비서실장과 이임하는 수석비서관 4명을 위한 대통령 주최 만찬이 있었는데, 나도 교체 대상이었기 때문에 만찬에 참석을 했다. 만찬은 저녁 9시에 끝이 났다. 나는 사무실로 돌아와 잔무를 정리하다가 10시가 넘어 퇴근을 했다.

＊ 9 · 11 사태의 발생과 조치

그리고 집에서 뉴스를 보기 위해서 텔레비전을 켜 놓았는데 10시 30분경에 별안간 뉴욕의 세계무역센터 쌍둥이 빌딩이 비행기의 테러 공격을 받았다는 긴급뉴스가 나오기 시작했다.

나는 얼른 청와대 상황실 등에 연락하여 상황을 체크한 다음에 밤 11시경 관저에 계신 대통령에게 전화를 했다. 그리고 대통령께 현재 상황을 보고하고, 우선 외통부에서 테러 행위를 비난하는 성명을 발표함과 동시에 대통령 명의로 부시 대통령에게 위로 전문을 보내겠다고 건의했다. 나는 바로 이상주 신임 비서실장에게도 전화로 상황을 보고했다.

조금 후 대통령이 나에게 전화를 해서 전군과 경찰에 비상경계령을 내리는 동시에 내일 아침에 안전보장회의를 소집하라고 지시했다. 나는 먼저 국방부장관에게 전화를 해서 군의 비상경계령 발동에 관한 대통령 지시사항을 전달한 다음, 이한동 총리에게도 경찰 비상경계령 발동에 관한 대통령 지시사항을 전화로 전달했다. 또한 국정원장에게도 대통령 지시사항을 전달하는 동시에 비서실장에게는 현재까지의 상황을 보고했다.

나는 전화를 하면서 상황이 점점 심각해지는 것을 보고 바로 사무실로 갔다. 밤 12시가 조금 넘어 청와대에 도착했는데, 대통령께서 전화를 하여 내일 아침 8시에 안전보장회의를 소집하고, 동 회의에 대통령께서도 참석하겠다고 말했다. 나는 다시 비서실장에게 상황을 보고했다.

밤 12시 반이 되자 외교안보수석 산하 비서관들과 NSC(국가안전보장회의) 사무차장을 비롯한 직원들이 모였다. 우리는 그때부터 완전히 밤을 새워 가며 회의를 하면서 대책을 협의하고, 안전보장회의 자료를 만들었다.

*͙ 대통령 주재 안전보장회의

아침 8시부터 대통령 주재 국가안전보장회의가 열렸다. 위원인 총리, 국방부장관, 국정원장, 대통령 비서실장, 안보회의 사무처장 (외교안보수석 겸임), 통일부장관대리(차관), 외통부장관대리(차관)와 배석자로서 재정경제부장관, 행정자치부장관, 국무조정실장, 경제수석비서관, 공보수석비서관 등이 참석했다.

먼저 외교통상부에서 사태 개요와 미국 정부 조치 및 외통부 조치사항 등을 보고한 다음, 미국 정부가 당분간 이번 사태 수습에 전력을 기울일 수밖에 없는 상황임에 비추어, 부시 대통령의 외국 순방 계획이 조정될 가능성이 있다고 보고했다. 다음은 국방부에서 미국 테러 비상사태 관련 상황 및 대책을, 행정자치부에서는 국내 경계ㆍ경비 강화 대책을 보고했다.

마지막으로 대통령은 이번 미국에서 발생한 테러 사태에 대해 경악과 분노를 금치 못하며, 희생자들에 대한 애도를 표하고 조속한 진상규명과 피해복구가 이루어지기를 희망하면서, 테러는 무고한 사람들을 희생시키는 행위로써 어떠한 경우에도 용납되어서는 안 되며, 철저한 조사와 응분의 처벌이 있어야 한다고 강조했다. 그리고 우리 정부는 이번 사태를 계기로 테러에 대한 새로운 경각심을 갖고, 그와 같은 일이 발생하지 않도록 테러 가능성에 대비하여 철저한 경계와 만반의 비상대책을 강구하라고 지시했다.

또한 대통령은 정부가 본 건과 관련해서 미국과 긴밀히 공조하고 협력해 나갈 것이며, 주변 4강에 대하여 한반도에서의 평화 유지를 위한 협력을 요청할 것이고, 정부는 사태발생 이후 즉각적인 대응조치를 취했으며, 앞으로도 만반의 조치를 취할 것이므로 국민들은 안심하시기 바란다고 말했다. 대통령은 마지막으로 정부가 본 사태와 관련하여 국회의장, 대법원장, 야당(한나라당, 자민련)에도 동 사태의 진상과 상황을 설명하고 의견을 수렴하여 대처해 나갈 것이라고 밝혔다.

국가안전보장회의가 끝난 다음 대통령은 비상 국무회의를 주재하고, 바로 대국민 담화를 발표했다.

그날 저녁 늦게 나는 비서관 회의를 주재한 다음, 비상근무를 시작했다. 같은 날 밤 뉴욕에 있는 한승수 외통부장관이 나에게 전화를 해서, 원래 오늘 유엔 총회 의장으로 선출될 예정이었는데 유엔 총회가 하루 연기되어 내일 총회 의장으로 선출될 예정이며, 내일 회의에서 유엔 아동특총이 연기될 것 같다고 설명했다.

다음 날 나는 다시 뉴욕에 있는 한승수 외통부장관과 통화를 했다. 한 장관은 미국 정부가 외국 원수들에 대해 안전을 보장할 수 없다고 말하고 있는 점에 비추어 대통령의 유엔 총회 참석은 사실상 곤란하며, 또한 중남미 방문도 현재 상황을 볼 때 방문을 하지 않더라도 동 국가들이 충분히 납득할 것이므로 이번에는 가시지 않는 것이 좋겠다고 설명했다.

* 부시 대통령과의 통화

우리 정부는 9월 13일을 미국의 테러 사태를 추모하기 위한 애도의 날로 정하고, 미국이 전개하고 있는 대응조치를 위한 전 국가적 노력과 국제적 지지 확보 노력에 동맹국으로서 동참키로 했다. 그리고 대통령 명의의 부시 대통령 앞 메시지를 통해 미국의 대응 조치에 대한 확고한 지지 입장을 전달하기로 했다.

9월 19일 부시 대통령이 김 대통령에게 전화를 걸어 왔다. 부시 대통령은 지금과 같이 어려운 시기에 미국 국민과 연대를 함께 해 주시는 김 대통령에게 감사를 드린다고 말했다.

이에 대해 김 대통령은 무엇보다도 천인공노할 테러 행위로 인해서 엄청난 사상자가 발생한 데 대해서 형언할 수 없는 분노와 슬픔을 느끼며, 한국 국민들을 대표하여 대통령님과 미국 국민들에게 심심한 위로의 뜻을 전하며, 희생자들의 명복과 부상자들의 조속한 쾌유를 기원한다고 말했다. 그리고 미국 국민들은 위기 시 더욱 일치단결하여 국난을 극복하는 위대한 전통을 가지고 있는 바, 부시 대통령의 영도 하에 미국 국민들이 슬기롭게 재난을 극복해 나갈 것으로 확신한다고 말했다. 또한 지난 17일 부시 대통령에게 보낸 메시지를 통해 우리 정부가 한·미 상호방위조약의 정신에 따라 미국의 동맹국으로서 필요한 모든 협력과 지원을 할 것이며, 테러 행위 근절을 위한 국제적 연합에도 참여할 것임을 선언한 바 있다고 말했다.

이에 대해 부시 대통령은 감사를 표하면서, 미국 국민에 대한 한국의 관심을 전달할 것이며, 앞으로 테러와의 전쟁을 수행하는 데 있어 계속 협의를 해 나가자고 말했다.

9월 25일 밤에 주한 미국대사관의 대사대리가 나에게 전화를 해서 부시 대통령의 방한 계획이 연기되었으며, 한국뿐 아니라 일본 및 중국 공식방문 계획도 연기했다고 하면서, 그 대신 김 대통령과는 상해 APEC 정상회의 시 별도의 정상회담을 갖기를 희망한다고 설명했다.

9월 30일 국방부장관이 나에게 전화를 해서 한반도를 위해 대기하는 항공모함 키티호크가 인도양으로 이동함에 따라, 미국이 만일의 사태에 대비하여 알래스카에 배치되어 있는 F-15 전투기 1개 대대를 한반도에 전진 배치할 예정이며, 그 사실을 오늘밤 10시경 서울과 워싱턴에서 동시에 발표할 예정이니 동 내용을 대통령께 보고 드려 달라고 요청했다.

드디어 9 · 11 사태의 영향이 한반도에도 밀려오기 시작했다.

* 2001년 9월 뉴욕에 있는 '양심의 호소'(Appeal of Conscience) 재단이 수여하는 2001년도 세계 정치지도자상 대상자로 김대중 대통령이 선정되었다. 재단에서는 당초 김 대통령의 유엔 특총 참석을 계기로 수상식을 하려고 했는데, 9 · 11 사태로 대통령의 유엔 특총 참석이 취소되는 바람에 당시 유엔 총회 의장 자격으로 뉴욕에 머무르고 있던 한승수 외통부장관이 9월 24일 대통령 대신 참석하여 수상했다.
수상식의 명예위원장은 부시 대통령이었는데, 9 · 11 위기 상황에서도 부시 대통령은 수상식에 아래와 같은 축하 메시지(9월 21일자)를 보내 왔다.

"Appeal of Conscience 재단의 연례시상 만찬에 참석한 모든 분들께 따뜻한 인사의 말씀을 전하게 된 것을 기쁘게 생각합니다. 특히 금년도 세계 정치지도자상의 수상자이신 한국의 김대중 대통령께 축하의 말씀을 전하게 된 것을 영광스럽게 생각합니다.

김 대통령의 생애는 인권 그 자체(testament to the cause of human rights)이며, 그의 삶의 역사는 억압과 불관용, 불의로 고통받는 수많은 사람들에게 격려가 되고 있습니다. 혹독한 박해 앞에서, 김 대통령은 인간의 본질적 존엄성에 대한 믿음을 결코 굽히지 않았습니다.

투옥의 어둠 속에서도 그는 조국을 위해 자유의 축복을 확보하려는 투쟁을 결코 포기하지 않았습니다. 결국 그의 인내와 의지는 보답을 받았습니다. 오늘날 한국은 아시아 전체와 전 세계에 대해, 민주주의를 이루려는 결의에 찬 사람들을 위한 민주주의 승리의 귀감으로 우뚝 서 있습니다.

대통령으로서 북한과의 평화와 화해를 추구하는 데 있어서도 김 대통령은 동일한 비전과 용기와 의지를 보여 왔습니다. 김 대통령의 지치지 않는 노력 덕분으로 한반도에서 긴장이 완화되고 이산가족이 재결합하며, 항구적인 평화를 향유하게 되는 때를 예견하기가 좀 더 쉬워졌습니다. 비록 앞에 놓인 길은 어렵고 불확실하지만, 김 대통령의 노력은 놀랄 만한 결과를 이루었으며, 저는 그의 지도력과 확고한 결의를 칭송합니다. - 조지 부시."

8.

주중대사가 되어
청와대를 떠나다

　9월 3일 임동원 통일부장관의 해임안이 국회에서 통과된 다음, 대통령이 가장 먼저 생각한 것은 통일부장관을 임명하는 것이었다. 대통령은 2년 전인 1998년 8월에 은퇴한 직업외교관인 홍순영 전 대사를 외교통상부장관으로 발탁했다. 그리고 장관에서 은퇴한 홍순영 장관을 다시 주중대사로 임명했다. 이제 어쩌면 '국민의정부'의 마지막이 될 통일부장관, 그리고 계속 흔들리고 있는 남북 관계를 단단하게 끌고 갈 수 있는 다부지고 능력 있는 장관이 필요했다. 대통령은 고심에 고심을 거듭한 끝에 홍순영 주중대사를 다시 통일부장관으로 발탁했다.

　9월 7일 홍순영 주중대사의 통일부장관 임명이 발표되었다. 동시에 자민련에서 추천한 4명의 장관들이 돌아가고, 새로운 장관들이 임명되었다.

* 주중대사로 내정되다

그날 대통령은 나에게 그동안 청와대에 와서 고생이 많았다고 하면서 이제 홍순영 장관의 후임으로 주중대사로 나가라고 말했다. 그러면서 중국은 한국에 매우 중요한 나라이며, 앞으로 우리 국민들이 안심하고 살아가기 위해서는 한반도에서 평화가 유지되어야 하는데, 이를 위해서는 미국과 중국의 협력이 가장 중요하다고 말했다. 그리고 또한 중국은 우리에게 경제적으로도 너무나 중요한 나라이며, 우리의 국익을 신장시키고 우리 경제에 활력소를 불어넣는 데 있어 아주 중요한 나라라고 강조했다.

대통령은 그러면서 일단 주중대사로 내정해서 정식으로 아그레망도 신청하고 부임 준비를 하되, 9월 중순으로 예정된 대통령의 유엔 특총 참석과 중남미 순방을 마치고 돌아온 다음, 주중대사로 부임하라고 지시했다.

* 9 · 11 사태 발생과 해외 순방 취소

9 · 11이 발생했다. 상황은 급박하게 돌아갔고 매일매일이 너무나 바빴다. 그중에서도 우선 대통령의 유엔 특총과 중남미 순방 문제를 빨리 정리해야 했다. 미 국무부는 9 · 11 사태 이후 그해의 유

엔 총회에 외국 국가원수들의 유엔 방문을 자제해 줄 것을 요청했다. 나는 유엔 총회 의장 자격으로 뉴욕에 머무르고 있는 한승수 외통부장관에게 전화를 걸어 의견을 물었다. 한 장관은 금년도 유엔 특총은 이미 연기되었고, 지금 미국 정부에서 미국에 들어오는 외국 정상들에 대한 안전을 보장할 수 없다고 하니 대통령이 유엔에 오시는 것은 무리며, 중남미 방문도 현재 상황을 볼 때 방문하지 않더라도 충분히 납득할 것이므로 이번에는 가시지 않는 것이 좋겠다고 대답했다.

나는 대통령에게 한 장관의 이야기와 미국 정부의 상황을 보고하면서 아무래도 금년에 유엔에 가시는 것은 어려울 것 같다고 보고했다. 대통령은 지금은 비상 상황이니 그렇게 하자고 하면서 다만 중남미 순방 대상국에 대해서는 주한대사들을 불러 상황을 잘 설명해서 반응을 보라고 지시했다.

나는 외통부에 대통령의 지시를 전달했고, 외통부에서는 즉각 방문 대상국인 중남미의 주한대사들을 불러 사정을 설명했다. 대사들은 대통령의 방문이 연기되어 아쉽지만 방문이 연기될 수밖에 없는 사정을 충분히 이해하고 있다고 하면서, 대통령의 방문 문제는 다음 해 양국의 사정을 보아가면서 외교 채널을 통해 재협의하자는 반응을 보였다. 나는 다시 대통령에게 중남미 대사들의 반응을 보고한 다음, 대통령 지시에 따라 해당 국가의 국가원수 앞으로 대통령 명의 친서를 발송토록 하였다.

그 당시 9·11에 관련된 많은 회의가 있었고, 거기에 남북 장관급회담까지 열리는 바람에 대사 부임 준비는 전혀 못하고 있는 중이었다.

9월 25일 국무회의에서 주중대사 임명 제청 건이 통과되었다. 그리고 중국 외교부에서 내가 언제 부임할 것인지 문의하는 연락이 왔다. 나는 할 수 없이 대통령에게 이제는 주중대사로 나가야 할 것 같다고 보고하고 허락을 받았다. 나는 10월 3일까지 사무실에 나가 근무하고 사무실을 정리했다.

* 마지막 보고 시 대통령의 격려

나는 대통령에게 마지막 보고를 올렸다. 보고를 다 듣고 난 다음 대통령이 이렇게 말했다.

"이번에 내가 김 수석을 주중대사로 발령 내리려고 하는데 몇 사람이 나에게 찾아와 반대를 했어요. 그 사람들 이야기가 김 수석이 유능하기는 하지만 너무 젊고 (초임이기 때문에) 대사로서의 경험이 없어 인구가 13억이나 되는 중국에 바로 보내는 것은 위험 부담이 있으니, 김 수석을 먼저 중요한 선진국에 대사로 보내 2-3년 동안 경험을 쌓도록 한 다음에 주중대사로 보내도 늦지 않는다는 거예요. 그러나 내가 그냥 발령을 냈어요. 그 사람들이 왜 그런 말을 하겠어요. 그 사람들은 김 수석이 어떤 사람인지 누구인지 잘 몰라 그러는 거예요. 그러니까 주중대사로 가서 열심히 잘하세요. 그리고 김 대사가 누구인지를 좀 보여 줘요. 그리고 김대중이가 사람을 잘 썼다는 이야기가 나오도록 해 보세요. 나는 김 수석이 아주 훌륭한 대사가 될 거라고 믿어요."

대통령에게 이런 이야기를 할 수 있는 사람들은 측근에 있는 사람이거나 아니면 아주 높은 권력자들이었을 것이다. 그럼에도 불구하고 나를 믿고 주중대사 발령을 낸 대통령이 너무 고마웠다. 나는 그날 집으로 돌아와 대통령을 위해 오랫동안 기도했다.

∗ 나를 진정으로 사랑하고 인정해 준 대통령

나는 10월 3일까지 근무하고 사무실을 정리했다. 그리고 10월 4일 아침 나는 정식으로 주중대사 발령을 받았다. 내 후임에는 정태익 외교안보연구원장이 임명되었다. 나는 그날 오후에 후임에게 업무를 인계했다.

그리고 5일 아침 대통령으로부터 주중대사 임명장을 받고, 사흘 후인 10월 8일 아침 베이징으로 떠났다. 3년 8개월 동안 청와대에서 일에 파묻혀 지내다 보니 아무에게도 연락이나 인사를 제대로 하지 못했다. 지나온 시간들이 주마등처럼 스쳐 갔다. 비행기를 탔지만 지금 대통령 앞에 기다리고 있는 무수한 일들을 생각하니 마음이 너무 무거웠다.

2001.10.5 대통령으로부터 주중대사 임명장을 수여받다

* 나는 주중대사로 있는 6년 반 동안 김 대통령의 말씀을 생각하면서 혼신의 힘을 다해 대사직을 수행하려고 노력했다. 2008년 3월 나는 직업외교관으로서 '최장수 대사'라는 영예로운 평가를 들으면서 주중대사직을 무사히 마치고 통일부장관이 되어 돌아왔다.

귀국 후 동교동으로 김대중 대통령께 인사를 갔다. 대통령께서는 다른 비서관들과 앉아 계시다가 나를 반갑게 맞으며 말했다.

"내가 얘기했잖아요. 김 대사가 틀림없이 주중대사를 훌륭하게 할 것으로 믿었어요. 고마워요. 내 결정이 옳았다는 것을 사람들에게 보여 줘서. 그런데 그때 나한테 그렇게 이야기한 사람들, 지금 김 장관을 보면 좀 부끄러울 거예요." 나는 대통령의 말씀에 말할 수 없는 감사를 느꼈다(《하나님의 대사 2》 33쪽 참조).

2009년 2월 나는 통일부장관직에서 은퇴했다. 은퇴한 후 몇몇 주요 인사들에게 퇴임 인사를 했다. 대부분은 내 은퇴 소식에 아쉬움을 표하고 나를 위로했다. 그러고 나서 나는 김대중 전 대통령을 찾아가 인사를 드렸다. 나를 맞은 대통령께서 여러 배석자들이 있는 가운데 말했다.

"김 장관, 잘됐어요. 나는 사실 속으로 걱정을 많이 했어요. 앞으로 남북 관계는 더 어려워질 것이고, 김 장관이 계속 그 자리에 있으면 사람들로부터 욕을 먹을 수밖에 없잖아요. 그러면 결국 그동안 쌓아 놓은 김 장관의 명예가 손상될 것이기 때문에 나는 여러 사람에게 몇 번이나 '김하중 장관이 빨리 그 자리를 떠나야 할 텐데'라고 이야기했어요. 그런데 그렇게 이야기를 하면서도 나는 김 장관이 과연 그 자리를 떠날 수 있을까 하고 걱정했어요. 그런데 이번에 장관을 그만두니 너무 다행이에요. 김 장관은 이번에 보니까 하나님이 정말 사랑하는 사람이에요. 당분간 푹 쉬면서 책도 많이 보고 공부도 하면서 재충전을 하세요. 그리고 김 장관은 자신이 생각하는 것보다 훨씬 더 많은 사람들이 인정하고 평가하고 있으니까, 앞으로 어디서 무슨 자리를 준다고 오라고 해도 절대로 몸을 쉽게 움직이지 마세요."

나는 이 말을 들으면서 김 대통령께서 나를 얼마나 사랑하는지를 깨닫고 깊은 감동을 받았다. 내가 장관을 그만둔 것을 기뻐하고, 진심으로 격려해 준 사람은 김 대통령 한 분뿐이었다(《하나님의 대사 3》 143쪽 참조).

1. 김대중 대통령의 외교

1998년 2월 말 김 대통령이 대통령으로 취임했을 때 '국민의정부' 앞에는 외환위기라고 하는 엄청난 시련이 기다리고 있었다. 당시 3월 말까지 갚아야 할 단기 외채가 251억 달러였지만, 외환 보유고는 120억 달러밖에 없었다. 금 모으기 운동을 해서 350만 명의 국민들이 내놓은 금 226톤을 팔아 약 21억 달러를 충당할 정도로 상황이 다급했다.

외국인 투자 이외에는 다른 방도가 없었다. 그러나 이미 한국을 떠난 외국인 투자자들이 쉽게 돌아올 리가 없었다. 당시 주로 선진국 투자자들이 한국에 대해 가지고 있던 인식은 정경유착과 부패로 진정한 시장경제를 하고 있지 않으며, 북한의 핵 문제를 둘러싼 남북한의 대치로 한국 국내 정세가 불안정하다는 것이었다.

김 대통령은 이 두 가지 문제를 해결하기 위해 국내적으로는 민주주의와 시장경제를 실현하며, 북한에 대해서는 햇볕정책을 추진하기로 마음먹었다.

민주주의와 시장경제

한국에는 진정한 민주주의도, 진정한 시장경제도 없다고 생각하는 외국인들의 선입견을 바꾸는 것이 급선무였다.

우선 한국이 진정한 민주주의를 하고 있는지는 김대중이라는 정치가가 대통령이 되었다는 사실로 증명되었다. 일생 민주주의를 위해 활동하느라 일본에서 납치를 당하기도 했고, 사형언도를 받았다가 살아나기도 했으며, 6년 동안 감옥살이를 했고, 수십 년을 연금과 감시 속에서 보낸 사람이 대통령이 되었다는 사실 자체가 한국이 민주주의 국가가 되었다는 것을 상징했다. 김 대통령이 이제부터 진정한 민주주의를 실천하겠다고 했을 때 그 말은 다른 누가 이야기하는 것보다 설득력이 있었다.

김 대통령은 역사적인 사실을 예로 들면서 한국이 번영하기 위해서는 반드시 민주주의를 해야 하며, 민주주의의 실현을 위해서는 정보화가 가장 중요하다고 역설했다. 김 대통령은 21세기는 정보화 시대이고, 정보화 시대에는 누구든지 언제나 원하는 정보를 접할 수 있기 때문에 민주주의로 나갈 수밖에 없다고 강조했다.

둘째로 국제적인 신인도를 높이기 위해서는 뼈를 깎는 개혁을 통한 진정한 시장경제의 실현이 중요했다. 시장경제의 기본 원칙은 자유경쟁과 책임경영 두 가지였다. 대통령은 이를 위해서 4대 부분 즉 기업, 금융, 공공, 노동 부분의 개혁을 추진했다. 대통령은 그 중에서도 금융 개혁과 기업 개혁에 가장 큰 역점을 두었으며, 외국에 나가면 지도자들은 물론이고 그 나라의 기업인들에게 한국이 진정한 시장경제를 하기 위해 개혁을 할 것이며 반드시 정경유착과 부패를 근절하기 위해서 노력하겠다고 강조했다. 그러면서 미국과 EU의 지도자들에게는 2선 지원과 금융 지원을 해 줄 것을, 기업인들에게는 한국에 투자해 줄 것을 요청했다.

햇볕정책

김 대통령은 외국에 나가거나, 국내에서 주요한 외국 인사들을 만나면 반드시 햇볕정책을 강조했다. 그런데 김 대통령은 대통령이 되고 난 다음에 북한과의 관계를 진전시킬 목적으로 햇볕정책을 주장한 것이 아니었다. 김 대통령은 1994년 미국 보수 진영의 정책 산실로 알려진 헤리티지재단의 초청을 받아서 '강한 의지에 입각한 태양정책'이라는 제하의 연설을 했는데, 그 당시 이미 한·미 양국이 북한에 대해 '태양정책'을 추구하는 것이 중요하다고 강조했다. 이때의 취지는 북한에게 일방적으로 태양을 비추는 것이 아니라 상호 대화와 협력이라는 태양의 혜택을 남북한을 포함 모든 국제사회가 함께 누리자는 것이었다. 이 연설에서 사용한 태양정책이 그 뒤 햇볕정책으로 불리게 되었던 것이다.

김 대통령이 취임한 이후 남북 간에는 별다른 진전이 없었다. '국민의정부'가 북한과 본격적인 관계를 갖게 된 것은 정부 출범 2년이 넘은 2000년 6·15 남북정상회담 이후였다. 그럼에도 불구하고 대통령은 취임 이후 남북정상회담이 이루어지기 전인 2년여 동안 끊임없이 햇볕정책을 주장했다. 그렇게 한 이유는 햇볕정책이 북한에 대한 메시지기도 했지만, 다른 한편으로는 한국 정부는 절대로 북한과 싸우지 않을 것이고 어떻게 해서든지 포용하면서 평화적으로 나갈 것이니 안심하고 투자하라는 외국인 투자가들에 대한 메시지기도 했던 것이다. 따라서 햇볕정책이라고 하는 것은 단순히 남북관계 개선만을 위한 것이 아니라, 경제적인 고려도 있었다는 사실을 기억해야 할 것이다.

김 대통령은 취임 이후 우리에게 투자를 많이 할 수 있는 미국, 일본, 영국, 프랑스, 독일, 이탈리아, 캐나다 등을 찾아가서, 또한 APEC 정상회의나 ASEM 정상회의 등에 가서 계속 '민주주의와 시장경제'를 강조하여 그들에게 믿음을 주는 한편, '햇볕정책'을 강조함으로써 한국이 안전하다는 인식을 각인시키는 동시에 그들의 지지를 문서로 받아 냈다.

대통령의 이러한 외교 활동은 주효했다. 대통령 취임 시 120억 달러에 불과하던 외환 보유고가 1년 만에 520억 달러로 늘어났고, 2003년 2월 퇴임 시에는 1,200억 달러에 달해 세계에서 네 번째로 많은 외환을 보유하는 나라가 되었다. 또한 '국민의정부' 출범 전까지 과거 50년 동안 우리나라에 대한 외국인 투자는 246억 달러에 불과했지만, '국민의정부' 5년 동안 600억 달러가 넘는 외국인 투자가 이루어졌다. 이 모든 것이 한국이 진정한 '민주주의와 시장경제'를 할 것이라는 외국인들의 믿음과 햇볕정책에 대한 그들의 기대감에서 비롯된 것이었다.

2. 김 대통령 외교의 성공 요인

그렇다면 어떻게 세계의 그 많은 지도자들이 김 대통령을 지지하고 도울 수 있었을까?

김 대통령의 인생에 대한 존경

내가 대통령을 모시면서 만나 본 세계의 모든 지도자들은 김 대통령을 존경했다. 그들은 인간으로서는 상상도 할 수 없는 역경을 뚫고 살아온 김 대통령의 불굴의 의지와 높은 도덕적 가치를 존경했다. 이 책을 쓰면서 그들이 말한 것을 다 쓰기가 어려울 정도였다. 미국의 클린턴 대통령이 그랬고, 일본의 총리들이 그랬고, 독일, 프랑스, 이탈리아의 대통령과 총리를 비롯한 수많은 서방 지도자들이 그랬다.

사실 김 대통령이 인생을 살아오는 과정에서 가장 어려운 시기에 그를 돕고 살린 것은 미국을 비롯한 서방국가들의 지도자들과 지식인들이었다. 미국이 두 번이나 김 대통령을 살렸고, 유럽의 저명한 민주 인사들은(나중에 그들이 전부 각 나라의 지도자가 되었지만) 김 대통령이 동경에서 납치를 당할 때, 감옥에 억울하게 수감되어 있을 때, 사형언도를 받았을 때 그를 돕기 위해서 세계를 뛰어다녔다.

중국의 장쩌민 주석과 주룽지 총리는 중국의 장관들이나 고위 인사들이 있는 앞에서 김 대통령을 "형님"이라고 불렀다. 같은 한국인들 사이에서도 연배가 비슷한 사람을 형님이라고 부르기가 쉽지 않은데, 13억 인구의 국가주석과 총리가 한두 살밖에 차이가 안 나는 한국의 대통령을 형님이라고 부른다는 것은 상상도 할 수 없는 일이었다. 그리고 러시아의 푸틴 대통령도 김 대통령을 대할 때는 아주 정중하게 경의를 표했다. 인도네시아의 와히드 대통령은 자신의 각료들 앞에서 김 대통령은 자신의 스승이라고까지 표현했다.

우리가 정치인이든, 외교관이든, 기업인이든, 학자든, 어느 나라에 가서든 자신의 업무 상대로부터 그런 존경을 받는다는 것이 얼마나 어려운 것인지 독자들은 잘 알 것이다. 하물며 국가원수나, 최고지도자로부터 그런 대접을 받는다는 것은 너무나 놀라운 일이었다. 그것은 누구도 감당하기 쉽지 않은 그러한 역경을 뚫고 살아온 지도자에게만 보여 줄 수 있는 존경이었던 것이다.

김 대통령의 용서와 겸손

세계의 지도자들은 김 대통령의 용서에 놀랐다. 사실 정치인들은 압도하고 이기기 위해서 상대방을 끊임없이 공격하고 비판하기 때문에 정치인들이 정적을 용서한다는 것은 쉽지 않다. 그러나 김 대통령은 자신을 감옥에 보내고, 자신을 끊임없이 핍박한 사람들을 다 용서했다. 김 대통령은 누구를 비난하거나 욕하는 법이 없었다. 어느 대통령이 자신을 계속 비난하고 폄하해도 일절 대응을 하지 않았다. 가끔 관계 수석비서관이 보고를 하면 그런 보고는 하지 말라고 하면서 아무 말도 하지 않았다. 그는 진정한 용서와 포용의 사람이었다.

김 대통령은 상상할 수 없을 정도로 겸손했다. 《김대중 자서전》에도 나오지만, 김 대통령은 나에게 주요한 사람을 만나 협상하거나 대화할 때 꼭 기억해야 할 몇 가지를 강조하고는 했다. 그 첫 번째가 겸손이었다. 상대가 누구이든지 겸손하게, 그리고 진심으로 대하라는 것이었다.

> * 대통령은 그 밖에도 상대방이 무어라고 하면 절대로 그 자리에서 "안 된다"라고 하지 말고, 내가 말을 많이 하기보다는 상대방의 말을 많이 들어 주며, 모든 일은 내가 잘 해서 된 것이 아니고 상대방 때문에 된 것으로 생각하고 행동하라고도 했다.

철저한 준비

김 대통령은 중요한 면담이나, 회담을 앞두면 준비를 철저히 했다. 대통령은 아무리 많은 자료를 받아도 그 자료를 다 읽고. 자신의 것으로 완전히 소화했다. 그러고 나서 그것을 '국정 노트'(대통령 재직 시 기록한 노트로 총 27권)에 다시 적었다. 면담이나 회담 시에는 완전히 자신의 것으로 만든 자료를 가지고 대화를 끌고 나갔으며, 항상 자신의 견해를 간단하고 명료하면서도 절제된 언어로 표현했다. 그러니 상대방이 놀라고 감동할 수밖에 없었다.

풍부한 지식과 영어 소통 능력

김 대통령은 항상 공부를 많이 했다. 그리고 자신이 감옥에 있던 기간에 많은 책을 읽었다고 했다. 그래서 그런지 어떤 문제에 대해서도 박식했고, 세계 어떤 지도자들을 만나 어떤 화제를 이야기해도 상대방을 깜짝 놀라게 했다. 공부는 거의 안하고 늘 공허한 말만 하는 일반적인 리더들과는 차원이 달랐다.

대통령은 48세에 감옥에서 영어를 배웠다고 했다. 영어에 대한 집념이 강해서 아무리 바빠도 매일 영어 공부를 했다. 가능한 한 토요일 오후에 영어 잘하는 사람을 불러 몇 시간씩 영어를 배웠다. 아침에 출근하면 가장 먼저 보는 신문도 영어 신문이었다. 그래서 외국 인사들과의 면담이 끝나고 나면 오늘 통역이 어디어디를 잘못했으니 다음에는 그러지 말라고 지시하기도 했다. 또 대통령 자신이 발음은 나쁘다고 했지만, CNN을 비롯한 외국 언론들과의 인터뷰를 영어로 하기도 했다. 그런 영어 소통 능력이 세계의 다른 지도자들과 어울리는 데 중요한 작용을 했다.

3. 대통령의 업무 스타일

앞에서도 이야기했듯이 내가 처음 의전비서관으로 갔을 때 대통령은 나에게 단순히 의전 업무만 하지 말고 외교와 안보, 그리고 통일 문제 등에 관해서도 도와달라고 했다. 그러면서 국내에서 중요한 국가의 주요 인사를 면담할 때, 특히 중요한 국가를 방문하여 정상회담을 하거나 면담을 할 때는 반드시 보고를 하도록 했다. 또 회담이나 면담이 끝난 다음에도 내가 받은 인상이나 평가나 문제점 등을 보고토록 했다.

사실 의전비서관은 국내에 있을 때는 외부 인사들의 대통령과의 면담이나, 행사를 준비하는 사람이기 때문에 일부 정치적인 회의나 면담, 그리고 사적인 모임이 아닌 한 행사를 진행하고 대통령을 보좌하기 위해서 반드시 배석해야 했다. 그리고 해외에 나가면 국내 정치적인 일정은 없고, 특히 의전비서관은 항상 공식수행원이기 때문에 일부 국가의 정상과 단독 정상회담을 하는 경우를 제외하고는 거의 대부분의 회담이나 면담에 참석할 수 있었다.

대통령에 대한 보고

그 당시 나는 대통령이 중요한 회담이나 행사에 참석하기 전에 반드시 대통령에게 행사의 개요와 진행 사항에 관한 내용을 보고한 다음, 대통령을 모시고 회담장이나 행사장으로 갔다. 그리고 회담이나 면담 중에 중요한 이야기나 대통령이 관심을 가질 만한 이야기가 나오면 기록을 했다. 행사가 끝난 다음 대통령이 회담이나 면담의 결과에 관해 질문을 하면 바로 나의 감상과 평가와 문제점을 보고해야 했다. 대통령이 이야기를 듣고 어떤 때는 지금 말한 것을 문서로 작성해 달라고 지시할 때도 많았다. 그랬기 때문에 나는 어느 것 하나도 그냥 넘어가지 않았다.

대통령에게 보고하는 내용은 우선 정확하고 간결해야 했다. 보고가 정확하지 않으면 대통령이 그 이야기를 다른 사람들에게 전하면서 큰 문제가 발생할 수 있기 때문에 반드시 정확해야 했다. 그리고 대통령에게 시간은 말할 수 없이 귀중한 것이기 때문에 대통령이 쉽게 알아듣지 못하고 질문을 하면 그 다음 보고로 넘어갈 수가 없어 다른 보고를 할 수가 없었다. 그래서 한 시간 회담을 한 내용도 평가와 문제점을 포함하여 5분 이내, 또는 2-3분 이내로 보고하기 위해서 어떤 문제든지 핵심을 정확히 파악하고 있어야 했다. 나는 의전비서관으로 있는 2년 반 동안 이러한 과정을 통해서 철저히 단련을 받았다.

외교안보수석비서관으로 자리를 옮긴 다음에는 모든 것을 외교와 안보에만 투입하다 보니 의전비서관 때보다 훨씬 더 집중적으로 훈련하게 되었다.

대통령과의 전화 통화

의전비서관으로 근무할 때 처음에는 대통령에게 전화를 한다는 것은 상상도 하지 못했다. 그러나 근무 시간 외에, 또는 주말에 일정이나 의전에 관한 문제로 대통령이 나에게 전화를 하고 보고를 하라고 하면, 조치를 취하고 난 다음 대통령에게 전화를 할 수밖에 없었다. 그렇게 2년 반이 지나다 보니 대통령에게 전화를 하는 것이 자연스러워졌다. 특히 외교안보수석비서관의 업무는 시간을 다투는 문제가 많기 때문에 근무 시간이 아닌 경우에 문제가 발생하면 나는 관계 장관들과 협의한 다음 바로 대통령에게 전화로 보고했다.

나는 무슨 일을 하면서 보고서만 올려 대통령의 결정을 받아 본 적이 거의 없었다. 사안이 발생하면 관계 장관들과 일차 협의를 한 다음, 대통령에게 전화나 대면 보고를 하면 대부분의 경우 대통령이 그 자리에서 큰 방향을 결정해 주었다. 그러면 내가 관계 비서관들을 불러 대통령께서 이렇게 결정하셨으니 이렇게 보고서를 올리라고 지시했다. 대통령이 결정을 못하는 경우에는 관계 장관들과 모여 협의를 하고, 그것도 부족하면 NSC 상임위를 열고 결정한 다음 대통령에게 보고했다. 그래서 외교·안보 문제는 항상 조용하면서도 신속하게 움직였다.

대통령의 회의 진행 방법

내가 청와대 근무를 하면서 가장 놀랐던 것은 대통령의 회의 진행 방법이었다. 나는 공무원으로 재직하는 동안 높은 사람들을 많이 모시고 일을 했다. 그런데 많은 사람들은 밑에서 만들어 준 자료는 잘 보지도 않고 늘 바쁘게 움직이다가 회의에 임하다 보니 처음부터 질문을 했다. 사실 자료를 미리 보았으면 그 안에 다 있는 내용임에도 불구하고 계속 질문을 하다가 거기에 대한 자신의 의견을 장황하게 늘어놓다가, 다시 보고를 하게 하다가 또 앞에서 말한 그런 행동을 반복하는 것을 너무 많이 보았다. 그것은 높은 사람일수록 더 심했다. 그러다 보면 보고를 다 끝내지 못하고 나올 때도 많았다.

그런데 김 대통령은 전혀 달랐다. 대통령은 자신이 이미 자료를 다 읽고 내용도 알고 있었지만 절대로 보고를 끊는 법이 없었다. 보고하는 사람이 아무리 잡다한 이야기를 많이 해도 아무 말 하지 않고 계속 들었다. 예를 들어 청와대에서 수석비서관 회의를 할 때도 대통령은 수석비서관들의 보고를 끝까지 다 듣고 난 다음, 결정이 필요한 사항에 대해서는 그 자리에서 간단히 결정을 해 주거나, 당부 사항이나 훈시할 사항이 있으면 간단히 말하고 자리에서 일어섰다.

나는 청와대를 떠나 주중대사로 근무하는 6년 반 동안, 그리고 통일부장관을 하는 동안 김 대통령으로부터 배운 방식에 따라 운영했다. 회의를 할 때는 항상 직원 전원이 보고를 마칠 때까지 내가 이야기를 하지 않으려 노력했다. 물론 어쩌다 꼭 물어봐야 할 경우에는 한두 가지 간단한 질문을 하기도 했지만, 직원들이 보고하는 중에는 어떤 문제에 대해 내 의견을 이야기한 적은 거의 없었다.

4. 몇 가지 오해에 대해

김대중 대통령에 관한 이야기만 나오면 항상 제기되는 몇 가지 오해가 있어 거기에 대한 필자의 의견을 적고자 한다.

햇볕정책

'국민의정부' 시기에 추진된 대북정책을 공식적으로는 '화해협력정책'이라고 하였고, 학술적으로는 '포용정책'(engagement policy)이라 불렀으며, 별칭으로는 '햇볕정책'이라 불렀다.

김 대통령은 취임 이후 일관되게 햇볕정책을 추진했으며, 이에 따라 분단 55년 만에 처음으로 남북정상회담이 열리고, 남북한 당국 간에 대화를 통해 실질적인 문제를 협의했다. 그 결과 남북한 간에 이산가족 상봉이 실현됐으며, 대북 인도적 지원이 이루어졌고 인적·물적 교류가 확대되었고, 군사분계선을 일부 거둬내고 거기에 철도와 도로를 연결하여 단절되었던 국토를 이었다. 이어 개성공단 설립, 금강산 관광 등 남북한 간의 경제협력을 시작했다.

이러한 일들은 분단과 전쟁을 겪었고 단절과 대결로 점철되었던 50년 이상의 남북한 간의 대결 관계와 비교해 볼 때 놀라운 대전환이었다.

햇볕정책은 한반도 냉전사에 있어서 획기적인 일이었음에도 불구하고 15년이 지난 지금까지도 찬반이 갈리고 있으며 때때로 국론 분열의 소재가 되기도 한다. 그러나 우리가 과거나 현재의 정책을 평가할 때는 편견을 가지지 않아야 한다는 점을 강조하고자 한다.

대한민국 정부는 국민이 선택한 정부로서 국민을 대표하며, 국민의 수임을 받아 국가의 주권을 수호하고 영토를 보전하고 국민의 자유와 생명과 재산을 지키기 위해서 일하는 국가기구다. 어떤 대통령이든, 어떤 정부든 이러한 책임을 맡는 순간 그 책무를 잘 수행하기 위해서 최선을 다한다. 김대중 정부는 이러한 정신에 따라 남북 관계에서 평화를 지키고 이를 증진시키며, 남북 관계를 발전시켜 통일을 앞당기고자 최선을 다했다. 그리고 그것은 그 전후의 어떤 정부도 다르지 않다고 생각한다. 국가의 정체성을 훼손하거나 남북 관계를 잘못되게 하려는 정부는 없다. 다만 시기마다 정세와 상황이 다르고, 국민들의 요구가 달라서 약간의 차이가 있을 수 있지만 국가와 국민을 위한다는 기본적인 생각은 같다고 본다.

햇볕정책은 대한민국 통일정책의 정통에서 출발한 것이다. 김대중 정부의 햇볕정책은 이미 10여 년 전에 노태우 정부에 의해 정립되었던 이러한 통일정책의 방향을 정확히 계승하여 적극 추진한 것이다. 즉 당장의 통일을 서두르기보다는 우선 한반도의 냉전적 대결 구도를 화해 협력의 구도로 전환하여 평화를 정착시키며, 남북한이 협력을 증진하여 '사실상의 통일 상황'을 실현하고자 했다. 이러한 정책 방향의 선택은 옳은 것이었으며, 이는 정파와 이념을 초월한 것이었다. 1998년 당시 국민여론 조사에서 80퍼센트의 국민들이 햇볕정책을 지지했다는 것은 이 정책 방향에 대한 폭넓은 지지와 이해가 있었다고 할 것이다. 이를 잘못된 선택이었다고 비판하는 것은 우리의 통일정책 방향의 사실 관계에 대한 오해거나, 아니면 편견일 것이다.

김대중 정부가 햇볕정책을 추진했던 배경으로서 중요한 것은 첫째, 1993년에 불거졌던 북한의 핵 문제가 1994년 미·북 간 제네바 기본합의에 따라 해결 국면으로 진전되고 있었다는 사실이다. 이러한 정세 변화를 기회로 활용하여 북한의 변화를 유도하고 남북관계 발전을 실현하여 한반도 평화통일의 기반을 구축하고자 했던 것이다.

둘째, 북한이 상당한 어려움에 처한 것은 분명하나, 그렇다고 조기에 붕괴할 가능성은 낮다고 보았다. 한편 북한은 '국민의정부' 초기에는 햇볕정책에 대해 노골적으로 거부감을 나타내었으나 우리 정부가 북한이 개방하고 변화할 수 있도록 여건을 마련해 주자 대화의 장으로 나오게 되었다.

셋째, 1990년대 말에 남북한의 GNI 차이는 27배였으며, 이러한 역학관계로 보아 남북한 관계와 민족의 장래를 우리가 주도해 나가기 위해서 햇볕정책을 추진했던 것이다. 원래 포용정책은 이론적으로 경제적 이익을 제공함으로써 상호 관계를 변화시켜 간다는 것으로서 강자가 취할 수 있는 정책이다.

햇볕정책의 정책 방향과 추진 배경에도 불구하고 그 성패에 대한 논란이 무성하다. 북한의 핵 개발과 호전성, 내부적으로는 권력의 세습과 독재체제의 존속이 햇볕정책이 실패했다고 주장하는 대표적인 근거로 거론된다. 그러나 북한의 핵 개발이나 체제 문제를 햇볕정책과 연관시키는 것은 논리의 비약이다. 우리의 대북정책 때문에 북한이 핵을 개발하거나 핵을 고도화시킨 것이 아니며, 북한이 자체의 논리에 따라 핵 개발을 하고 있던 것이었다. 그러므로 북한의 핵 개발을 이유로 햇볕정책이 실패했다고 주장하는 것은 북한의 핵 개발이나 인권 문제, 민생 문제의 책임을 북한이 아닌, 우리 정부에 씌우는 결과가 된다. 사리에 맞지 않은 주장이다.

햇볕정책은 북한의 변화와 남북 관계의 발전을 추구했다. 이것이 결과로 나타나는 데에는 상당한 시간이 필요할 것이다. 아직 우리가 기대하는 만큼의 정도는 아니지만 햇볕정책의 결과로 북한 주민들의 대남인식이 변하기 시작했다. 개성공단의 설립과 운영으로 남북 대치 선을 개성까지 밀어 올리게 되었다. 남한이 그들보다 훨씬 잘사는 사회이며, 남한이 그들을 돕고자 한다는 사실을 알게 됐다. 남한에 대한 긍정적 인식이 자리 잡게 된 것이다. 이후 북한사회에서 한류가 확산되는 것도 이와 무관치 않을 것이다. 이는 앞으로 우리가 통일을 주도해 가는 데 있어서 가장 중요한 변화이다. 통일을 하는 데 있어서 북한 주민의 동의와 참여가 중요한 변수이기 때문이다.

햇볕정책과 상관관계가 있다고 볼 수 있는 또 다른 중요한 사실은 북한 내부의 변화이다. 남북정상회담 후 북한은 김정일 위원장의 어록이라는 형식을 통해 사상관점과 사고방식, 일하는 방식에서 근본적으로 일신할 것을 강조하면서(2001. 1. 4, 〈노동신문〉), 모든 문제를 새 시대에 맞게 새로운 관점에서 풀어나가고 낡은 틀과 재래식 방식에서 벗어날 것을 촉구했다(2001, 2002년 신년공동사설). 이어 2002년 7월에는 경제관리 개선조치를 취해 경제의 자율성을 확대했고, 2003년에는 전국에 종합시장을 개설했다. 이러한 조치로 배급제가 약화되고 계획경제가 상당부분 변화됐으며, 시장의 확산으로 여러 가지 비사회주의적 요소들이 나타났다.

북한은 이러한 부작용의 확산을 막고자 시장을 억제하고 화폐개혁 등 여러 가지 통제조치를 취했지만 효과를 보지 못했고, 시장과 자율적 경제활동이 확산되고 있다. 이러한 경제의 변화는 점차 확산될 것이며, 이는 나아가 북한의 전반적 변화를 촉진하는 원동력이 될 것이다. 따라서 북한이 변하지 않았다고 단정하면서,

이를 근거로 해서 햇볕정책의 실패를 말하는 것은 성급하다고 할 수 있다.

햇볕정책에 대한 대표적인 왜곡 비난은 '퍼 줬다'는 감성적 표현일 것이다. 북한에 대한 인도적 지원에 대한 국민 여론은 상황에 따라 진폭은 있으나 60-70퍼센트의 지지도를 유지하고 있다. 북한은 90년대에 심한 기근을 겪었다. 동족으로서 이를 외면할 수 없는 것이다. 그래서 김영삼 정부 시기부터 현 정부까지 역대 정부가 북한에 대한 인도적 지원을 계속해 왔고 이것은 동포로서의 도리이며, 통일을 주도하는 입장에서는 책임 있는 자세라고 할 것이다.

김대중 정부 시기에도 쌀, 비료 등 북한 주민의 식량난 해소를 위한 지원을 했으며 그 규모는 8,557억 원(정부 6,153억 원, 민간 2,404억 원)이었다. 남북 관계가 좋지 않던 김영삼 정부 때에는 2,314억 원을 지원했는데 이것에 비하면 많다고 할 수 있겠으나 남북 관계와 한반도 상황을 주도한다는 차원에서 어느 정도는 불가피한 지출이라고 할 수 있으며, 앞에서 보았듯이 국민들이 수긍하는 수준이다. 다만 일부 비판 논리를 보면 남북 간에 민간차원에서 이루어지는 수십억 달러의 상거래 비용까지도 무상으로 퍼 줬다고 왜곡하면서 국민 감정을 일부러 자극하기도 한다. 이것은 책임 있는 자세라고 할 수 없다.

노벨평화상 수상

김대중 대통령에게 노벨평화상을 주도록 처음 추천한 사람은 서독의 총리를 지내고 총리 재임 시절 동독과 공산주의 국가들과의 동방정책으로 노벨평화상을 수상했던 빌리 브란트였다. 그는 사민당 총재로 있던 1987년 사민당 국회의원 73명의 추천을 받아 김 대통령을 노벨상 후보로 추천했다. 그 후 김 대통령은 매년 외국 인사들에 의해 노벨평화상 후보로 추천되었으며 열네 번째로 추천을 받은 2000년에 수상하게 된 것이었다.

그럼에도 불구하고 아직도 김대중 대통령의 노벨평화상 수상에 대해 의문을 제기하는 사람들이 있다. 어떤 사람들은 계속 정권 자체의 로비가 있었다고 주장하고 있다. 그런데 노벨평화상 수상을 발표하는 날 군나르 베르게 노벨위원회 위원장은 로비설에 대한 기자의 질문에 이렇게 답변했다.

"그렇다. 한국으로부터 로비가 있었다. 그런데 기이하게도 김대중 정부로부터의 로비가 아니었다. 정치적 반대자 등으로부터 상을 주면 안 된다는 로비가 있었다. 그럼에도 우리는 노벨상을 주기로 결정했다. 노벨상은 로비가 불가능하다. 로비를 하려고 하면 더 엄정하게 심사한다. 한국인은 참 이상한 사람들이다. 김대중의 노벨상 수상을 반대하는 편지 수천 통이 전달되었다. 내가 노벨위원회에 들어온 이래 처음 있는 일이었다. 노벨평화상을 수상하는 나라에서 반대를 표시하는 편지가 날아온 것에 나는 놀라지 않을 수 없었다. 대체 그 사람들의 의도가 무엇인지 혼란스러웠기 때문이다. 노벨상 중에서도 가장 노벨의 염원을 담고 있는 평화상이 로비로 받아 낼 수 있는 상이라면 과연 세계 제일의 평화상으로 가치를 인정받을 수 있다고 생각하는 것인지 그 편지를 보낸 사람들에게 묻고 싶다. 노벨상은 로비로 얻어낼 수 있는 상이 아니다. 돈으로 살 수 있는 상이 얼마나 가치를 유지할 수 있을까? 그러기에 그 가치가 더욱 찬란히 빛나는 것이다. 왜 일부 한국인들이 김대중의 위대함과 그의 민주주의를 향한 불굴의 의지에 감명 받지 못하는지 그 까닭을 이해할 수 없을 뿐이다."

내가 노벨평화상 수상을 위해 대통령을 수행하여 노르웨이에 가서 노벨위원회 인사들을 만났을 때도 그들은 노벨평화상을 받기 위해 로비했다는 주장에 경악을 금치 못했다. 그들은 노벨평화상 수상을 위해 로비한다는 말 자체를 이해하지 못했다. 그리고 그런 말을 하는 것은 노벨평화상에 대한 모독이요, 노벨평화상을 사랑하는 세계인들에 대한 모독이라고 말했다. 한국인으로서 그런 말을 들으면서 너무 창피했다.

세계의 수많은 정치인들과 지식인들이 김 대통령이 죽음의 위기에 처할 때마다 그를 돕고 구했고, 수많은 세계 지도자들이 김 대통령의 노벨평화상 수상을 축하하고 경의를 표했는데, 같은 민족인 한국인들이 아직도 로비했다고 욕하고 비난하는 이 현실이 너무 슬프고 가슴 아플 뿐이다. 그러면 그 오랜 세월 동안 김 대통령을 돕고 구원한 각국의 정치가들과 지식인들, 김 대통령을 존경하는 세계의 그 많은 지도자들은 속고 있다는 말인가?

김 대통령은 제왕적인 대통령이었나?

일부 국민들은 김 대통령을 제왕적 대통령이라고 비판하고 특히 어떤 사람들은 이것을 넘어서야 우리 정치가 발전한다는 발언을 한다.

그런데 제왕적인 대통령이라면 많은 것을 가지고 있어야 한다. 우선 막강한 권력이 있어야 하고, 든든한 지지 기반이 있어야 하며, 주위에 우수한 인재들이 많이 있어야 하며, 돈이 많아야 한다. 그러나 김 대통령은 아무것도 없었다.

'국민의정부'는 민주당과 자민련의 공동정부였기 때문에 각료들도 공평하게 나누었다. 결국 대통령은 역대 대통령들이 가졌던 막강한 권력을 가질 수 없었고, 자신이 원하는 인재들을 임명할 수도 없었다. 대통령은 출신이 호남이었기 때문에 국민들의 광범위한 지지 기반도 없었고, 학연도 없었고 혈연도 없었다. 그를 지지하는 사람들은 대부분 가난하고 힘없는 사람들이었다.

그리고 제가 본 김 대통령은 진정한 하나님의 사람으로서 예수를 따르는 사람이었으며 용서와 관용과 겸손의 사람이었습니다.

저는 지금까지 말씀드린 이야기들이 전부 사실에 기초한 진실임을 말씀드리며 저의 증언을 끝내고자 합니다.

감사의 글

3년 8개월 동안 청와대에서 근무할 때 나는 너무나 많은 사람들로부터 사랑과 도움을 받았다.

다른 누구보다도 김대중 대통령님과 이희호 여사님으로부터 큰 은혜를 입었다. 특히 여사님은 언제 어디서나 나를 확고하게 신뢰하고 사랑해 주셨다. 그 사랑이 감사하여 나는 요즈음도 매일 여사님을 위해서 기도하고 있다.

김중권, 한광옥 두 비서실장에게서 너무나 많은 사랑과 지지를 받았다. 그저 감사할 뿐이다.

임동원 특보에게 감사한다. 3년 8개월 동안 다른 어느 누구보다도 업무적으로 밀접하게 일을 하면서 너무나 많은 사랑의 빚을 졌다.

안주섭 경호실장에게 감사한다. 의전비서관으로 있던 2년 반은 물론이고 그 후에도 많은 도움을 주어 고마웠다.

박지원 수석에게 감사한다. 함께 대통령을 모시면서 음양으로 도움을 많이 받았다. 최선을 다해 대통령을 모시는 모습에서 많은 것을 느꼈다.

청와대에서 외교안보수석으로 근무하는 동안 많은 도움과 친절을 보여준 황원탁 주독일대사에게 감사한다.

박금옥 총무비서관에게 감사한다. 박 비서관의 도움과 지지가 없었다면 청와대 근무가 힘들었을 것이다. 그저 고마울 따름이다.

힘든 일이 많았음에도 늘 웃으며 함께 일할 수 있었던 박준영 공보수석과 박선숙 공보비서관에게 감사한다.

내 후임으로 온 최정일 의전비서관(후에 주독일대사)에게 감사한다. 항상 서로 도와 가면서 일할 수 있어 즐거웠다.

고재방, 김득회, 김한정 부속실장들에게 감사한다. 대통령을 옆에서 모시며 고생들이 많으면서도 늘 따뜻하게 도와주어 고마웠다.

장석일 주치의에게 감사한다. 대통령의 건강을 지키느라 24시간 긴장하면서도 다른 사람들을 깊이 배려하는 따뜻한 마음이 고마웠다.

김정기 수행부장, 이재만 수행비서에게 감사한다. 대통령을 충성되게 모시면서도 항상 도움을 주어서 고마웠다.

부속실 장옥추 씨에게도 감사한다. 처음부터 끝까지 항상 변함없이 겸손하게 최선을 다해 도와주어 고마웠다.

의전비서실에서 함께 근무한 모든 직원들에게 감사한다. 특히 정권 출범 초기 의전비서실이 자리를 잡는 과정에서, 또 해외 행사를 준비하느라 고생을 많이 한 하태윤 국장(후에 주이라크대사), 정상기 국장(후에 주대만대표), 양봉렬 국장(후에 주말레이시아대사), 손세주 과장(현 주뉴욕총영사), 박은하 과장(현 주중대사관 공사), 최종현 서기관(현 주네델란드대사)과 국내 행사를 준비하느라 많은 고생을 한 최철국 국장(후에 국회의원), 이인화 행정관에게 감사한다. 그들의 도움이 없었다면 일을 성공적으로 할 수 없었을 것이다.

외교안보수석비서관실의 이봉조(후에 통일부차관, 작고), 박성훈 통일비서관, 이수혁(후에 주독일대사), 심윤조 외교통상비서관(현 국회의원), 김은수(후에 주남아공대사, 작고), 김원수 국제안보비서관(현 유엔사무총장 특별보좌관), 임충빈(후에 육군참모총장), 하정열 국방비서관(후에 27사단장), 안보회의(NSC) 사무처의 한태규(후에 주태국대사), 유진규 차장(후에 주동티모르대사)에게 감사한다. 밤낮없이 긴장된 속에서 나라를 위해 열심히 일하느라 정말 고생들이 많았다. 생각할수록 감사하기만 하다.

여백이 부족하여 이 자리에는 쓰지 않았지만 항상 나를 사랑하고 도와주고 기도해 준 모든 사람들에게 감사를 표한다.

하나님께서 여기 이름이 나와 있는 분들과 이름이 나와 있지는 않지만 제 마음속에서 감사하는 모든 사람들에게 풍성한 은혜를 내려 주시기를 기도한다.

지난 몇 달 동안 밤낮없이 집필하는 내 옆에서 내 건강을 챙겨주면서 원고 정리와 수정 등으로 같이 밤을 새우며 도와준 사랑하는 아내 배영민에게 감사한다. 마지막으로 이번에 또 책을 내게 해 준 '비전과리더십' 출판사 여러분들과 특히 원고를 정리하고 편집하여 멋진 책을 만드느라 애쓴 송미영 출판본부장과 유주영 팀장을 비롯한 여러 직원들에게도 고마움을 표한다. 그리고 금년에도 1월에 아홉 번째 책을 낼 수 있게 허락하신 하나님께 감사와 영광을 올린다.